高等院校学科教育学教材

中学历史教学设计

主编　赵亚夫　陈德运　张汉林

中国教育出版传媒集团
高等教育出版社·北京

内容提要

本书是高等院校学科教育学教材，立足基础教育改革，尤其是历史课程标准代表的方向，充分反映教育科学的最新发展成果，基于中学历史教学设计中的关键问题组织教材内容。全书共九章，主要内容包括理解历史教学设计的理论特征、目标何以能够定教、如何设计教学过程、讲好历史故事是教学设计的特征、如何帮助学生建立问题意识、如何运用史料深化历史理解、如何展开有理有据的论证、教学设计的反馈与评价、历史教学设计的跨学科优势。

本书立足有效教学，以新课程理念为基础，以教学观念与方法的改进为主体。本书是一部新形式的教材，以“案例＋原理”的方式呈现，理论由教学实践阐发，再反馈到实践中，突出历史教学设计的针对性与实用性。书中通过二维码关联了相关文献、课件、教学设计、视频等，方便读者拓展延伸。

本书可以作为高等院校历史教育专业本科生、研究生的专业基础课教材，也可以作为中学历史教师培训教材，也可供中学历史教师、教研员和历史教育研究者阅读参考。

图书在版编目（CIP）数据

中学历史教学设计 / 赵亚夫，陈德运，张汉林主编. -- 北京 : 高等教育出版社，2023.12
ISBN 978-7-04-059589-5

Ⅰ. ①中… Ⅱ. ①赵… ②陈… ③张… Ⅲ. ①中学历史课－教学设计－教材 Ⅳ. ①G633.512

中国国家版本馆CIP数据核字（2023）第007271号

中学历史教学设计
Zhongxue Lishi Jiaoxue Sheji

策划编辑 路秋丽 倪伊瑶　责任编辑 路秋丽　封面设计 李小璐　版式设计 马 云
责任绘图 邓 超　责任校对 吕红颖　责任印制 朱 琦

出版发行	高等教育出版社	网　址	http://www.hep.edu.cn
社　址	北京市西城区德外大街 4 号		http://www.hep.com.cn
邮政编码	100120	网上订购	http://www.hepmall.com.cn
印　刷	三河市吉祥印务有限公司		http://www.hepmall.com
开　本	787mm×1092mm　1/16		http://www.hepmall.cn
印　张	22		
字　数	470 千字	版　次	2023 年 12 月第 1 版
购书热线	010-58581118	印　次	2023 年 12 月第 1 次印刷
咨询电话	400-810-0598	定　价	49.90 元

本书如有缺页、倒页、脱页等质量问题，请到所购图书销售部门联系调换

物 料 号　59589-00

本书编写委员会

主　编　赵亚夫　陈德运　张汉林

编　委　（按姓氏音序排列）

戴羽明　李　彬　刘　波　骆孝元　马　婷

唐　朋　唐　琴　王　傲　王子涵　徐赐成

薛宸然　郑士璟　钟德艺

作者简介

（按姓氏音序排列）

陈德运　四川师范大学历史文化与旅游学院讲师，硕士生导师

戴羽明　天津市教育科学研究院课程教学研究中心历史学科室主任，高级教师

李　彬　云南省昆明第一中学教师

刘　波　首都师范大学历史学院博士研究生

骆孝元　四川省邻水中学教师

马　婷　北京市第二中学教师

唐　朋　岭南师范学院法政学院历史系讲师

唐　琴　江苏省苏州市吴江区教育科学研究室主任，特级教师，正高级教师

王　傲　山东师范大学历史文化学院讲师，硕士生导师

王子涵　四川省成都市锦江区嘉祥外国语高级中学教师

徐赐成　陕西师范大学历史文化学院教授，博士生导师

薛宸然　广东省深圳市福田区外国语学校教师

张汉林　首都师范大学教师教育学院教授，博士生导师

赵亚夫　首都师范大学历史学院教授，博士生导师

郑士璟　福建师范大学社会历史学院副教授，硕士生导师

钟德艺　福建省石狮市石光中学教师

前 言

“中学历史教学设计”是高等院校历史教育专业普遍开设的一门必修课程。根据教育部颁发的《中学教师专业标准（试行）》和《普通高等学校师范类专业认证实施办法（暂行）》，高等院校的教学设计课程至少要发挥两个作用：一是强化教学操作技术和技能，体现先进的教学理论与实践；二是要求教师和准教师能够系统地掌握教学设计的原理和方法，既着眼于教师的教学能力，也使其成为师范类院校专业认证的重要标尺。因此，“中学历史教学设计”不是一门随意开设的普通课程。

为了贯彻党的二十大报告精神，本教材编写组所有成员，认真研究和讨论了在新时代如何结合中学历史教学实践，更有针对性地落实培养什么人、怎样培养人、为谁培养人的根本问题。体现在“中学历史教学设计”教材中，其一是反映最近20年教学一线涌现出来的优秀教学成果，尽可能精选那些理论联系实际、具有历史课程改革特色和探索意义的教学设计，使其既符合教材的实践性取向，又充实教材的实用性内容；其二是依据《普通高中历史课程标准（2017年版2020年修订）》和《义务教育历史课程标准（2022年版）》，以“培根铸魂”为目的，以培养学生的历史学科核心素养为目标，通过行之有效的教学设计使其落地；其三是在整体把握历史教学设计的原理、内容、组织和方法的同时，也更为精细地呈现历史教学设计的计划、流程、步骤和策略，凸显其基础性、科学性、学科性和可操作性等特征，切实把教学设计置于课程开发、课程内容和课程实施之中，引导一线教师尝试去做有课程的教学以及基于教学的课程。因此，这样的历史教学设计，不是仅凭经验积累所做的教学设计，也不是脱离了特定理论自然生成的教学设计，而是历史教师的必备技能，是历史教师必须掌握的教学技术。

根据党的二十大报告中的“二〇三五年远景目标”以及“问题导向”等具体方针，本教材在涉及学习、教学和传播理论，运用系统论的观点组织和分析学习需要和任务、学生特征、教学材料、活动和评价等方面，更为关注师生的知识建构、意义协商、学习参与和真实效果，并纳入了一些如何确定评估证据、整合学习内容等新的设计视角。

本教材涵盖中学历史教学设计的主要方面，其特点有三个：一是理论联系实际，即无论何种教学设计主题都有原理支撑，再通过教学过程呈现其应用法则；二是操作性即有效性强，不仅充分展示一线教师是如何做的，而且指出这样做的教学

作用和意义，所以本教材尽管使用了大量案例，但不是简单的堆砌，而是在揭示有效教学的方法；三是选择案例富有弹性，不用绝对标准来限制教学设计的创生，为发展我国的中学历史教学设计的学术研究和教学留有更大空间。

本教材作为本科生和研究生教材使用时，教师可重点把握如下立意：中学历史教学设计是一定理论或原理指导下所应用的系统的、科学的、具有操作性的教学技术。在本质上，它反映特定的教学过程。相比于同类教材，本教材精简了理论阐述，由案例引出原理，用原理解读案例，凸显了教材的可操作性；本教材着眼于历史教学过程的有效性，将教学目标、教学过程及相关评价一体化，既体现了历史教学设计的全过程，又在跨学科学习等方面反映了新课程的新要求；本教材涵盖历史教学设计的基本理念和概念、主要程序和流程，打破了传统教材的陈述方式，反映了学科核心素养的基本内涵；本教材采用“案例＋原理”的编写方式，由教学设计本身呈现教学问题，适合学习者进行深度学习。

本教材是教学研究者和实践者合作的成果，编者来自高等院校、教科研部门和普通中学，是教学研究者和实践者的一次成功合作。具体分工如下：全书由赵亚夫拟定提纲与编写要旨，与编写团队成员细化具体事项，撰写前言和导言；第一章由徐赐成、戴羽明撰写；第二章由徐赐成、刘波撰写；第三章由唐朋、唐琴撰写；第四章由刘波、王傲撰写；第五章由王子涵、骆孝元、陈德运撰写；第六章由骆孝元、王子涵、陈德运撰写；第七章由唐朋、马婷撰写；第八章由刘波、张汉林撰写；第九章由郑士璟、李彬、钟德艺、薛宸然撰写；结语由刘波撰写。最后，全书由三位主编和刘波统稿。

在教材编写的过程中，我们参阅了诸多研究者的著作、论文与教学案例，在此向他们表示衷心的感谢。高等教育出版社的路秋丽和倪伊瑶两位老师在本书策划和编辑出版过程中付出了辛苦劳动，在此深表感谢。最后，我们诚挚地希望本教材能为中学历史教师的培养与培训尽绵薄之力。

赵亚夫　陈德运　张汉林
2023 年 9 月 20 日

目 录

导言：超越“钝化者”的历史教学设计

法国哲学家雅克·朗西埃在《无知的教师》中使用了“钝化者”的概念，特指那些精明强干的教师。他说，这些教师以“有知者”的身份从事教学，而且博学、开明并充满善意。博学，让他们尽力填补“无知者”（学生）的知识空白；开明，使他们致力于塑造“无知者”的教养。与此同时，他们还通过明晰的讲解强化了讲授法和教科书的权威性。

按照朗西埃的说法，钝化就是让某个智力服从于另一个智力。于是，一旦教师与学生的智力重合，就意味着钝化开始了。从这个意义上说，因为教师专注于“使人理解”的教学方式，反倒让学生把智力投入到了一种负面劳动——毁弃理性本身的自信，并将常识（生活的）与学术（学科的）分离。问题来了，对于教学而言，理解究竟意味着什么？[①]

在一般的认知中，学生需要依赖教师的讲解获得知识。它包括若干假设，比如，教师的知识必定比学生的知识丰富而且高明，无论如何都是如此；学生的学习必然依赖教师的讲授，抑或“学得好”必须以“教得好”为前提。因此，当学生对教师的知识的信服达到习惯性地等待教师讲解的程度，教学的钝化与思维的钝化便会逐渐展开并且得到深化。

其实，朗西埃并没有否定“会教”，而是反对把它当成“奉送真理”的手段。他主张，“教”要有助于激发学生的学习意志，并在“智力平等”的原则下展开与“解放智力”相关的教学行动。也就是说：“教作为智性解放的活动，是教师与儿童的意志相遇，教师作为一个灵魂的意志吸引或者唤醒儿童，让儿童积极地运用智性的能力。”[②] 这样的“教”当然不是教知识，而是让学生拥有知识或收获更为有用的经验。因此，教师的教学行为不仅是知道学生获得了什么，而是要去观察他们是否在进行探究，以及引导学生发现问题和解决问题。一句话，最好的教师是能够帮助学生“独自去探究，并永不止步”的人。[③]

人们常说：“要给学生一杯水，教师要先有一桶水。”其隐含的意思是，教师才

---

① 朗西埃．无知的教师：智力解放五讲［M］．赵子龙，译．西安：西北大学出版社，2020：6-11.

② 金生鈜．无知之教中的智性解放［J］．教育研究与实验，2017（6）：1-6.

③ 朗西埃．无知的教师：智力解放五讲［M］．赵子龙，译．西安：西北大学出版社，2020：45.

是知识的主人。学生的学习任务，只是耐心地接受、记忆和重复要他们掌握的东西。在这种教学观念的指导下，尽管讲解的广度和深度关乎学生的学习质量，但是不平等的学习关系也把学习质量限制在可接受的范围。它暗示钝化是必要的，通常的理由便是学生的智力稚嫩，不能进行较高水平的探究性学习。

历史教师是否应该告别“钝化者”的角色值得讨论，但是开启“智力解放”的大门已经成为“核心素养”时代的召唤。其一，历史学科核心素养的必备品质与关键能力内在地包含“智力解放”的内容；其二，“促进每个学生主动地、生动活泼地发展”“促进学生的自主学习、合作学习和探究学习”已然是新课程的基本理念；[①] 其三，按照“带来解放或钝化的，并不是程序、步骤、方法，而仅是原则”[②] 的理论，“核心素养”恰恰给定的是“智力解放”的原则，包括让学生学会探究。

朗西埃要求教师成为教学的解释者[③]，因为“解释”能够专注于完善帮助学生理解的方式。其目的便是让教师和学生都具有“智力解放”的意识。显然，这也是历史教学设计应该追求的目标——营造宽松的学习氛围，激活学生的探寻欲望，搭建平等的学习共同体平台，鼓励学生积极交流，形成有智识的历史认识，达成培养学生历史学科核心素养的目的。

作为“无知者”（教师）的教学设计，更强调把教学活动当成“智力解放”的过程。诸如让学生“感受自己的感觉，理解自己的经验，反思自己的看法，体悟自己的直感，表达自己的思想，报告自己的所见，报告对所见的思考，证明自己的智性在运用、在收获，并且因他们所见、所感和所理解而采取行动，完成有价值的事情”[④]。据此，历史教育必须打开学生的视野，以便更好地开放教学系统。

我们引入“钝化者”的概念，旨在增强教师在历史教学设计中的反思意识。或许做个“无知”教师会给教学带来更多益处，至少可以帮助教师在教学设计中探索更“可为”的方案。我们相信，达成学生历史理解的途径和方法不依赖教师的讲授。我们认为，教师的“无知”，虽说只是防止教学“钝化”或造成学生“钝化”的前提，但是对于理想的历史教学设计而言，它的确创造了无限的可能性。

---

① 中华人民共和国教育部．普通高中历史课程标准：2017 年版 2020 年修订［M］．北京：人民教育出版社，2020：前言 3．

② 朗西埃．无知的教师：智力解放五讲［M］．赵子龙，译．西安：西北大学出版社，2020：39．

③ 德兰蒂．朗西埃：关键概念［M］．李三达，译．重庆：重庆大学出版社，2018：33-34．

④ 金生鈜．无知之教中的智性解放［J］．教育研究与实验，2017（6）：1-6．

第一章　理解历史教学设计的理论特征

学习目标

- 深刻理解教学设计的概念和实践意义。
- 熟练掌握教学设计的基本流程，并结合实践创造性地实施和运用。
- 能综合课程标准要求、教科书内容、学生学习现状和教师的教学追求，进行个性化的教学设计。
- 能在教学设计中达成教师的课程理念、知识理解和历史思维培养目标。

知识导图

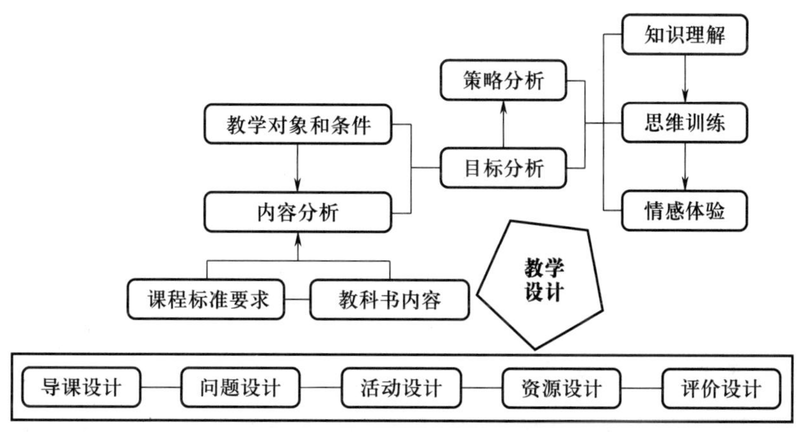

导语

《景德传灯录》中讲过这样的故事：一日，马祖正专心坐禅，师傅怀让禅师见状暗自好笑，问："大德坐禅图什么？"马祖曰："欲图'作佛'。"怀让禅师捡起一块砖随地磨了起来，闹得马祖心烦，问："师作什么？"师曰："磨作镜。"马祖纳闷："磨砖岂能作镜？"马祖不解。师进一步阐释："如牛驾车，它如果不走，你是打牛，还是打车？"马祖无言以对。师又言："你学坐禅，是为了成佛。可否知道成佛是靠心悟，根本不是坐出来的，而且佛的本质是没有固定的外相，怎能把它停留在一件事物上呢？你这样坐着学佛，无异于是在杀佛！因为你只是执着于外相，永远达不到真正的佛理！"①

这段故事于历史教学设计有三点启发：其一，教学设计不宜过于追求形式；其二，教学设计解决的问题须务本；其三，教学设计当坚持教学的不变之理。

第一节 为谁而做教学设计

○教学设计是教育理论与实践世界的重要联结点。

○教学设计的终极目的在于提高教学质量。

○学生的学习成效是教学设计的基本追求。

教学设计是一个多学科研究领域。教师既需要依据一定的学科教育理论进行教学设计，也要考虑其作为教学科学化的直接结果，以确保能够帮助学生在学习中获得真实成绩。教师既要考虑他们直接存在的差异性，又要基于促进每位学生发展的教学原则，使不同学习水平的学生都能够从中受益。所以，教学设计不是线性的、封闭式的或只针对某部分学生的教学方案。作为一门教学技术，教学设计是教师提高教学质量的途径和手段。

一、基于实践理解教学设计

教学设计作为教育科学化的重要成果之一，在将教育原理转化为教学行动并形成系统指导方法等方面，发挥了重要作用。②何谓教学设计？加涅（R. M. Gagne）说，它是"一个系统化规划教学系统的过程"。梅瑞尔（D. Merrill）说，它是"建立在教学科学这一坚实基础上的技术，因而教学设计也可以被认为是科学型的技

① 邢东风. 马祖语录［M］. 郑州：中州古籍出版社，2008：67.

② 赵亚夫. 中学历史教育学［M］. 北京：北京师范大学出版社，2019：215.

术”。帕顿（J. V. Patten）说，它是“设计科学大家庭的一员，设计科学各成员的共同特征是用科学原理及应用来满足人的需要。因此，教学设计是对学业业绩问题的解决措施进行策划的过程”。[①] 概言之，教学设计是运用系统方法建立的教学方案。这个教学方案包括分析教学问题、确定教学目标、确定解决教学问题的策略、试行解决方案、评价试行结果、对方案进行修改等必要环节。

简言之，历史教学设计是在一定教育理论指导下，针对历史课堂教学拟定具有上述内容，并以此实施完整的教学和评价过程的教学方案。以下四个方面既是教学设计与备课的区别，也体现了教学设计的基本性质。

第一，教学设计是一种教学意识。其表现为：（1）被构造的（结构化）教学活动系统，帮助学生建立何种知识类型是其要点；（2）追求有效教学，教师所期待的教学成果就是学生理应获得的学习成就；（3）有效教学依赖适切的教学技术，教学技术无论是针对教学方法还是导入学习策略，着眼点都是创设多样化的学习机会；（4）有意义的历史教学都关乎历史意识，或者说，被意义化的历史教学都与学生的精神解放和智慧生长相关。

第二，教学设计流程理应是一个开放系统。教学设计是一个实操方案、一项专业技能，抑或是针对教师的教而言的教学技术。当该技术——运用系统方法分析和研究教学过程中相互联系的各种问题和需求——实际应用于解决问题时，必须呈现出解决问题的方法、步骤，以及充分预计的教学成果；针对现实存在的问题，强调运用系统方法分析教学问题，重点是建立合理的、科学的问题解决方案，也包括教学过程中的评价和修正过程。显然，无论是预设的部分还是实施的部分，都要求设计系统是开放的。

第三，教学设计本身就是促使教学有意义的途径。其思考角度有以下五点：（1）谁在学。学习的主体是学生，教学内容和活动须指向自由而且健全发展的学生。（2）为何而教。即教师期望自己的教学达成怎样的目标。（3）教什么。好的教学设计基于事实，而不依赖教科书；基于掌握概念和方法，而不完全依赖故事情节和活动趣味。总之，教的目的是开发学生的历史思维。（4）怎样教好。教师尽可能在教学中使操作性技能与价值性目标结合起来，用材料澄明事实，运用多方面、多角度的方法鼓励学生，进行有效探究独立思考。（5）教得怎样。教师通过反馈不断改进和研究教学。

第四，历史教学设计需要整体地认识学习内容。教学设计不同于教案，不必写成讲义，把知识处理得那么具体、琐碎。设计呈现的是教与学的思维路径，抑或为理解历史学习内容所搭建的知识结构，或是描述清楚需要解决的问题和所获的实际效果。所以说，教学设计也是追求有效教学的方案，对于教与学理应有整体认识。[②]

---

① 何克抗．教学系统设计［M］．北京：北京师范大学出版社，2002：2–3．

② 赵亚夫．中学历史教育学［M］．北京：北京师范大学出版社，2019：215–216．

二、追求更高水准的教学质量

众所周知，历史教学质量不仅取决于教师的知识水平，还要求教师知晓和掌握相关理论。理论的价值归根结底是追求更高水平的教学质量，最为重要的有两点：一是教学设计有助于科学地教学，包括通过计划、构想、方法、表现等一系列设计过程，反映与课程、教学、评价意识相关的一整套系统化的教学理念；二是教学设计有助于落实教学的有效性，比如围绕教科书备课虽然是有效的，但是因为所运用的技术和方法多是线性或局部性的，所以其课程意识和学习结果也是狭窄的。

案例呈现

某教师对“百家争鸣”一课做了如下设计：

（一）导入设计

材料呈现：两会剪影——温总理讲话的新闻节选。

教师：文中粗体字部分的含义是什么？反映了哪个学派的思想？

（二）百家争鸣的概况介绍

教学活动：阅读下列材料，并回答问题。（材料略）

教师：根据材料，诸子百家在哪些问题上进行争论？

教师：各个学派对相异于自己的观点持什么态度？

（三）主体部分知识的建构

教师：诸子百家争论的焦点问题比较多，我们着重看三个方面的问题，政治观、哲学观和民生观。围绕这几个方面的问题，各个学派观点有何不同？有何联系？请大家在阅读教材的过程中进行思考。（教师展示表格。）

*政治观

（1）选词填空

学生选择观点主张填入对应的学派下，教师随时进行说明深化。

（2）思想交流

材料一：姜伯勤教授给“礼”下了个定义：“礼是一种规范性的行为。”

材料二：荀子主张礼法并举，认为“礼”是制定法律的根据，“法”是为了维护“礼”而制定的。

材料三：管仲是法家的先驱，荀子的礼与法继承发展了管仲礼法并举的思想。荀子在阐述礼的起源时，就给礼赋予了法的规范功能，给礼打上了法的烙印。

阅读以上三则材料，议一议，判断下述观点正误，并陈述理由。

（略）

（3）知识应用

辨一辨：下列观点属于哪个学派？

（略）

（四）知识升华

教师展示学者对诸子百家的评价。

教师：请大家迅速浏览材料，看看诸子的哪些思想对今天有重大价值。

教师：各位学者对诸子百家思想的现代价值进行了探讨，学完了这节课，你能否也谈谈自己的感悟？要求是用一句话来概括。

教师展示例句。

学生写感悟，教师展示部分学生的作品进行点评。[①]

由此想到的

上述教学设计有着建构主义的味道。导入通过新闻材料创设情境，同时为了给学生提供学习支架，补充了相关的文史知识。在主体知识部分，教师采用了三种教学方法：选词填空帮助学生获得对诸子的政治观的整体认识，降低了学习难度；以探究形式导向“最近发展区”，让学生各抒己见；应用所学知识辨析观点，为形成自己的知识结构提供条件。

资料卡片

伯杰（P. Berger）通过“学习者的知识和最近发展区”（见图 1–1）阐明了最近发展区的概念及其教学含义。

课件：基于核心素养的历史教学主题设计（唐朋）

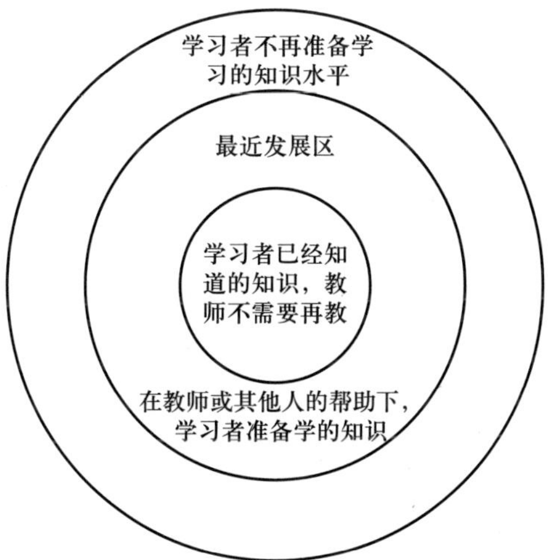

图 1–1 学习者的知识和最近发展区[②]

① 何成刚，夏辉辉，张汉林，等. 历史教学设计［M］. 上海：华东师范大学出版社，2009：185–188.

② 阿伦兹. 学会教学：第九版［M］. 丛立新，等译. 北京：中国人民大学出版社，2016：387.

三、学生的有效获得才是目标

教师做教学设计，并不是以教学过程的流畅性作为最终目标的。相反，教学设计的出发点和落脚点都是学生。第三代教学设计主张，教学的目的是帮助学生完成意义建构，即关注学生在学习中的有效获得。这表现在帮助学生建立新旧知识之间的联系，提出自己的观点，提炼学习的意义。

案例呈现

本案例为英国八年级“英国内战：英格兰在17世纪的变化是‘翻天覆地’吗？”单元第三课时“为什么历史学家对战争爆发的原因有不同的看法？”的教学设计。

学习目标

- 学习和了解历史学家在为什么会爆发内战这个问题上的分歧。
- 学会分析导致内战的原因，并能够识别其中最显著的原因。

学习活动过程

展示材料：以小组为单位，学生拿到大量的与战争起因有关的卡片，每张卡片写一条导致战争的原因，学生把这些卡片分类。（要注意，在这个阶段不要对学生应该使用什么样的分类标准提出建议，要让他们自己选择。）

组织讨论：各组讨论分类标准，教师相机提供建议，如可以从社会、经济、政治、宗教和个人作用等方面进行分类。（学生应对最初的观点和信息进行讨论并作出反应，应在任务中评价和精练各种观点。）

教师讲述：向学生介绍历史学家对战争爆发原因的不同看法，用非常简洁的语句解释传统观点和当前观点的分歧。（传统观点认为冲突是长期因素积累的结果，而当前观点认为冲突是短期因素积累的结果。）

学生活动：依据卡片，把属于长期原因和短期原因的卡片区分开，然后再次进行分类，把其中原因最突出的卡片分出来。

学习结果

- 能够对导致内战的原因进行分类，并且能够认识到不同的历史解释主要源于对导致内战的原因有着各自的根据。
- 能够知道某些内战原因，并且能够说明其中有的原因比其他的原因重要得多。[①]

① 赵亚夫，唐云波．国外历史教育文献选读［M］．长春：长春出版社，2012：143-144．

由此想到的

上述案例与我们习以为常的教学方式迥然不同。历史教学通过将社会历史经验与现实生活相整合，生成和储备适应未来社会的生活经验，应营造真实情境、提出真实问题，以激发学生的好奇心、塑造求真质疑习惯作为诉求。很显然，学生对历史学家在为什么会爆发内战这个问题上的分歧是有好奇心的，由此开展有意义的“做历史”实践行动。若将视野放宽，学生在生活之中也会遇到对同一事件有不同观点等复杂棘手的问题，而处理问题的素养、能力、视野等正是在此类课堂上逐步发展起来的，诸如判断、实证、理解和论辩。

事实上，教师在精心设计教学活动时，往往注重的是内容，即教什么知识，尤其是雕琢教师该说什么，说到什么程度。这样的教学，是以教师的教学技术展示为标准，而忽略了学生的主动性。学生被教师牵着鼻子走，学生活动成为教师教学活动的附属品。而上面我们看到的教学设计与此不同，它是以学生的学习活动为出发点的，教师的教学成为学生的学习支架。这种设计指向的是学生的有效获得，以建构主义为指导思想，以学生的健全发展为目标的。

实践研讨

学生的有效获得如何落实在历史教学活动中?

实践指引

为了学生的有效获得而设计

教学设计是基于目标、指向结果的教学过程安排，具有鲜明的教学效果意识。因此，教学设计须有两个基本保障：一是具有明确的理论依据，能从理论上对教学设计作出清晰的解释，每一个教学步骤和环节都有明确的设计意图，从而保证教学能够符合课程标准的要求和具体的学情；二是有具体、明确、可行的目标导引，这是教学设计的本质要求，即教学设计中的全部要素都要围绕教学目标的实现而发挥作用。

根据一定的教育教学理论和教学目标要求作出的教学设计，也未必是优秀的教学设计，更不意味着就会产生优秀的教学实践过程和效果，最终要以学生的实际学习效果来判断教学质量。因此，把教学设计文本转化为具体的教学实践，从教学实践到具体的教学效果的出现，还有非常复杂而且精细的工作要做。但是，优秀的教学设计是高质量的教学实践的路线图和重要参考，是课堂教学的基础。作出优秀的教学设计是教师的基本功，应结合教学实践加以重视。

第二节 如何运用和完善教学设计流程

○教学设计受制于学生认知水平与教学环境。
○教学设计要以标定教。
○不同的教学关系区分教学设计的取向。

一、教学设计要考虑哪些条件

历史教师在进行教学设计时，需要基于一定的现实条件，如学习环境和条件、学生认知水平、教学关系等。这些条件既是教学设计得以实施的基础，又成为教师不断完善教学设计，使其适合于学生有效学习的改进起点。

案例呈现

某教师在讲《义务教育教科书 中国历史》（七年级上册）的“北魏政治和北方民族大交融”一课时，为突破“民族交融”这一核心概念，设计如下教学环节：

材料呈现：唧唧复唧唧，木兰当户织……阿爷无大儿，木兰无长兄，愿为市鞍马，从此替爷征……将军百战死，壮士十年归……当窗理云鬓，对镜帖花黄。

——《木兰诗》

师：以上诗句反映了花木兰怎样的人物形象？为何会形成这样的人物形象？

生：花木兰过着耕织生活，深受孝悌忠义思想影响，既能征善战又温婉美丽。这样的人物形象是受到汉族和少数民族的文化、习俗的影响而形成的。

师：花木兰这一文学人物是北方地区民族交融下的群体形象的典型代表，她跨越民族界限，受到了普遍的认可，成为中华民族优秀人物的代表。这种认可恰恰反映了共同的民族文化的形成过程。她也是民族交融的最好诠释——你中有我、我中有你、共融一体。①

由此想到的

在上述案例中，民族交融的概念比较难理解，尤其是对刚上初一的学生来说，这个概念往往是抽象且模糊的。该教师从学生熟悉的人物出发降低了认知的难度。花木兰虽然是一个文学形象，但她是在北方民族大交融的时代背景下产生的文学人

① 李圆圆. 初中《北魏政治和北方民族大交融》教学设计［J］. 历史教学，2018（15）：34-39.

物，具有浓厚的时代烙印，可以将其视为这一时期群体形象的反映。故该教师以《木兰诗》这一学生相对熟悉的素材创设情境，从文化角度解读人物形象，揭示其中的民族交融内涵，展现北方人民的群体形象，是符合教学设计基本原理的。

资料卡片

如果学生认知结构中原有的概念或命题的概括性与包容范围高于要学习的新概念或命题，则新概念或命题的学习属于下位学习，教师可以根据下位学习同化模式安排学习的内外条件；如果新学的概念或命题的包容程度高于原有观念，则新的学习属于上位学习，教师可以根据上位学习同化模式安排学习的内外条件；如果新的概念或命题与原有知识既无上位也无下位关系，则可考虑它们之间是否存在某种并列的相互吻合的关系。①

案例呈现

某教师设计“新文化运动”一课的教学过程时，在对《新青年》杂志的诞生背景、起点与发展做了铺垫后，设计了如下活动，突破“新文化运动的主要内容”这一重点内容。

第三环节　新文化运动的主要内容

教师讲述：人们一般把新文化运动前期的主要内容概括为提倡民主科学反对专制愚昧，提倡新道德反对旧道德，提倡新文学反对旧文学；后期则主要宣传马克思主义。

（《新青年》从第 4 卷开始采取集议制度，鲁迅先生曾记载：“《新青年》每出一期，就开一次编辑会，商定下一期的稿件。”受这段记载的启发，教师请学生在课前自愿组成民主组、科学组、新道德组、新文学组、马克思主义组，为本组负责的内容做宣传。）

教师讲述：现在为了帮助大家更好地理解《新青年》编辑们的良苦用心，同时更好地理解新文化运动的主要内容，咱们来展开一个探究活动“体验《新青年》编辑会”。

探究活动分两步进行。

第一步：五个小组分别回答问题。

教师作为会议主持人，向各组提问，五个小组的学生分别回答主持人提出的问题。

第二步：五个小组交叉质疑。

每个小组可以自由指定一个小组回答自己提出的问题：你所宣传的内容和我所宣传的内容有何联系？

---

① 皮连生．学与教的心理学［M］．5 版．上海：华东师范大学出版社，2009：217-218．

教师在学生发言时注意倾听，之后予以点评，点评的角度有：小组内部是否有充分的交流与互相的支持；学生发言时是否充分依据下发的材料和《新青年》；学生是否认真倾听了其他小组的发言；等等。[①]

由此想到的

上述案例为我们呈现了一个合作学习的教学片段。就新文化运动的主要内容而言，教师通常采取的方式有：（1）教师直接讲授；（2）教师呈现史料，学生提取有效信息，教师总结归纳；（3）教师示范，学生掌握方法后学习；（4）教师提供必要的背景知识，学生自主探究学习。教学采用不同的实践方式，背后反映的是教师在进行教学设计时对教与学的关系的认知。

如果是以教师为中心安排教学活动，则教学常以讲授法为主，多采用直接教学模式。但这样的教学模式需要教师借助有效教学的理念进行教学反思，重点关注其教学行为与学生获得成绩间的关系。教师尽可能提供机会，让学生把课堂学习的知识和技能迁移到现实生活中。以教师为中心的教学基本可分为五个阶段（如表 1-1 所示）。

表 1-1 以教师为中心的教学[②]

阶段	教学行为
阶段 1：明确目标，创设情境	教师阐释这节课的目标、背景资料，解释这节课的重要性，使学生做好学习准备
阶段 2：呈现知识或示范技能	教师示范技能，或者一步一步地呈现信息
阶段 3：提供指导练习	教师组织最初的练习
阶段 4：检查理解程度，提供反馈	教师检查学生做得是否正确并给出反馈
阶段 5：提供拓展练习和技能迁移机会	教师创造条件，让学生做拓展练习，注意引导学生将技能迁移运用到更复杂的情境中

如果是以学生为中心安排教学活动，则教学常以探究法为主，多采用间接教学模式。无论它的表现形式是什么，如上述案例中的“合作学习”，或是“问题解决”“讨论学习”，都需要首先关注学生的学习动机、兴趣、好奇心、经验，以及知识和能力的基础。以探究的方式展开学习，学习指导也应该在探究中实现。所以，

---

① 徐雁，张汉林．“新文化运动”教学设计探讨：基于“新青年”和《新青年》的角度考察［J］．中学历史教学，2015（8）：20-23.

② 阿伦兹．学会教学：第九版［M］．丛立新，等译．北京：中国人民大学出版社，2016：297.

如果教师以此认识教与学的关系，则在教学中采取以下策略：基于史料创设历史情境，引导学生参与探究活动，并指导学生运用历史技能形成自己的认识，解决问题。表 1–2 概括了这种认识下教学的五个阶段。

表 1–2　以学生为中心的教学行为

阶段	教学行为
阶段 1：创设情境，给出探究性问题	教师创设学习情境，引出要探究的问题
阶段 2：帮助学生作出假设，解释问题情境	鼓励学生基于情境提出问题
阶段 3：组织学生分组	向学生解释怎样组成学习小组，以及如何分配任务
阶段 4：帮助各小组进行探究	在学习小组开展探究时进行指导
阶段 5：反思问题情境与思维过程	帮助学生开启元认知，反思他们的思考过程，回顾探究过程

二、研究课程标准是教学设计的起点

“课程标准是对学生理应形成的学科知识、技能和态度及其相应的教学内容、学业水平的规定。”[①] 教师在设计一节课之前，首先应研究课程标准，把握学生理应获得的知识、技能与态度。

案例呈现

某教师对《普通高中教科书　历史　必修　中外历史纲要》(上)的“清朝前中期的鼎盛与危机”一课的课程标准要求进行如下分析：

新课程标准中“通过了解明清时期统一全国和经略边疆的相关举措……认识这一时期统一多民族国家版图奠定的重要意义”，旧课程标准中未明确提出“统一”与“边疆”的概念，仅在选修模块“中外历史人物评说”中提出“康熙帝在巩固统一多民族国家中的作用”。新课程标准中“知道南海诸岛、台湾及其包括钓鱼岛在内的附属岛屿是中国版图一部分”突出中国版图的法理依据和历史依据，而这在旧课程标准中未明确表述。可见，新课程标准更注重学生对“统一多民族国家”和“边疆主权”的意识和认知，同时强调明清时期统一全国和边疆治理举措的连续性，突出明清时期制度的承袭与创新。

① 赵亚夫. 追寻历史教育的本义：兼论历史课程标准的功能 [J]. 课程·教材·教法，2004 (3)：59-65.

旧课程标准注重明清时期经济、思想文化方面的史实认知，新课程标准“了解明清时期社会经济、思想文化的重要变化”更突出在时代特征下理解“变化”。旧课程标准强调“君主专制制度的加强对中国社会发展的影响”，新课程标准突出从政治视角“认识中国社会面临的危机”，从“世界的变化对中国的影响”中认识中国社会面临的危机。

对比新旧课程标准可见，本单元课程标准内容侧重学习两个要点：一是认识明清时期统一多民族国家版图奠定的意义，特别是明朝和清朝的连续性；二是认识明清时期中国社会（包括经济、文化领域）的变化和面临的危机，特别是中国变化与世界变化的整体性。①

由此想到的

上述案例中，该教师采取新旧课程标准对比的方法，分析新旧课程标准的变化及原因，从而定位教学的侧重点。这种做法确实可以让教师快速理解新课程的变化内涵，更好地选择教学内容、处理教学环节。从教学设计的完善而言，教师还可以考虑课程标准的整体性。分析课程标准既要对比“课程内容”，理解“教什么”和“教到什么程度”的问题，还要恰当把握课程内容之上的课程理念问题，解决“为什么学”“怎样学”和“学了怎么样”的问题。

研究课程标准要考虑课程标准所包含的三个标准：内容标准、表现标准、机会标准。三者相互关联，协同一体。表现标准规定学生应达到的水平层次，机会标准考虑如何让所有学生都获得发展的机会。所以教师不仅需要考虑教什么内容，还要考虑用什么资源教、如何教、教到什么程度等问题。例如，《普通高中历史课程标准（2017 年版 2020 年修订）》对历史学科核心素养进行了水平划分，有助于教师将核心素养与内容标准相结合，清楚不同水平的学生可以达到的素养层次。

实践研讨

阅读《普通高中历史课程标准（2017 年版 2020 年修订）》和《义务教育历史课程标准（2022 年版）》中的课程内容要求，比较初高中在历史课程内容要求上的阶段差异，并结合某一单元的课程内容，分析课程内容要求如何落实。

三、教科书分析影响教学设计取向

把握和分析教科书，不仅是一项技术活，更关乎历史教育观念。教师如何看待教科书在教学设计中的地位，决定着教学设计的取向。新课程改革以来，人们对教

① 顾俊．“制度创新”立意的“清朝前中期的鼎盛与危机”学习设计［J］．中学历史教学参考，2020（17）：13–17．

科书的认识逐渐形成两种思路：教教科书与用教科书教。虽然二者都是以内容为中心的，但在取向上是不同的。持“教教科书论”者认为，教科书是对知识体系的科学呈现，是教师指导学生的权威材料，故而将教科书蓝本化，在处理教科书内容时也以教科书观点为准绳。持“用教科书教论”者认为，教科书是教师教与学生学的基本材料，但不具有唯一性。所以教师应将教科书视为“文本”而非“蓝本”，允许“误读”，提倡“创读”。[①]

（一）把握和分析教科书的流程

案例呈现

某教师在设计《普通高中教科书　历史　必修　中外历史纲要》(上)的“三国两晋南北朝的政权更迭与民族交融”时，以教科书上“史料阅读”和“问题探究”中关于孝文帝改革的史料为素材，进行如下设计。

将两段史料整合在一个主题情境下，设置问题，引导学生阅读与探究：

(1)《资治通鉴》的这段话记录了怎样的改革?

(2)分析《魏书·高祖纪》的这段话，你认为孝文帝的上述改革与他个人的成长经历有什么关系？你的依据是什么？

(3)《魏书·高祖纪》中的“史臣”对孝文帝改革持什么观点？对孝文帝做什么评价？结合所学知识，你对这样的评价持什么态度？[②]

由此想到的

上述案例中，该教师对教科书上的材料进行深入的挖掘，以问题激起学生的探究欲。从教学过程设计看，该教师不仅遵从了历史教科书的观点与范畴，而且在此基础上深化了学生对孝文帝改革的思考，从历史情境出发，合理认识民族交融。该教师之所以会如此做，在于他树立了“用教科书教”而非“教教科书”的观念，这正是我们在做教科书分析时首先要做的。

实际上，“用教科书教”作为一种观念，在教科书分析的操作上远不止案例中所涉及的内容。择其要者，有以下三点尤须注意：

第一，提炼学习主题。主题是人们对可以获取事物意义的意识，它是对历史诸事件的意义凝练与表达。其基本原则，一是综合性，二是开放性，三是拓展性。此三者保障学生学习的自主性和发展性。一般而言，主题应尽可能反映知识的类特

① 黄牧航. 中学历史教材研究［M］. 长春：长春出版社，2013：11.

② 陈国兵. 统编高中历史教科书的编写特点及使用策略：以必修课程教科书《中外历史纲要》为例［J］. 江苏教育研究，2020（Z5）：104-107.

征，并与学生的生活经验保持联系，从而令历史知识在主题的统摄下凸显历史学习的重要命题与核心价值，使知识具有可迁移到其他学习与生活中的特性。

第二，厘清知识结构。知识结构包括学科的知识结构与教科书的知识结构，教师应将二者转化为教学的知识结构，以便于学生获得自我学习的知识结构。

第三，精选材料与学习细节。教科书作为一种学习材料，规定了学习的范围与顺序。教师应基于课程标准与教学目标，对教科书的材料与学习活动作精心处理，上述案例就体现了这一点。

实践研讨

以《普通高中教科书 历史 必修 中外历史纲要》(上) 的“诸侯纷争与变法运动”一课为例，对教科书内容的主题、结构与材料进行分析。

案例呈现

广东省佛山市顺德区罗定邦中学的赖明姬老师在对《普通高中教科书 历史 选择性必修1 国家制度与社会治理》的“中国近代至当代政治制度的演变”一课作教材分析时，提出本课教材分析的要点有：(1) 根据课程标准要求，本节课的核心概念是什么？(2) 与《普通高中教科书 历史 必修 中外历史纲要》的相关教学内容相比，本节课的侧重点应在哪里？(3) 课文是如何表述“政治制度”概念的？是否从理论与实践两个方面说清楚了“政治制度”在近代至当代中国的变化节点？(4) 为什么学生要学习政治制度演变？政治制度演变背后的意义是什么？应该如何揭示？(5) 课文中包含哪些材料？是否便于学生理解政治制度的特征及演变？(6) 课文中有哪些内容不属于课程标准要求的，应如何处理？(7) 政治制度史的教学如何体现学科教育的特点？

例如，分析“共和制在中国确立的曲折过程”时，要认识到这种实践经历了由学习欧美到学习苏联再到自主道路的发展变化，要求教师不能仅仅分析制度变化的原因，还要强调我们经过百年探索，走中国特色社会主义道路有其历史的渐进性与时代的必然性。课文中的“学思之窗”揭示孙中山构想的“主权在民”阶段，与国民党的行径形成反差；“史料阅读”则通过原始材料，围绕“新中国制度优越性”展开，教师在教学中是没法回避的。因此，对于这些问题，不能点到为止，也不能将其当作事实直接告诉学生，而应以学生理解为中心，帮助他们认识制度建设的复杂性与方向性，更好地发展学生的思维能力。

由此想到的

教科书分析常被认为是对教学内容的范畴、布局、重难点的分析，这是传统的备课思路。其目的是落实知识点、梳理知识脉络线索、把握教科书编写者的意图、更好地用教科书教。

为了理解教科书的编写，教师需要把握一个中心、四个逻辑要点，基于此，形成两点认识。首先，“一个中心”是指教科书分析以课程标准为中心。教科书是依据课程标准而编写的，教学也依据课程标准而教。所以，把握课程标准，也就把握了教学的方向，也找准了教科书的编写方向。其次，“四个逻辑要点”是指历史发展逻辑、教科书编写逻辑、教师教学逻辑和学生学习逻辑。教材分析不仅要分析教科书编写逻辑是什么，还要跳出教科书叙述，形成教师自己的教学逻辑，在历史发展的脉络中定位历史知识的意义与价值。此外，教科书分析的目的是促进学生更好地学习，所以教师还要考虑教科书编写与学生学习历史的思维逻辑之间的差距，统整教材内容，设计相应的教学活动，以便突出教师的教学逻辑，也可以说是教学风格。[①] 最后，“两点认识”是指历史价值认识与教育价值认识。教师基于课程标准分析教科书，处理好四个逻辑要点的关系，形成对教学内容的历史价值认识与教育价值的认识，彰显历史教学的育人价值。

课件：“应对”与“破局”——“共和国五十年代的外交”说课（王子涵）

案例呈现

某教师在准备《普通高中教科书　历史　必修　中外历史纲要》（下）的“古代非洲与美洲”时，对教科书作了如下分析。

1. 内容结构分析：古代非洲文明；古代美洲文明。

2. 栏目功能分析。

第一类，补充材料，丰富内容：则“导入引言”；2 幅“历史地图”；1 则“历史纵横”；1 则“史料阅读”。

第二类，明确重点，聚焦核心：2 则“学习聚焦”；1 则“学思之窗”。

第三类，问题启发，引导探究：1 则“思考点”；1 则“问题探究”；1 则“学习拓展”。[②]

由此想到的

在上述案例中，该教师从把握教科书的体例与结构变化入手，对教科书的内容结构与栏目做了分解与归类，有助于在做教学设计时明晰教学内容，凝练教学重点，选用教学材料。对教科书的体例与结构变化的把握，有助于教师理解教科书的编写意图。就目前来看，历史教科书都由“单元”和“课”两个层次组成。“单元”

① 赵亚夫. 历史教学设计的流程、诊断与策略：第一讲［J］. 中学历史教学参考，2014（9）：4-8.

② 摘自天津市教育科学研究院戴羽明老师于 2020 年 10 月 17 日在扬州大学“统编教材高中必修模块培训”期间的专题讲座《国家高中统编教材案例分析与教学建议》。

采取编年史体例，每个单元集中探究这一时段内的宏观历史问题。“单元”下分若干“课”，每课涉及具体的历史问题，每课之间具有时序上的联系性，形成一个有机整体。课与课之间、单元与单元之间乃至整册书的知识背后都潜伏着某些历史线索与核心观念。

把握教科书的结构，就是要形成“全局意识”，尤其是在使用《普通高中教科书 历史 必修 中外历史纲要》时，这种整体意识变得尤为重要。在做教学设计时，教师要对教科书的全貌有所了解，把握每课在单元、全书中的地位，弄清楚课与课之间的相互关系，对内容涉及的各种联系有较全面的掌握。教师要将隐藏于文字间的历史意义揭示出来，据此培养学生分析历史问题的能力。

文献：改变对历史教科书系统的认识势在必行（赵亚夫、马婷、李田玉）

实践研讨

阅读二维码资源，思考历史教科书结构的变化对于教师的教学观与学生的学习方式的变化有何影响。

案例呈现

《普通高中教科书 历史 必修 中外历史纲要》(下)的“第二次世界大战与战后国际秩序的形成”一课分法西斯主义与亚欧战争策源地的形成、第二次世界大战、战后国际秩序的建立三个子目。初看这一课，感觉每个子目都很重要，但只要仔细阅读教材子目与内容，就可以发现教材主要讲述以下内容：第二次世界大战为什么会爆发？第二次世界大战是怎么结束的？战后的世界出现了怎样的格局？这一格局起到什么样的作用？据此我们可以提炼“战争与和平”这一教学主题，并以“和平”为重心进行教学设计。[①]

由此想到的

这则案例为我们呈现了如何处理教科书内容。教师面对教科书时，需要对教科书各个子目的关系进行梳理，从而凝练出一个教学主题，使基于教科书分析进行的教学设计更加聚焦。重点理解的内容需要补充细节，使认知更加丰满，与主题关系密切的内容需要保留，而与主题关系不大的内容则可以适当舍去。这样，教学的形式就层次分明了。具体而言，可以分为两步：

第一，对教科书内容进行适当的补充和取舍。教科书上所涉及的内容，未必是教师教学中需要全部涉及的内容；反之，教师教学中所涉及的内容，也不应被教科

① 朱可．高中历史整体性教学设计策略新探:《中外历史纲要》试教心得［J］．历史教学，2019（13）:47-54．

书所局限。教师应依据课程标准、学生实际、教科书内容叙述，确定教学主题，从而突出教学设计的重点，对教科书内容进行适当的取舍。比如，某些重点内容，初中教学可以将情节补充得细致一些，高中教学则可以侧重内容分析。

第二，把握教科书的教学重点。分清主次，提炼教科书的重点是有效教学的关键。对于重点部分，教师应多花精力，采取问题探究等形式，引导学生参与到历史学习中，理解历史事实，探究历史问题，形成历史认识。对于次要的内容，则可以采取自学、简介等方式处理，无须旁生枝节。在教学设计时，教师还应考虑基于教科书的教学重点，选择适当的教学策略。例如，岭南师范学院唐朋老师将《普通高中教科书　历史　必修　中外历史纲要》（上）中“从三国至隋唐的文化”的重点确定为“儒学、道教与佛教的发展历程及其关系”，为突破这一重点知识，他选择的教学策略是运用史料开展问题探究，问题为：（1）魏晋南北朝时期佛教兴盛的原因是什么？（2）儒学、道教、佛教的发展特点是什么？

至此，教科书分析的流程已经显现出来：

步骤1，树立“用教材教而非教教材”的观念。

步骤2，把握教科书与历史课程标准的关系。

步骤3，把握教科书的结构与体系变化。

步骤4，对教科书内容进行适当的补充和取舍。

步骤5，把握教科书的教学重点。

步骤6，依据教科书精心设计教学方案。[①]

基于步骤1—5，教师设计教学方案时还需要关注以下四点：（1）具体、精练地表述本课的教学目标和教学重点、难点，而且必须使其可操作、可测量或评估；（2）对教科书内容进行加工，或浅化，或深化，或整合，将其知识体系转化为更适合课堂教学、更贴近学生“最近发展区”的教学内容；（3）注意指导学生运用教科书，引导其理解教学内容的基本思路，把握教科书的结构、层次、内容、观点，对某些内容深入思考，领略其中知识的魅力，逐步形成阅读教科书的能力和方法；（4）以教科书为中心，整合运用多种教学手段，如多媒体、网络等现代教学技术，以及黑板、粉笔、挂图、幻灯片等传统教学工具。

（二）把握和分析教科书的技能

把握和分析教科书，不仅要明确分析流程，当落实到具体内容时，还需要具备一些基本技能。

 案例呈现

“冷战后的世界格局”是《义务教育教科书　世界历史》（九年级下册）第六单元中的一课。《义务教育历史课程标准（2022年版）》对相关内容的要

① 于友西，赵亚夫. 中学历史教学法［M］. 4版. 北京：高等教育出版社，2017：62-64.

求为“通过世界多极化、经济全球化、社会信息化和文化多样化，了解现代世界的基本特点”。从知识体系上看，本课与第一次世界大战后的凡尔赛—华盛顿体系、第二次世界大战后的两极格局共同构筑了现代国际格局的知识脉络。在教学内容上，本课讲述冷战结束后的世界格局：一方面，中国、俄罗斯、日本等国家，以及欧盟、不结盟运动和七十七国集团等区域性或国际性组织，共同构建起世界多极化的基础，使世界格局呈现多极化的发展趋势；另一方面，当下唯一的超级大国——美国不断推行霸权主义，使世界多极化的实现还需长期与复杂的过程。[①]

由此想到的

把握和分析历史教科书要定位课程内容，凝练内容主旨。该案例为我们提供了一些思路：首先，明确课程标准的要求，抓住基础性内容，明确大多数学生在学习本课后需要掌握到何种程度；其次，从“知识体系”上认识本课内容，识别该段历史知识逻辑；最后，从“教学内容”上认识本课内容，把握教科书叙述的主要内容与倾向。

案例呈现

以下是《普通高中教科书　历史　必修　中外历史纲要》（上）中“两宋的政治和军事”一课的导言：

五代时期，天子“兵强马壮者为之”，中原王朝更迭频繁。960年，后周禁军统帅赵匡胤发动兵变夺取帝位，建立宋朝，定都东京，史称北宋。赵匡胤就是宋太祖。新政权结束了五代十国分裂局面，形成长时间的稳定统治。图为明朝人绘制的《雪夜访普图》，描绘了宋太祖与谋士赵普筹划统一方略的场景。

由此想到的

现在历史教科书的体例都是由导言开始的。按照奥苏贝尔的理论，导言是一种先行组织者。它作为一种导引材料，先于主体学习内容呈现，起到引出、概括、建立新旧知识联系的作用。这节课的标题是“两宋的政治和军事”，包含宋代的制度建设、边疆危机、变法运动等内容。导言通过联系前一单元的五代局势，引出北宋

① 郑士璟，林晶，林锦锋．“冷战后的世界格局”教学设计［J］．历史教学，2019（19）：45-50．引用时有改动。

的建立，并且在对比中预设情境，突出北宋政权与五代政权的不同。此外，教科书以图文搭配的方式，选择了《雪夜访普图》，虽然是明代的画作，但内容是宋代的故事，可以将学习内容引到宋代的统一与制度建设上来。

从教学法的角度看，这样的导言有三个作用：(1) 激发兴趣。导言有助于激发学生的学习兴趣。(2) 创设情境。材料给出了一个有“带入感”的历史情境，使学生在初学本课时很快地进入学习情境。这样做，学生阅读教科书时不至于很突兀。(3) 提示重难点。如上述案例中的导言，它提示了这节课要讲的主要内容，点出“北宋如何稳定政权”的教学重点。

把握和分析教科书要分析文本。文本分析是理解作者原意的手段，同时也是把握教科书内容主旨的一种重要方法。教师可以重点关注以下三个方面：(1) 关注材料的显性信息，即时间、地点、人物，这些大多可以在史料中直接获取，也是描述一个历史事件所需的最直观的信息；(2) 关注材料的隐性信息，即事实、观念、意图，这就需要教师在史料内外钩沉索隐，做一番考证与纵横联系；(3) 关注材料的综合信息，即内容、形式、价值，这些往往是在其他要素的基础上概括而成。

案例呈现

在《义务教育教科书　中国历史》(七年级上册) 的“沟通中外文明的‘丝绸之路’”一课中，教科书用了大量的篇幅描写张骞的事迹：

张骞原是一名郎官，他志在为国分忧，勇敢地出来应募，承担起这一艰巨的使命。公元前138年，张骞率领随从西出长安，踏上前往西域的征程。在途中他们被匈奴抓住。在匈奴的威胁利诱面前，张骞威武不屈，“持汉节不失”。他始终不忘使命，在被扣留10余年之后，寻机逃脱，继续西行，历尽艰难到达大月氏……归途中他又被匈奴抓住，扣留了1年多才得以逃出，回到阔别13年之久的长安。

并且还专门提出问题思考：“张骞曾两次被匈奴抓住，被扣留了10余年，但他仍坚持完成使命。他的这种精神对我们有什么启示？”以张骞威武不屈、不忘使命凸显其对国家大义不变的气节，表现出历史教科书更注重培养学生的家国情怀。

由此想到的

揭示教科书叙事意图，有助于教师理解教科书内容的教学意义与指向，挖掘历史事实背后的育人价值，将价值观教育蕴于史事学习之中。在揭示叙事意图时，教师可以从三个方面入手：(1) 明确立德树人根本任务，澄清历史教育的育人内涵；(2) 关注教科书中的历史人物，突出历史人物的人格品质；(3) 把握课题的拟定意

图及其在单元中的地位。

案例呈现

某教师在准备《义务教育教科书 中国历史》（八年级上册）的“革命先行者孙中山”一课时，针对“康有为、孙中山是中国近代史上的重要历史人物。请你查阅相关资料，谈谈对他们的看法”的“课后活动”，提出教师在查阅资料环节可以从以下四个方面做示范：

第一，分析题目。对历史人物的看法要客观、全面，需要学生从多方面搜集材料，避免片面化。第二，常识指导。指导学生对史料进行分类，并辨析其价值。第三，查阅建议。上网查找相关的视频影音，到图书馆翻阅名人著作，参观名人的故居遗址，阅读有关的研究文献。第四，亲身示范。教师以一个人物为例，在条件允许的情况下示范如何查阅、搜集、整理信息。[①]

由此想到的

教科书的栏目为我们提供了很多教学资源，教师可以设计相应的教学活动。在上述案例中，该教师将课后活动作为一个探究问题，为学生示范学习方法，以发展他们解决历史问题的能力。教科书中的活动系统蕴含着和正文内容同样丰富的学习信息，所以我们在分析教科书时，应具备挖掘教科书各个板块学习价值的技能，将“辅助材料”融入整体学习单元。具体而言，教师可以参考以下三个步骤：

（1）指导阅读，激发兴趣并加深内容的理解。结合课文中主干内容的叙述，插入的图片、史料、地图，以及高中教科书的“历史纵横”“学思之窗”和初中教科书的“问题思考”等，在课堂教学中指导学生阅读、观察、探究，既能激发学生历史学习的兴趣，又能加深学生对主干内容的理解，还可以提升学生的学科关键能力。

（2）主题探究，专题研习并提升关键能力。由于学习内容本身的逻辑，辅栏中呈现的某些学习材料与情境是有主题的，可以组织主题探究、专题材料研习。[②]

课件：初中历史教材案例分析（唐朋）

（3）成果展示，开启新一轮交流互动。过去，教科书的活动系统往往处于被动地位，成为学生课后自学的部分，而缺乏有效的学习成果展示与反馈。无论是材料解读，还是图片分析，或是课后活动，都需要教师及时对学生进行学法指导，并将各自的学习成果展示给大家，学生互相交流提问，深化对学习成果的认识。

从本质上说，教科书分析是要回答“学什么”的问题。无论教师在分析历史教科书时采取怎样的流程与策略，都不可避免地要涉及定位、价值、内容、活动等方

---

① 计金慧．统编版历史教科书“课后活动”分析［J］．中学历史教学参考，2019（5）：70–71.

② 刘汝明，李静．历史教科书辅栏应用的思考［J］．历史教学，2019（23）：46–51.

面。以下问题清单可以供教师在完成教科书分析后自查分析得是否到位，还有哪里需要进一步考虑。

- 本课在全书或本单元中处于什么位置？本课几个子目之间是什么关系？
- 本课的主要史实和基本观点分别是什么？本课知识具有什么特点？本课的核心概念是什么？
- 本课的重点和难点分别是什么？
- 本课有哪些重要的材料（文献、地图、文物、照片、漫画等）？这些材料与本课课文分别是什么关系？查找其出处和上下文，谈谈如何理解这些材料。
- 本课有几个学习栏目？这些栏目与相关课文分别是什么关系？编者设计这些栏目的意图分别是什么？这些栏目分别能起何作用？
- 教科书的内容完全符合课程标准吗？如果是，那是因为什么？如果不是，又是因为什么？
- 本课编写成功的地方是什么？不足的地方是什么？如果你来编写本课，你会怎么改？
- 你对本课的哪些内容较为熟悉？哪些内容较为陌生？
- 基于以上，你准备如何处理教科书？

四、明确的教学关系定位教学设计

教与学是教学设计需要着重考虑的一对关系，决定了教学设计的取向。这不仅是一种观念，而且还影响教师对教学内容与教学方法的选择。关注学生的学习活动，与强调教师的教学手段相比，自然是更为复杂，但也因其将学生视为教学中的主角，教师的主要工作是指导，从而真正落实“以学定教”。

案例呈现

某教师对“明朝政治制度”这一主题的教学设计部分内容如下：

阶段一：确定预期学习结果

1. 确定教学目标

该教学目标由《普通高中历史课程标准（2017年版）》统整而成。统整后的内容主旨为：“明朝政治制度是中国传统政治制度之再建，然而恶化了。”

统整后的教学目标是：知道明朝建立的概况；知道明朝加强皇权的措施。

依据的核心素养目标是“时空概念”：知道特定的史事是与特定的时间和空间相联系的；在认识现实社会时，能够将认识对象置于具体的时空条件下进行考察。

（其他目标略。）

2. 需要思考的基本问题

（1）朱元璋为什么要加强皇权？

（2）朱元璋加强皇权的具体措施是什么？

（3）废宰相产生了怎样的影响？主观动机和客观效果是否一致？

（4）明朝内阁政治地位的演变趋势是什么？内阁的实质是什么？

（5）自秦至明，中国古代中央权力机构的演变趋势是什么？

（6）为了加强皇权，明朝又设置了什么机构？厂卫机构的实质是什么？

（7）朱元璋为了加强皇权，怎么驾驭臣下？造成了怎样的朝廷政治气氛？

（8）为什么明朝以来诸多历史学家认为“明朝政治制度是中国传统政治制度之再建，然而恶化了”？

3. 预期的迁移

（1）由同一时期不同作者的朱元璋画像，强化文学艺术作品“时代风貌”“社会风尚”“作者心声”的证史路径。

（2）根据一定的史实、史料或视角，质疑反驳有明显缺陷的观点或评价。

（3）从时代特征、自然环境、文化传统、社会生活等方面，理解历史事件的联系、作用与影响。

（4）用主观或客观、动机与后果的概念范畴，分析、综合、归纳、比较基本史实和相关问题。

4. 预期理解的内容

（1）明朝加强皇权的原因、制度、实质和影响。

（2）中国古代中央权力机构的演变趋势。

（3）厂卫机构的性质和影响。

（4）明朝政治制度是中国传统政治制度之再建，然而恶化了。

5. 预期获得的知识或技能

（1）明朝建立的概况。

（2）朱元璋废宰相设内阁。

（3）内阁的实质（权力来源、职能）仍然是皇权的重要组成部分。

（4）厂卫机构是法外行事的特务机构。

（5）朱元璋以重典驭臣下造成了极其恐怖的朝廷政治气氛。

学生将会：

（1）通过折线图，概括明朝内阁政治地位的演变趋势。

（2）通过历史表格，分析出中国古代中央权力机构的演变趋势。

阶段二：确定合适的评价证据

我们如何知道学生是否已经达到了预期结果？哪些证据能够证明学生的理解和掌握程度？我们需要根据收集的评估证据来思考课程。

1. 表现性任务

2. 其他证据

3. 学生的自我评价和反馈

阶段三：设计学习体验和教学

（具体内容略。）[①]

由此想到的

上述案例与传统的教学设计流程不同。传统教学设计通常从教科书出发，教师根据自己的历史认识设计教学过程。而该案例则始于学习目标，并以目标为导向，关注学生的持续性理解。基于格兰特·威金斯和杰伊·麦克泰格的研究，结合案例，我们可以将这种教学设计归结为以下三点：

首先是确定学生要学会什么，即案例中的“阶段一：确定预期学习结果”，教师应思考“学生应该知道什么？理解什么？能够做什么？什么内容值得理解？什么是期望的持久理解？”

其次是思考需要哪些证据来证明学生已经学会了这些内容，即案例中的“阶段二：确定合适的评价证据”，教师通过“我们如何知道学生是否已经达到了预期结果？”“哪些证据能够证明学生的理解和掌握程度？”等问题收集评估证据来思考课程。

最后才是设法整合各种学习资源，设计学习活动，即案例中的“阶段三：设计学习体验和教学”，教师在这一阶段必须思考几个关键问题：如果学生要有效地开展学习并获得预期结果，他们需要哪些知识和技能？哪些活动可以使学生获得所需知识和技能？根据表现性目标，我们需要教哪些内容？指导学生做什么？以及如何用最恰当的方式开展教学？要完成这些目标，哪些材料和资源是最合适的？这种设计思路被称为“逆向设计”。[②]

案例呈现

在教“新文化运动”这一主题时，有学生突然发问：“新文化运动抨击‘尊孔复古’，是思想的大解放，但我们现在又提倡弘扬中华优秀传统文化，这是不是在‘尊孔复古’呢？”面对这一意外之问，老师首先赞赏其敢于质疑之精神，然后通过平等的对话来点拨：新文化运动倡导西方文化中的民主科学思想，是为了解放中国人的封建思想，挽救危难中的中华民族，但“废除汉字”等提法就失之偏颇。今天我们提倡弘扬中华优秀传统文化，是发扬传统文化中的优秀部分，坚持“去其糟粕，取其精华”的原则。

---

① 胡彦杰．基于核心素养的逆向教学设计：以《明朝政治制度》为例［J］．历史教学，2019（3）：20-25．引用时有修改。

② 威金斯，麦克泰格．追求理解的教学设计：第二版［M］．闫寒冰，宋雪莲，赖平，译．上海：华东师范大学出版社，2017：18-19．

由此想到的

上述案例中，学生的提问打破了教师预先设计好的教学流程，而这一问题又十分关键，涉及学生如何理解新文化运动的时代背景和传统文化自身。非常遗憾的是，该案例并没有给出师生对话的过程，仅呈现出结果。我们可以假设，如果该教师能够据此引发学生之间讨论，甚至学生自主查阅资料然后辩论，那么这节课将会产生更多的闪光点。

这反映出教学关系的第二对关键词——预设与生成。所谓预设，就是教师事先充分预判所要达成的教学结构，并为此设计出一个可行的实施方案。预想的过程即非常专业化的设计过程，包括实施方向（目的）、实施步骤（计划）和实施策略（方法）。[①] 但是，如果历史课堂是开放的话，教师就无法完全预设课堂，也不必完全预设。学生在历史学习中生成的问题，更具有学习和探究的价值。这是因为，知识要实现增殖，就需要依赖与学生的交往、互动、对话，拓展知识的维度，丰富知识中蕴含的多种可能性。当学生经历了由疑惑出发，到自主解决疑惑，再到发现新疑惑的过程后，才真正厚实了历史知识本身，也使其变得更有意义。

案例呈现

王老师在讲“中华大地的远古人类”一课时，设计了如下环节：

授课前，王老师进行简短引导后，提出探究活动：我们一起来模仿考古学家，根据这些考古材料重构北京人生活的历史场景。大家在分析这些史料的过程中，要充分发挥自己的分析和想象能力，把自己想象成北京人，如果自己生活在那个时代将会是什么样子。

生 1（一向思维比较活跃）：我看北京人的复原图很像外星人。人类是否起源于外星人？我对这个问题很感兴趣，可以研究一下。

生 2（质疑）：请问你见过外星人吗？外星人是否真的存在？

……

为了引导学生讨论的方向，王老师决定“抛砖引玉”。

师：大家阅读材料，从材料中归纳出北京人使用的石器的特点，从生产工具的特点出发推断出原始人类的生产、生活状况。

……

生 1：我对北京人的服饰比较感兴趣，我想他们一定是用树叶做衣服的。（他做手势演示了一下，引得大家哈哈大笑。）

---

① 赵亚夫，徐赐成，刘红梅．历史教学设计的流程、诊断与策略：第五讲［J］．中学历史教学参考，2015（1）：4-8．引用时有修改。

师：你很有想象力。但是，你的这些想象有什么根据吗？我们始终在强调一个原则，就是想象必须要有根据，要在已有史料的基础上进行合理的推测，做到言之有据，言之成理。

（你是否注意到王老师用了这样一个词“想象力”。同样的情境，有可能就会被别的老师说成是“胡说”“捣乱”。王老师用了“想象力”，很明显这是一个好的开始。教师的指导很到位，他用这样一句话指导学生：“言之有据，言之成理。”对话的方向明确了，即无论你想说什么，都必须有理有据。于是其他学生就可以在此基础之上继续探究。）

生2：是否用树叶来缝制衣服，我在材料中没有发现；但用动物的皮毛来制作衣服，我觉得倒有可能。因为在北京人遗存的化石中有各种动物化石，人们在成功狩猎后，可能会把皮毛剥下来制成衣服御寒。

师（欣喜地）：很好。你会用“可能”这个词语表示推测的不确定性，可以看出你的思维比较严谨。

生3：我觉得不能仅凭着北京人遗存中有各种动物化石就判断他们会剥掉动物的皮毛做衣服。或许当时的气候环境或北京人的体质，并不需要衣服御寒。

师（高兴地为他的发言鼓掌，其他同学也给予赞赏的掌声）：你说得太好了，这就是历史研究中所要遵循的“史必有证，论从史出”的基本原则。

生4：我反对你们的观点。我认为，他们都不会穿衣服，因为当时的人们可能没有形成廉耻观念。

师：很好。你认为穿衣的目的不仅仅在御寒，而且在遮羞。你思考的角度已经从物质层面转向精神层面，这证明我们的思维逐步深入。由于时间关系，“原始人究竟有没有廉耻观”这个问题，有兴趣的同学在课后可以把它作为小课题继续研讨。[①]

由此想到的

讲授和活动常被视为互相抵触的一对关系，但在实际教学中，二者是相辅相成的。上述案例中，该教师以有趣的、有效的问题为引领，开展学生自主探究活动。

在整个探究过程中，学生不仅能自主地重构生动活泼的历史场景，而且在研讨中积极参与，精彩辩论，这确实是自主探究的魅力所在。但与此同时，教师的讲解在学生的自主探究中也起到了重要的作用。授课前，教师铺垫了任务背景，有助于学生了解有关原始人类遗址的考古研究动态，便于在探究中对相关问题作出基本的

① 夏辉辉．问题解决：历史教学课例研究［M］．北京：北京师范大学出版社，2012：70-72．引用时有修改。

判断；同时，教师还给出了学习方法，提示学生以“神入”的方式学习北京人的知识。在学生天马行空地讨论毫无根据的“伪问题”时，教师适时地纠正方向，提供解决问题的路径示范。在学生得出结论时，教师又通过追问和讲解的形式，提示学生要“言之有据，言之成理”。

实践指引

教学设计是一种相当实用的教学技术

教学设计要发挥指导作用，从而提高教学质量，就必须准确把握、科学运用相关主要因素。首先紧扣教学设计的对象——学生，要为学生而设计，把教学设计作为实现“以学生为中心”的前提和基础。在教学设计各要素上，教学目标、教学内容、教学方法和教学评价等，都要以学生的接受和获得为前提，离开了“学生”这个核心，就不会有好的教学设计。

由于学生个体之间存在差异，不同区域的学生整体之间也有不同，教学设计除了要以学生为中心外，还得遵循课程标准的基本要求，从而实现教育发展的“均衡”和教学质量的总体提升。课程标准对学科的性质、功能、内容、教学、评价等影响教学质量的因素做了基本规定，教师在教学设计时要注意研究落实。

历史教科书是历史教学的核心资源，随着统编历史教科书的使用，作为课程资源的历史教科书承载着更为重要的教育价值，如何用好教科书成为教学设计的关键。教师在教学实践中除了要落实教科书内容，更要在教学设计中体现、发挥历史教科书的育人价值。

此外，教学设计还应考虑一个关键问题——教学中的师生关系，通过教学设计建立积极而健康的师生关系，是教学设计能够达成教学目标的关键。

第三节　教学设计必须突出学科的育人特征

○教学设计应突破教学意识并兼顾课程意识。
○教学设计应关注开放性知识结构。
○教学设计的实现是运用历史思维的过程。

教学设计不仅是教学实施的工具，也是挖掘历史学科育人价值的过程。要想更好地体现出育人价值，教学设计就不能仅从教学实施的角度来认识，还要从整体上把握教学设计，以课程意识指导教学设计，关注教学设计的知识结构与思维特色。

一、教学设计中的课程意识

案例呈现

某教师在执教《普通高中教科书　历史　必修　中外历史纲要》(上)的“中华文明的起源与早期国家”一课时，围绕“华夏文明的渊源”预设了如下学习活动：

宗教活动是商人文化生活的重心之一，他们相信自然界的各种现象由不同神灵掌管，帝、日月星辰、山林川泽，或祖先灵魂都是他们崇拜的对象。

(教师出示材料。)

材料1：甲骨卜辞中有祈祷仪式、祭祀仪式的记录，反映了当时人的观念中，自然天象具有超自然的神灵，这种神灵对自然现象和人事现象，具有影响乃至控制力量。有的学者根据甲骨卜辞，复原了《殷历谱》，知道当时把一年分为十二个月，闰年有十三、十四个月不等，小月29日；大月30日，全年平均365.25日。

——樊树志《国史十六讲(修订版)》

引导学生思考：商人非常重视祭祀祖先，不但将祖先当作与“帝”沟通的桥梁，也经常祈求祖先赐福给子孙。请结合材料思考，商人的哪些遗存(包括物质和非物质)反映了这项文化特色？

(教师出示材料。)

材料2：“史”字的不同字体

引导学生思考：甲骨文镌刻在龟甲或兽骨上，于是我们会有先入为主的观念——那时的文字就是刀刻的。事实是否如此，我们来体验一下“自制甲骨文”，老师手里有块橡皮，假设它是块龟甲，请一位同学上来刻一下图中的甲骨字(彝)，看是否可行？

引导学生思考：图中的“史”字的下半部分有甲骨文经常出现的“手”的含义，大家可以合理猜测下图中另外的字，“竖条”是竹片，“圈”代表串起竹片的材料。

引导学生思考：更有意思的是画了格线的甲骨，大家猜猜会有何用？此外写在玉上的甲骨文字体，大家猜猜是如何写的？

引导学生合理想象1：格线像我们平时的练习簿，可能是练字用的。

引导学生合理想象2：在商朝，日常的书写难道是我们熟悉的毛笔？

引导学生思考：刚才大家在材料中找到了“文字(甲骨文)”和“技术(历法)”的商文化元素，结合课本再思考“商文化”的物质表现。

(教师出示材料。)

材料 3：司巫掌群巫之政令。若国之大旱，则帅巫而舞雩。国有大灾，则帅巫而造巫恒。

——《周礼·春官·司巫》

材料 4：青铜器上的饕餮纹；江西新干大墓出土的青铜神像；三星堆出土的金面铜人头像。

材料 5：中国古代的版图可以从自然和文化的角度分为三个区域：一是东南的中原地带；二是西北的草原地带；三是在这两个气候、经济、文化颇为不同的地理区域中间的那个弯弯的、像半月形的区域，就是“中国弧”。

——杰西卡·罗森

引导学生思考：从材料 3《周礼》的描述中我们看出，“巫”在商朝的社会地位显赫。结合材料 4、5，谈谈你的认识。①

由此想到的

上述案例中教师通过引导学生探究商人在甲骨文、历法和青铜器领域的文化影响力，认识殷商在华夏文明形成过程中的重要作用。教师在设计教学活动时，用商代“甲骨文”和“青铜器”两大文化实物来解读文化的符号价值，理解其不仅巩固了中原文化，还促进了长江流域及南方地区的文化发展，为中华大一统奠定灿烂辉煌的文化基础，其“功在千秋”是商人当世未曾想到的。越深入了解中国历史与文化，越发现其博大精深，渲染式的文化自豪催生“认同”的发生。

从课程与教学的关系来看，课程开发从课程整体性的角度，关注的是教学内容和教学目标的确定，关心一段时期内的教育活动；教学设计则是遵循学习环境的规划和建构的所有步骤，关心在有限范围内具体学习环境的设计。②教师在进行教学设计时，首先要考虑的不是如何有效地教学，而是带给学生怎样的教育经验。这包括什么样的知识最有价值，什么样的主题最值得探索。而这又首先需要思考的是：我们究竟要培养什么样的人？受过教育的人该是怎样的？教育承担着怎样的职责和使命？③这意味着教师要实现由以教学意识认识教学设计向以课程意识认识教学设计的转变。

课程意识是教师的一种专业意识，它是教师“在考虑教育教学问题时对于课程意义的敏感性和自觉性程度”④。具体而言，课程意识是历史教师在思考和处理历史

① 黄雯婷．“文化认同”立意的“中华文明的起源与早期国家”学习设计［J］．中学历史教学参考，2020（17）：17-21．

② 西尔，戴克斯特拉．教学设计中课程、规划和进程的国际观［M］．任友群，等译．北京：教育科学出版社，2009：152．

③ 肖川．教师的课程意识［J］．中国教师，2003（5）：58．

④ 吴刚平．教学改革需要强化课程意识［J］．教育发展研究，2002（Z1）：37-40．

教学问题时对历史课程的一种整体性认识与反映。它包括教师对历史教育价值、历史课程目标、历史课程内容、历史课程评价等方面的基本看法，并由此形成历史教学的指导思想。那么，以课程意识认识教学设计与以教学意识认识教学设计有何不同呢？如表 1–3 所示，我们可以从教学目标、教学过程和教学评价三个视角对这两种意识加以比较。

表 1–3　教学意识与课程意识比较

视角	教学意识	课程意识
教学目标	关注的是达成既定教学目标的程度，若达成教学目标，教学就是有效的	关注教学目标本身是否合理、是否可行、是否有教育意义。若目标不合理，即使达成了目标也不一定是有效的，甚至还可能是负效的
教学过程	关注的是如何实现已定的教学目标，注重教学技术的开发	关注实现教学目标过程的合理性以及教学过程的教育价值
教学评价	关注直接的学习结果，特别注重以分数来评价学习结果。分数高，学习结果好	关注学生核心素养的发展状况；关注学生的反思和自我改进；综合运用诊断性评价、形成性评价、终结性评价等多种方式；关注评价主体多元化

一言以蔽之，教学设计中的课程意识体现在教师对教学价值问题的关注，即关注人本身的发展问题。这同样告诉我们，教学设计不是技术性处理，它体现着教师的课程意识，决定了历史教学的质量。课程意识弱，则历史教学更多地体现“求是”，而忽视为何“求是”；课程意识强，则历史教学更多地体现“求应该”，兼顾事实判断与价值判断，思考历史教育对学生养成正确的价值观、健康的历史意识有何作用。

二、教学设计体现的知识结构

无论是传统的历史教学，还是现代的历史教学，知识无疑都是至关重要的，谁也不能将知识抛出历史课之外。但随着知识观的发展，人们对知识的理解受到了剧烈的冲击。仅从经济合作与发展组织对知识的界定来说，知识大体分为“有关事实的知识”“有关原理或规律的知识”“有关做事的能力和技术的知识”“谁拥有知识的能力”。①

传统历史教学强调“有关事实的知识”，即“知道是什么”的层面，而对其他知识类型则持忽视或排斥的态度。以这样的认识来设计教学，表现的是一种事实性知识本位的教学设计。如果将后三种知识纳入历史教学设计中来，那么教学设计的存在形态将得到较大改观，教学设计也将有希望从事实性知识本位转向事实性知识、原理性知识、策略性知识、价值性知识综合协调的教学设计。如果再从“谁拥

① 赵亚夫. 中学历史教育学［M］. 北京：北京师范大学出版社，2019：62.

有知识”的角度认识教学设计，就连教学的主体都将转向学生自身，教学设计所体现的知识结构也将更加开放且多元了。

案例呈现

导入：

提问（“你对列克星敦战役了解多少？”）→新课（史料研习）

第一步：

告诉学生这场战斗是个复杂的事件，关于具体发生了什么，有许多相互矛盾的说法，其中最具争议的问题是“谁开的第一枪”。

第二步：

PPT 展示核心历史问题：在列克星敦战役中发生了什么？

第三步：

出示两幅描述列克星敦战役的画。先不告知学生谁画的，也不告知学生何时画的。有学生询问作家或创作日期，只告诉他们这些是很有价值的问题，后面会解决。

第一环节，PPT 展示第一幅画。要求学生根据问题的提示来描述自己所看到的。问题设计：在这张画中看到了什么？关于列克星敦战役，它提供了什么证据？

第二环节，PPT 展示第二幅描述这场战役的画。连环追问设计：（1）在该画中看到了什么？（2）关于列克星敦战役，它提供了什么证据？（3）两幅画有什么相同之处与不同之处？

第四步：

老师分发文献史料 A。

问题设计：（1）约翰·巴克是谁？（2）该史料是何时写的？（3）该史料为何而写？（4）你预测该史料会说什么？（5）根据该史料，列克星敦发生了什么？（6）根据该史料，谁在列克星敦战役中开的第一枪？（7）该史料关于列克星敦战役的叙述有多可靠？解释一下理由。

注：7 个问题旨在引导学生通过求源和精读，了解该史料说什么，其可靠性如何，为后面与史料 B 的比较、确证作好铺垫。

（具体的分析过程略。）

第五步：

老师分发文献史料 B。

问题设计：（1）该史料的作者是谁？（2）这是什么类型的史料？（3）它是何时写的？（4）你预测该史料会说什么？（5）关于列克星敦战役，有什么共同点？（6）关于列克星敦战役，史料 A 和 B 有什么不同点？（7）该史料关于列克星敦战役的叙述有多可靠？解释一下理由。

第六步：

通过确证研读两则图片史料、两则文献史料，教学进入到全班讨论环节。老师仍然以问题驱动学生探究。

（具体的讨论过程略。）

问题设计：（1）这些史料有什么相同和不同之处？（2）能否回答谁开的第一枪的问题吗？（3）哪则史料对列克星敦战役的描述更可靠，为什么？（4）为进一步研究列克星敦战役中发生的事情，还需要搜集哪些其他类型的史料？

由此想到的

当所谓的知识权威一次次遭到现实的挑战和质疑时，人们不禁反思“什么是知识”，由此新知识观也渐趋形成。传统知识观强调知识具有绝对性、普适性、价值无涉性，该案例打破了这样的认识。它既看到了知识本身的价值和存在价值，即以已有知识作为探究背景，又着眼于“因主体认知解读的差异而延伸出的多元意义生成”。所以，知识不是人类认知的被动“镜像反映”，而是主动建构的，带有确定与不确定的特质。案例探析的是到底谁开了第一枪，最后学生依然没有一个确切的答案，对传统知识观下的历史教学来说，无疑是失败的案例。然而，学生在这个过程中理解史料差异、评估史料价值，发展了核心素养。

三、教学设计凸显的历史思维能力

历史思维是指历史学习中的独特思维方式，包括“了解历史学家如何运用证据编写历史作品，理解偏见的产生以及基本观点；理解历史学家为什么会对同一历史事件作出不同的解释”[①]。教师通过对教学活动的设计，来达到培养学生历史思维的目标，使他们学会思考问题，并试着解决问题。如果仅是将知识灌输给学生，设计的必要性就大大降低了。

案例呈现

某教师对《普通高中教科书　历史　必修　中外历史纲要》（上）中“两次鸦片战争”一课的教学设计部分如下：

从争论中看两次鸦片战争

任务：阅读下列材料并回答问题。

材料一：美国汉学巨擘费正清，就以亚当·斯密在世也很可能会认同的字句说明这场战争：“中国看待对外关系的观点……落伍且不合理……英国要

① 赵亚夫. 中学历史教育学［M］. 北京：北京师范大学出版社，2019：30.

求彼此平等往来，要求给予通商机会，其实代表了西方所有国家的心声……英国把对中贸易的重心不只放在茶叶上，还放在鸦片上，这是历史的偶然。”他的一位学生则写道，战争若未因鸦片而爆发，可能也会因棉花或糖蜜而同样轻易地爆发。

——［美］彭慕兰等著《贸易打造的世界》

1. 材料一的观点认为鸦片战争的根本性质是什么？（　　）

A. 平等战争　　B. 通商战争

C. 落伍战争　　D. 偶然战争

2. 你是否同意材料一的观点？如果不同意，请在教材第 90 至 91 页中找出两个以上的论据来驳斥它。

材料二：此次的战争，表面上是因禁止鸦片问题而起，是中英两国的战争，然而就战争的真正意义说，可称为中西文化的冲突。因为中西人士对于国家政治及一切社会生活的观念完全不同，所以才生出许多不易解决的纠纷问题来。

——李剑农《中国近百年政治史》

3. 材料二的观点认为鸦片战争的根本性质是什么？（　　）

A. 中英战争　　B. 中西战争

B. 文化战争　　D. 禁烟战争

4. 阅读教材第 81 至 82 页乾隆、嘉庆皇帝的敕谕，你认为是否能够印证李剑农的观点？为什么？

5. 教材第 91 页指出：“英国大鸦片贩子认为中国禁烟措施损害了英国的利益，英国政府宣布对华发动战争。”有人质疑说，既然中英是为了鸦片而战，那为什么在《南京条约》中除了赔偿烟价、商欠、军费外，完全没有提及鸦片问题？阅读教材第 92 至 93 页的内容，针对这个质疑提出你的反驳意见。①

由此想到的

在上述案例中，教师先后呈现了两则关于鸦片战争性质认识的材料，然后引导学生对材料进行了批判性解读。材料一认为鸦片战争的性质是通商战争，对这一观点的反驳主要分两步。第一步，引导学生去寻找支撑对方观点的证据，材料一观点的证据是中英之间因通商而产生冲突，而且鸦片与茶叶、棉花、糖蜜等都是商品。第二步，指导学生在教科书中寻找反驳对方观点的证据，确定出两点：鸦片贸易是走私贸易而非正常贸易；鸦片是毒品而非正常商品。由此，材料一观点的两点证据

① 整理自黄牧航的“两次鸦片战争”教学实录。

均被推翻，鸦片战争是“通商战争”的认识也就难以成立。对于材料二，教师采取了相似的处理方法。利用了教科书中“乾隆、嘉庆皇帝敕谕”的材料，在分析材料的基础上进行观点的论证，使学生认识到中英之间确实存在文化差异，但文化差异并不是鸦片战争爆发的根本原因。更进一步来讲，不同文化之间的差异是始终存在的，但文化差异并不必然导致战争。由此得出，文化战争也不是鸦片战争的根本性质。

从构成上看，历史思维能力包含四个核心要素：时序、证据、理解、意义。[①]在上述案例中，涉及历史思维能力中的证据运用。教师在指导学生运用史料时应有这样一种意识：在使用史料时，必须对其可靠性有追问和鉴别的意识，不能不加甄别地偏听偏信。史料记载者由于动机、立场、喜好等因素的影响，对同一事件可能有不同的记载。

案例呈现

教师：昨天，我们讨论了美国独立革命和法国大革命的相似点，但是这两个革命又有哪些不同之处呢？

戴比：法国大革命是流血革命。

教师：为什么说它是流血革命？两个革命都很猛烈，不是都死了很多人吗？

安德鲁：但是法国大革命中有一段恐怖统治。

戴比：对，在恐怖统治里，好多无辜的人都上了断头台。

教师：但在美国独立革命中，也有一些无辜者被杀了，对吧？

戴比：但是法国大革命更糟！死的人更多！

安德鲁：对呀，恐怖统治中真的死了好多人。

大卫：还有，法国人在恐怖统治中杀的都是他们自己的同胞。美国独立革命就不一样了，美国人杀的是英国人，而不是自相残杀。

简：不是吧？有些美国人因为效忠英国人也被杀掉了。

大卫：但在战役中被打死和被有计划地屠杀不一样。好多人没经过审判就被推上了断头台，他们死得不明不白。

安德鲁：没错。

教师：啊，我知道了。所以，两个革命的第一个不同之处就是法国大革命有恐怖统治，很多人被无辜地处死了，而且经常是在没有经过审讯的情况下。美国独立革命中却没有这样的事情。两个革命还有什么其他不同吗？

简：美国当时是英国的殖民地，他们是为了独立而战。

戴比：对。法国不是殖民地，法国自己就是殖民者。

---

① 张汉林. 历史思维能力体系的建构［J］. 中学历史教学参考，2019（9）：4-16.

教师：但是，我认为两个革命都在反抗专制，只不过法国大革命反抗的是王权。

简：但是在法国，国王是法国的国王。而乔治三世不是美国国王，他是英国国王。

教师：所以这两个革命的第二个不同之处是美国是殖民地，而法国不是；美国人民反抗的是外国君主，法国人民反抗的是他们自己的君主。[①]

由此想到的

近年来，思维教学已经渐渐引起了历史教育界的广泛关注，历史教师在进行教学设计时也会凸显历史思维。在此，我们将阐述教学设计中的一个重要环节——思维策略。

美国教育心理学家斯腾伯格及其合作者从学生的思维品质中划分出三种智力，即批评——分析性思维，创造——综合性思维，实用——情境性思维。他们针对三元智力提出了促进思维的三个教学策略：一是照本宣科策略；二是以事实为基础的问答策略；三是以思维为基础的问答策略。

上述案例即属于“以思维为基础的问答策略”（thinking-based questioning approach）。这是一种对话策略，最适合思维教学。对话是思维教学的基本特征，它鼓励师生以及生生之间进行交流。在这种策略中，教师提出问题以刺激学生的思维和讨论。通常这些问题并没有固定的答案，反馈也并不是简单的“对”或“错”。相反，教师乐于评论或补充学生的发言，甚至会隐藏自己的真实看法，故意发表一些偏激意见，扮演一个反面角色。如果讨论漫无目的，教师可以发表评论或再次提问，把讨论拉回到问题的中心。所以，教师更像向导或协助者。与以事实为基础的问答策略不一样，学生之间的互动对话策略喜欢对个别问题追根究底。在案例中，教师鼓励课堂讨论，并在关键时刻激发学生思维，例如，教师在教学过程中提问：“两个革命还有什么其他不同吗？”

四、教学与活动设计反映教学过程的本质

教学过程是综合性教学活动的复杂运作形式。在教学过程的诸要素中，教学活动设计最能体现教学过程的本质。教学活动设计反映了不同的教学模式，也使教学过程呈现不同的发展趋向。

人们对教学本质的认识可以从“过程、功能和关系”三个维度进行探索，大致可分为特殊认识说、发展说、实践说、交往说等。特殊认识说和实践说侧重于教学过程，发展说侧重于教学价值和功能，交往说侧重于教学关系。认识－发展说、认

① 斯腾伯格，史渥林．思维教学：培养聪明的学习者［M］．赵海燕，译．北京：中国轻工业出版社，2008：55-56.

识实践说、多层次多类型说等教学本质观，则对不同观察维度进行了整合。应该说，过程、功能和关系，都是观察教学本质的可行角度。[①]

案例呈现

某教师设计了主题为“从近代化角度看太平天国运动的影响”的教学环节。

材料一：1852 年 8 月，一位耶稣会教士在信中说：“叛乱者的武器不是中国制造的。”

——邓元忠《美国人与太平天国》

教师设问：“不是中国制造的”武器，可能来自哪里？（参考答案：国外）

材料二：1853 年 4 月，“贼踞城（南京）之逾月，有洋舰二，自海道泊下关，贼始疑为大兵之借援者，继侦知其为上海之领事，舟中所带皆洋枪火药，以通贸易为词，该逆延之入城，联教通款。”

——沈嘉荣《论太平天国推进中国近代化的历史功绩》

材料三：天京城外“买卖街极多做洋枪铺户，佛兰西人城内甚多，俱穿长毛服饰，携带洋枪及各种枪械在彼消（销）售。”

——南京太平天国历史博物馆《太平天国史料丛编简辑》（3）

教师设问：国外的武器怎么到了太平军的手里？（参考答案：外国的援助与走私）

教师介绍：太平军在起义后不久，就从国外得到了新式的武器。1862 年 4 月，上海一家洋行就供给太平军 795 门炮和 11 000 磅弹药，香港和通商口岸的洋行都公开做枪炮生意。有英军将领向政府报告说，1862 年这一年中，仅在新加坡成交的就有 3 000 门大炮。太平军能够多次打败清军，在很大程度上得益于新式武器。太平军购买的武器，由于多是走私的，往往价格很高。因此，太平军还想方设法寻找替代的办法。

材料四：取到其炮，取到车炮架，寻好匠人，照其样式一一制造。……我在太仓抢得炮样，业经制造，与其一样无差，今南京城内上（尚）有此样。

——罗尔纲《增补本李秀成自述原稿注》

教师设问：太平军采取了怎样的替代办法？（参考答案：仿制）

材料五：昆山城内有太平军之枪弹制造厂，由二英人主持。

——郭廷以《太平天国史事日志》（下）

教师设问：为了解决仿制中的技术问题，太平军采取了怎样的对策？（参考答案：雇用英国的技术人员）

教师介绍：（略）

---

① 王本陆．课程与教学论［M］．2 版．北京：高等教育出版社，2009：131–132．

材料六：曾国藩身为两江总督（1860—1864），也指挥浙江的军务，这样他就掌管了四个富庶而重要的省份（江苏、江西、安徽和浙江）；而李鸿章当上了江苏巡抚，左宗棠当上了浙江巡抚。此三人最后都升任大学士，尤其是李鸿章，身为直隶总督和北洋大臣，在1870—1895年乃是中国实际上的“首相”。

——［美］徐中约《中国近代史：1600—2000 中国的奋斗》

教师设问：

（1）曾国藩、李鸿章、左宗棠等人为什么能够得到重用？（参考答案：镇压太平天国运动有功）

（2）曾国藩、李鸿章、左宗棠等人早期是地方官还是中央官？（参考答案：地方官）

由此想到的

通过上述案例可以看到，该教师试图通过材料呈现启发学生思考，改变教学过程的形式。但可惜的是，因其提出的问题过于浅显，学生通过读材料几乎可以直接得到答案，这就失去了深入探究的可能，材料本身的价值也就略显黯淡。我们再看教学的整体结构，材料呈现与教师讲述相辅相成，学生的回答显得可有可无，这就使得整个教学过程看似有师生互动，实则仍是教师讲授；看似有对话，实则是对答。当教学与活动的设计以教师活动为主，学生活动仅是点缀而无深层次的思维活动时，无论历史课堂如何变形，它都是相对传统的、单调的教学手段，即使教学过程一气呵成，也因教学环境变得相对封闭而制约学生思考。

案例呈现

授课对象：高二学生。

课时长度：1～2课时。

探究活动：学生将识别第一次世界大战中所出现的新科技和事件。

学习目标：

（1）在阅读了大卫·科尔伯特的《美国见证者》（节选）后，学生将能够描述参展者的感情。

（2）学生将能够解释主要事件是怎样相互联系的。

（3）学生将能够评估战争对主要参战国家及其人民的影响。

教学材料：

本课顺利实施所依赖的重要的原始史料或本地课程资源。

（1）科尔伯特的《美国见证者》（节选）。

（2）为科尔伯特《美国见证者》（节选）准备的活页练习。

（3）第一次世界大战科技图或时间表。

教学活动：

（1）让学生阅读科尔伯特的《美国见证者》（节选），并回答活页练习上的问题。

（2）把学生分成若干由三人组成的学习小组，让各组分别用10分钟的时间讨论节选的材料及问题。

（3）教师引导学生围绕本课的学习目标进行简短讨论。

（4）学生自行选择合作对象，创作一张关于第一次世界大战的科技图或时间表，用以描述第一次世界大战的新科技和事件。

活页练习：《美国见证者》问题

（1）评价“卢西塔尼亚”号邮船沉没的影响。

（2）从阅读材料中找到推动美国参加第一次世界大战的两个事件。

（3）里肯巴克是谁？为什么说他在第一次世界大战中是个重要人物？

（4）总结“退伍军人节”的意义。

（5）舍伍德下士提及的“德国佬”指的是谁？为什么这对我们学习第一次世界大战很重要？①

由此想到的

在上述案例中，我们可以清晰地看到，教学过程由一份材料开始，大致经过了四个阶段：

阶段一：通过教师提供的指导性问题，学生阅读、分析材料，并对材料中的细节信息做标记，甚至需要联想与迁移。

阶段二：通过小组学习的方式，学生之间交换对任务列表中的问题的看法，在这个过程中，学生需要再次搜集、鉴别资料，合作解决问题。

阶段三：在教师的引导下学生进行讨论，评估小组讨论中形成的历史认识。

阶段四：由学生自主选择呈现历史解释的方式。

整个学习过程都是学生对问题的自主探究，通过自我认知问题—合作验证方案—共同评估假说—反思并呈现历史解释，帮助学生在问题解决中锤炼历史思维技能。这与讲授式教学过程有所不同，它是探究式的。探究式的历史教学过程强调的是学生获得知识乃至拥有知识的过程，而非得到知识的结果。知识作为一种解释表征，它不是不证自明的，甚至通过实证也很难得到确定的结论，故而需要借助探究，在探究的过程中建构知识结构。因此，我们说历史教学过程的本质就是探究，

① 何成刚，沈为慧，陈伟壁．国外历史教学案例译介［M］．北京：北京师范大学出版社，2013：212-216.

学生根据外在信息，通过自己的知识背景，建构自己知识的过程，就是探究式的教学过程。

探究式的历史教学过程，要求以学生的理解为中心，建立一种共同参与、互相合作的师生关系。教师通过提供建议和指导，鼓励学生自主学习，扮演着促进并与学生合作的角色；而学生是知识的生产者、探索者、批判性思考者和主要记录者，要为自身建构新知发挥作用。

那么，如何实践探究式的历史教学呢？新加坡历史教学大纲为我们提供了一个基本流程，探究式的历史教学需要经历“引起兴趣—搜集资料—推理论证—反思性思维”四个阶段，它们之间形成良性的循环，其关系如图 1–2 所示。

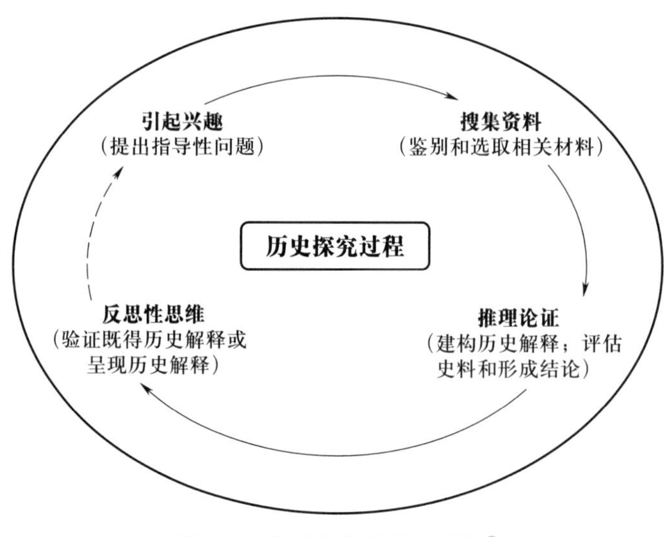

图 1–2 历史探究的循环过程①

实践指引

让历史学科核心素养“落地”

一般认为教学设计是课堂教学的设计，其表现形式也确实是以课堂、课时教学为主的。但要把课时教学设计好，仅有课时、课堂的概念显然不够，还必须要有课程意识。课程意识相对于教学设计而言，就是教学设计需要整体意识和综合意识，具体表现为教师在做课时教学设计时，能够从学科整体的视角来审视、分析和设计课时教学。

教学设计的目标追求和效果意识，具体还得靠基本的历史知识学习来完成，而教学设计的不同就在于重视知识教学而不是只教知识，强调通过知识教学达成教学

---

① 赵亚夫，张汉林. 国外历史课程标准评介：下卷［M］. 北京：北京师范大学出版社，2017：364.

设计目标，具体而言就是建立知识结构，将知识转化为学科素养。

在教学设计中将知识教学提升为素养教学，关键环节就是建立知识之间的关系，形成知识结构。而从知识到知识结构，再到知识素养，这个过程的本质就是思维能力活动过程。

将教学设计作为教学过程的蓝本，在本质上就必然是以探究式、开放式、师生合作参与的教学过程为主，增强教学过程的探究性是教学设计的基本追求。

章末作业

一、回顾

1. 定义：教学设计；课程意识；以学定教。
2. 定位：课程意识指导下教学设计的流程。
3. 辨识：用教科书教与教教科书。
4. 解释：为什么要强调第三代教学设计？

二、实施

1. 简述教学设计的关键环节与操作要领。
2. 研读《普通高中教科书　历史　必修　中外历史纲要》(上)中“从局部抗战到全面抗战”和“全民族浴血奋战与抗日战争的胜利”两课的内容，从课程视角出发，整合以上两课的内容，对“抗日战争”进行整体教学设计。

三、分析

基于“二、实施”第2项对“抗日战争”的整体教学设计，思考课程标准和统编历史教科书关于“抗日战争”内容设计的显著特色和教学旨要，并对教学设计做出反思和调整。

推荐阅读

1. 张汉林. 再谈中学历史教学设计：从课堂教学实例说开去[J]. 中学历史教学参考，2008(8)：18-21.

2. 赵亚夫. 历史教学设计的流程、诊断与策略：第一讲[J]. 中学历史教学参考，2014(9)：4-8.

3. 张汉林. 从历史思维到历史思维能力[J]. 中学历史教学参考，2020(7)：8-14.

4. 张汉林，邓敏. 论史料信息的三个层面和九个要素[J]. 历史教学，2020(13)：30-34.

5. 赵亚夫，马婷，李田玉. 改变对历史教科书系统的认识势在必行[J]. 中学历史教学参考，2021（1）：4-12.

6. 徐赐成．统编版高中历史教科书与学科素养培育［J］. 内蒙古师范大学学报（教育科学版），2022（3）：1-12.

第二章　目标何以能够定教

学习目标

- 了解课程目标的演进历程，理解课程目标的本质要义。
- 能够区别课程目标与教学目标（单元目标、课时目标）。
- 准确理解教师制订教学目标的基本依据。
- 熟练掌握拟定教学目标的基本方法和表述要求。
- 能够将教学目标具体落实到教学设计和实施过程中。

知识导图

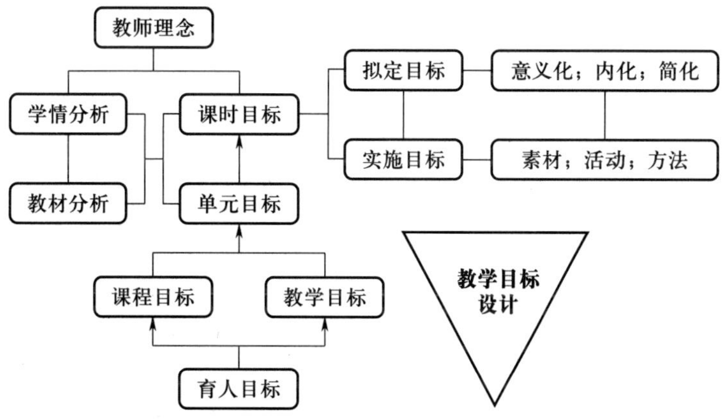

导语

某教师在执教“三国鼎立”一课时，先以一曲《滚滚长江东逝水》把学生带入课题，随后简单介绍东汉末年群雄割据的状况。很快，课堂教学转入官渡之战，四位学生上台表演了自编话剧“袁绍与军营军士的对话”“曹操与军营军士的对话”。剧情内容凸显袁绍的傲慢、自大和轻敌，曹操的谨慎、爱才和雄图。学生的表演“惟妙惟肖”，语言幽默，偶尔借用网络用语，引发学生们阵阵欢笑。“赤壁之战”这部分，由学生讲述三顾茅庐、火烧赤壁、华容道的故事。由于这三个故事大部分学生比较熟悉，不时有学生参与进来，生生互动很是频繁。最后，本课在抢猜三国谜语中结束。

课程改革以来，“做中学”的理念广泛流传。在这种理念的影响下，历史课堂活跃了不少。上述这节课，学生演话剧、讲故事、猜谜语，活动做了不少，但历史学习似乎并没有发生。电视剧主题曲虽然令人心潮澎湃，但它将学生带入的是电视剧，而非真实的历史情境。学生的表演生动有趣，尽情凸显袁绍和曹操的个性，但肯定不乏演绎的成分——谁都没有在袁绍和曹操身边待过，怎能判断学生的表演是否“惟妙惟肖”？更重要的是，官渡之战的结局是由错综复杂的历史因素导致的，绝非袁绍和曹操二人的个性所能决定的。赤壁之战的故事引燃了课堂，但是既然故事人尽皆知，听者又能从讲述者那里获得什么呢？更可怕的是，从“大部分学生比较熟悉”这句话来推断，他们所熟悉的故事很有可能源自《三国演义》而非《三国志》。最后一个环节，抢猜三国谜语固然热闹，但这与官渡之战、赤壁之战、三国鼎立又有何关系？

仔细分析，这节课似乎处处皆有漏洞，经不起推敲。往浅处讲，是教师教学素材和活动形式选择不当；往深处讲，是教师缺乏对历史教育终极目的的思考，从而让形式得到可乘之机，主宰了课堂。在历史课堂上，学生究竟应该收获什么，这是教师在教学设计时必须回答的问题。①

第一节 从目标分类学到历史课程目标

○设计教学目标要综合考虑不同层级的目标。

○设计教学目标也是研究教学目标的过程。

○学科核心素养是课程目标，不是课时目标。

---

① 徐赐成，赵亚夫，张汉林. 初中历史有效教学［M］. 北京：北京师范大学出版社，2015：32–33.

教育目标，既是教育准则，又是行为规范。而拟定教学目标是教师从事教学工作的首要任务和专门技能，其背后反映了历史教育的价值取向，是教师认识历史课程育人目标的工具，同时也是从经验化教学设计向以教育原理为指导的教学设计转变的助推器。所以，教师应掌握一些目标分类学的基本内容。

一、教育目标的不同发展阶段

20 世纪四五十年代以来，国内外学者先后提出了不同的目标分类理论。美国的泰勒、布卢姆、安德森、加涅、马扎诺等人都提出过教育目标分类学的构想。苏联的巴班斯基，我国学者李秉德等人，也都从不同角度提出了分类模式。

案例呈现

表 2-1 为某教师为“第二次世界大战”设计的教学目标。

表 2-1 “第二次世界大战”教学目标①

认知水平	问题案例
识记	有多少国家卷入了第二次世界大战？
理解	是什么因素促使反法西斯联盟的成立？
应用	如何确定战争的转折点？
分析	英法推行绥靖政策的后果？
评价	美国为什么成为对战后政治格局影响最大的国家？
创造	如果你身处第二次世界大战前夜，你认为如何去做才能避免战争的发生？

由此想到的

不同的动词使用会引起不同的教学行为。例如，“有多少国家卷入了第二次世界大战？”是要唤起学生对“卷入”数量的反应，如果将其换为“根据你的调查，卷入第二次世界大战的国家都是什么状态？”，就必须对卷入国家的具体情况作出深入的分析，对学生来说认知水平相较于前者也更高了。从理论上看，这是目标理论带给教学的变化。特别是教育目标分类学，它对教师的教学行为和学生的学习程

① 张汉林，马金星，赵亚夫. 高中课堂有效教学模式［M］. 北京：北京师范大学出版社，2014：26. 引用时有修改。

度做了相应的指标要求，对教学的科学化产生了重要影响。如何制订有效的目标，实现以目标定教，首先就需要深究目标理论。从泰勒到布卢姆，再到安德森和马扎诺，知道目标科学化的发展历程。

泰勒被称为“课程目标之父”，他认为，目标是评价的准则，应将“学习内容”与“学习行为”形成对应关系，建立起课程目标的二维图表。1956年，布卢姆立足于课程目标的完整性，提出认知、情感和动作技能三个目标领域。其中，布卢姆把认知领域分为知识、领会、应用、分析、综合、评价六层次，按照生物学原理，从低到高依次排列。1998年，美国学者霍恩斯坦在布卢姆的教育目标分类的基础上，增加了综合性的行为领域，将教育目标划分为认知、情感、技能、行为四个领域。

2001年，马扎诺等人开始改进布卢姆的教育目标分类学。他们运用如脑科学等最新的科学研究成果，于2007年完成目标分类体系改进。马扎诺提出，人的学习过程涉及三个主要的系统：自我系统、元认知系统和认知系统。相比于布卢姆的目标分类的认知领域，马扎诺等人的体系具有如下特点：

第一，教育目标分类学对知识维度、认知过程的内涵界定，与布卢姆的完全不同。增加了自我认知的知识，二者关于陈述性知识和程序性知识的表述角度也不同。

第二，更具有认知的整体性、灵活性、层次性和操作性，为设计教学目标提供了明晰具体的评价内容。诸如提取信息（回忆、执行）、理解概念（综合、表征）、分析文本（分类、比较、明晰化）、问题解决（决策、探究、调查研究），以及对元认知系统（设定目标、监控过程、清晰度、精确度）和自我系统（动机、情感反应、效能）的认定等。该目标系统，既能够帮助教师有效地编制教学目标，也可以提升学科教学的内在价值。

第三，是“一个完整的思维系统”，可以被历史教育研究者接受。这一体系跨越了“知识是回忆性质”的观点，相信知识是由不同的智力过程控制的，把心理活动过程看作与智力过程和信息一样的知识类型。自我系统、元认知系统和认知系统于教学实践而言，能够使“怎样学”（方法）和“学了会怎样”（价值）这类问题，变得更具有准确性。据此，历史教学目标必将关注“完整的历史见解”的建构，而非仅仅满足知道什么。这也更符合贯彻唯物史观的要求。当教学目标能够与元认知系统、自我系统联系起来时，认知系统才可能作用于学科教育价值，让历史成为思考的学科。[①]

二、历史课程目标的演进过程

1950年版的《小学历史课程暂行标准（草案）》明确新中国的历史教育有知识教育和政治思想教育两项任务。具体来说，知识教育要“使儿童依照年代的顺序，有重点地知道历史的重要事实和人物”；政治思想教育包括历史唯物主义、爱国主

① 赵亚夫. 中学历史教育学［M］. 北京：北京师范大学出版社，2019：81.

义、革命传统和阶级斗争等内容。[①]20世纪80年代末，在此基础上增加了能力培养。1988年教育部颁布的《九年制义务教育全日制初级中学历史教学大纲（初审稿）》，就正式提出知识教育、能力培养、政治思想教育“三项任务”。[②]其中，能力培养包括“用历史唯物主义的基本观点观察问题、分析问题”“初步掌握分析、综合、比较、概括等方法，去认识和表述历史的能力”。

从“两项任务”到“三项任务”，经历了近40年，折射出中小学历史教育研究成果和课程价值取向。

2000年，教育部所研制和颁布的学科教学指导文件用“课程标准”取代“教学大纲”。新的课程目标从“知识与能力”“过程与方法”“情感态度与价值观”三个维度，呈现课程追求和达成标准，故称“三维目标”。根据2003年的《普通高中历史课程标准（实验）》的说法，三维目标是一个不可分割、相互交融、相互渗透的连续过程和有机整体。在掌握历史知识的过程中，既有能力的训练，也有对史学方法的了解和运用，更有态度、情感和价值观的体验与培养。

与三项任务相比，三维目标对历史教学的影响更大、更深刻。首先，三项任务的主语是需要完成教学任务的教师，关注的是教师的教学；三维目标的主语是学生，关注的是学生的学习，体现的是一切为了学生，以学生为出发点的观念。据此，从教学目的转变为课程目标，标志着目标研究从教学论转向了课程论。

其次，强调“过程与方法”目标，使教学关注学生学习的过程与方法。在学习活动中，科学的思维过程与方法蕴含着理性之光，这是现代公民必不可少的素养。在历史学习中，用史实说话，有几分史实说几分话，孤证不足为凭，不任意裁减史实，就是理性思维的最好注释。

再次，用“情感态度与价值观”目标替代“政治思想教育”任务，一方面丰富了中小学历史教育的内容，另一方面有助于将历史教学提升为历史教育。因此，针对实践中出现的新问题，不宜再用旧经验来应对。

《普通高中历史课程标准（2017年版）》将课程目标由“三维目标”变为“学科核心素养”。根据课程标准的界定，学科核心素养是学科育人价值的集中体现，是学生通过学科学习而逐步形成的正确价值观、必备品格与关键能力。历史学科核心素养包括唯物史观、时空观念、史料实证、历史解释和家国情怀五个方面。

课程功能的转变离不开课程目标的变化。基础教育课程改革以来，学科教育发生了由“知识立意”转向“能力立意”，由“学科本位”转向“学生本位”，由“接受式学习”转向“探究式学习”，由“关注学习结果”转向“关注学习过程”的变化。这些变化，都是指导教学设计的基本方向。

---

① 课程教材研究所．20世纪中国中小学课程标准·教学大纲汇编：历史卷［M］．北京：人民教育出版社，2001：104–108．

② 课程教材研究所．20世纪中国中小学课程标准·教学大纲汇编：历史卷［M］．北京：人民教育出版社，2001：512．

实践指引

没有无目的的教学设计

教学目标的拟定是教学设计的关键一步，对教学过程、环节、活动及评价设计具有指导作用。拟定教学目标最大且最常见的忌讳是将教学内容与“三维目标”或者“学科核心素养”教条地对标设计，而忽略了学习主体（学生）的需求、设计依据（课程标准）和教科书的内容要求等。掌握教学目标的基本理论、熟悉历史课程目标的发展演变，关键在于能结合具体的教学实践，从整体视角设计具体、动态的课时教学目标。

纵观教学目标发展理论的演进趋势，越来越关注学生个体实际、越来越全面关注学生个体的素养差异和发展需求，是其基本规律。拟定教学目标既要能从保证基础的要求上设计出一般性的教学目标，更要注意班集体和学生个体之间的学习需求的互补性，从而使教学目标更切合学生实际，更有效地发挥目标对学生学习的引导作用。从教学目标的分类理论上看，尽管教学目标可以被分为若干领域和种类，但在实践上，教学目标的落实是一个综合化、一体化的过程。

第二节 教学设计中的教学目标是怎么来的

○科学表述并设计不同层次的教学目标。
○教学目标设计应体现最新的教育理念。
○教学目标的层级设计有利于教学实施。

教师在教学设计中制订教学目标时，首先应具备目标意识，而不是将目标视为应付检查的任务。所以，“目标从何而来”“目标如何呈现”，是教师在教学设计时必须要面对的问题。

一、如何理解和处理目标的层次性问题

目标是有层次的，教学目标可以在不同层面上建立，也可以在不同层面上实现。在实际教学中，教师总感觉先进的教学理念难以落实。其实，这并不能说明“以目标定教”是不实际的，而是教师在实践中忽略了目标的层次性。

案例呈现

以下为某教师对《义务教育教科书 中国历史》（七年级下册）中“蒙古族的兴起与元朝的建立”一课所拟定的教学目标：

通过学习成吉思汗统一蒙古和忽必烈建立元朝的史实，引导学生树立积极进取的人生观，塑造学生的坚强意志和勇敢品格；通过学习文天祥抗元的史实，对学生进行理想人格教育。

由此想到的

上述教学目标中，“引导学生树立积极进取的人生观，塑造学生的坚强意志和勇敢品格”“对学生进行理想人格教育”并非一节课就可以实现的，它们属于历史课程目标的重要内容。这样的历史教学目标就是对课程目标的移植，无法体现课程内容对学生成长的具体针对性，也不利于教学目标的达成。

从理论上讲，不能将课程目标直接下移为教学目标，特别是作为课堂教学目标，因为其需要教师根据具体的教学内容、学生学习的实际情况乃至具体的学习环境加以生成和细化。案例中的教学目标有两个突出问题：一是对某一学习课题而言，它过于笼统，指向不明；二是情感类目标因具有过程性而无法在短期内完成。这也反映出教学目标的鲜明特点——具体的、可检测的。

资料卡片

表 2-2 为不同层次目标的对比。

表 2-2　不同层次目标的对比①

目标层级	载体	制订者	功能和特点
课程目标	课程标准	专家	宏观目标：体现国家学科教育的总体目的和要求；明确学科课程应达成的预期目标；规定学科教育应达成的水平；突出导向性和整体性
单元目标	教科书 课程标准	教师	中观目标：体现学习主题、专题或单元的预期结果和要求；通常以教科书的主题、专题或单元内容为依据；是课程目标的下位目标；授课者自拟；须考虑具体学情；强调具体性和实效性
教学目标	教科书 课程标准	教师	微观目标：体现学习课题（以课时为单位）的预期结果和要求；通常以教科书内容为依据；是单元目标的下位目标；须针对具体的学习内容和学情；授课者自拟；强调针对性、操作性和可测性

① 赵亚夫. 中学历史教育学［M］. 北京：北京师范大学出版社，2019：79.

目标有宏观（最一般）、中观（一般）、微观（具体）之分。相比较而言，课程标准中的课程目标为宏观目标，学年（或学期）教学计划中的教学目标对应课程目标；单元教学目标为中观教学目标；课时教学目标为微观教学目标。与显性目标相对的是隐性目标，即不易或不能直接看出的学习成果，如理解、态度和思想等。教学设计中的教学目标以显性目标为主。

案例呈现

以下是英国八年级历史课程“法国 1789—1794 年：为什么在那里爆发革命？”的教学目标：

1. 中观目标

在本单元学习结束时，大多数学生将能够：知道法国大革命的起因和发展过程；知道不同身份的人对主要事件作出的解释；选择和组织信息得出自己的见解，比如，为什么有些人支持处死路易十六；描述大革命在多大程度上对广大民众产生影响；整体描述 1789—1794 年的法国大革命。

进步不大的学生将了解法国大革命期间的一些大事；运用特定的词汇（如农民和贵族等）解释为什么在 1789 年法国人要闹革命；了解人们对法国大革命期间大事的看法；能够利用事实解释人们的动机（如为什么要处死路易十六）；描述法国大革命对法国民众的影响；利用以前学到的知识更为翔实地描述 1789—1794 年的法国大革命。

进步较大的学生将详细了解和理解法国大革命的复杂起因及其发展过程；评估古今对法国大革命期间大事的不同解释；清晰地了解法国大革命的进程以及各阶段的转折点；考察自由、平等、民主三大原则在多大程度上被广大民众所应用；收集材料写出一篇关于 1789—1794 年法国大革命的文章。

2. 微观目标

本单元学习需要 8～11 课时，在本单元学习结束时，学生能够：

（1）知道关于变革的思想；总结自己研究的要点。

（2）理解统治者的特权不足以解释革命的起因。

（3）巴士底狱之所以被摧毁，有很多不同的解释，理解这些解释并描述革命者占领巴士底狱的意义。

（4）描述 1789—1794 年革命者对君主政体的态度发生的变化及其原因，运用基础知识支持和交流某个特定的观点。

（5）了解革命者的背景和动机。

（6）知道革命对特权阶级的打击是有限的，了解妇女、黑人、商人等社会群体在革命中受到的歧视。

（7）知道罗伯斯庇尔在其执政期的作用，分析罗伯斯庇尔与其他革命领导者的异同点。

（8）描述个人对法国大革命的性质和原因的认识。[①]

由此想到的

从20世纪90年代以来国际上通行的做法来看，将课程目标合理地转化为教学目标，选择在宏观的课程目标和微观的教学目标之间，增加一个中观的成效目标用以规定十分具体的知识和技能达成标准，如能力指标等。

视频：教学目标设计的常见问题（徐赐成）

仅就目标而言，该案例的目标书写注重目标的层次性，将教学目标区分为中观的单元目标和微观的课时目标。在中观目标下，又基于学情将教学目标细化为三个层次。从目标设计上看，并不空泛。如果目标宏观、不具体，教学设计就容易游离于教学目标之外；如果目标具体、可操作、可测量，教师在设计和开展教学活动时，就不能随意为之。

实践研讨

根据上述案例的提示，为《义务教育教科书　世界历史》（九年级下册）的“冷战”一课拟定教学目标。

二、让你的教学设计体现新的教育思想

历史课要有灵魂、有立意、有主题，实际上都表达了一个意思，即历史课并不是单纯地讲几个历史人物、历史事件，而是传递了一种思想。这种思想一方面来自史实本身，另一方面也体现在教师的历史教育观念上。相较而言，后者更为重要。

案例呈现

根据课程标准要求、教科书内容及初高中内容的衔接，“三国两晋南北朝的政权更迭与民族交融”的教学目标如下：

1. 能够在年代尺中标出曹魏建立、西晋统一、东晋建立、北魏统一北方等重大历史事件的时间点，了解三国两晋南北朝政权更迭的历史脉络。

2. 阅读有关汉末之乱、八王之乱、南北之间战争等材料，感受“乱世”民众生活之苦痛，认识三国两晋南北朝时期的时代特色。

3. 了解典型人物王羲之、邓攸、冼夫人、石勒、高欢等的相关史事，认识民族交融的多面性，感受民族交融要经历一个长期过程，并不是一件简单的事情。

---

① 赵亚夫，唐云波. 国外历史教育文献选读［M］. 长春：长春出版社，2012：154-159. 引用时有修改。

4. 能够结合相关材料，从多角度认识北魏孝文帝汉化举措的影响，体会历史发展的复杂性和曲折性。

5. 能够结合课堂小结，认识这一时期历史发展大势是由分裂、对峙重新走向统一。[①]

由此想到的

历史教育的根本任务在于立德树人，促进学生的个性健全发展，故历史教学设计需要符合基础教育课程改革的基本方向，体现历史教育的育人价值。教学目标能够为教学内容、方法的选择提供一种标准，同时也为教学过程的展开、教学评价等提供一定的依据。[②]教学设计是否体现新的教育思想，首先看教学目标。具体而言，教师在制订教学目标时，应从以下三个方面加以考虑：

第一，谁是教学活动的主体。随着课程改革的推进，教师中心的观念逐渐让位于学生中心的观念。教师在制订教学目标时，应认识到教学活动即学习活动，学生是活动的主体。教学目标应体现以学生的理解为中心，建立一种共同参与、互相合作的师生关系。同时，以学生为中心，还体现在历史教育对学生人文素养的培养上。“知识具有人文主义的性质，不是因为它是过去人类的产物，而是因为它在解放人类智力和人类同情心方面作出了贡献。”[③]历史教育的基本功能在于培养学生的人文素养，使学生受到人文精神的熏陶。所以教师在制订教学目标时，不仅要顾及思想教育层面，还应关心学生的健全发展，包括拥有历史的眼光，从历史中汲取智慧、获得人格的提升等。

第二，选用什么样的教学方法。教学方法与学习方法是相关联的，教师如何教影响着学生如何学习。如何帮助学生由“学会”变为“会学”，需要教师选择适当的教学方法。所谓学生学习，就是学生主动建构知识的过程，也是学生探究知识并拥有知识的过程。如此，教学目标需要落实如下理念与行为：(1) 学生主动参与学习过程；(2) 教师与学生、学生与学生乃至学生与社会之间应保持有效互动；(3) 保障学习材料的丰富性与探究的可能性；(4) 需要考虑学生对知识的理解过程，这是一个体验与实证的过程；(5) 重视学生的自我监控和反思能力。

第三，学习内容倾向于知识型还是认识型。以往我们常将历史学习内容等同于陈述性知识，或等同于课本知识，其共同特征都是用讲授法来陈述“历史事实”。在本质上，这两种认识是一样的。有关原理或规律的知识、有关做事能力和技术的知识在教学中少有涉及，更不要说让学生拥有知识了。教师在制订教学目标时，不

---

① 魏飞. 营造有“人”的历史课堂:《三国两晋南北朝的政权更迭与民族交融》教学设计 [J]. 历史教学，2019 (17): 26-34.

② 裴娣娜. 教学论 [M]. 北京：教育科学出版社，2007：97-98.

③ 杜威. 民主主义与教育 [M]. 王承绪，译. 北京：人民教育出版社，1990：243.

仅要考虑到学生应该记住什么，还应该对学生如何基于事实性知识养成历史思维能力、获得历史认识有所关注。

据此审视上述案例，该教师以学生对历史的体验为中心，以“人物—场景—体验”贯穿始终，特别注重学生对历史的感受和体验；后半段突出“思辨”，体会历史思维的深广度。在教学内容上，不仅落实了历史课程标准对本课的要求，还将事实性知识与学科能力相联系，如“在年代尺中标出”，了解政权更迭脉络，体现学生时空观念的建立；“从多角度认识”，体现学生进行历史解释的尝试。

当然，该教师在制订目标时也有可以改进之处。如该教师更重视本课对学生价值观的培养，但对这些价值观渗透的处理却是表层的。没有经过学生真切体验、自主探究而获得的价值观，不能扎根在学生的思想与行动中，最终使这类积极的情感目标转化为固定的知识储备。又如教师引导学生阅读相关材料、了解典型人物的相关史事，但并未研习史料，这就造成了材料的浪费，也缺少了探究的可能性。实际上我们仍可以将这个目标设计划归于相对传统的教学设计。为了让学生获得全面的发展，教师在设计史料阅读活动时应做到以下三点：(1) 提供信息和问题背景，激发学生的探究欲望；(2) 在关键处进行点拨、引导，升华学生的思维能力，规范探究方法；(3) 把握整体的教学目标，防止教学陷入随意性等。[①]

 案例呈现

美国历史教师弗朗茨设计了小学中年级社会科研究主题单元“西进运动”如下。[②]

依据美国共同核心州立标准和佛罗里达州社会科标准，弗朗茨把重点放在“成长与西进运动”这一主题上。确定主题后，逐步确定如下单元目标：

- 学生将能够解释西进运动的原因和后果。
- 学生将能够解释西进运动对美国原住民的影响。
- 学生将能够描述与西进运动有关的重要人物。
- 学生将能够描述俄勒冈之路和定居者面临的困难。
- 学生将能够解释 1812 年战争的原因和后果。
- 学生将能够解释密苏里妥协案的成因和影响。

随后，弗朗茨设计了单元前测和后测。学生将展示他们习得的核心知识。在评价任务中，他们将通过书面形式阐释相关事件或概念。

最后，弗朗茨分析课程标准、提炼核心概念，并将核心概念排序，以构建合乎逻辑的课程顺序，如表 2-3 所示。

---

① 赵亚夫. 中学历史教育学［M］. 北京：北京师范大学出版社，2019：202.

② 郑梦萍. 主题单元教学的逆向设计模式：以美国小学社会研究“西进运动”为例［J］. 上海教育，2021（32）：42-44.

表 2-3 西进运动主题单元课时安排

课时	课时主题	课时目标	课时评价
2 周前	西进运动前测		
课时 1	西进运动的原因	理解并总结西进运动的原因	根据评分规则评价学生的 K-W-L 量表和总结
课时 2	美国天命论观点写作	描述美国天命论并阐述自己对美国天命论的看法	根据评分规则评价学生的作文
课时 3	路易斯安那购地案	说明路易斯安那购地案发生的原因和造成的影响，解释路易斯安那购地案和西进运动之间的关系	评价学生递交的拼图工作表（说明成因和影响）和课后测试卷（解释关系）
课时 4	密西西比河探险	在完成调查之后，认识重要的探险家和他们在密西西比河西部探险的重要性	对学生阅读理解答案的准确性进行评分
课时 5	密西西比河探险者的采购	可以通过计算采购到探险者西行所需的物资	根据学生上交的购买单（写下正确的方程式）评分
课时 6	淘金热	解释加州淘金热以及人们搬到加州的原因	根据评分规则评价学生设计的传单
课时 7	淘金热的代价	解决数学应用题，了解淘金热时期加利福尼亚的生活成本	根据学生的数学卷评分
课时 8	俄勒冈之路	整合两个文本的信息来描述俄勒冈之路：通过阅读理解移民者西进运动所面临的困难	根据图形组织器（说明两篇文章的相似与不同之处）和图表（阐述论点和论据）评分
课时 9	西行记	能够归纳并理解移民者西迁所面临的困难	根据冲突地图和总结评分
课时 10	西进运动的音乐	聆听和评价西进运动时期的歌曲，并解释其意义	根据答卷（描述音乐画面并指出西进运动的相关内容）评分
课时 11、12	1812 年战争	了解并描述 1812 年战争的重要事件、原因和影响	根据任务单（罗列并解释 1812 年战争的成因和影响）评分

续表

课时	课时主题	课时目标	课时评价
课时 13	交通方式进步	通过创作一张关于 19 世纪交通发展的海报来描述 19 世纪交通发展情况	根据评分规则评价海报
课时 14	电报与摩斯密码	了解电报的发明及其在历史上的重要性	根据摩斯密码破译和阅读理解准确度评分
课时 15	小巨角河战役	分析小巨角河战役的两种记述，并解释两者的异同	根据文氏图评分
课时 16	泪痕	通过写一首诗来描述泪痕	根据评分规则评价诗歌
课时 17、18	密苏里妥协案	解释密苏里妥协案及其原因和影响	评价问题单上的答案、地图和概念导图的准确性和完成度
课时 19	西进运动的重要人物	认识西进运动时期的重要人物并解释原因	评价足迹板（陈述重要人物的名字及其对西进运动影响重大的原因）
课时 20	纳瓦霍人时间轴	创建一个时间轴，理解《月光下的歌谣》与纳瓦霍人真实事件的异同	根据评分规则评价时间轴
课时 21、22	月光下的歌谣	描述西进运动对美洲原住民的影响	根据新拟定的书名评分
课时 23	西进运动的紧要关头	说明与西进运动有关的重要概念	根据 A—Z 重要概念图表评分
课时 24	西进运动后测		

由此想到的

美国学者威金斯和麦克泰格提出的逆向设计，强调“以终点为起点”。它突破了“由因导果”的教学思维，转向“执果索因”的思维形式，将学习结果作为目标，为学生的理解而教。它要求教师在制订教学目标时思考：什么可以用来证明学习目标的达成？达成这些目标的证据是什么样的？教与学所指向的、构成评估的表现性行为是什么样的？

逆向设计以学习目标为导向，单元目标是教学的出发点和落脚点。在拟定目标阶段，教师需要思考：学生将要学习哪些知识？掌握哪些大概念？逆向设计以评价

为先，思考学习目标是否达成。在这个阶段，教师需要思考：如何判断学生已经掌握了这些知识与大概念？掌握到什么程度？这既包括评估方法，也囊括了评估指标。逆向设计以问题与活动为主干，将目标具体落实在教学中。教师应思考：如何让学生达到目标？

总之，以目标定教，不仅是围绕目标设计教学活动，还包括基于目标作教学评价，形成教学过程的环状反思。这样，目标与效果得以捆绑，目标既是教师教的效果的评价标准，也是学生学的成效的评价标准，它指导着教师对自己的教学设计和历史课堂进行规划与再规划。

三、把教学设计当成教“活历史”的崭新技术

“活历史”与僵化的历史相对。要使历史活化，就要将历史与学生的现实相联系。因此，必须改造教学法，使教学设计成为“活历史”的展示台和牵引器，让学生有“身临其境”和“心有所思”之状。这一方面是要让学生理解历史是活生生的过去，是历史中的人在历史背景中的思考与行为；另一方面，也是要让学生从历史中发现当下，认识到历史不再是单纯的陈迹，而是现在的过去，现在是未来的过去，增长人生之见解。

案例呈现

我在某校担任高级史地教师，既把课本作为学生参考书，也使用学校预备的一些参考书，每当提出社会问题后，即指定参考材料，叫儿童自己去研究，并记下答案，待上课讨论后，找出好的答案，再由儿童记下来。……同时教师也必须就每一个问题多费一番心思，得到教学相长之效。儿童学到的都成了活知识，永远不易忘记。如能将新教材与当下社会发生联系，尤为可贵。或趁机实地考察，将考察结果与问题建立实际联系，儿童更觉得有趣。……（我）讲到“印度与佛教的起源”，便率领儿童到佛寺作实地考察，预先准备铅笔和日记本，再讨论要考察些什么，然后出发到了那里，分团考察，……归来，做了一番整理，油印了一本小册子，儿童极为兴奋，并且对于理解佛教极有帮助。这都是利用活教材顶好的办法，也证明了教材是应当灵活处理，不可死啃住书本作无味的教授。①

由此想到的

这是20世纪20年代的史地老师的一个教学设计思路，它充分体现了“活历

---

① 市立黄台路小学教学研究会. 小学各科教学研究报告：一［J］. 青岛教育，1924（19）：1-31. 引用时有修改。

史”教学理念。毫不夸张地说，教“活历史”是我国历史教学的优良传统。虽然近代历史教育学界有诸多倡导，但是由于条件限制，这一理念并不能较好地在近代推行开来，尤其是技术方法较为单一，所以效果有限。现在，我们有了几十年的研究，不仅理念认识更为坚实，技术方法也相当丰富，一线已有案例业已说明。该案例出现之时，我们虽然尚未明确提出“为了每位学生的发展”以及核心素养的落实，但是从老师的设计阐释中我们可以感受到他已有这方面的思考。他的教学设计思考，指向学生理解、学生主体、学生表达和表现，所以我们说“活历史”视域下的教学设计不仅是教学技术，还是教学意识或观念。

实践指引

教学设计要激活教学全过程

教学设计是以目标导向、追求效能的教学过程设计，但教学目标的达成和教学效能的提升，完全取决于教学过程的有效性。因此，教学设计要能够激活教学全过程，这是教学设计的基本追求和原则。

首先，教学设计要考虑教学目标的层次性，将不同层次的教学目标与具体的教学活动安排相结合、相对接，做到每一项教学活动都有具体的目标意识和效能要求。这就要求教师在拟定教学目标时，能够充分考虑学情和课程要求，将教学目标整体化、综合化和层次化。

其次，为达到上述设计效果，教学设计就要在遵循基本教育理论的基础上，积极践行先进的教学理念，即“教学新思想”。这里的“践行”不是套用，而是要用新理念来理解教学设计的相关因素，例如：如何发挥学生的主体作用？怎样选择有效的教学方法才有利于学生主体作用的发挥？怎样在学习历史知识的过程中提高学生的历史理解和认识能力？等等。

最后，从操作层面上看，教学设计是由目标、内容、活动、评价等构成的操作系统，但在本质上则是通过该操作系统激活“历史”，帮助学习者进入具体的“历史情境”，与教科书内容、相关材料和学习活动融合，提升学习者的历史理解和感悟能力。

第三节　确定教学目标教师必做什么

〇准确把握学情是设计教学目标的首要条件。
〇教学目标设计要与“课程标准”相契合。
〇教学目标设计要意义化、内化和简化。

在对目标理论有一般性掌握后，如何将理论应用于教学目标编制的实践中来，教师需要做到以下三件事：（1）了解学生；（2）切实把握课程标准和教科书内容；

（3）拟定简洁而又实用的教学目标。

一、了解学生

学生是教学的中心，学生的有效获得是教学的目标，学生的健全发展是教学的目的。同样地，教学目标不是教师对自己教学行为的达标预设，也不是依据经验甚至是凭空想象出来的，而是要以所教班级的学生的特点为基础，制订目标。所以说，了解学生十分关键，它是教学的起点。

案例呈现

据了解，我校高一学生，已经具备一定的知识储备和技能，喜欢独立思考问题，思想活跃，富于想象，所以常会提出一些特别的设想和见解。但就阅读理解能力而言，学生中普遍存在不能提取有效信息、抓不到关键词和表达不准确等问题。学生历史学科核心素养的基础较薄弱，无论是从学业质量标准来衡量，还是从终身学习的能力要求考虑，都亟待提升。

由此想到的

学情分析要具体化，这体现在与教学内容的联系和所教授班级的学生情况的分析上。该案例仅对高一学生的一般性学习特征做了概括，但每个班的学习情况并不相同，教师需要根据自己所教班级的学生水平设计教学目标的水平层次。另外，该学情分析没有具体到教学内容，对学生的历史知识基础的掌握也是模糊的。总体来说，这样的学情分析是空洞的，无法使教学目标契合学生实际，容易造成目标的失位与教学的失序，很难做到以学生为中心，以目标定教学。

案例呈现

学生通过高中历史必修课程的学习，已初步对战后世界格局和经济形势有所了解，通过本单元的学习将深化这一认识。学生对现实生活中的美元比较熟悉，但对以美元为中心的资本主义货币体系却较陌生。学生对世界贸易组织取代《关税与贸易总协定》以及中国加入世界贸易组织等事件也不熟悉，因此需要教师在教学中引入一些背景资料，并设计富有启发性的问题，来引导学生透过复杂现象理解分析战后以美国为主导的世界经济体系的形成。

由此想到的

学情分析要细化，这体现在对学生历史学习的困惑的把握上。上述学情分析涉及学生的知识背景、学习心理等因素，但学习风格、学习兴趣、生活经验等都未考虑进去。虽然看起来已经深入到教学内容中，但实际上并未抓住学生的学习困惑，仍然是泛化的分析。

总体来说，学生的思维发展水平、知识结构是有层次的，了解学生现有的发展水平，才能知道学生的“最近发展区”在哪里，从而确定学生可以达成的教学目标。学情分析不能靠经验，而是要通过实际调查得出真实的分析。教师应从学生的已有生活常识与历史认知、学习需求、学习环境等多方面加以综合考虑。教师只有明确了学生的发展状态，确定教学目标时才能变得有的放矢。

有学者认为学情分析要分析学生的特征，教师应通过多种途径，做到对学生情况的“十知道”：一是知道学生的现有水平；二是知道学生的学习需求；三是知道学生的学习环境；四是知道学生的学习态度；五是知道学生的学习方式；六是知道学生的学习习惯；七是知道学生的思维特点；八是知道学生的生活经验；九是知道学生的个性差异；十是知道学生的认知规律。[①]

此外，教师还可以从学习目标的完成情况入手，比较学生现状与目标状态的差距，制订相应的教学建议。这种差距，就是学生的学习需求。表 2–4 呈现了教师进行学习需求分析时应考虑的五个方面。

表 2–4 学习需求分析[②]

学习者现状	期望达到的状态	差距（学习需求）	教学建议
已有知识现状	知识学习目标	知识差距分析	
已有技能层次	技能达成目标	技能差距分析	
学习动力问题	内在动机目标	动机差距分析	
学习环境障碍	知识、技能目标	环境差距分析	
交流理解障碍	知识、技能目标	沟通差距分析	

案例呈现

为了更好地掌握学情，了解学生对海权思想的认识程度，作为教学设计的参考，某教师针对“海权”这一概念对某校 10 个班共 422 名学生进行了问卷调查，问卷内容具体如下：

① 何成刚，夏辉辉，张汉林，等. 历史教学设计［M］. 上海：华东师范大学出版社，2009：43.

② 陈志刚，张春桐. 历史备课学情分析的内容与操作［J］. 历史教学，2019（21）：28–32.

1. 我国960万平方公里的国土面积，是否包含海洋国土面积？（　　）
A. 包含　　　　B. 不包含
2. 你听说过《联合国海洋公约》吗？（　　）
A. 听说过　　　　B. 从没听说过
3. 你赞同“国家对海洋的利用程度、对海洋权益的维护程度与国家命运紧密相连”的说法吗？（　　）
A. 非常同意　　　　B. 比较同意
C. 说不清楚　　　　D. 不同意
4. 你知道海权论和海权论的鼻祖阿尔弗雷德·赛耶·马汉吗？（　　）
A. 不知道　　　　B. 知道（通过什么途径得知？________）
5. 你知道专属经济区吗？（　　）
A. 不知道（如选此项，请跳过第6题继续回答）
B. 知道（通过什么途径得知的？________）
6. 专属经济区是指领海基线起算，不应超过多少海里的海域？________________
7. 你知道“领海”是领海基线以外多少海里以内的海域吗？________________

从调查结果中可以看出，当前初中学生的海洋意识淡薄，海权思想缺位，对海权相关的名词、概念缺乏基本认识。由此可见，学生对“海权”的理解缺乏知识储备，因此，如何让学生更好地理解海权思想对甲午战争的影响是本课的一大难点。①

由此想到的

上述案例中，该教师通过课前问卷调查的方式，对这一节课的设计主旨和学生认知的现状有了初步的掌握。但是，值得注意的是，这则关于学情的问卷调查并不全面和深刻。一方面，该教师仅对学生的“海权”认知做了初步的调查，而对学生对课程内容主体“甲午战争”的了解情况没有涉及，因此很难说这样的学情分析是全面的；另一方面，问卷的方式虽然覆盖面广，题目类型多样，但从本案例中的问卷内容来看，如果仅有需要回答知道或不知道的问题，而没有更深入地了解学生知道到什么程度，同样很难根据学情准确设计教学活动。

如果采取问卷法对学情进行调查，教师在设计时应注意以下三点：

第一，学情分析应该是立体的，包括学习内容、学生本身、学习资源三个方面，教师在设计问卷时，应全面考虑。关于学习内容，调查学生已知的是什么，模糊的是什么，未知的是什么；关于学生本身，调查学生对哪些内容感兴趣，对即将学习的内容关注到了什么，忽略了什么；关于学习资源，调查学生身边有没有可接

① 陈辉，葛赛. 海权视角下甲午战争的教学设计：以《甲午中日战争与瓜分中国狂潮》一课为例［J］. 历史教学，2019（11）：31–37. 引用时有修改。

触的资源，如博物馆资源、乡土资源等。

第二，封闭性问题与开放性问题并重。封闭性问题可以检测学生已有知识情况，开放性问题则可以"带你进入参与者自然的语言和思想世界"①。在问卷设计中，教师不仅要考查学生的知识，更要关照学生的思维和价值观念的状况。

第三，问卷设计要与实现教学目标有必然联系，而不是仅仅关联教科书内容。②学情分析的结果要服务于教学质量的提升，所以问卷设计要考虑目标的指向性，将对学生知识储备、认知水平的调查结果落实于教学设计中，使之成为教师确定教学重难点、选择教学方法、设计教学活动的重要依据。

案例呈现

在开始任何一个新单元的学习之前，了解学情是非常重要的。教师可以运用 K-W-L 量表了解学情。可以把 K-W-L 量表写在黑板上或用幻灯片、大的硬纸板展示。告诉学生他们马上要进行一次不一般的田野调查。问学生：一提到墓地，你会想起什么？用头脑风暴的方式，把学生说的答案记录下来。学生可能会说到鬼故事或其他事情和想法。他们会绞尽脑汁，说出很多超自然的观点或想法。在"我知道的"一栏记录所有想法。继续问学生：还会想到其他东西吗？直到某个人开始谈及墓地所记录的历史。继续把这些记录在"我知道的"一栏。

当学生的想法基本穷尽时，教师就给学生布置"墓地任务"。教师和学生一起仔细研究这项任务，并向学生说明在这次任务中收集历史数据有多么重要。

接下来，在"我想知道的"一栏里，记录学生想知道的有关墓地和这次调查的所有问题。之后，告诉学生，教师也有一些相关的问题想要他们思考，然后把"学生反映的问题"表格发给学生。这些问题是他们在网上搜索和这次调查活动中应该关注的问题。给学生讨论与回答问题的时间。

……

全班一起讨论各小组的调研结果。教师把讨论内容记录在"我学到的"一栏中。③

由此想到的

如何做学情分析呢？除了常用的测验法、提问法、问卷法等方法外，本书将介

① 约翰逊，克里斯滕森．教育研究：定量、定性和混合方法：第 4 版［M］．马健生，等译．重庆：重庆大学出版社，2015：156．

② 于友西，赵亚夫．中学历史教学法［M］．4 版．北京：高等教育出版社，2017：88．

③ 赵亚夫，唐云波．国外历史教育文献选读［M］．长春：长春出版社，2012：224-225．引用时有修改。

绍 K-W-H-L 量表。上述案例为美国 5—8 年级“对墓碑和墓地的研究”学习主题。上述案例中，该教师就借助了 K-W-L 量表，对学生已经知道的、想知道的和学习后知道的内容进行调查。K-W-L 量表最早由奥格尔于 1989 年提出，它包含了对学生学习前情况的调查，也包含了对学生学习内容、学习结果的预设，后者则又构成教师设计教学评价与进一步教学任务的学情调查活动。

依据美国社会科单元设计的经验，我们可以将“K-W-L”量表调整为“K-W-H-L”量表。其中，K 指学习前学生对这一主题已经知道了什么，W 指学生通过这一主题想知道什么，H 指学生对如何知道拟定个人计划、认识过程以及结果，L 指通过学习将已获得成果进行展示。具体来说，可以表述为表 2-5 所示。

表 2-5 K-W-H-L 量表①

我知道的（K）	我想知道的（W）	如何知道（H）	我学到的（L）
知识“建构课堂”的一个重要组成部分——我的学习者知道些什么？ 概念图或头脑风暴可以确定已经知道的内容	让学习者掌控他们的学习，能确保更好地与他们的兴趣相匹配，并且更有可能提高学习效率。 学习者主动地参与决策过程，更有效的学习就这样发生了	比起依赖书本的研究来，学习者更喜欢研究数字资源，从资料库、互联网中搜索，以及与他人交谈。 这些方式迎合了课堂里的多种学习风格，确保学习者了解最新信息和发展趋势	学习者从这个经历中获得了什么？ 什么样的概念理解是明显的？ 这可能会通过回溯过去完成的概念图或通过小组头脑风暴而引发出来

当然，K-W-H-L 量表绝不仅限于用于学情分析，它还可以用于教学的学习策略设计等方面，此处不作叙述。

二、切实把握课程标准和教科书内容

课程标准是对学生理应形成的学科知识、技能和态度及其相应的教学内容、学业水平的规定。② 在我国，作为由教育部颁布的教学指导文件，历史课程标准从整体视角下规定了历史课程性质、课程理念、课程目标、课程内容与课程实施。教师要做到以“标”定教，就要在制订教学目标时，站在课程的高度把握每节课的学习意义、学习内容、学习程度。与此同时，历史课程标准毕竟是指导性文件，在内容上还是相对抽象的。而教科书是依据课程标准编写而成的，具体化了课程标准的内容。因此，切实把握课程标准与教科书内容，是制订教学目标的重要依托。

① 弗兰肯海姆．活跃课堂思维的教学策略：第六版［M］．龙玫，译．北京：中国轻工业出版社，2011：132．引用时有修改。

② 赵亚夫．追寻历史教育的本义：兼论历史课程标准的功能［J］．课程·教材·教法，2004（3）：59-65．

案例呈现

以下是岭南师范学院唐朋老师对《义务教育教科书　中国历史》（七年级上册）中“中国境内早期人类的代表——北京人”一课的教学设计片段：

与本课相关的课程内容标准为：知道北京人的特征，了解北京人的发现意义，知道化石是研究人类起源的主要证据。

教学活动建议：有条件的地方可以参观我国境内的古人类遗址。

基于课程标准的要求，对本课定位如下：

1. 北京人是我国境内早期人类的代表，其发现具有世界意义。因此，需要突出北京人在古人类进化历史上的特殊地位和重要意义。

2. 考古发现是研究远古社会历史的主要途径，化石是研究人类起源的重要证据。了解历史研究方法比记忆历史结论更重要，因此，科学态度与实证方法是本课的重要目标追求。

通读教科书，清除知识障碍：

1. 人类起源的各种说法
2. 古人类遗址
3. 中国境内主要古人类遗址分布图
4. 元谋人（发现地点、遗存、距今年代、研究意义；需要补充的知识：化石，古地磁断代法，放射性碳定年法）
5. 北京人（发现地点和时间、遗存、距今年代、发现和发掘过程、出土文物）
6. 山顶洞人（发现地点和时间、遗存、距今年代、出土文物）
7. 梳理出元谋人、北京人与山顶洞人对比表格
8. 北京人的发现意义
9. 人类进化的过程

基于课程标准、教科书和学情，拟定教学目标如下：

通过教师的讲述，了解元谋人、北京人、山顶洞人的发现经过的基本信息。

通过对考古发现的合理推测和大胆想象，了解早期人类的生存状况，初步认识科学研究的基本方法。

了解北京人的发现意义，认识中国对世界文明的贡献，树立文化自信。

由此想到的

要制订出符合育人目标、学科特色的教学目标，教师在制订教学目标时，需对课程标准和教科书有充分的分析，具体包括：（1）课程理念在本课的体现，课程内

容需要掌握什么（核心概念、核心知识、核心认知），掌握到什么程度；（2）教科书的结构体系如何；（3）教科书中涉及哪些内容，哪些是核心知识，教科书叙述背后有何值得探究之处。

如上述案例所见，该教师通过对课程标准中内容要求与实施建议的分析，抓住本课的核心：北京人的发现意义，选择、运用考古证据的方法。所以，他制订了“通过对考古发现的合理推测和大胆想象，了解早期人类的生存状况，初步认识科学研究的基本方法”这样的教学目标，让学生借助想象，体验早期人类是如何生活的，并思考为什么能作出这样的想象图景。学生能够真实地体验教学目标，在历史探究中学习。

此处再对如何“吃透教材”做一点说明。教科书是依据课程标准来编制的，系统地反映了学科内容，是课程标准的具体化。而且，教科书还是学生进行历史学习的基本材料，也是落实教学目标的直接渠道。所以，教师应能够有深度地钻研教科书，挖掘核心内容，厘清知识表象与本质，酝酿历史情感。

首先，研读教科书，把握核心知识与核心观点。例如，在“中国境内早期人类的代表——北京人”一课中，核心知识是“北京人遗址是世界上最重要的原始人类遗址之一，它的发现对于研究古人类进化的历史具有重要意义”；核心观念是“劳动创造人”。而要理解这个核心知识与观念，需要从“北京人遗址是如何被发现的”和“在北京人遗址中发现了什么”两方面加以论证。教师通过钻研还可以感受到教科书铺陈格局并非完整列举我国境内早期人类，而采取“范例法”，以北京人为例，帮助学生借助考古证据与合理的想象推断远古人类的生活，并由点及面，了解相关的早期人类。

其次，从教科书表述的历史现象里沉潜下去，探究历史表象背后的本质。教师研读教科书后可以发现，教科书第一目讲了元谋人，知道他们能够制作工具、使用火，那么北京人与元谋人的区别是什么？哪里进步了？为什么北京人遗址的发现具有世界意义？如果与世界范围内的早期人类发现相联系，世界早期人类是怎样的生活状态？北京人又会被定位于哪里？这些问题都是在深度研究教科书后，透过教科书表象的层次而思考的。

再次，钻研教科书，酝酿历史情感，提升教师的眼界和境界。例如，教科书插图中有山顶洞人的骨针和装饰物，教师可以据此挖掘遗迹的审美教育内涵，还可以以此为视角，认识早期人类的进步性——制造精美器具和装饰品。

最后，师生的质疑批判能力和精神从运用教科书开始。有效的教学要以教科书知识为依托，引导学生质疑、反思。本课的教科书叙述中充满了图片材料，但一些教师会发现学生理解这些材料比较困难，究其原因，可以看到学生对教科书的钻研也是不够的，能读懂遗址、遗迹、想象图的一般信息，但缺乏一定的历史认知方法。例如，学生要理解中国早期的人类，“北京人穿着什么服饰”“北京人会制造火吗”等问题就值得进行讨论，以便于以疑问为起点，开启探究与对话。[①]

① 苏智良，於以传．怎样上好历史课：来自上海市特级教师的方案与经验［M］．上海：上海教育出版社，2020：210–211.

教学目标的制订和落地，离不开教师基于课程标准把握历史教科书，围绕学生的兴趣、认知特点，进行下一步的教学过程的设计。

实践研讨

观看李彬老师的“古代的商业贸易”一课的教学课件，回答下列问题：

1. 这节课是如何整合教科书内容的？
2. 比较课程标准的相关要求，分析这节课在落实课程标准方面的特点。

课件：古代的商业贸易（李彬）

三、怎样拟定简洁而又实用的教学目标

一节课的教学目标宜少不宜多，因为一节课的时间有限，如果目标设置过多，就会很难落实。尤其是历史教学不仅有知识目标，还有能力和情感态度、价值观层面的目标，这些目标都需要时间让学生去消化。所以，怎样拟定简洁而又实用的教学目标，是教师在确定教学目标时不可不考虑的问题。

案例呈现

（一）课程标准

通过了解三国两晋南北朝政权更迭的历史脉络，隋唐时期封建社会的高度繁荣，认识三国两晋南北朝至隋唐时期的制度变化与创新、民族交融、区域开发和思想文化领域的新成就。

（二）教学目标

1. 通过图片、文字史料与教材的结合，了解选官制度、三省六部制、赋税制度的发展背景、内容及影响，进而更好地认识三种制度的变化趋势，培养有效解读、自主分析、归纳总结的能力。（史料实证、历史解释）

2. 通过分析科举制、三省六部制、赋税制度的产生背景、内容，认识到三种制度的产生离不开隋唐独特的时空环境。（时空观念）

3. 通过辩证分析科举制、三省六部制、赋税制度的影响，认识到三种制度的利弊之处，培养批判性思维能力。（唯物史观）

4. 通过对隋唐时期三种制度的讲授，认识到隋唐时期封建社会发展的繁荣强大，培养民族责任感和归属感。（家国情怀）

由此想到的

从技术上说，拟定简洁而实用的教学目标，教师可以问自己三个问题，以检查自己的目标：目标明确吗？目标有意义吗？目标能够实现吗？模糊的目标不利于检测学习效果；无意义的目标对于学生来说无用；不能在一个教学时间单位中落实的目标则使课堂空疏。如果进一步把握教学目标的拟定，教师可以思考意义化、内化、简化三个关键词。

在上述案例中，教学目标不可谓不繁多；以历史学科核心素养切割历史知识与技能，不可谓不冗杂。显然，了解唯物史观的基本观点和方法（辩证分析）、知道特定的史事是与特定的时间和空间相联系的（独特的时空环境）、从史料中提取有效信息（培养有效解读、自主分析、归纳总结的能力）、形成对祖国的认同感和正确的国家观（培养民族责任感和归属感）等，是具体化的“课程目标”。试比较课程标准要求的“内容标准”和“教学目标”：“了解”的基本内容不止于“了解”，还被提升为“分析”和“认识”；“认识”的基本内容则以“辩证分析”与“认识”为标准。从水平要求上看，基本上沿袭了课程标准的内容，并在部分地方有所提升。这种试图将课程目标、内容标准与教学目标合一的做法，是不可取的。

其一，“内容标准”中的“了解”“认识”本身缺乏理性和确定性。比如，隋唐时期封建社会的高度繁荣究竟体现在哪些方面？从“标准”来看，本节课无疑是制度变化与创新，制度创新是否就意味着社会的高度繁荣？其二，从行为动词本身来看，“了解”与“认识”是什么关系？学生仅依靠“了解”就能够达到对历史问题的“认识”吗？从行为动词的内容来看，是“了解”抽象从而“认识”具体，还是相反？显然，“标准”的重点发生了偏移。其三，案例在每条目标后都用括号标出具体体现了哪条历史学科核心素养，那么历史学科核心素养是什么关系？是五个相互联系的独立体，还是核心素养的五个方面？显然其关系应该是后者。案例中的做法是将其拆分，便割裂了学科核心素养诸方面对学生的协同培养。此外，即便是教师分素养列出教学目标，也应将其具体化，明确是某个素养的某个水平程度，而不是贴上一个宏大且宽泛的词汇。且从四条目标上看，目标3、4远高于目标1、2，极易形成价值目标虚空的现象。总体来说，机械地将课程目标、内容标准与教学目标混同，致使教学目标程式化、模糊化，造成了作茧自缚的结果。

如果我们针对上述目标做调整，可以将其拟定为：

比较魏晋与隋唐的制度设计，归纳二者异同，总结出隋唐时期制度变化的特点。

阅读教科书和拓展资料，编写一份隋唐官员选拔与政策施行程序的提纲。

对“制度变化与创新如何激活社会生机”进行讨论，理解隋唐时期封建社会繁荣发展的制度支撑与历史影响。

这样既缩减了字数又说清楚了学生要做什么，在知识和过程层面都做了“消肿”。有效教学要求教学目标的拟定必须严谨、规范、具体、清晰、科学和可测，只写明一节课能够实现的目标，这就需要历史教师在简洁、明确和可靠上下功夫。教师在拟定教学目标时，可以把握以下三点原则：

第一，意义化。整体把握教学内容；提炼教学内容的核心价值。知识如果是零碎而松散的，它就不能产生认知的意义。即便是教科书呈现了清晰的内容和概念，但如果没有触及“为什么要变”“变了是吗”等这类自我建构的知识结构的话，学生所能够“了解”“辩证分析”的内容，就只能是外在于他们内心的“认识”，这是没有意义的教学。从教科书得到知识再把所得的知识奉还给教科书，同样也是没有意义的教学。

第二，内化。内化既是理解的过程，也是理解的结果；既是习得的过程，也是习得的结果。所谓教学目标的达成，最基本的标准亦当是消化和理解所教或所学的内容，再以此为基础建构自我认识的概念、观念体系，并有效用于解决问题。“内化”就是将外在的（客体）知识通过习得的过程转化为内在的（主体）认识，不仅要能够使自己掌握的知识达到触类旁通的程度，而且要能够确定自己已经主宰的认识。

从整体的历史教学的角度考虑，目标的内化标准应该强调阶段性和积累性。核心素养如果不能从这两方面提升学生的学习与生活经验，其基本观点便难以成立。比如，“认识到三种制度的利弊之处，培养批判性思维能力”，认识利弊便是培养批判性思维吗？学生可以认识到什么程度？支撑“认识”与“批判性思维”的知识与技能是什么？着眼历史教学的性质，目标的内化标准应该强调学科性和人文性。如果架空了“唯物史观”与“家国情怀”这两方面，就不具有基本的历史学科特征。比如，从哪些方面、什么角度“认识到隋唐时期封建社会发展的繁荣强大，培养民族责任感和归属感”？学生怎样理解“民族责任感和归属感”？学习隋唐制度变化与创新，就是为了让学生达到这样的目标吗？其设计核心的价值观念是什么？显然，从目标的角度内化教学内容，首先是对教师专业的规范和水平要求。教师对教学内容的内化水准，既决定自己的教学质量，也决定学生的学习成效。

第三，简化。瞄准靶子，直射靶心，教学目标需要简化。目标被简化的水平，亦反映教师对教学内容的内化水平。同时，简化还是实现目标意义化的重要途径和手段。所以，教学目标的简化，不是一个形式问题，它是对教学的“魂”的把握。有了这个“魂”，教学才有中心和重点，教师和学生才能够确信他们教的是什么、学的是什么。

如果说，目标的意义化旨在突出学习内容的先进性，培养学生的批判性思考能力、生成新的历史认识，突出的是教学的重点；目标的内化旨在创设课程的境界，以情境激发能力，衍生新的历史理解，诱导富有个性的学习，突出的是教学的生成点，那么，目标的简化就是重点与生成点的基础。“存在先于本质”，目标必先简化（存在），然后我们才有内化的条件和意义化的标准（本质）。也就是说，有时我们不采用“核心素养”的表述方法，或许更容易呈现一节课的核心价值。

需要注意的是，本节仅从教学目标的简化与使用的角度对案例进行分析，不涉及其他方面。诸如目标实施主体、目标行动动词维度等问题，同样是值得注意与警惕的。比如，“培养有效解读、自主分析、归纳总结的能力”“培养批判性思维能力”“通过对隋唐时期三种制度的讲授”等，透露着教师行为，而非学生行为。换言之，所谓教学目标，实际上是学习目标，是学生通过历史学习活动达成的预期结果。所以，行为主体应是学生。虽然看起来这仅是表述的差异，但从本质上说，它反映了教师的教学观。

案例呈现

某教师在制订《义务教育教科书 中国历史》(八年级上册)中“经济和社会生活的变化”一课的教学目标时，有两个版本。

教学前的教学目标为：

1. 了解甲午中日战争后中国经济结构变化的原因、表现，知道洋务运动的主要内容，辨认民族资本主义代表企业，分析外国资本主义入侵和洋务运动对民族资本主义的刺激诱导作用。

2. 通过对各类历史资料的研习，初步运用论从史出、史论结合的方法。

3. 认识民族资本主义产生的艰难环境，对民族资本家在艰难环境中涅槃新生表示温情与敬意。

教学后将教学目标简化为：

1. 了解甲午中日战争后中国经济结构变化的原因、表现(理解的前提)，分析外国资本主义入侵和洋务运动对民族资本主义的刺激作用(意义化要求)。

2. 通过历史资料的研读和绘画作业(内化方法)，进一步认识民族资本主义产生的艰难环境(达标的结果)。

由此想到的

教学目标不宜过多，目标多了，重点就会散乱，也会制约教学的深度。这里删除的部分：一是非重点内容；二是与重点内容有包含关系的部分；三是过高的要求；四是在一节课中难以达成的教学目标。史实的部分要求通过“简述”完成，即不是重点，而是作为认识的条件。能否达到认识历史背景的程度，要看教师采用的教学过程与方法。案例中所见的另一个要点，即在于教师根据学生的特长，采用绘画作业的方法。由此也给我们启示：拟定教学目标不能程式化，要确实根据课程标准、学生实际情况、教学内容，把教学目标简洁、清晰地表述出来。

案例呈现

作为启蒙思想与18世纪晚期法国社会现实碰撞的产物，法国大革命是启蒙思想改造社会现实、冲破旧制度的实践过程，也是启蒙思想得以在欧洲大陆更大范围内传播并被理性解读的重要手段。因此，本课重点设定为：启蒙思想所推崇的价值观如何在法国大革命中逐步从理想变为现实。革命一波三折、动荡反复的特点是由当时特定的历史背景所决定的，也是由当时人们对启蒙思想的认识程度所决定的。法国大革命是人们对于启蒙思想的实践，但其曲折和反复也激发人们不断反思、重新认识启蒙思想。相对于“启蒙思想推动革命”的思路而言，“革命教育人们重新思考、认识启蒙思想”是一个逆向思维、辩证思维的过程，因此为本课难点。[①]

由此想到的

所谓教学重点，是指根据教学目标和学生的需求制订，在教学中需要解决的核心问题；教学难点是指学生不易理解的知识，或不易掌握的技能技巧。二者既有联系，也有区别，有时也混合在一起。这种交叉性关系大致呈现出两种状态：一是当难点处在知识系统网状建构的结合点上时，它与重点是重合的，二者一致，即重点本身也是难点；二是当难点不处在知识系统网络状建构的结合点上时，二者不重合。

在拟定教学目标时，教师就应把握本课的重难点，并选取恰当的教学方法加以破解。在把握教学重点时，教师可以着重关注三个“地位”，即历史事件在历史发展中的地位、历史事件在单元主题学习中的地位和历史事件在学生形成历史认识上的地位。例如，在上述案例中，法国大革命爆发前社会思想经历着重要变化，启蒙运动所倡导的“自由、平等、民主”深深地激发起法国人民的反抗思想，启蒙运动与法国社会的不断碰撞，正是法国大革命爆发的思想根源，故教师将重点定位于“启蒙思想所推崇的价值观如何在法国大革命中逐步从理想变为现实”，是恰当的，也使学生对法国大革命的发展历程的认知变得清晰。

在把握教学难点时，教师应重点关注学生的学习水平，从知识的艰深晦涩程度、学生认识历史事件的基础、容易激发新问题的生成点入手，确定教学的难点。例如，在上述案例中，学生在将启蒙运动视为革命的思想根源后，常常形成单线发展的思维习惯，这样导致学生在认识二者间的关系上是不全面的。所以教师选定的教学难点正好解决了这个问题，打破学生的思维定式，基于学生在本课学习中获得的认知，生成新的问题思考点。

实践研讨

视频：第一次世界大战与战后国际秩序（马婷）

观看马婷老师的“第一次世界大战与战后国际秩序”教学视频，回答以下问题：

1. 这节课的教学重点是如何突破的？
2. 请你提出两条针对本节课突破教学重点方法的改进建议。

---

① 陈宇静．在历史的三维中勾勒课堂的“灵魂”：对《法国大革命》一课的回顾与反思［J］．历史教学，2015（7）：13-17．

案例呈现

以下是《普通高中教科书 历史 必修 中外历史纲要》(上)中“辽宋夏金元的经济与社会”一课的教学目标：

- 知道宋元时期农业、手工业的典型成就和商业、城市的突出变化。
- 借助水陆交通、海上丝路、人口南迁等历史地图探讨历史问题，认识空间地理因素对宋元时期经济和社会发展的重要影响；把经济与社会的新变化置于历史演进的宏观时空中，形成基于时空背景解释历史的意识。
- 运用文字、图片、数据等多样化的细节史料，尤其是与关于交子产生记载相矛盾的史料，展开学习探究，增强史由证来、言必有据的实证意识。
- 探讨商业与农业、手工业，经济重心南移与科举重心南移，经济发展与社会变迁之间的因果逻辑，辩证地认识社会各要素之间的关系。①

由此想到的

教师如何表述教学目标，不仅是一个理论问题，还是一个技术问题，它要求教师将目标理论恰当地表述出来。为了能以正确的方式表述目标，教师应知晓目标的基本要素。

从有效教学的角度来说，目标即学习成果。② 一般而言，我们在拟定教学目标时，常常从行为目标入手，这种目标注重的是发生在学生身上的可以观察及可以测量的学习效果，也被称为学习目标。行为目标的追随者提出三个衡量标准：成就的证明、行为条件、行为的水平要求。③ 这三个标准分别对应学生的行为表现、学习过程、学习的结果或达到的水平。

其中，成就的证明是指学习者的表现必须用可观察的行为来表述，因此教师可以采用可观察的行为动词，如“列出”“定义”“说明”；行为条件是指取得教师期望的行为所必需的条件具体化，进一步说，它是影响学生完成学习目标时所处的情境；行为的水平要求是指最低的可接受的成绩水平或成功的标准，它可以用学习效率、学习质量来表示，表示学生需要学习到何种程度，如“较为全面地归纳”“准确率达到 90%”等。

结合布卢姆教育目标分类学和加涅学习结果分类，可以将历史教学的预期目标、行为表现与具体的行为动词对应起来，形成一定的层次，如表 2-6 所示。

---

① 苗颖．“流动”的王朝：“辽宋夏金元的经济与社会”教学设计［J］．历史教学，2020（3）：18-24．该课现已改为“辽宋夏金元的经济、社会与文化”。

② 于友西，赵亚夫．中学历史教学法［M］．4 版．北京：高等教育出版社，2017：87．

③ 马什．理解课程的关键概念［M］．徐佳，吴刚平，译．北京：教育科学出版社，2009：37．

表 2-6　教学目标的水平层次[①]

学习结果类别	行为水平层次	行为动词
言语信息	了解	说出、描述、列举、简述、识记、记忆、复述……
	理解	辨认、区别、比较、解释、阐释、说明、归纳、判断、收集、整理、预测……
	应用	运用、应用、评价、计算、辩护、质疑、撰写、解决、修改、拟定、检验、计划……
动作技能	模仿	模仿、再现、例证、临摹、重复、尝试……
	操作	测量、测定、操作、制作、查阅、计算、验证……
智慧技能	迁移	联系、转换、灵活运用、举一反三、触类旁通……
认知策略	经历	经历、尝试、参观、体验……
	感知	领会、解释、说明、认识……
	探究	运用、掌握、能、会……
态度	体验	参加、参与、寻找、尝试、交流、考察、接触、体验、观察、探究……
	反应	认同、拒绝、接受、反对、讨厌、关心、关注、怀疑、摒弃……
	领悟	形成、养成、热爱、树立、建立、追求、坚持……

总之，为了使目标具有清晰的规定性，教师在表述教学目标时，须把握以下四个要点：

（1）谁——学习的主体者。

（2）做什么——要求主体者的行为。

（3）做到什么程度——要求主体者的行为的水平或可接受的标准。

（4）在什么环境下——影响主体者可接受行为的条件。

换个方式说，行为目标的表述是：学生需要记住或理解什么；至少能够记住或理解的东西；通过什么技能让他们获得应得到的东西。因此，（1）每项目标需要用一般的术语描述所要求的行为，如知道、理解、阐述等；（2）目标描述的对象是学生的行为，而不是教师的行为；（3）目标落实的学习成果是学生的最终行为，而不能写成教科书内容或教学过程；（4）每项目标的水平不能超越学生的认知程度；（5）应使目标包括复杂的、高级的认知和情感目标；（6）每项目标只包含一个学习成果；（7）所有目标具有可测性，以便把握目标的达成效果。

① 薛伟强，范红军，陈志刚. 中学历史课程与教学概论［M］. 北京：北京师范大学出版社，2019：109. 引用时有修改。

如果我们借此来审视案例中的目标表述，则会发现一些值得反思的问题。首先值得肯定的是，上述目标的行为主体都是学生，这从目标意识上就体现出教师的学生主体观念。其次还需要注意的是，教学目标的表述应具有整体性，将目标要素整合为一个整体，而不是单摆浮搁或丢掉某个要素。

以“知道宋元时期农业、手工业的典型成就和商业、城市的突出变化”为例，成就的证明是“**知道**宋元时期农业、手工业的典型成就和商业、城市的突出变化”，行为条件和行为的水平要求则没有体现；再以“借助水陆交通、海上丝路、人口南迁等历史地图探讨历史问题，认识空间地理因素对宋元时期经济和社会发展的重要影响”为例，成就的证明是“**认识**空间地理因素对宋元时期经济和社会发展的重要影响”，行为条件是“借助水陆交通、海上丝路、人口南迁等历史地图探讨历史问题”，行为的水平要求依然没有体现。

案例呈现

某教师在拟定《普通高中教科书 历史 必修 中外历史纲要》(下)第一单元“古代文明的产生与发展”的教学目标时，从以下三个方面展开陈述：

学生应知道的知识：文明的概念；文明产生的条件；文明发展的途径及影响。

学生应理解的知识：文明产生因素之间的逻辑关系；不同区域的地理环境对文明的影响；古代文明交流的方式及影响。

学生能够做到的：能识读地图，从教科书中概括不同文明的各自特点；能运用所学知识分析产生这些特点的不同时空条件；自主梳理各文明之间早期联系的线索，能在教师帮助下理解“文明”的概念，并客观地评价不同的文明。[①]

由此想到的

上述案例在目标设计上并没有采用常见的拟定方法，而是从“应知道”“应理解”“能够做到”三个层次作出陈述。该教师引导学生从“文明”的大概念角度理解本单元的知识，最终概括“文明”这一概念的基本内涵和外延。判断“文明”的标准不是统一的，而是根据特定的历史时间和空间产生不同的文明，理解文明差异性及多样性的特点并对不同的区域文明作出合理的历史解释。

KUD（know，understand，do）模式遵循“概念为本的学习模式”的构件，即“知道”“理解”“能做”。围绕这三个维度进行学习目标设定，有助于学生明确学

---

① 吴永青. 单元整体设计 突破教学难题：以统编版教科书《中外历史纲要（下）》第一单元为例［J］. 中学历史教学参考，2020（15）：49-55.

习目标，明确自己学习完一个话题或者一个词语、一个句式之后自己应该知道哪些内容、理解哪些概念、利用所学能做哪些事情。我们以“第二次世界大战”学习为例，比较常见的目标书写和 KUD 模式的目标书写（见表 2-7）之间的差异。①

示例 1：

学生将达成以下学习目标：

1. **识别**　美国参与第二次世界大战的原因，包括专制膨胀与珍珠港被袭事件。

2. **分辨**　第二次世界大战的重大问题和事件，例如，发动多方战争，拘留日裔美国人，大屠杀，中途岛战役，诺曼底登陆，哈里·杜鲁门使用原子弹的决定及该事件的形成过程。

3. **评估**　战争对于一个国家的主要耗费和益处，并且站在某个国家的立场，选定一个国际争端，以此为背景进行角色扮演辩论。

4. **解释**　第二次世界大战期间一些著名军事领导人所起到的关键作用，包括奥马尔·布雷德利、艾森豪威尔、麦克阿瑟、马歇尔和乔治·巴顿。

示例 2：

表 2-7　KUD 模式的目标书写

学生将知道（K）	学生将理解（U）	学生将能做（D）
● 美国参与第二次世界大战的原因。 ● 第二次世界大战的重大问题和事件： 发动多方战争 拘留日裔美国人 大屠杀 中途岛战役 诺曼底登陆 哈里·杜鲁门使用原子弹的决定及该事件的形成过程	● 国家间的争端会导致政治、军事、经济等方面权力平衡的转变，战胜国在国际议程中将拥有更大权力和影响力。 ● 中立国可能被迫去调停国际争端，以保护他们自己的政治或经济利益。 ● 战争期间政府会动员人力、军事和政治资源。 ● 战争期间的军事资源需求可以促进就业和刺激衰弱的经济	● 找到和使用主要、次要资源，如计算机软件、数据库、媒体和新闻服务、传记、采访和文物等，来获取信息。 ● 通过排序、分类、识别因果关系、比较、对比、找出主要观点、总结、作出概括和预测、作出推理和结论等方式分析信息。 ● 识别书面、口头和视觉材料中的偏见

在示例 1 中，通常模式聚焦于学生知道什么。单个动词用来开展主题内容的学习，同时也代表学生需要学会的思维技能。但如果从“概念为本”的理念来考虑，这种书写方式的问题在于动词和主题的组合无法保障学生在历史学习中产生概念性理解。教师可以复述目标（如与主题和技能关联的动词），但是当被问及从主题和技能中抽取的概念性理解的时候，就往往难以清楚地表达这些观点。表述概念性理解是一种深度思考，在目标驱动模式中鲜有需要和使用。即便目标 3 中涉及概念性

① 埃里克森，兰宁．以概念为本的课程与教学：培养核心素养的绝佳实践［M］．鲁效孔，译．上海：华东师范大学出版社，2018：13-14.

描述，在通常意义下，教师会将这个目标作为一个以“评估”这一动词来开展的活动来处理，而不是一个需要理解的观点。

示例2为我们展示了KUD模式的目标书写，它清晰地要求学生的概念性理解，而不仅仅是知识和技能。所谓概念性理解，它为学生的历史学习提供了一个不同层面心智处理的清晰描述：在事实性层面上能“知道”，在概念性层面上“理解”，在技能和过程层面上“能做”。[①]KUD就是目标，它比传统目标更清晰、更明确，区分了知识、理解和技能，给教师提供了深入思考教学设计的信息。

实践指引

教学目标不等于给教学内容贴标签

视频：历史课堂教学目标的制定（徐赐成）

与教育目标和课程目标相比，教学目标最大的特点是其实践指导作用，是直接与教育教学实践活动紧密结合的，也可以说是作为教学活动的基本遵循而存在的。因此，与教育目标关注国家、时代、社会发展，课程目标关注内容、结构、形式相比，教学目标更关注学生、知识和评价。从这个意义上讲，教师在拟定教学目标时必须关注几个关键的具体要素：学生、课程标准和教学目标的表述。

教学目标要基于课程标准、教科书内容和评价测量要求，但最关键的原则还是学生第一，任何一条目标都是学生的目标，任何一项活动都是为了促进学生达成目标，因此，准确把握学生才是拟定教学目标的根本之道。但是，由于学生是具体的、千姿百态的、处于成长过程中的，把握学生就成为教育活动中最困难的一项任务。可以说，之所以有不同的教育理论，是因为人们对学生的认识和理解不同。

“课程标准”是教学目标的基本遵循，它确定了所有学生关于历史课程学习的最基本的标准，因而也是共性标准。教师在拟定教学目标时既要遵循课程标准的要求，又不能受制于课程标准要求，其中的关键是具体的学生。因此，同一教学内容可以设计出众多不同的教学设计。

强调教学目标的拟定，一是要引起教师对教学目标的重视；二是要追求教学目标的实践落实；三是要重视教学目标的表述。这是一个实践层面的操作性要求。教学目标拟定的随意必然表现为表述上的随意，最终导致教学目标与教学过程的游离。遵循意义化、内化、简化的目标拟定、表述和实施原则，就可以设计出比较科学的教学目标。

---

① 埃里克森，兰宁. 以概念为本的课程与教学：培养核心素养的绝佳实践［M］. 鲁效孔，译. 上海：华东师范大学出版社，2018：13.

章末作业

一、回顾

1. 定义：教育目标；课程目标；教学目标；教育目标分类学。

2. 定位：教学目标的教与学关系倾向。

3. 解释：教学目标怎样关注教学过程?

二、实施

1. 拟定教学目标需要注意什么?

2. 从教育目标、课程目标和教学目标三个维度上，思考“抗日战争”内容的教育价值，并以此区分政治领域、史学领域和教育领域关于“抗日战争”内容不同表达和意义表征。基于此，分析“抗日战争”的课时教学目标。

三、分析

基于教学目标基本理论、要素理论和表述要求，任选一份教学期刊中公开发表的教学设计中的教学目标设计，进行分析、评价和修订，并说明依据。

推荐阅读

1. 赵亚夫. 历史教学目标的意义与编制［J］. 教育学报，2013（6）：34-41.

2. 赵亚夫. 历史教学设计的流程、诊断与策略：第七讲［J］. 中学历史教学参考，2015（3）：4-10.

3. 熊巧艺，赵亚夫.“核心素养”概念辨析：兼议历史教学改革［J］. 中学历史教学参考，2016（12）：4-11.

4. 唐琴. 在教学转化中对接“学生”和“价值”：从学生评课说起［J］. 中学历史教学参考，2016（3）：26-31.

5. 唐琴，王光宇. 学生，教学的原点［J］. 中学历史教学参考，2019（7）：4-12.

第三章　如何设计教学过程

学习目标

- 了解历史教学设计的基本要素及一般结构。
- 熟悉直接教学与间接教学的历史教学设计基本流程。
- 了解历史教学设计的细化理论。
- 理解教学设计的结构与历史知识结构化之间的关系。
- 平衡好历史教学设计中的各种关系。

知识导图

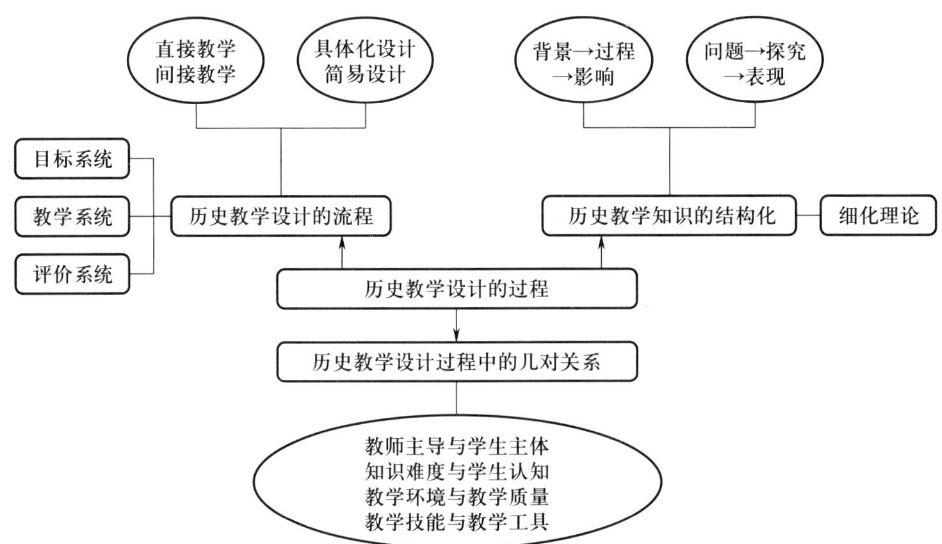

导语

佐藤学在《静悄悄的革命》一书中提到这样一个名词："主体性神话"。书中认为，教学是由"学生""教师""教材""学习环境"四个要素构成的，研究的倾向越来越集中在"学生"这一要素上。于是，学生自主学习、自己解决问题等形式成为理想的教学形态。虽然这在方向上是好的，有助于打破"教师"的绝对权威地位，营造开放的、思想迸发的课堂，但极容易走向另一个极端，将学生的"主体性"绝对化，即"主体性神话"。

比如，教师不提出问题，而一定要学生提出问题；或是教师仅讲10分钟，剩余30分钟全部交由学生自主活动，凭他们自己的力量解决问题，获得历史知识；等等。从表面上看起来，这样的教学过程是活跃的，但实际上学生的学习可能会趋于混乱，学习质量难以得到保障。教育就这样被表面化了，究其原因，就在于教师在设计教学过程时没有处理好教学中诸要素间的关系。

历史教学过程应当从传统意义上教师统一思想与传授型的教学方式中蜕变出来，以学生的个性化学习为轴心，向着活动的、合作的、反思的学习方式转变。也正因如此，历史教学设计必须建立在还原学生的"主体性"、克服"主体性神话"的基础上。教师应避免将学生与教师的互动、学生与教材的互动、学生与学生的互动割裂开来的做法，而应聚焦于学生自主性（以学生为中心的自主学习）与自律性（以教师为指导的辅助学习）的统一。具体来说，即廓清教师、教材、学生、学习环境四要素的变量关系。

第一节　历史教学设计的基本流程

○历史教学设计的结构是一个开放性的系统。
○历史教学设计的基本流程随学习理论的变化而不同。
○简易的历史教学设计并不意味着简单的历史教学设计。

教学设计是一项系统性工程，其基本流程需要考虑"谁在学？（学生的学习欲、经验、基础）""为什么学？（期望达到什么目标）""学什么？（内容的组织与决策）""怎样学才好？（教学顺序、方法、策略、资源）""学得怎样？（效果评价）""为了更好地教（反思教学行为和效果）"等一系列问题。因此，当教学设计应用于解决实际问题时，其表现为一个具有开放性的系统结构。

一、历史教学设计具有结构化特征

教学设计需要对参与教学活动的诸多要素进行系统的分析和策划，由此产生多

种不同的教学设计模型。不管是哪种教学设计模型，其各个阶段的作用都可以分为三类：（1）鉴别教学的结果；（2）发展教学；（3）评价教学效果。[①] 在此基础上，诞生了教学设计的最基本模型——ADDIE 模型，如图 3-1 所示。

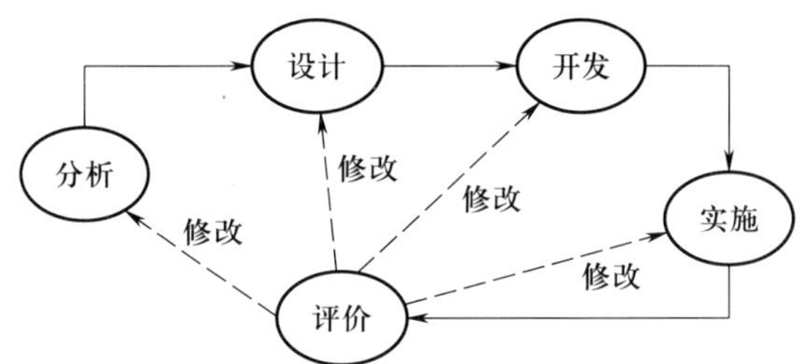

图 3-1 教学设计的 ADDIE 模型

ADDIE 模型由分析（analysis）、设计（design）、开发（development）、实施（implementation）、评价（evaluation）五个环节构成。其中“分析”起到鉴别教学结果的作用，“设计”“开发”“实施”起到发展教学的作用，“评价”则发挥评价教学效果的作用。此外，从 ADDIE 模型中还可看出，五个环节有着紧密的联系，尤其是“评价”与其他四个环节都有虚线连接，提示在教学设计的每个环节均可以根据评价结果进行修改，这体现了教学设计的结构具有开放性。

从行为主义到认知主义，再到建构主义，不同理论基础的教学设计呈现出来的教学结构也各不相同。如行为主义的教学设计以学科为中心，重视教科书的作用，严格控制教学程序，其目标环节、教学环节以及评价环节都是刚性的，其设计流程如图 3-2 所示。

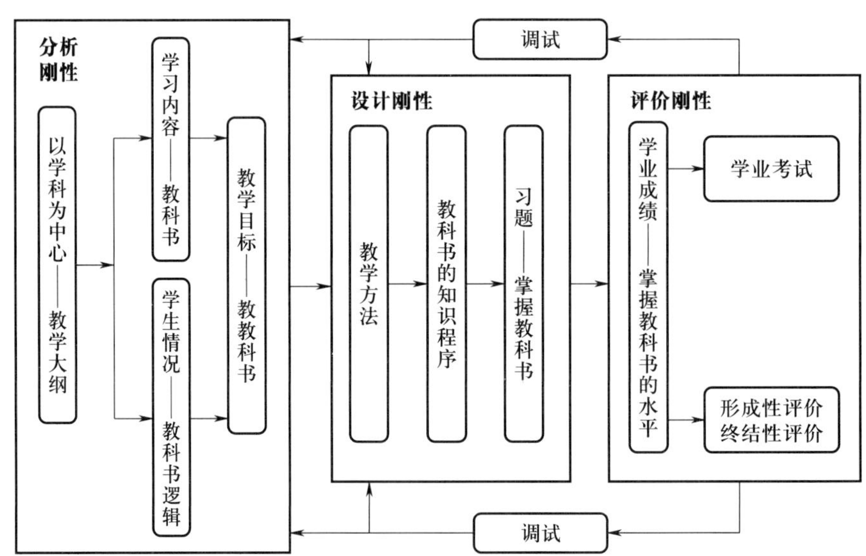

图 3-2 行为主义的教学设计流程[②]

① 加涅. 教学设计原理［M］. 皮连生，等译. 上海：华东师范大学出版社，1999：21.

② 赵亚夫. 历史教学设计的流程、诊断与策略：第三讲［J］. 中学历史教学参考，2014（11）：4-8.

认知主义理论强调学生在学习活动中的主体价值，充分肯定了学生的自觉（能动）性，因此在教学设计中目标环节除了关注内容标准之外，还关注学生的成就标准和机会标准，在教学环节中将学生的学习放在关键位置，教学决策、教学资源、学习策略均体现了一定的弹性，最终的评价环节也以学生的进步和发展为依据，是一种以学生为中心的教学设计，其设计流程如图 3–3 所示。

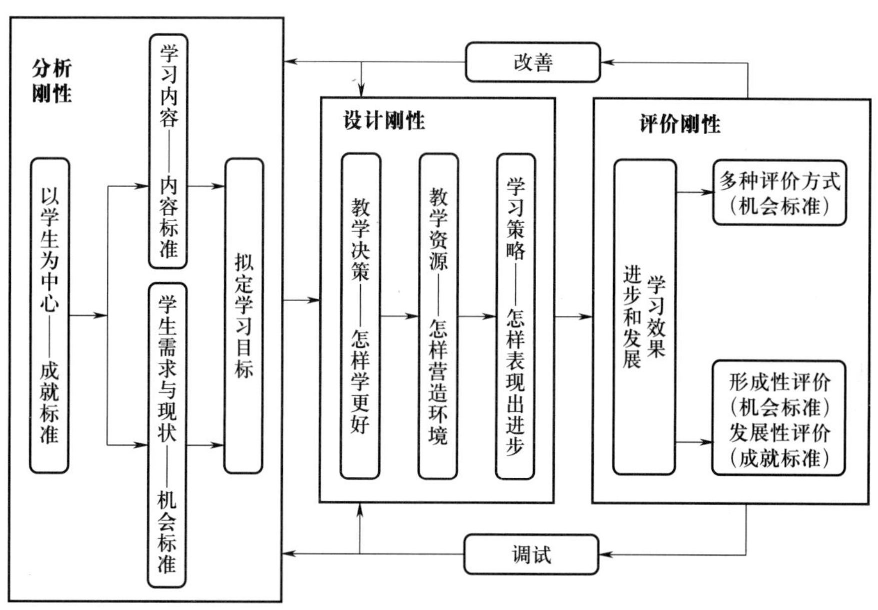

图 3–3　认知主义的教学设计流程[①]

建构主义理论是认知理论的一个分支，它强调建构知识的过程等于知识被结构化的过程，其表现形式是图式，一种经过拆解、再构并且体现学习者新的、整体性认知的组织结构。图式是认知结构的起点和核心，也是人们认识事物的基础；是个体对世界的知觉理解和思考方式，当它与学习发生关系时，一方面以理解为中心呈现多种解决问题的可能性，另一方面正是通过解决问题的过程反映学习者的思维方式。

情境、协作、对话、意义建构是建构主义理论下教学设计的四大要素。情境的本质是引导探究，是教师引出和展开探究的学习环境。协作依赖于学习过程中学习者之间的互动、磋商、协同解决问题，对话则着眼于学生思维活动的展开。协作和对话都是针对意义建构的方法、手段，它们贯穿整个学习过程。意义建构是整个学习过程的最终目标，意义是指事物的性质、规律以及事物之间的内在联系。在学习过程中帮助学生建构意义就是要帮助学生对当前学习内容所反映的事物的性质、规律以及该事物与其他事物之间的内在联系达到较深刻的理解。

① 赵亚夫．历史教学设计的流程、诊断与策略：第三讲［J］．中学历史教学参考，2014（11）：4–8．

建构主义理论下的教学设计流程包括以下几步[①]：

（1）教学目标分析

对整门课程及各教学单元进行教学目标分析，以确定当前所学知识的“主题”。

（2）情境创设

创设与主题相关的、尽可能真实的情境。

（3）信息资源设计

确定学习本主题所需要的信息资源的种类和每类资源在学习本主题时所起的作用。

（4）自主学习设计

根据所选择的不同教学方法，包括支架式教学、抛锚式教学、随机进入教学，对学生的自主学习作不同的设计。

（5）协作学习环境设计

协作学习环境的设计应包括以下内容：能引起争论的初始问题；能将讨论一步步引向深入的后续问题；教师要考虑如何站在稍稍超前于学生智力发展的边界上通过提问来引导讨论，切忌直接告诉学生应该做什么；对于学生在讨论过程中的表现，教师要适时作出恰如其分的评价。

（6）学习效果评价设计

设计小组对个人的评价和学生个人的自我评价。

（7）强化练习设计

根据评价结果设计出针对性的补充学习材料和强化练习。

由此可见，不管基于何种理论，教学设计的主体都是由目标系统、教学系统、评价系统这三个必不可少的部分构成的。与之相应，这三个系统中的必要环节，如学习需要分析、学习内容分析、学习目标的阐明、学习者分析、教学策略的制订、教学媒体的选择和利用、教学设计成果的评价等，则进一步强化了教学设计的结构性特征。

二、一般的教学流程和创新教学流程

教学流程也叫教学过程，是对课堂教学资源和程序的安排。教师对历史教学的所有构想，都需要在教学流程中具体体现。不同学习理论下的教学流程具有不同的特征，遵循行为主义理论的教学流程为“感知→记忆→理解→判断”，是一种相对封闭的教学程式。而在建构主义理论之下，教学流程则变成了“问题（环境）→对话（理解）→生成（协作）→意义化”的开放模式。

---

① 何克抗．建构主义的教学模式、教学方法与教学设计［J］．北京师范大学学报（社会科学版），1997（5）：74-81．

案例呈现

以下是某教师关于“封邦建国与礼乐文化”一课的教学流程。

导入

（1）情节描述，引出问题

播放课件——牧野之战。

问题：殷商“亡乎于政”，还是“亡乎于制”？

（2）回顾历史，释惑解疑

环节一：从“武王克殷”到“天下初定”

（1）因势而动：艰难抉择

史料：

武王克殷，问曰：“将奈其士众何？”

太公对曰：“臣闻，爱其人者，兼屋上之乌；憎其人者，恶其余胥。咸刘厥敌，使靡有余，何如？”

召公对曰：“有罪者杀之，无罪者活之，何如？”

周公对曰：“使各居其宅，田其田，无变旧新，惟仁是亲。百姓有过，在予一人。”

问题：你赞同谁处理殷商的遗老遗少的意见？

（2）顺势而为：武王初封

史料：

《史记·周本纪》记载，武王分封时：

封商纣子禄父殷之余民……使其弟管叔鲜、蔡叔度相禄父治殷。

追思先圣王，乃褒封神农之后于焦，黄帝之后于祝。

封尚父于营丘，曰齐。封弟周公旦于曲阜，曰鲁。封召公奭于燕。

问题：周武王是怎样解决殷民、方国和宗亲功臣的分封的？

环节二：从“三监叛乱”到“封建亲戚”——天下归周

史料：三监叛乱（略）。

问题：殷商暴政而亡尚可理解，武王和周公德政为何也会招致动荡？叛乱的根源在哪里？

史料：周公封建亲戚（略）。

问题：周公分封有哪些突出的变化？这种变化的意图是什么？

环节三：从“宗法关系”到“家国同构”——天下归宗

问题：“三监叛乱”之中，周公的兄弟为何联合武庚叛乱？

史料：宗法分封的要求（略）。

问题：如何认识西周宗法分封制度？

环节四：从“制礼作乐”到“协和万民”——天下归心

史料：周公摄政后的六年（略）。

问题：周公所制之“礼乐”有怎样的历史内涵？

小结：天下归一。[①]

由此想到的

由上述案例可以看到，教师通过创设情境引出问题，开启教学过程。在具体的教学环节上，教师呈现史料并提出问题，让学生从史料中提取信息，获得结论。但是，细察之下可以发现，问题多属于浅层次的，关注“是什么”；由此可以推知，教师对史料的分析不深入，呈现史料主要是为了引出教师的讲述。教师呈现史料和提问，应起到如何做历史解释的示范作用，帮助学生建立起历史事件之间的联系。所以，该案例虽然使用了材料，与学生进行问答互动，但并没有突破传统的教学模式，忽视了学生的主体地位。

直接教学是历史教学设计中常用的一种教学形式。它是“一种以教师为中心的策略，教师提供信息，以简明及连贯的方式讲解，能使学生在教师指导下，直接、迅速地掌握学习重点，启发探究兴趣。教师的作用是以尽可能直接的方式把事实、规则和动作序列传达给学生”[②]。过去，直接教学遵循讲授、朗读、背诵、考试的教学程序。随着新方法的出现，直接教学已逐渐被新的知识传授型、材料研习型、情境导向型所替代，它的教学程序也变为创设情境、解释或示范、指导练习、反馈、拓展练习五个步骤。但是，无论形式如何变化，其本质仍是以教师为中心安排教学流程、教学目的，而不是以促进学生的社会性学习或培养他们的高级思维能力为出发点。

下面我们再以“西安事变”为例，呈现直接教学流程最基本的步骤。

步骤 1：确定学习目标

- 能了解西安事变的概要，并分析其影响。

步骤 2：教师解说步骤

- 确定学生已掌握 20 世纪 30 年代中国内外的形势。
- 指出西安事变乃扭转时局的关键点，引发学生的学习兴趣。
- 指导学生从书本中找出与西安事变相关的时间、地点、人物。
- 讲授辅以视频片段，并不时以提问厘清难点，让学生明白事件始末。
- 引导学生分析西安事变的影响。

步骤 3：总结、评估

- 教师总结并给学生布置作业，以巩固学习，并评估学生所学。

直接教学并不是传统意义上的“教师讲、学生听”，它对教师的要求很高，历史教学是否有效，很大程度上依靠教师对教学内容的清晰掌握，以及对教学活动

① 何成刚，张汉林，沈为慧．史料教学案例设计解析［M］．北京：北京师范大学出版社，2012：1–14．引用时有修改。

② 鲍里奇．有效教学方法：第四版［M］．易东平，译．南京：江苏教育出版社，2002：144.

（如提问、讨论、参与等）的针对性计划。在课堂上，教师控制课堂节奏，引导学生跟从教师所设计的课堂活动，一步一步地达到预期学习成果。

实践研讨

教学设计：近代西方的法律与教化（陈美瑶、刘波）

阅读陈美瑶、刘波老师对《普通高中教科书　历史　选择性必修1　国家制度与社会治理》中“近代西方的法律与教化”一课的教学设计，回答以下问题：

1. 这节课的设计是依据哪种教学流程？
2. 基于本节课的教学设计内容，换一种教学流程进行设计，并比较二者的异同。

案例呈现

北京理工大学附属中学吴庆煜老师在准备《义务教育教科书　中国历史》（七年级下册）的“安史之乱与唐朝衰亡”一课时，围绕“安史之乱为何发生”做了如下设计：

导入

老师讲述唐玄宗时期发生安史之乱的背景知识。

第一步

PPT展示核心历史问题——“安史之乱为何发生”，进入新课。

第二步

根据老师讲的背景知识，回答问题：(1) 唐玄宗时期，唐朝的社会状况发生了什么变化？(2) 唐玄宗时期，民族关系处于一种什么状态？(3) 根据你的了解，是什么导致了安史之乱？

第三步：研习史料

第一环节，下发史料A，即白居易的诗歌《胡旋女》。设置问题：(1) 白居易是谁？(2) 这首诗写于何时，是变乱前还是变乱后？(3) 这首诗作为安史之乱追因的证据有多可靠？(4) 根据史料，该事件是如何导致安史之乱的？(5) 根据这首诗歌，白居易表达了对唐朝的哪些情绪？

学生在阅读诗歌前，回答问题（1）和（2）；阅读诗歌后回答其余问题。通过问题讨论，综合史料证据，得出假设1，老师评估学生的回答。

第二环节，下发史料B，即王夫之《读通鉴论》“外强中枵，乱亡之势成矣”的相关论述，设计问题：(1) 王夫之是谁？(2) 这段评论写于何时？(3) 根据史料，王夫之认为变乱的原因是什么？(4) 王夫之是从哪个角度阐述原因的？其可靠性如何？(5) 根据史料，你对刚才的假设有何判断？

学生阅读史料前回答问题（1）和（2）；阅读史料后回答其余问题。通过问题讨论，综合两则史料证据，得出假设2，老师评估学生的回答。

第三环节，下发史料C，即杜佑《通典》“我国家开元、天宝之际，宇内谧如，边将邀宠，竞图勋伐”的相关论述，设计问题：(1) 杜佑是谁？

(2)这段总结写于何时?(3)他写《通典》总结的目的可能是什么?(4)这份史料对变乱原因的叙述是从哪个角度出发的?其可靠性如何?(5)这份史料与史料A和史料B是什么关系?

学生阅读史料前回答问题(1)(2)(3);继续阅读文献,印证通过求源得到的信息,讨论并回答剩余的问题。最后用三份史料中的证据,得出假设3。

由此想到的

该案例为我们呈现了一则间接教学的示例。案例中,教师创设问题情境,将学生引入史料研读中来,根据教师提供的问题清单,对基本材料作出分析与评判,最终自我建构出关于安史之乱与唐朝衰亡的历史图景。

间接教学的教学过程设计以学生为中心,适用于更强调知识建构的课程。通过上述案例可知,问题设计指向学生的历史理解层面,基于学生对史料的感知和认识,由表及里,完成对核心问题的探究。从流程上看,它是通过创设学习环境,提供参与机会,进行观察、调研、推理、讨论活动,具有建构性特征。其突出特点是:"习得过程是探寻;结果是发现;习得的内容为一个问题。"①

间接教学一般从历史探究问题出发,通过不同渠道的资料搜集、整理、鉴别、分析,得出对问题的看法。教师以学习促进者的身份对学生的自主探究实施指导工作,例如:就学生搜集资料的方法、渠道提供建议或提示注意点,提供思考工具或分析框架,帮助学生系统地组织搜集到的资料,引导学生反思自己的学习,让学生通过提问、讨论、评价、反思等方式修正观点、建立新知。

下面我们以"辛亥革命"为例,展示间接教学流程的基本步骤,如图3-4所示。

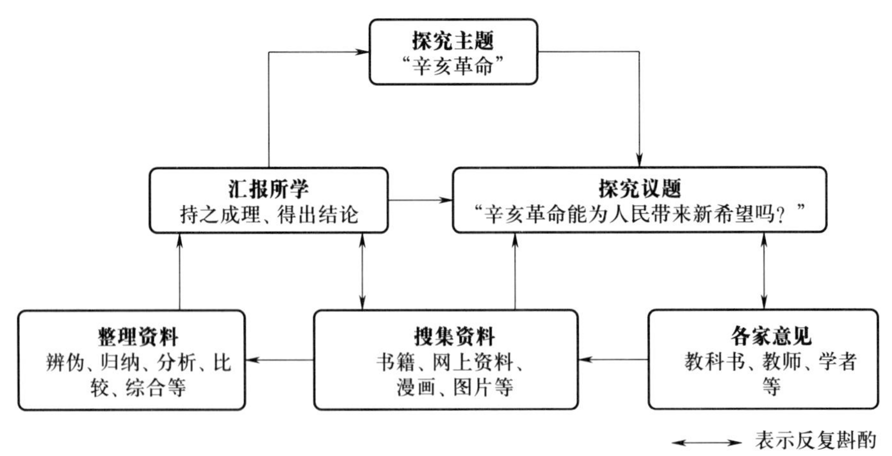

图3-4 "辛亥革命"的间接教学流程

① 鲍里奇. 有效教学方法:第四版[M]. 易东平,译. 南京:江苏教育出版社,2002:174.

实践研讨

阅读骆孝元老师对"1929 年大萧条爆发的原因"的教学设计，回答如下问题：

1. 你能想到多少种讲解历史原因的方法？
2. 这节课对历史原因的探究有什么优点？有什么可以进一步优化的地方？

教学设计：1929 年大萧条爆发的原因（骆孝元）

三、具体化的教学设计和简易的教学设计

教学设计在呈现上并不是单一的，它可以有多种表现方式，也可以视需求而安排详略。总之，无论是什么形式，其目的都是一样的：帮助教师厘清教学过程的各个环节，思考如何突破教学重难点；对学生的发展产生影响，使其尽可能获得充分的发展。

案例呈现

下面是关于《义务教育教科书　中国历史》（七年级下册）中"辽、西夏与北宋的并立"一课的教学分析节选。[①]

一、核心问题

1. 如何正确看待契丹族与党项族、辽与西夏政权？
2. 辽宋夏时期的民族关系发展具有哪些特点？
3. 中华民族认同的内涵是什么？
4. 辽宋夏时期的民族交融与中华民族多元一体格局形成的关系是什么？

二、教学主线、主题与立意

基于辽宋夏时期历史发展的逻辑和对课程标准、教材内容的分析，针对七年级学生的心理特点和认知规律，本课以"民族交融"为教学主线，突出"民族关系的发展"的内容主题。教学立意为"化干戈为玉帛是民族交往的智慧，聚多元为一体是历史发展的必然"，以把握历史发展之大势，渗透中华民族多元一体之观念。教学重点为"辽、西夏与北宋并立时期的民族交融"，教学难点为"澶渊之盟的影响"。

整合教材内容，将其设计为"民族政权的并立""并立中的碰撞""碰撞中的交融"三个板块，既具有时序性，又突出内容主题与教学立意。

三、教学设计

导入新课：激发兴趣，奠定民族交融的基调。

带学生观看微视频"单眼皮与双眼皮"（该视频形象有趣地说明汉族人出现双眼皮的原因，即与西域胡人的东来以及北方游牧民族的南下有着直接关系）。

① 袁从秀，李恩泉．认识多元一体趋势 强化中华民族认同："辽、西夏与北宋的并立"一课的教学分析与设计［J］．历史教学，2019（21）：64-70．

问题：视频中提到的一些汉族人出现双眼皮的原因是什么？有无科学依据呢？

接着出示两则材料，为回答提供抓手。

材料1：中国境内各民族普遍的通婚由来已久。今日中国之所谓汉人，本身已是一种历史上的混成体，为多数民族（即汉族）与少数民族混成的继承人。

——黄仁宇《赫逊河畔谈中国历史》

材料2：我曾在云南大学看到他们绘制的一张有关中国人基因状况的图表，最初很使我感到意外。它表明：中国北方汉族同北方少数民族基因相近的程度超过了中国北方汉族与南方汉族相近的程度；同样，中国南方汉族同南方少数民族基因相近的程度超过了它同北方汉族相近的程度。这说明：不仅汉族是由许多原来不同的民族融合而成，而且汉族同各少数民族在历史上长期的密切交往中形成了你中有我、我中有你的局面，血缘在构成不同民族中所起的作用是有限的。

——金冲及《中华民族是怎样形成的》

设计意图：一部中国古代史也是一部民族交融的历史，其中，族际通婚是民族交融的重要途径，也是中华民族发展壮大的历史渊源，体质人类学的研究也充分证实了这一点。但是，由于受到思维惯性的影响，在本课教学中，个别教师和学生不能理性地看待辽和西夏以及正确认识它们在中华民族历史发展中的贡献。因此，在教学前，有必要打破这样的心理壁垒，通过视频和两则文字材料，从民间生活、历史学和人类学关于民族交融研究的视角，层层分析，揭示出在漫长的历史进程中，“北方民族不断给汉族输入新的血液”，“汉族同样充实了其他民族”的事实。这样的设计，有助于学生跳出狭隘民族主义的藩篱，初步认识到我们每个人都有可能是民族交融的结果，并从民族交融的角度学习本课内容，从而奠定本课的基调。

第一板块：民族政权的并立

呈现地图、时间轴，通过指导学生在复习旧知以及阅读新课内容的基础上填写表格，完成对三个政权建立的基础知识的学习与巩固。然后，引导学生总结出这一时期民族关系的特征之一：民族政权并立。

设计意图：学生易混淆三个政权的建立情况，加之“北宋的建立”是在前一课学习的，时序略有不清。因此，教学时通过运用地图、时间轴和表格，帮助学生形成清晰的时空概念，并使其在时空的基础上感知“民族政权并立”这一阶段特征。同时，引导学生观察地图上三个政权的地理位置，有助于学生感知它们所处自然环境的差异，为后面分析它们在经济上的互补性埋下伏笔。

（第二板块、第三板块和小结内容略。）

由此想到的

具体化的教学设计是把教学的起点到终点都呈现出来的一种教学设计形式。从上述案例中我们可以看到，具体化的教学设计需要将一节课的设计思路、实施构想、设计反思都完整陈述出来。

一般而言，教师在完成具体化的教学设计时，可以从以下几方面着手：

（1）课程标准分析，明确学生学习本课需要达到的基本要求。

（2）教科书分析，熟悉教科书叙述的侧重点与提供的学习材料。

（3）学情分析，全面把握学生的认知情况，使教学过程设计得更实际。

（4）确定教学目标及重难点，搭建学习内容与学生之间的联系。

（5）教学实施构想，细化教学目标，说明本课的教学结构、史料运用、教学活动的设想等内容。

（6）设计反思及授课反思，优化教学设计。这里的反思，既包括对设计本身的反思，考虑从环节设计上是否达成理念构想，也包括授课后反思，考虑教学设计是否落实，学生的学习状态是否饱满，哪里是学生不理解的、思维受阻的，哪里出现了新问题等。

其中，（1）—（4）是教学设计的思路层面，属于对历史课堂教学理念的构想。具体化的教学设计应细化上述内容，把课程标准、教科书理解透彻，把学生情况掌握充分，这样才能使教学目标及教学重难点不至于空疏，也是教学实施构想层面的基础保障。

教师在进行具体化的教学设计时，因为要考虑教学过程的各个方面，所以容易出现将设计封闭化的倾向。为了避免这样的误区，教师应该注意以下两点：

一是注意问题设计的层次性。历史教学中的问题可以涉及多个层次，例如，根据学生的思维水平，问题可以划分为记忆、理解、应用、分析、评价、创造六个层次。教师在设计问题时应关注高阶思维水平的问题。这是因为，指向高阶思维水平的问题能够激活学生更多的知识储备与思维活动，学生在解决问题中建构、迁移、评价知识内容，有助于为学生的历史学习留下生成空间。

二是注意教学设计的生成性活动。教学设计应从固化设计走向弹性设计，在充分预设的情况下把握生成。教师应站在学生的角度预先判断自己的教学会发生、可能会发生哪些状况，预设相应的措施。

案例呈现

图 3-5 是北京市第四中学李园园老师对《义务教育教科书　中国历史》（七年级上册）中“北魏政治和北方民族大交融”一课设计的教学流程。

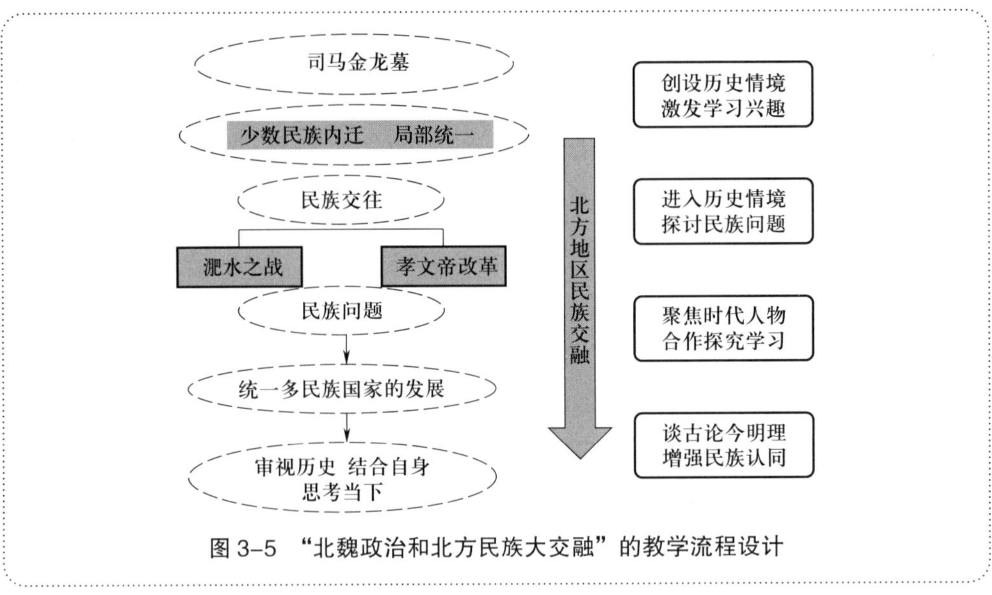

图 3-5 “北魏政治和北方民族大交融”的教学流程设计

由此想到的

与上一个案例不同，这则案例为我们呈现了一种简易的教学设计形式。该教师通过导图的形式呈现教学流程，并说明在每一个阶段采用的教学方法，让人一目了然。需要注意的是，采取简易的教学设计，不能与板书设计相混淆，也不能与教学环节列举等同。因为它虽然简洁，但能够提纲挈领，展现出本课最核心的知识内容、情境设计、方法选择，突出教学流程设计的思路。

案例呈现

罗斯福新政①

授课年级：八至十年级。

教学时间：50～60 分钟。

探究问题：政府在经济危机中应该扮演什么角色?

学习目标：

1. 能够识别和描述新政。
2. 能够评估新政对经济的影响。
3. 展示对“3R”（救济、复兴、改革）的理解。

学习资源：一组关于新政的照片（第一手材料）及学习任务；《新政疗伤》政治漫画（第一手材料）等。

① 何成刚，沈为慧，陈伟壁．国外历史教学案例译介［M］．北京：北京师范大学出版社，2013：158-159．引用时有修改。

学习活动：

1. 热身：在经济危机中政府如何帮助人们？可能有哪些政策或计划？
2. 讨论：评论新政中的“3R”。

（1）救济——迅速提供基本的生活必需品，包括食物、日用品、金钱等。

（2）复兴——政策或计划的首要目标是促进美国经济的复兴。

（3）改革——政策或计划的首要目标是确保大萧条不再发生。

3. 阅读——将全班分为六个小组，并分别完成一项学习任务。
4. 展示——每个小组简要介绍各自完成的学习活动。
5. 观察——合作完成对漫画《新政疗伤》（图 3–6）的学习。

图中英文大意：当然，如果我们没有取得成效，我们可能要改变补救措施。

图 3–6 漫画《新政疗伤》

6. 评论——新政的成功之处；新政对今天的影响；新政存在的问题。
7. 总结——政府在经济危机中应该扮演什么角色？

评价活动（形成性评价）：

1. 口头回答——学生口头回答教师的提问，并进行小组展示。
2. 书面作答——学生回答对新政的评估以及对漫画《新政疗伤》的观察。

由此想到的

上述为美国康涅狄格州“美国史的教学计划”中的一个教学设计案例，该案例的目标指向十分明确，所有活动均围绕探究问题“政府在经济危机中应该扮演什么角色”展开。教学目标、学习活动、评价活动的每一个环节均简洁清晰，教学目标直接呈现学习的结果，毫不拖泥带水，学习活动的七个环节任务清晰，与学习活动相配套的材料及任务单问题设计细致完备，评价活动中的口头回答和书面作答均为形成性评价，留有很大的弹性空间。整体来看，该教学设计形式简洁且意义丰富，活动流程严谨却又保留弹性，任务设计看似开放实则指向明确。由此可见，简易并不意味着简单，对于教学设计而言，所有的形式都需要为教学的意义或价值服务。

实践指引

拟定开放的教学流程

教学设计具有稳定的结构化特征，由目标系统、教学系统、评价系统三部分构成，每个系统又包含多个具体的环节。基于不同的学习理论，教学设计的着眼点各不相同，行为主义理论指导下的教学设计主要关注学科内容的落实，认知主义理论指导下的教学设计强调学习者认知图式的变化，建构主义理论指导下的教学设计则关注学习过程中的情境、协作、对话与意义建构。教学设计着眼点的不同，直接决定了教学设计具体环节的安排及其作用的发挥，着眼于学科内容的教学设计遵循“感知→记忆→理解→判断”的教学流程，而着眼于学生理解的教学设计则按照“问题（环境）→对话（理解）→生成（协作）→意义化”的程序展开。落实到历史学科，当前的历史教学中既有以学科为中心的直接教学设计，也有以学生为中心的间接教学设计，既有严格按照教学设计流程写出详细步骤的具体化教学设计，也有只呈现大致环节的简易教学设计。由于教学设计本身是一个开放的系统，所以无论何种形式的教学设计，我们都提倡其教学流程应该是开放的。

第二节 历史教学设计中历史知识的结构化

○细化理论让历史知识的结构更加清晰可见。
○对历史知识结构形成过程的认识直接影响教学设计的结构。
○学生主动建构的历史知识结构比被动接收的更加可靠。

历史知识的结构化，是指学生在历史课程学习中涉及的知识的结构与组织。它关涉知识自身的结构性，同时也照顾了已有知识与即将学习的知识之间的结构性问题。

一、教学设计的细化理论

细化理论（elaboration theory，ET）是20世纪80年代出现于北美的整合性教学设计理论的代表之一。它由瑞格鲁斯提出，其理论基础是认知学习理论。

案例呈现

某教师在准备《义务教育教科书　中国历史》(七年级下册)中“从‘贞观之治’到‘开元盛世’”一课时，将“大唐何以成就盛世?”作为统领本课的核心问题，并由此组织教学内容，使整节课的知识体系呈现出如图 3-7 所示的结构特征。

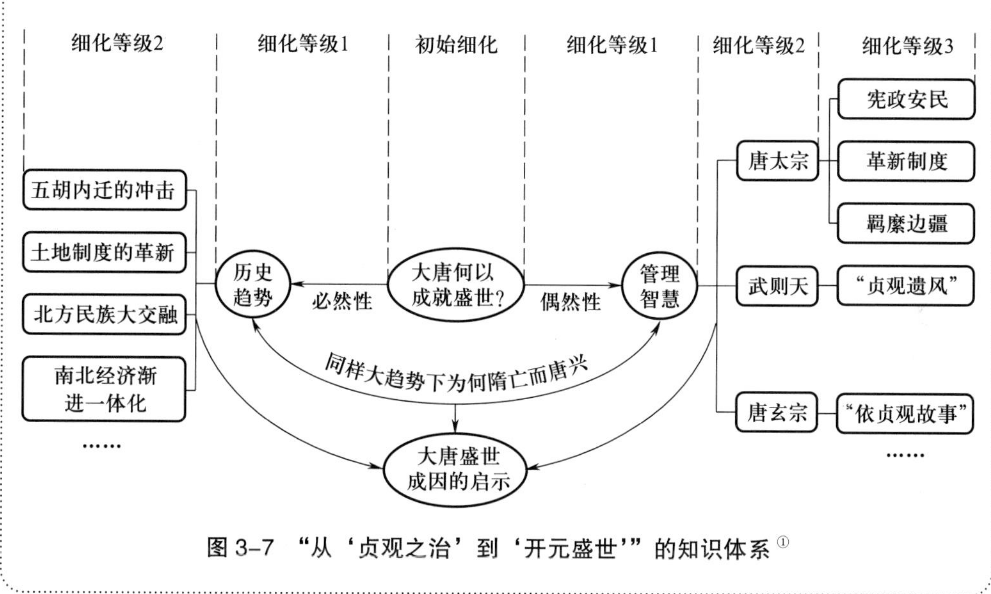

图 3-7　“从‘贞观之治’到‘开元盛世’”的知识体系①

由此想到的

上述案例中的教学片段，是对“大唐盛世成因的启示”这一问题的探讨。此处该教师提出“大唐何以成就盛世”这一核心问题，也可以基于总括性材料展开。无论是问题还是材料，其作用是充当先行组织者，方便学生了解概貌。随后这位教师将核心问题细化为两个方面，即“历史趋势”与“管理智慧”，由此如剥笋一般，逐层细化，直到达到教师想要的细化水平，这个水平是以学生的理解为基础的。细化之后，教师又将细化分解综合处理，通过“同样大趋势下为何隋亡而唐兴”，将学习再次聚焦到核心问题上。

细化理论有助于学习者获得关于学科逐渐精细的理解。它往往从学科中大的、总括性的观点开始，逐渐向具体和复杂成分上集中。当回到总括性观点时，随

① 张卓鸿，董清伟，张天森，等．历史教学中核心问题的选择与破解:《从“贞观之治”到“开元盛世”》的设计叙事［J］．历史教学，2019(1)：61-64．引用时有修改。

之进行整合和回顾。[①]教师想要尝试细化理论进行教学设计，有两个粗略的步骤：第一步，由一般到特殊进行知识的层次结构组织；第二步，将每一部分知识与知识整体结构相关联，促进新旧知识之间的联结，使其得以综合化和意义化。具体来说，细化理论可以概括为一个目标、两个过程、四个环节和七个策略。[②]

（1）一个目标是指细化理论的全部内容都是为了达到一个目标——按照认知学习理论实现对教学内容最合理而有效的组织。

（2）两个过程是指细化理论主要通过两个设计过程来实现上述目标，一是概要设计，二是一系列细化等级设计。

概要设计要求从学科内容中选出最基础和最有代表性的概念作为初始概要，它应包含一个概念定义、若干个概念实例和把概念应用于新情境的联系。

按照细化理论，学科知识内容有两大类型：任务知识（说明“如何做”）和领域知识。其中，领域知识又可以分为概念性知识（说明“是什么”）和原理性知识（说明“为什么”）。

概要设计要求对选出的初始概要不断细化。在理想情况下，概要是在总体上代表一个学习任务，每一级的细化都是前一级呈现内容的深化与拓展——每一次细化使教学信息越来越具体、深入、细致。由此可见，每一级细化的结果都是其下一级细化的“概要”。

（3）四个环节是指为保证细化过程的一致性和系统性，必须注意四个教学设计环节的密切配合。这四个环节是“选择”（selection）、“定序”（sequencing）、“综合”（synthesizing）和“总结”（summarizing），简称4S。

“选择”是指从学科的知识内容中选出为了达到总的学习目标或单元教学目标所要教的各种概念和知识点，从而为概要设计做好准备，这是细化理论的初始任务。

“定序”的目的是使教学内容（学科知识内容）按照“从一般到特殊”的顺序来组织和安排，这既是概要设计和细化等级设计的指导思想，又是设计的基本内容，应该贯穿设计过程始终。

“综合”的作用是维护知识体系的结构性、系统性，即确定各个知识点之间的相互关系。通过综合应使学习者看到各个概念之间的关联以及它们在更大的概念图中的地位。

“总结”对于学习的保持和迁移都是很重要的。细化理论包含两种总结：一种是课后总结；另一种是单元总结。

（4）七种策略是指为保证细化过程的有效性和可操作性，必须在细化过程中适当运用的有关教学内容组织的策略。

策略1用于确定课程内容的细化顺序，确定课程内容是概念性的、过程性的还

---

① 坦尼森，肖特，西尔，等. 教学设计的国际观：第1册：理论·研究·模型［M］. 任友群，裴新宁，译. 北京：教育科学出版社，2005：10.

② 何克抗，郑永柏，谢幼如. 教学系统设计［M］. 北京：北京师范大学出版社，2002：23-27.

是原理性的。

策略 2 用于确定每一堂课的内容顺序。

策略 3 用于确定总结的内容及方式。方式指揭示知识点间的联系，还可以是对练习进行归纳。

策略 4 用于确定综合的内容及方式。方式指用文字或图表来说明教学内容各部分之间的联系，以便使所学内容变成结构化的有意义的知识，从而更易于被同化到学习者原有的认知结构中。

策略 5 用于建立当前所学新知识与学习者原有知识之间的联系。这是帮助学习者实现意义建构的关键。建立新旧知识之间的联系可以有多种方式，如启发式、联想式或类比式。

策略 6 用于激发学习者的学习动机与认知策略，其作用是使学习者始终处于积极的信息加工状态。告诉学习者一种有效的记忆方法或通过多媒体技术激发学习兴趣，或是让学习者自己想出一种有效的方法来帮助记忆，都是可以采取的具体方法。

策略 7 用于实现学习者在学习过程中的自我控制。学习者可以选择已具有必要前提知识的任意一篇课文来学习，可以选择例题的类型和数目，还可以选择总结和综合的内容及方式。

总体来说，细化理论关注知识的结构化的选择与组织，它适用于复杂认知任务（关注技能）或复杂认知结构（关注理解）的教学活动。在实践过程中，细化的方法学起来并不容易，但是一旦掌握，对设计教学过程而言就非常有效率。

二、依据历史知识特性所反映的教学结构

历史课程中有许多知识，如果教给学生的是零散的、孤立的知识，那么学生掌握起来就比较困难。布鲁纳认为，知识是由概念、命题、基本原理及它们之间的相互联系组成的，这就是知识的结构。教师要使学生理解历史学科知识的基本结构，这有利于解决课堂内外所遇到的各类问题，形成有效学习模式。① 在传统的以学科为中心的教学设计中，历史知识的结构直接反映了教学的结构。

案例呈现

下面是某教师对“新文化运动与马克思主义的传播”一课设计的教学过程。

（一）导入

播放歌曲《兰花草》，配以与“屈辱岁月”“先进中国人的探索”相关的历史图片，并定格本课的教学目标。

① 布鲁纳．教育过程［M］．邵瑞珍，译．北京：文化教育出版社，1982：26-30．

（二）新文化运动的背景

这一环节主要展示两组材料，新文化运动爆发之前，在政治上，签订"中日民四条约"，袁世凯大权在握意图复辟帝制；在经济上，民族资本主义蓬勃发展；说明政治、经济发展趋势的背离导致矛盾的产生和文化上的革新需要。以新文化运动背景的板书提示再次深化学生对背景中政治、经济、思想文化的关系认识，并通过陈独秀的言论提出"资产阶级要求进一步在中国实现民主制度"的问题，为展开做好铺垫。

（三）新文化运动的内容

1. 一本杂志
2. 几个人物
3. 四个诉求
4. 一股新潮流

（四）新文化运动的影响

教师引导学生结合新文化运动的内容，分析其影响。

（五）小结及扩展（略）[①]

由此想到的

一般性的历史教学结构设计，通常采取背景、过程、影响的逻辑顺序，铺陈历史叙述。背景包括历史事件发生的原因、条件等，过程包括历史事件发生过程中涉及的时间、人物、地点、性质等，影响则包括事件的结果、意义、启示、局限性等，三个部分看起来一气呵成，线索清晰。事实上，这也符合历史学的一般方法。历史学家试图对特定的、不受控制的、实际发生的事件作出描述：用兰克的话来说，"事情实际上是怎样发生的"。[②]

这是一种描述性的方法，对历史研究而言是合理的。对学生的历史学习而言，它是一种以学科为中心的教学结构设计。它关注的是历史事件的发生、发展顺序与状况，同时默认学生也需要如此这般地获取知识。从另一个角度看，这种"背景→过程→影响"的三段式教学结构容易使学生形成思维定式，认为在这样的背景下，就会发生这样的事件，造成相应的历史影响。但其实不然，历史的魅力往往就在于它的复杂性，历史教学应关注如何帮助学生透过现象看到背后纷繁复杂的原因。

如上述案例中对"新文化运动与马克思主义的传播"的教学结构安排，虽然结构清晰，便于教师的叙事，但该案例的结构设计是一种非常明显的三段式。有时教师还会根据自己的教学艺术，设计出其他形式的结构。例如，有教师将整节课分为

① 刘新宇，牛伟.《新文化运动与马克思主义的传播》的教学设计与说明［J］. 历史教学，2013（17）：58–62.

② 曼德尔鲍姆. 历史知识问题：对相对主义的答复［M］. 涂纪亮，译. 北京：北京大学出版社，2012：2.

三个部分，分别为：

（一）导入。

（二）新文化之“新”：一看《新青年》，看背景；二看《新青年》，看主张；三看《新青年》，看转型。

（三）新青年之“新”：从《新青年》封面人物看影响。[①]

看似带有问题解决的性质，从实际内容上看，仍是围绕着三个问题：其一，为何一本杂志引发了一场全国性的思想风暴；其二，如何理解新文化运动内部各要素之间的逻辑关系；其三，如何认识新文化运动在近代中国思想解放历程中的地位。究其实质，还是围绕着历史知识的特性，以历史事件“背景→过程→影响”三段式设计教学结构。

文献：基于历史认识层次结构的历史教学思考与实践（熊国荣、戴羽明）

实践研讨

阅读二维码资源，思考不同形态的历史教学结构设计对学生学习方式的影响。

三、遵循历史学习形态所呈现的教学结构

建构主义理论认为学生是有意义的主动建构者，教师是学生意义建构的帮助者，因此，教师在设计教学过程时，应尽可能地为学生提供有益于学习意义建构的材料与方法。

案例呈现

以下为“1812 年美英战争：谁更有优势？”的课堂教学设计：

重要学习材料：

1. 学生讲义：“谁更有优势”事实卡

（分析事实卡的每个条目并将其剪下，贴在“谁更有优势”的图表上。）

2. 学生讲义：“谁更有优势”图表

3. 学生讲义：战争年表

4. 学生作业单：决定时间

谁在 1812 年战争开始时更有优势？为什么？请说出原因和证据。

历史教学设计步骤如下：

1. 提出问题

确定探究问题“谁更有优势”。

2. 聚焦和组织

围绕探究问题，教师向学生提供三份讲义：“谁更有优势”事实卡、“谁更有优势”图表、战争年表。学生聚焦探究问题，确定每则材料的核心观点。

① 孙玲玲．“新文化运动与马克思主义的传播”教学设计［J］．历史教学，2020（1）：28-34．

3. 解释和分析

学生对三份讲义进行解释和分析。在分析事实卡上的每一条材料的基础上，判断英国和美国双方谁更有优势或保持中立，完成图表。学生以小组的形式将事实卡的各条目剪下粘贴在图表中，培养学生组织、解释和分析材料的能力。

4. 评估并得出结论

学生在分析讲义的基础上完成作业单，并且回答在这场战争的开始，英美双方谁更有优势；在分析战争年表的基础上，跟进问题……对这场战争的性质、影响等进行评价（即评估信息、证据和数据并得出结论，交流结果）。综合证据和信息，并基于证据和信息作出明智的、富有批判性的判断。

5. 交流

综合整个战争过程，包括战争开始、战争过程再到战争结束，英美双方的力量优势对比，最终学生回答有关战争过程、影响、评价的问题并交流答案。①

由此想到的

上述是加拿大安大略省历史教学的设计案例。该教学设计着力培养学生探究问题的能力，形成了“提问→聚焦和组织→经验（解释与分析）→评估→交流”的基本模式，它可以被简化为“问题→探究→表现”三个阶段，体现了遵循学生学习形态的教学设计模式。何谓遵循学生学习形态的教学设计？简言之，即从学生学习的真实发生状态出发，设计教学过程。学生在历史教师的指导和帮助下，自主学习与合作讨论相结合，围绕探究的历史问题，与文本或材料进行对话。在教学实践中，我们可以采取如下三个策略：

第一，在学习情境中抛锚。

教师应创设问题情境，使学习能在与现实情况相似的情境中发生。在这样的情境中，选择与当前学习主题密切相关的真实问题作为学习的中心内容。根据“抛锚式教学策略”，教师选出的事件或问题就是“锚”，它的作用就是“抛锚”。

第二，在史料辨析中探究。

史料与问题在历史探究中是相辅相成的。没有史料就无从探究，没有问题则趋于盲目。教师提供给学生的，并不是如何解决问题的方法，而是解决问题的有关线索。例如，需要搜集哪些材料、从何处获取相关信息以及现实中专家解决类似问题的探索过程等。这里特别注重学生的“自学能力”。这体现在：学生能够自主明确必要的背景知识，知道从何处获取以及如何获取，评鉴、利用信息等。

① 郑士璟，张小卉．例析加拿大安大略省历史探究教学的模式与特点［J］．历史教学问题，2019（1）：29-34．

上述案例中的“解释和分析”环节就指向于此。教师帮助学生厘清史料类型的区别，呈现不同类型的史料，分析史料中的“5W”（what，where，when，why，who），实现对史料的深度解读。

第三，成果展现采用多元表达。

学生基于材料进行阅读、解读、对话与讨论后，更为重要的是要求学生形成学习表现。“表现”是学生的历史学习内化后的外显过程，它既是学生自我思想的表达，又是学生间交流碰撞的空间。学生通过多种多样的学习形式，能够有效推动学生深度学习历史。

根据多元智力理论，每个人都拥有不同的智力组合形式，由此可以形成不同的学习风格，所以需要开放地、多元地表达探究成果。例如，学生可以通过神入历史人物写一封信来陈述自己作为一个士兵的两难选择，也可以通过图表或口头介绍，还可以制作海报或小册子，等等。

实践指引

为何学科知识都是需要通过能力和思维发挥作用？

历史知识具有结构化的特征，细化理论通过一系列细化等级解释了历史知识体系中的结构性关系。在历史教学设计中，对历史知识结构的认识直接影响了教学过程结构的设计。依据历史知识特性展开的教学设计，其教学结构一般是“原因→过程→影响”，这种教学结构逻辑清晰，便于学生掌握，但也容易使学生形成思维定式。另一种遵循历史学习形态所呈现的教学结构则体现为“问题→探究→表现”，表面上似乎瓦解了历史知识的结构，其实不然，正是在探究的过程中，学生进行了历史知识结构的自主建构，这种学习下获得的历史知识结构往往比教师讲述的历史知识结构更加牢靠。

第三节　历史教学过程设计需要处理的主要关系

○教师的指导地位应以尊重学生的主体地位为前提。

○历史教学设计需要在教学内容与学生认知之间寻找平衡点。

○民主的、开放的、体验的人文环境有利于提高课堂交往的质量。

○现代化教育工具为历史教学设计带来了新的契机和挑战。

历史教学设计过程是一个诸要素相互协作的合力过程，故而说，处理好教学设计过程中的几对主要关系，有助于教学设计的系统优化，也容易实现学生的有效学习。

一、教师讲授与学生活动的关系

案例呈现

某教师设计的课题“迈向社会主义现代化”的教学过程如下：

1. 铺垫：教师出示历史照片，给学生以直观的感受。

（1）让学生解读书中的历史照片，让学生感受时代的变化。第一组，20世纪前期，人力耕地的农民；背着重物的挑夫；作坊里纺线的妇女；正在工作的木工。第二组，20世纪中期，用机器缝衣服的上海老太太；进城打工的农民。

（2）介绍改革开放。中国由此开始摆脱传统社会，向现代社会迅速转变。

（3）介绍小岗村的故事，出示小岗村农民摁下的“红手印”照片。提问：小岗村农民为什么要冒着坐牢的危险分田到户？

（4）介绍计划经济。出示东方红牌洗衣粉、工农兵牌菜刀、各种票证等照片。提问：市场经济与计划经济的社会有哪些不同？

2. 互动学习：设置情境，小组讨论。

（1）设置情境。发给每个小组一盒牛皮糖，让学生观看牛皮糖的生产过程，讨论牛皮糖由哪些原料构成，并将原料产地标在地图上。

（2）小组讨论。如果你是牛皮糖生产商，你会选择什么样的原料？为什么？

（3）得出结论。继续提示学生思考：我选择原料的标准是什么？按照顺序列出序号。

3. 互动游戏：通过抛线球和讨论，理解市场经济的特征。

（1）抛线球。学生离开座位，围成一个大圈，教师先抛出线球，并说：“我是扬州人，扬州的特产是牛皮糖。”学生接到线球后，说出自己的家乡在哪里，并说出一种家乡的特产。然后，捏住线的一端，再抛给其他同学。如此反复，一个复杂的网就织成了。

（2）提出问题：“这张网是什么？或者像什么？”

（3）继续提出问题：“每个人都想一想，如果你是厂长，你想生产什么？产品销往哪些地方？”在学生回答的基础上，继续追问：“你生产的产品质量过关吗？如果不过关怎么办？”引出市场经济条件下的产品质量问题。

4. 核心讨论：① 计划经济与市场经济的差异。② 企业的老板怎样让产品受到顾客的欢迎？③ 市场经济的弊端与民主法治的必要性。

5. 巩固练习：完成知识表格，强化最重要的知识点之间的联系。

6. 感悟与总结：分组讨论这一课自己的收获，并写在小贴纸上，最后贴到大纸上。[①]

由此想到的

上述案例为我们呈现出参与式教学的基本活动。从案例中教师的教学过程来看，“导入”与“铺垫”为学生梳理学习这一主题内容需要的基础知识，“互动学习”“互动游戏”引导学生参与历史体验中。这些体验活动，是为了突破重点问题的，旨在建立起学生生活经验与历史内容之间的联系，有助于进一步进行深入的“核心讨论”环节。最后，通过“巩固练习”夯实基础知识，以“感悟与总结”凸显学生的价值认识。教师的主要工作是讲清楚基础知识、创设体验情境、引导学生反思。但这并没有排斥讲授，如果缺少了必要的讲授，学生难以弄清历史的基本脉络，探究、体验、讨论等参与活动也就显得无所适从了。显然，教师的角色已发生变化，由教学主导者向学习促进者转变。课堂上教师讲授与学生活动的天平，由前者占绝对优势逐渐向一种平衡关系转变。

教师在设计一节课的教学过程时，需要对教师与学生的课堂关系作出清晰的定位，这影响教学过程设计模式的选择。例如，如果更重视教师的作用，那么教学过程设计就要体现教师支配课堂的情况，反之，教学过程设计则要更多地体现学生的自主性，形成间接式的教学模式。

通常意义上，教师与学生的关系是“主导”与“主体”的关系，也就是说，教师设计和决定教学的方向、内容、方法和组织，学生在教师的主导下开展认知活动。这种观念在实践过程中，往往成为教师主导下学生的被动接受学习，掩盖了学生的自主性和课堂教学的生成性。实际上，这是一种认知上的误区。

王策三认为，教师主导作用必须也必然有个落脚点，这个落脚点只能是“学”。[②]教师的主导是以学生的学为目的的，“学”是学生的自主性学习活动，不能由教师包办。那么，如何认识教师讲授与学生活动的关系呢？

第一，树立教师的指导者观念。教师不是历史课堂的主导者，他对教学的方向、内容、方法、进程、结果和质量的制订，都是围绕着学生的学习而执行的。这就意味着当学生在历史学习中出现不确定因素时，教师要及时调整教学策略，抓住课堂的生成性资源，服务于学生个体的认知成长。由“主导”变为“指导”，一字之差，但教师的作用并不是被削弱了，反而是得到了增强。因为教师对学生的指导是全方位、全过程的，要做到了解学生、分析学生、帮助学生、发展学生，这是很不容易的。

第二，构建师生学习共同体。学习的活动是建构客观世界意义的活动，是探索

① 王雄．王雄的中学历史教学主张［M］．北京：中国轻工业出版社，2015：124-133.

② 王策三．教学论稿［M］．2 版．北京：人民教育出版社，2005：374.

与塑造自我的活动，是编织自己同他人关系的活动。[①]教师如果要有效地指导学生，不能一味地信奉“目标→结果→评价”的教学模式，而是应关注“目标→过程→表现”的新型模式。在这种模式下，教师的指导体现在与学生的对话上。在对话中为学生提供探究所需要的背景知识、学习支架，并关注过程性评价，将学生学习的全过程纳入评价范围，依据学生的学习表现作出针对性指导与教学方案的调试。在这里，教师已经不是“知识的分配者”，而是作为“引导者”发挥着引导儿童的学习经验成为有意义经验的作用。

基于上述观念，作为学生学习的促进者，历史教师应能做到以下几个方面的指导策略：

- 提供指引，协助学生发掘探究问题。
- 营造鼓励学生参与学习的环境。
- 结合资源，促进学生互动和自学。
- 引导学生探索更多信息。
- 启发学生思考并接受多种可能的答案。
- 适时指导学生，并在探究学习完成后作总结。
- 让学生在探究过程中培养客观持平和尊重史实的态度。
- 培养学生学习历史的热情、好奇心和兴趣。

而在历史学习的过程中，学生是主动的学习者，而非单纯的信息接收者。具体而言，为使师生形成良性互动的学习共同体，学生应该做到以下六点：

- 应用他们已掌握的知识，回应探究问题。
- 主动投入学习。
- 提出问题并搜寻适当的学习工具。
- 与他人紧密合作。
- 与同学分享学习经验。
- 反思学习经验及评估个人的学习进度。

资料卡片

表 3-1 为不同教学模式中的课堂教学重点。

表 3-1 教师指导（T）和学生中心（S）的课堂教学重点[②]

教学模式	导入	主要活动	总结	教师角色	学生角色	组织形式
讲授 / 教师讲	T	T	T	呈现信息	听讲、应答	全班

① 佐藤学. 学习的快乐：走向对话［M］. 钟启泉，译. 北京：教育科学出版社，2004：38.

② 马什. 理解课程的关键概念：第 3 版［M］. 徐佳，吴刚平，译. 北京：教育科学出版社，2009：49.

续表

教学模式	导入	主要活动	总结	教师角色	学生角色	组织形式
有指导的提问	T	T/S	T	呈现问题	以答案来应答，偶然的答案	全班 / 小组
展示	T	S	T/S	呈现信息资料	观察、倾听、练习	全班 / 小组
讨论	T	T/S	T/S	提问、倾听、应答	倾听、应答、质疑	全班 / 小组
合作学习	T/S	T/S	T/S	呈现目标	小组工作	小组
问题解决 / 探究	T	S	T/S	指导活动	从事活动	小组 / 个人
角色扮演与模仿游戏	T	S	T/S	引导、监控	参与、表演	小组
基于项目的学习	T	S	T/S	引导、监控	主动学习	个人 / 小组
独立研究	S	S	S	推动、监控	发起，从事活动	个人

二、教科书内容与学生认知水平的关系

案例呈现

有教师统计，《普通高中教科书　历史　必修　中外历史纲要》(上) 中“两宋的政治和军事”作为完整的一课呈现，正文约 1 400 字，辅助图片、表格 7 幅，文字阅读材料约 500 字。①

由此想到的

教科书每节课的内容都很多，语言表述又往往高度概述，所包含的信息量很大，有人将其形容为压缩饼干。这样的历史教科书，想要在一节课 40 分钟或 45 分钟的时间内完成，让学生能够消化吸收，难度是很大的，这成为教师在做教学设计时应考虑突破的问题。

面对内容覆盖面广、知识密度大的教科书现状，想要顺利完成教学任务，有效达成教学目标，需要教师合理取舍整合内容。如何取舍和整合？一言以蔽之，一是

① 曹勇. 认知冲突策略在高中历史教学中的应用：以“两宋的政治和军事”为例 [J]. 历史教学，2020 (11)：66-70.

更新教材观，二是基于主题教学。

历史教科书不是历史的全部，也不是学生历史学习的全部。作为一种主要的教学资源，教科书不应束缚教师的手脚。相反，教师应创造性地使用教科书，围绕学习主题，对教科书内容作出取舍，保留那些有益于学生历史思考、个性健康发展的关键知识，抓住教科书叙述中的重点，对本课的非重点内容一带而过，否则教学就变成了流水账。

基于这样的教材观，教师在处理历史教科书时，应首先提炼教学主题，使每一节课都变得聚焦而不分散。提炼主题并不是简单地把教科书内容打乱之后重新排列组合，而是要依据教学目标重构内容。课程标准在教学实施建议中写道："对历史教学内容的整合，还可以根据学生的学习情况，运用主题教学、问题教学、深度教学、结构—联系教学等教学模式，对教科书的顺序、结构进行适当的调整，将教学内容进行有跨度、有深度的重新整合。"① 实际上，问题教学、深度教学等均可以应用于主题教学中，那么，如何确定主题呢？常见主题构建的方式有以下三种：

1. 根据具体的课程内容来确定

课程标准中具体的课程内容，往往指向一个单元或一节课的核心学习内容。课程内容是教材编写的出发点，研读课程内容，可以梳理课程标准与教材之间的关系，领会课程内容要求，找准主题确定的方向。

2. 根据学生核心素养培育的方向来确定

解读课程标准时，需要思辨课程内容表述时所用的行为动词。像"理解""认识"涉及动词的学习活动，一般与历史解释素养有关。例如，"秦汉大一统国家的建立与巩固"专题的课程内容规定："通过了解秦朝的统一业绩和汉朝削藩、开疆拓土、尊崇儒术等举措，认识统一多民族封建国家的建立及巩固在中国历史上的意义；通过了解秦汉时期的社会矛盾和农民起义，认识秦朝崩溃和两汉衰亡的原因。"② 学习该专题，需要学生"认识统一多民族封建国家的建立及巩固在中国历史上的意义"，"认识秦朝崩溃和两汉衰亡的原因"，即能够准确理解与评价大一统的历史意义、分析与解释秦汉衰亡的原因。前一方面涉及兴盛，后一方面涉及衰亡，可以将两者整合成一个主题"（借助于秦汉历史）评析王朝的盛衰"，该主题教学就指向了核心素养培育中的历史事件原因分析与解释技能的培养。

3. 根据教材课文标题来确定

这是教师确定主题常用的方法。在解读、分析课文标题时，可根据其涉及的上位概念思考主题，或者从标题中的核心词语入手去分析。例如，"两次鸦片战争"，其上位概念是"近代殖民侵略战争"，两次战争有着相似的原因、目的，考虑该单元的主题是"晚清时期的内忧外患与救亡图存"，结合列强在这一时期侵略中国的史实，将课文主题确定为让学生领会"近代殖民侵略战争本性与影响"，有助于学

① 中华人民共和国教育部. 普通高中历史课程标准：2017 年版 2020 年修订［M］. 北京：人民教育出版社，2020：48.

② 中华人民共和国教育部. 普通高中历史课程标准：2017 年版 2020 年修订［M］. 北京：人民教育出版社，2020：13.

生透视晚清的历史发展。[①]

此外，教师还可以从历史知识的范围着手，区分不同层次的历史知识。如图3-8所示，该图以威金斯等人的知识结构图为基础[②]，以“隋唐政治制度创新”为内容，呈现出历史知识的层次。最外部的椭圆层，表示历史学习中可能涉及的所有内容。它在范围上是广阔的，显然不能全部作为我们要讲授的内容，所以需要对外层作出选择，确定学生应该熟悉的学习内容。中间的椭圆层是通过确定重点掌握的历史知识与技能，来突出关键性的知识内容。这些知识与技能保障学生可以完成有关历史思维与意识的复杂表现。最中心的椭圆层指向历史学习中需要理解的大概念及核心任务，它是对学习单元重点的话题表述做出高水平的整合，为历史学习单元确立了一个中心，教学主题应落在最中心的椭圆层内。

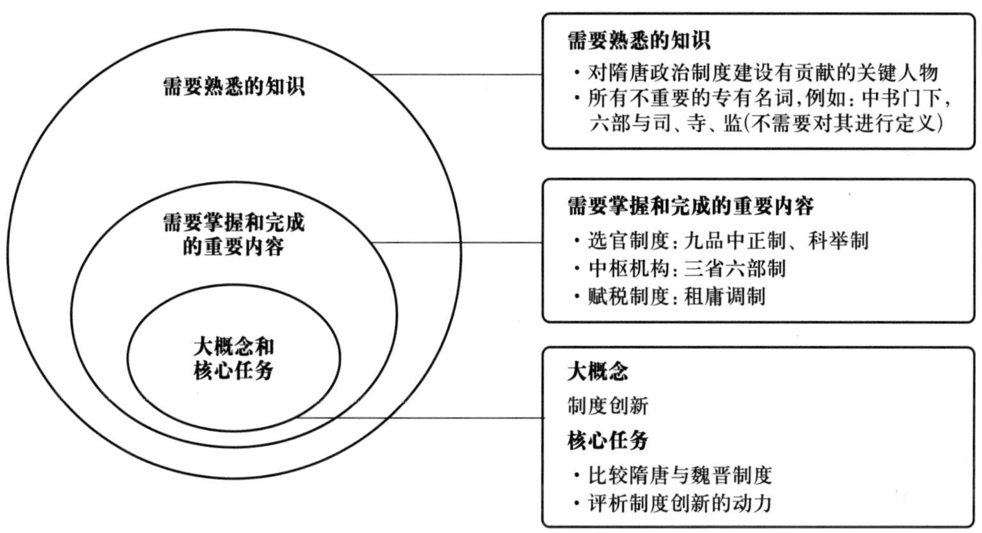

图3-8　历史知识的层次划分

案例呈现

《义务教育教科书　中国历史》（八年级上册）中“新文化运动”一课对“新文化运动的内容和意义”有这样一段描述：

新文化运动提倡民主与科学。民主与科学是新文化运动所标举的两大口号，由陈独秀首先提出。他还将它们形象地称为“德先生”和“赛先生”。陈独秀认定：“只有这两位先生，可以救治中国政治上道德上学术上思想上一切的黑暗。”

---

① 陈志刚，杜芳．基于主题教学的高中统编教材内容整合［J］．历史教学，2020（3）：11-17.

② 威金斯，麦克泰格．追求理解的教学设计：第2版［M］．闫寒冰，宋雪莲，赖平，译．上海：华东师范大学出版社，2017：79．引用时有修改。

由此想到的

从教科书的这段表述来看，学生看了之后可能会有些不明所以。什么是“民主”？什么是“科学”？新文化运动中提出这两个口号的内涵是什么？为什么挑出来这两个词作为口号？陈独秀说“只有这两位先生，可以救治中国政治上道德上学术上思想上一切的黑暗”，民主与科学如何作用于政治、道德、学术、思想？这些问题在表述上都是模糊的，教科书也没有为学生提供相关的材料以备探讨使用，这就导致教科书内容高于学生的认知水平，不利于学生对新文化运动口号的历史价值的理解。

对于此类情况，教师在设计教学过程时就需要为学生提供必要的理解支架，搭建起教科书内容与学生认知之间的桥梁。具体来说，可以采取以下两个步骤：

（1）搭建问题支架，以问题链的形式点明教科书中的知识模糊区，将问题直接抛给学生，如：

- “德先生”和“赛先生”何时开始进入中国人的视野？
- 到新文化运动时，“德先生”和“赛先生”的内涵有没有变化？
- 民主、科学这两面旗帜能否改变青年的思想？
- 为什么陈独秀说“只有这两位先生，可以救治中国政治上道德上学术上思想上一切的黑暗”？

（2）提供史料支架，以多层次、多角度的史料启发学生对问题的思考，如选择《新青年》杂志中对“民主”与“科学”的论断，近代史研究学者对新文化运动的认识等，让学生从“昔时态、即时态、共时态”的角度，定位新文化运动两大口号的历史价值。

三、教学环境和条件与教学质量的关系

案例呈现

某教师在课堂上遇到了这样的情况：①

在上课时，教师讲完“秦的暴政”这一内容后，学生就开始讨论，然后发表讨论的结果。一切都按教师预设的上课思路在进行，学生们按照课本的提示提出了三种观点：第一种认为秦始皇是个伟人；第二种认为秦始皇是暴君；第三种认为秦始皇既是中国历史上有重要影响的皇帝又是历史上有名的暴君。

---

① 徐赐成，赵亚夫，张汉林．初中历史有效教学［M］．北京：北京师范大学出版社，2015：24．引用时有修改。

本来一切都在按教师的教学进度进行，当这三种观点的意见发表完后，教师问道：“还有同学有不同意见吗？”教师还以为这句话是多余的，问完后马上可以进入其他问题的学习。谁知这时有一位学生举手说：“老师，我不完全同意他们的看法。”他还没讲完，其他学生就笑了起来，因为在之前教师已经肯定了前面学生的回答。面对笑声，教师马上肯定了这位学生敢于发表意见的勇气，并示意他讲下去。这位学生说：“我认为秦始皇不是个暴君，而是一个心地很善良的人。”这位学生的发言让教师感到了惊讶，教师在备课时没有想过这个问题，也是第一次听到这个“新颖”的观点，这时有学生说：“老师，不用理他，他经常这样，我们继续学习新课。”但这位教师并没有听取部分学生的建议，而是鼓励这位学生说出原因。

得到老师的鼓励后，这位学生马上站起来说：“你们知道秦始皇兵马俑吗？”

“知道。”学生们大声回答。

“那你们知道兵马俑是用来干什么的吗？”

“秦始皇用来陪葬的。”个别学生说。

“对，我还有一个问题：你们知道秦朝之前那些君王用什么陪葬吗？”

学生们小声议论着：“用金银珠宝。”“贵族死了之后还会用活人陪葬，叫人殉，对吧？”

“对，我上网浏览了秦始皇帝陵博物院有关兵马俑的资料，太壮观了，那些俑就是用泥做成的假人，秦始皇用假人而不用活人来陪葬，从这一点就能说明秦始皇是个心地非常善良的人。”这时全班都为这位学生的发言鼓掌，教师也及时表扬了他这种敢于提出问题、敢于探索和解决问题的精神。但是教师随后又指出，秦始皇陵也有人殉坑，启发学生牢记论从史出，提出问题或观点后可以多搜集材料，验证自己的想法。

由此想到的

心理学家勒温（K. Lewin）提出的行为公式：$B=f(P, E)$。其中，B 指行为，P 指个人，E 指环境。意思是行为是人和环境的函数，这表明环境对于一个人的重要性。教学环境一般可以分为物理环境与人文环境两大类。前者指空气、温度、颜色、光照、湿度、声音、气味等自然因素和桌椅、教学设备等设施因素；后者则指影响学生学习的情感的、信息的、心理的、生理的环境。但因为我国目前物理环境的改善空间较小，取决于教育主管部门、学校、教师等多方面因素，故在此不作更多说明。上述案例涉及人文环境。什么样的教学环境能够提高教学质量呢？我们可以将其概括为三类：民主的、开放的、体验的。

民主的教学环境并不存在绝对的权威，师生之间、学生与教科书之间都是平等对话的关系。以师生平等为前提，教学环境也呈现开放的发展趋向，师生可以共同

参与教学，将既有的教学过程调整为新的教学过程。

传统的教学以“感知→理解→巩固→应用”为掌握知识阶段的结构，它是纯认知活动过程。所以教师就可以充当知识的传播者，教科书就可以成为知识的圣贤书，学生则成为“被缚”的接受者。与这种闭环的教学环境不同，上述案例为我们呈现了一个民主的氛围。在课堂上，学生往往会生成新问题，这个时候教师不应将其打断，而是应给学生机会阐释自己的认识，将课堂交给学生讨论，采取民主的态度，鼓励学生大胆质疑，勇于探索，使历史课堂教学走向开放。教师组织的“教”的活动是在设法让学生通过讨论来澄清自己的认识，培养学生大胆思考、敢于展开争论的精神。只有在这样的民主、平等、轻松、和谐的讨论氛围中，学生才能充分放开思想顾虑，无拘无束地与别人讨论、交流、切磋，使课堂教学活跃而高效。

民主的、开放的、体验的三种教学环境是相联系的。体验作为一种学生亲自参与教与学活动，直接地获取经验并产生情感与意识的方式，离不开民主的、开放的教学环境。相反，后者没有体验的特征，仍是外在于学生自身的教学环境。

从操作策略上说，教师至少可以明确四种观念：建立一个让学生感到安全的课堂环境，学生相信他们说的话会受到尊重；建立积极的师生关系和积极的生生关系；不以得到正确答案为最终目的，要了解学生的想法而不仅仅是为了得到想要的答案，历史学习的每个环节都是为了更好地理解和探究学生思考背后的理由；平等参与，让所有学生准备回答问题，并帮助他们找到恰当的、表述完整的回答。

四、教学技能与现代化教学工具的关系

20世纪90年代以来，以多媒体技术、互联网技术为代表的信息技术迅速发展，并影响到教育领域，传统的“一支粉笔＋一块黑板＋一张嘴”的教学也增添了现代化的色彩。在技术充斥课堂的情况下，一些教师以“电灌”代替“人灌”，强化工具特征，而弱化了教师自身的技能要求。如何处理教学技能与现代化教学工具的关系，成为历史教学设计的一大问题。

案例呈现

在教学“诺曼底登陆”的历史内容时，教师从美国影片《拯救大兵瑞恩》的前26分钟（即重现奥马哈滩头登陆的壮观场面）中剪辑了5分钟左右的片段播放。播放结束后，教师有意识地从中选取了四幅剧照，定格在屏幕上。

随后，教师连续提出四个问题。第一个问题：电影《拯救大兵瑞恩》是否为研究诺曼底登陆这一史实的原始史料？为什么？学生很快给出了否定的回答，原因也多从电影艺术的夸张、想象角度予以说明。教师接着提出第二个问题：电影《拯救大兵瑞恩》可以作为原始史料吗？它是研究哪个问题的原始史料？这个问题难倒了多数学生，只有一个学生起身回答说可以当作研究电影艺术史的原始史料。教师在肯定这个学生回答思路正确的基础上，进

一步强调：电影《拯救大兵瑞恩》不能作为研究诺曼底登陆这一史实的原始史料，却可作为研究用电影艺术方式反映诺曼底登陆这一史实的原始史料。也就是说，史料的效度与信度，不是一成不变的，它会因研究对象或问题的不同而发生变化。

教师接着转入第三个问题：《拯救大兵瑞恩》上映后，各方好评不断，其中很多参加诺曼底登陆的二战老兵都因本片出色的写实效果而赞不绝口，导演也坚称在拍摄诺曼底登陆这一幕前曾阅读、参考大量相关的史料和作品，并有历史顾问帮助把关。看来，电影艺术是可以写实地再现历史场景的，假如我们认可这种"写实性"，大家可以从刚才的电影片段，或是目前定格在屏幕上的这四幅剧照中提取哪些历史信息？

学生开始七嘴八舌地发表看法，多半是围绕那四幅剧照，有学生说可以看出登陆的时间、地点、地形、气候；也有学生说可以看到美军的武器装备，如头盔、军服、枪械等；又有学生说可以看出美军参战部队的番号以及战况的惨烈；等等。教师在肯定、归纳的基础上，提出了第四个问题：我们是在认可电影艺术对历史场景的写实再现上讨论刚才这个问题的，但同学们最初在思考第一个问题时都认为电影艺术在反映历史时难免会带有想象、夸张、虚构的成分，那么我们该如何看待刚才从电影片段或剧照中提取的这些信息呢？你信吗？全信吗？学生们摇头。那怎么办？核查！（有学生插话说。）好！如果要核实这些信息的真实性，严格说是可靠性，可以通过哪些途径或方法？

于是学生再展开讨论，有学生说查找档案资料，有学生说查阅当事人回忆录，有学生说实地探访考察，有学生说比对战地记者的影像资料，还有学生说考察诺曼底登陆博物馆或展览馆，又有学生说参阅史学家的相关研究成果，等等。①

由此想到的

在上述案例中，教师通过一系列问题设计，引导学生对历史题材影视作品的历史价值产生较完整的认识。教师并没有将影视作品视为教师讲述的替代品，独见其视听效果，而忽视其作为学生认知历史的媒介价值。通过激发认知冲突，使学生在思维上经历了"由信而疑，由疑思破"的过程，进而找到问题解决之道。

在教学实际中，现代教学工具已经被广泛应用。过去通过阅读教科书、直观教具完成的教学任务，现在则能够利用丰富的现代技术手段和媒介达成更为有效的学习效果。甚至可以说，历史教学法若不借助现代化教学工具，就难以促进学生的真

① 於以传. 影视作品证史价值的认识及实践［J］. 历史教学，2015（5）：43-50.

实进步。事实上，中学历史教学中对现代化教学工具的使用，可以大概分为以下七个层次：

层次一：空于现代化教学工具的历史教学。没有现代化教学工具就无所谓教学工具与教学的融合活动，现代化教学工具对于历史教学与信息技术的融合而言有基石的作用。

层次二：疏于信息技术的历史教学。定性“疏于”，即信息技术与教学有“疏远”之意。即便从导入到过渡再到小结使用了大量信息技术，俨然一个信息技术与教学融合的模型，但其作用、地位及性质决定了它疏远于教学。信息技术的使用根本不与学生历史探究性学习方式相关联，产生不了有意义的探究，生成不了新问题、新能力。

层次三：教学工具充当摆设、点缀。充当摆设、点缀是教学引入现代化教学工具的最低层次。现代化教学工具在教学中可有可无，用得好是锦上添花，用不好是狗尾续貂。于教学而言，并无内在的需求，也无所谓对教学工具有情境的设计，纯粹是“为了使用而使用”的刻意行为。之所以用现代化教学工具点缀课堂，无非是被动地迎合教学信息化的环境，不用就显得落伍。

层次四：现代化教学工具充当资料呈现的载体。该层次较摆设、点缀型有进步之处，但实质上并无太大区别。它于教学而言，缺乏真实迫切的需求，但客观上为某些教学起到了辅助之用。就客观效果而言，确实比摆设、点缀层次要高，但仍是疏于史料的教学类型。

层次五：现代化教学工具充当情境设置的载体。该层次较资料呈现型有进步，目的在于设置教学情境、历史情境。它于教学而言，开始有了真实迫切的需求，但还不够（用其他手段也可以取代），客观上为某些教学起到了辅助之用。

层次六：基于现代化教学工具的历史教学。它是教学的关键要件与资源，着眼于服务学生的学，而不是只考虑教师的教。

层次七：信息技术化的历史教学。该层次强调现代化教学工具着眼于服务历史教育而自然进入教学，使人感觉到现代化教学工具虽然在教学中发挥重要作用，却是了无痕迹，与之水乳交融。被特意关心的对象是课程而不是工具本身，现代化教学工具成为教学的伙伴。

一旦现代化教学工具与历史教学的关系走进层次六与层次七，它就不再是游离于教学或仅为了改善呈现教学效果，而是直接作用于学生的历史学习。在这个过程中，教师的教学技能不是弱化了，而是加强了。而其加强的方向是挖掘现代化教学工具的历史学习价值，通过设计问题、设置探究活动，将学生引入历史学习情境中来，在学生解决问题的活动过程中提供指导与支架，注重对学习事实真实性的评价。

例如，在上述案例中，教师除了将影视资源作为情境创设的凭借外，还可以对影视资源本身进行史料分析，将其视为一种学习资源。在观看电影的过程中，教师需要提醒学生注意以下问题：

（1）明确——电影中历史事件发生的时代背景；电影中的主要及次要历史人物

与历史情节。

（2）确认——电影制作的时间背景；电影是如何制作出来的；为什么制作；制作的目的是什么。

（3）思考——电影制作过程中何种因素会影响电影对历史的解释。

（4）探究——电影要向观众传递什么观点、立场或态度；这些观点、立场或态度是如何传递的；他们如何说服观众相信这些观点、立场或态度。

（5）感悟——你对电影中的事件、人物、故事、立场和观点是怎么理解的；哪个片段最值得你注意，这个片段是如何改变你对事件和历史人物的理解的；电影在历史真相方面达到了什么程度，效果如何；电影中什么片段偏离了已知的历史，它的目的是什么。①

这样的教学设计，已经将电影作为一种历史文本来分析了。与一般的文本不同，它是历史、制作者、时代背景、表达意图等多种因素共同作用的结果。设想教师如果不具备良好的教学技能，就难以处理这种立体化的教学资源，更不用说指导学生进行有效的历史学习了。

实践指引

教学关系也是一种社会性关系

历史课堂教学活动是一种特殊的社会交往活动，为保证这种交往活动有效地开展，教师在进行历史教学设计时就必须综合考虑与课堂教学活动相关的各种因素，协调好各方关系直接关乎课堂活动的成效。首先，在各种教学关系中，教师讲授与学生活动的关系最为重要，“以教师为主导，学生为主体”的定位揭示了课堂教学中师生之间对立而又统一的关系，然而在现实教学中，教师的主导地位时常遮蔽了学生的主体地位。因此，确立好学生主体地位对于处理师生关系至关重要。其次，教科书内容与学生认知水平的关系在教学活动中同等重要，只有在这两者之间寻找到切合的平衡点，并以此为依据选择教学材料、教学方法，才能保证教学活动有效地开展。再次，教学环境也会直接影响历史教学的质量，尤其是人文环境，教师应在课堂教学中尽力营造民主的、开放的、体验的氛围。最后，现代化教学工具已经成为当代历史课堂教学中不可或缺的元素，如何处理好教师的教学技能与现代化教学工具之间的关系，深入挖掘现代化教学工具的价值，对于历史教师来说既是新的发展契机，也是一个新的挑战。

① 何成刚，陈伟壁．历史教学：透过电影辨析历史：澳大利亚学校历史教育透析之三［J］．中学历史教学参考，2008（8）：9-11．引用时有修改。

章末作业

一、回顾

1. 定义：行为主义；认知主义；建构主义；直接教学；间接教学；细化理论。

2. 辨识：以学科为中心的教学设计与以学生为中心的教学设计。

3. 定位：建构主义理论下的历史教学设计流程。

4. 解释：为什么说历史课堂教学的人文环境十分重要？

二、实施

1. 如何在历史教学设计中体现历史知识的结构化？

2. 如何在具体的历史教学设计中处理好课堂教学中几组关系之间的平衡？

三、分析

在中学历史教学专业期刊上选择一个历史教学设计作为案例，尝试分析：它是以学科为中心的教学设计还是以学生为中心的教学设计？根据所学知识，你还能对它做出怎样的改进？

推荐阅读

1. 赵亚夫. 历史教育理论建设的几个重大问题（6）：历史教学论要解决的问题是什么［J］. 中学历史教学参考，2006（10）：5-8.

2. 唐琴. 探究—建构：“欧美资产阶级代议制的确立与发展”一课教学实践［J］. 中学历史教学参考，2017（6）：9-11.

3. 唐朋，安玲. 基于核心素养的历史教学主题设计：以统编版七年级下册教学为例［J］. 中学历史教学参考，2018（7）：44-47.

4. 徐赐成. 70年来中学历史课堂教学标准讨论与实践发展［J］. 内蒙古师范大学学报（教育科学版），2020（2）：92-102.

5. 熊国荣，戴羽明. 基于历史认识层次结构的历史教学思考与实践：以选择性必修“从食物采集到食物生产”为例［J］. 历史教学，2021（11）：56-63.

第四章　讲好历史故事是教学设计的特征

学习目标

- 了解讲好历史故事的条件。
- 理解历史故事在教学中的价值。
- 掌握历史故事的组织结构与呈现方式。
- 运用历史叙事的观念与方法，编写有意义的历史故事。

知识导图

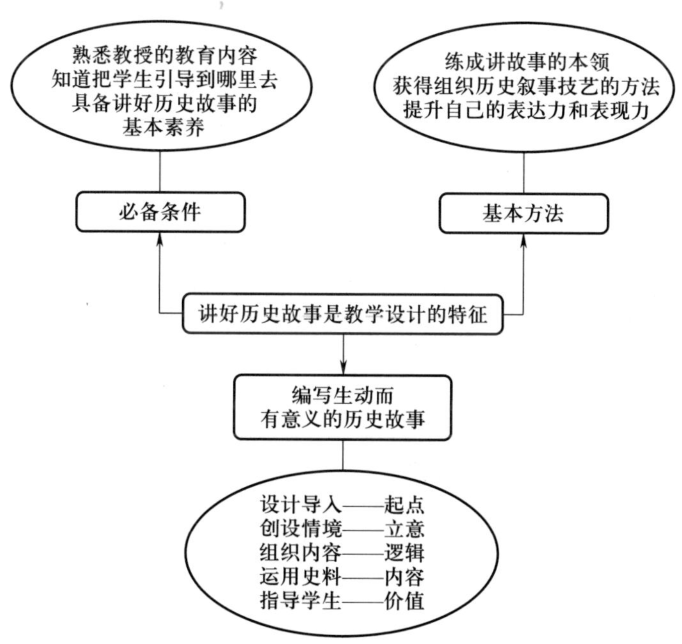

导语

加拿大公众史学学者戴维·迪安（David Dean）说，历史本质上是“讲故事”，而那些最好的故事往往激励我们，改变我们。[①]

讲故事在历史教学中是十分常见的，从传统意义上说，讲故事是为了激趣，既能使历史课变得有趣，又能保证教师叙事的连贯性。但随着学生主体性越来越受重视，教师讲故事的功能也向学生倾斜，从浅层次的激趣、保证连贯性转向促进学生的有效学习。这就要求我们不能照搬一个历史故事到课堂中来，或简单地将史料故事化，配上几个问题，而是要做好历史故事的设计，达到戴维·迪安所提到的“改变我们”的层次。

基于以上变化，我们可以思考，什么是一个好的历史故事？讲好历史故事不仅是教师学识的展现，更应该服务于学生的历史学习，那么教师该如何将学法指导融入历史故事的编写中去？

第一节 讲好历史故事需要哪些必备条件

○教育内容是讲好故事的选材保障。
○教学目标是讲好故事的方向保障。
○教师素养是讲好故事的主体保障。

就目前来看，讲故事仍是历史教学中常用的叙事形式之一，尤其是初中阶段，因其趣味性被使用得更为广泛。《义务教育历史课程标准（2022年版）》在“教学建议”中强调“教师应进行必要的讲述”，认为“教师讲好相关的历史故事，有助于学生提高学习兴趣，体验历史情境，了解史事的基本情况，加深对历史的思考和理解”。[②]其实，讲故事容易，但讲好故事并不容易，教师既需要有丰富的学识支撑、会讲故事，又需要懂学生，知道讲故事的学情限制与学生的发展定位。

一、熟悉教授的教育内容

案例呈现

某教师在讲“汉代儒学”的内容时，选用了“叔孙通制立朝仪”的故事：

---

① 李娜. 公众史学：第一辑［M］. 杭州：浙江大学出版社，2018：29.

② 中华人民共和国教育部. 义务教育历史课程标准：2022年版［M］. 北京：北京师范大学出版社，2022：60.

师：叔孙通采用制立朝仪的方式彰显皇帝之尊贵，得到刘邦的欣赏。但是他只是让皇帝尊（同步板书：皇帝——尊），却没有解释……（抛给学生作答）

生：皇帝为什么尊？

师：非常好！如果“皇帝为什么尊”的问题不解释，会带来严重问题，比如（电子课件同步展示）刘邦的一位功臣叫英布，起来造反，刘邦问他：“汝何苦而反？”布曰：“欲为帝耳。”

师：所以，叔孙通版的儒学还过于粗糙，不够理论化，它能让帝王欣赏，但要变成国家的统治思想，未免还欠了分火候。而要完成这一理论塑造，解答“君何以尊”的问题，则要等到汉武帝时代，要等到儒学理论大家董仲舒的出现。①

由此想到的

据执教本课的教师自白，这一课涉及的内容是儒学的独尊，发生在汉武帝时代，而距离刘邦已经过了70余年，由此思考：为什么独尊儒学的不是刘邦，而是他的曾孙汉武帝刘彻呢？于是，该教师借助《史记》的记载，结合自己在阅读冯友兰《中国哲学史》时受到的启发，通过“皇帝为什么尊”的问题，找到了一条儒学从刘邦时期到汉武帝时期发展的内在理路，它不仅弥补了因引用“叔孙通制立朝仪”造成的教学环节上的缺陷，而且能在极短的时间内，自然地引出董仲舒改造儒学的知识点。

历史教师能够讲好故事，首先是教师自己掌握组织故事所需要的素材，否则讲出来的故事也常常是干瘪的、无趣的，抑或是照搬别人的故事，不能使其活化。由上述案例我们可以看到，这位老师对教学内容是熟悉的，同时也是善于对教学内容作出深入思考的。他并没有按照一般的处理方式，直奔主题，讲述汉武帝时代的故事。而是以汉初70年为切口，打通历史事件之间的关节。虽然故事呈现出来是简明的，但背后潜藏着教师自身丰富的史学知识。整个故事糅合了许多史料和历史研究的成果，也正是因为这样深厚的基础，故事讲出来才显得平实又厚实，深入浅出。

讲好历史故事离不开教师的学养。“要给学生一杯水，教师要有一桶水”，如果想要做到这一点，教师必须基于教育内容夯实历史学基础。具体而言，有以下三点：

第一，以教科书提炼要点。历史教科书属于最基本的教材类型，是学生学习参考的直接对象。教师在备课时，不宜跳过教科书内容，或是仅看教科书中的大字部分，而忽视其他栏目。一方面，教师需要熟悉教学内容，对教科书中囊括的知识范

① 虞森. 历史故事在教学中的张力：以“叔孙通制立朝仪”为例［J］. 历史教学，2015（17）：62-64.

围、深度有所把握，并与课程标准相对照，定位教学的重难点；另一方面，教师还可以挖掘教科书的结构体系中蕴含的学习信息，设计历史故事。例如，通过查阅史料的原文，寻找史料出处的上下文联系；通过对应教科书插图与图片描述，丰满历史故事的内容；等等。

第二，以基本史料打好基础。基本史料应具有如下特征：最直接、最核心、最重要的；原始材料；易得。[①] 当然需要注意的是，基本史料的边界并非固定不变的，它具有相对性。例如，学习秦朝的历史，《史记》属于基本史料，《资治通鉴》就属于辅助史料。教师在设计故事时所依托的史料不能是漫无边际的，否则一方面会导致效率低下，另一方面也不利于确保历史故事的质量。以基本史料作为基础，再适当以辅助史料作为补充，有助于教师在较短时间内夯实设计历史故事的基础，将更多的时间聚焦于如何组织学生活动，引发其思考。

第三，以学术动态开阔视野。学术研究前沿有助于启发教师的思路，给予教师认识历史事件新的视角。《普通高中历史课程标准（2017 年版 2020 年修订）》明确提出："注意吸收历史研究的新成果，使课程内容体现出历史学科的发展。"这不仅是课程设计上的，也是对教科书编写、教学实施、学业评价的要求。

实践研讨

课件：两极格局的形成（吴虚怀、刘波）

观看吴虚怀、刘波老师的"两极格局的形成"教学课件，回答以下问题：

1. 这节课的设计是如何融入学术动态的？
2. 这节课在史料选取方面有什么特点？
3. 这节课是如何开展历史叙事的？

案例呈现

某教师在讲《义务教育教科书 中国历史》（七年级上册）中"东汉的兴衰"一课时，选用了毛泽东与黄炎培"窑洞对"的故事作为新课导入。在设计意图上，该教师写道：在用故事激趣的同时，也拉近了历史与学生的距离；使学生发现王朝兴衰背后的深层原因。

由此想到的

从作用上看，上述案例中的故事起到了激趣的作用。但从故事内容上看，它发生在 20 世纪，有特定的历史背景。而教学内容为东汉时期，虽然故事提及"历史周期率"，但并不具有具体性与同一性。从故事的熟悉程度上看，"窑洞对"的故事

① 张汉林．基本史料：思考"史料教学"的新视角［J］．课程·教材·教法，2016（8）：77–82.

对学生而言，并不熟悉，且在讲完“窑洞对”后又将思绪引到东汉上来，显然思维是跳跃的。以故事作为导入确实能够起到使学生快速进入学习情境的作用，但教师应注意不误用、滥用故事，否则会造成随意性问题。因此，教师在不断充实自己的同时，还应注意矫枉过正的问题，避免滑向另一个极端。择其要者，教师应注意以下三点：

第一，不宜炫技。教师不宜为了炫耀自己掌握的史料资源，而盲目追求历史故事设计的新奇。

第二，不宜“怪”论。教师不宜将学术最新动态拿来即用，需要做一定的辨别工作。这是由基础教育阶段历史教学的特点决定的，进入历史课堂的内容应遵循常识性、共识性等特点。

第三，不宜盲目。这里的盲目是指两个方面：一是不宜盲目选择故事素材，不能抱有捡到篮子里就是菜的想法，应考虑典型性与可理解性；二是不宜盲目选择故事设计的方法，应考虑历史故事在教学中的作用和应有的教学形态。

资料卡片

课堂教学中，老师总是对学生讲，课题范围要小、论证用料要集中，因此史学专业的学生就学会了限定史料和数据的范围，有时也束缚了自己的思想。……史学有能力开启重大的理论探讨，证明先前被视为不言自明的真理的东西其实只不过是未加检验的偏见。[①]

二、知道把学生引导到哪里去

案例呈现

下面一段关于车祸的短文，就是在介绍长期和短期因果关系和通常用来解释战争和革命爆发的导火线时的一个常用策略：

琼斯先生准备开车回家看球。由于出发较晚，他开得比平时要快。为了避免撞到一只正在穿越马路的小狗，他突然转弯，结果一个急刹车冲向结满冰的墙角。由于那段路上没有路灯，琼斯先生没有减速，结果车子直逼墙角，一只车轮也爆胎了。这都是因为琼斯先生在出发前喝了8品脱的贮藏啤酒。

老师这时可以描述导致第一次世界大战、普法战争或其他各类危机事件，帮助学生进行这种类型的分析和对比。[②]

---

① 古尔迪，阿米蒂奇．历史学宣言［M］．孙岳，译．上海：格致出版社，2017：47，94.

② 海顿，亚瑟，亨特，等．历史教学法［M］．袁从秀，曹华清，等译．重庆：重庆大学出版社，2015：42-43.

由此想到的

对于上述案例，英国学者指出这些教师可能做得过火了些，将学习变成了华而不实的“娱乐游戏”，以牺牲严谨的学习态度为代价，未能正视有意义的学习常常需要耐心和决心这一现实。但不得不注意的是，并不是所有学生都对历史感兴趣，希望学好历史。所以，教师讲好历史故事，首先就要了解学生的兴趣所在，设计情节与活动吸引学生的注意力与参与度。讲好一则历史故事，一定依靠于教师对学生的了解。因为只有基于此，教师才能发挥其组织故事素材的能力，设计适合于激发学生参与到历史学习中来的故事文本。

值得警惕的是，这并不是说历史课要娱乐化，向着讲段子、追新潮的方向发展，把历史变成评书、相声，这都是不可取的。确保学习兴趣的持续性，只是讲好历史故事的第一步，或者说是一个导引，它还需要学生更多的智力参与。

实践研讨

教学设计：宋元时期的都市和文化（徐蕊、马婷）

阅读徐蕊、马婷老师关于“宋元时期的都市和文化”一课的教学设计片段，回答以下问题：

1. 这节课在活动设计上有何特点？
2. 谈谈这节课对你设计学生叙事的启示。

案例呈现

某教师在讲“工业革命”时，选择了有关专利法的一则历史故事：

……制造出“万能蒸汽发动机”的詹姆斯·瓦特先生，却正在面临一场前所未有的危机。1773 年 3 月，瓦特先生的合伙人破产了，这不仅使他失去了稳定的收入，而且不得不变卖家产来还债。37 岁的瓦特抱怨说：“我还有妻子儿女，眼看自己变得雪染双鬓，却没有任何固定的职业来供养他们。”1773 年的秋天，瓦特又遭遇了一次家庭的变故，和他共同生活了九年的妻子去世了，与他共同合作的工厂又破产了，这个时候，他的生活落到了最低谷。有一位朋友推荐他到俄国去工作，他说：“我眼下有这么多的事情要做，而我又这么贫困。我感觉到非常苦闷。”但是英国，这片让瓦特先生沮丧的故土，此时也许会让一个不成功的商人离开，却不会让一个将会带来无限商机的发明家走出自己的视野。

晚年的瓦特生活非常富庶。他退休后到法国与德国旅行，并且在威尔士购买了一所住宅。那么他财富的主要来源是什么呢？（引出专利法的巨大作用）①

① 朱文倩. 历史故事：从聆听、理解到神入、对话：以高中历史课堂教学为例［D］. 上海：华东师范大学，2012：100–101.

由此想到的

历史故事在教学中便具有了教学性。这种教学性首先体现在学生认知的水平上，考虑如何促进学生的认知进阶。简单地说，历史故事应具有思维的内涵。

对于学生而言，他们熟悉瓦特这个人物，尤其是对瓦特改良蒸汽机的故事，更是十分了解的。这是学生已有的认知。而在上述案例中，该教师并没有停留于此，而是转向叙述瓦特的生活遭际。这样，教师就抓住了学生知与不知之间的缝隙，巧妙设计故事，在原本是普通的历史人物介绍中，埋下了对工业革命发展的关键点——专利法的信息挖掘，以及英国为何能够率先步入世界工业强国之列的探究。

此外，教师还可以利用“旧瓶装新酒”的办法，基于学生对故事素材的熟悉程度，在编排时考虑“旧主题新故事”和“旧故事新主题”的策略。其一，选用新颖的历史故事以调动学生的兴趣，但其蕴含的主题应是学生已接触过或可理解的。其二，对学生已知的经典故事进行重新解读。

总之，讲一个历史故事，教师要知道将学生带到哪里。具体来说，就是要了解学生历史学习的起点、过程与阶段性终点。所谓起点包括两方面：一是学生的兴趣点；二是学生的认知基础。过程是指学生在基于故事学习时的认知发展状况。历史故事理应有助于学生认知的持续性与进阶性，既在听故事时进入正式学习，也可以在历史故事中开展深入学习。阶段性终点指的是教学目标，而阶段性暗含目标的开放性与发展性。

中学历史教学有其特殊性，它的对象是学生，它的任务是服务于学生的历史学习，它的功能是促进学生的健全发展。正因如此，讲好故事就不能仅靠教师的学养，教师还需要关照听者的维度，了解学生的兴趣与认知程度。否则，讲故事极易陷入教师自我风采表演的窠臼，造成“目中无人”的状况。

三、具有讲好历史故事的基本素养

案例呈现

某教师用一段颇有文学性的描述语言展示了一个极富戏剧性的历史事实：站在21世纪的门口，回望20世纪，有一个特别引人关注的现象，那就是在20世纪30年代，人类命运的抉择中集中出现了四大实验……四个实验有一个共同点——就是对现存的资本主义制度不满：德国想用暴力手段改变资本主义的世界秩序；美国想在资本主义框架内进行自我调整和完善；瑞典则是在资本主义肌体上嫁接社会主义的因素；苏联的理想最高远，它要在推翻资本主义的基础上重建一个全新的社会。我们今天就看一看苏联的探索与实践。

随后教师提出一个问题："大家请看，我所出示的课题与教材的课题有什么不一样？"①

由此想到的

在上述案例中，该教师通过"站在"与"回望"两个动词，引出一个故事情境，引导学生共同参与对"引人关注的现象"的认识。随后教师将这个需要关注的现象与"人类命运的抉择"相联系，以隐喻的方式点明本课内容的学习主题。紧接着，该教师呈现四个"实验"来将这个现象具体化，并通过归类，将叙述指向它们的"共同特征"：对资本主义不满，这也就把苏联的改革置于历史事件的同类项之下。并且，该教师并不是把叙述作为目的，而是为了打开学生的思维，以便顺势提出开启历史学习的第一个关注点，即"我所出示的课题与教材的课题有什么不一样？"学生不由得陷入思考，打通已知与未知的界限，成功破题立意。

由上述案例可见，教师要讲好故事，不仅要拥有丰富的学识底蕴，还要具备将自身学识转化为教学表现的基本技能。由案例我们可以总结出如下启示：

第一，善于语言表达。有的教师虽然满腹经纶，但讲起课来却往往词不达意。当然，造成这一现象的原因是多方面的，但教师的语言表达能力是一个重要因素。语言不仅是一项重要的教学工具，也是思维水平的表现。

这里提到的语言表达不仅包括话语流畅、生动形象等外显特征，也包括语言所承载的厚重感——教师对历史的认识、对学生学习的导向。正如案例所示，历史自身的文学性与事实性在教师的叙述中得以彰显，语言上无一字废话，节奏清晰，内涵上触发学生多角度的思考，启动学习。具体来说，教师需要考虑语言表达的几个特性：逻辑性，条理清楚、言之有据；启发性，关注弦外之音；形象性，身临其境，生动有趣；规范性，字正腔圆，音色柔和，抑扬顿挫，身体语言协调；等等。

第二，善用现代工具。过去讲故事全凭老师一张嘴，现在随着现代化教学工具的普及和应用，教师在讲故事时可以借助现代工具，如视频、音频、绘画、照片等，营造立体化的视听效果，有助于学生快速进入故事情境，开启历史学习。甚至随着信息科技的发展，虚拟现实技术、智能交互技术也逐渐走进历史课堂。这些变化带来的不仅是技术上的改善，更有观念上的冲击。它促使教师思考这些现代工具如何改造课堂教学，这种改变上至理念，如学生如何学习，下至技术，如怎样使叙述更生动、更具有可探究性。

视频：教学板书设计应注意的问题（徐赐成）

第三，重视板书规范。在听故事中，学生极容易沉浸在故事中，而抓不到叙事重点以及教师想要传递的信息。板书恰好可以帮助学生提炼故事主旨，抓住线索结

① 郭富斌．岳麓版必修Ⅱ《经济成长历程》第14课《斯大林模式社会主义经济体制的建立》教学实录［J］．中学历史教学参考，2010（10）：19-26．引用时有修改。

构，起到加深印象、清晰明了的作用，而不至于学生听完故事后只听了个热闹，却没记住关键知识。从类型上看，板书可以采用纲要型、图示型、表格型、线索型等多种形式，教师可以根据故事的复杂程度等因素灵活选取。

案例呈现

以下为两位教师对《义务教育教科书　中国历史》（八年级上册）中“国共合作与北伐战争”一课有关时间线索的不同叙事设计。

设计 1：

教师出示材料：

（1）出示中国共产党早期重要事件时间轴（图 4-1）。

（2）出示京汉铁路罢工惨遭镇压后蔡和森对此的认识，共产党人应如何行动？

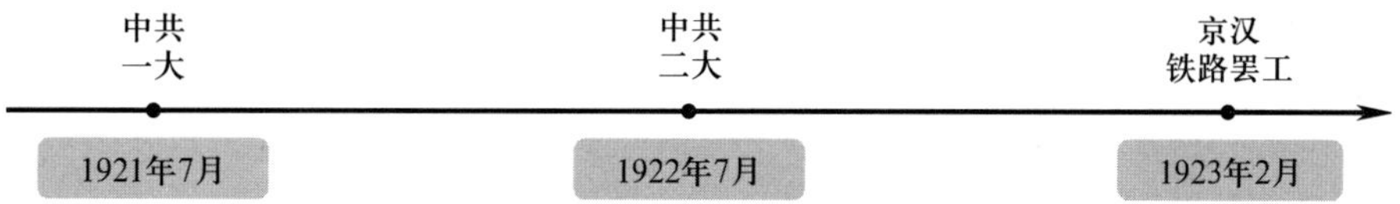

图 4-1　中国共产党早期重要事件时间轴

学生思考并回答问题：

（1）温习中国共产党早期发展史。

（2）需要寻找同盟共同进行革命，结成最广泛的统一战线。

教师出示材料：

（1）出示孙中山革命活动时间轴（图 4-2），思考孙中山革命失败的原因。

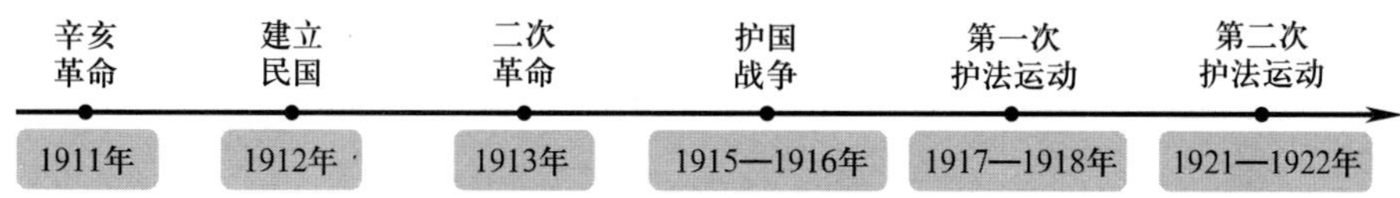

图 4-2　孙中山革命活动时间轴

（2）出示孙中山与宋庆龄的对话，这说明了什么？

学生思考并回答问题：

（1）依靠军阀；没有发动群众，革命力量涣散。

（2）孙中山意识到接受共产党的帮助，对国民党进行改组，扩大国民党的群众基础，中国革命才有希望。[①]

---

① 设计者为北京市汇文中学郭段荣老师。

设计 2:

教师首先呈现图 4-3 所示的历史事件时间轴，然后由学生小组合作，逐步完成以下三个任务。

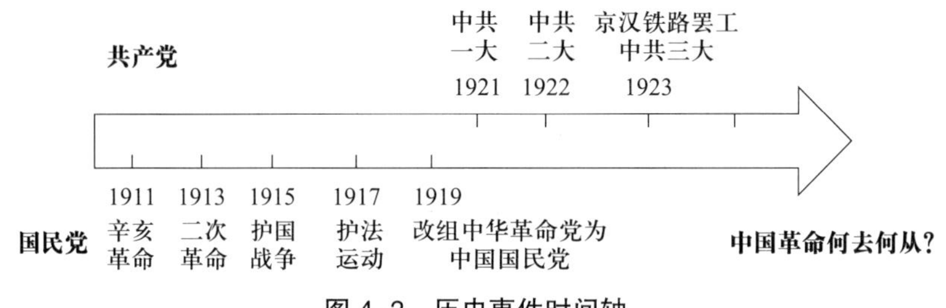

图 4-3 历史事件时间轴

一、发放“事件卡”

小组讨论，按时间先后顺序将历史事件排列在时间轴上。

事件：中共一大、辛亥革命、中共二大、改组中华革命党为中国国民党、护法运动、二次革命、京汉铁路罢工、中共三大、护国战争。

二、发放“时间卡”

小组讨论，将日期与已有的事件相匹配。

时间：1911、1921、1915、1922、1917、1923、1919、1913。

三、发放“人物卡”

小组讨论，将人物与已有的事件相匹配。

人物：冯玉祥、陈独秀、孙中山、蒋介石、叶挺、周恩来、张作霖。

思考：结合这些事件的结果和影响，思考国共两党各自处境如何。[①]

由此想到的

教师讲好故事，除了应具备上述一些基本技能外，还应具备创造性素养。在案例中，两位教师都是用了时间轴讲述国共合作的背景故事，通过比较，我们可以发现两位教师所用的教学方法是不同的，但都达到了预期的目标。设计 1 是以教师讲述为主，将时间轴作为教学材料呈现，讲述国共合作的背景。设计 2 是以教师指导学生讲述为主，通过对“事件卡”“时间卡”“人物卡”的排序和说明，学生自主叙述国共双方在这一时期的重要事件。

同一个教学设计，同样的设计结构，不同风格的教师也可能有不同的表现。这就需要教师具备一定的创新意识，时时以学生的有效获得为中心，创新教学活动与

① 设计者为河南省郑州市冠军中学刘梦莹老师。

教学方法。当然，在这个过程中，教师应使自己处于“无知”的状态，而使学生达到“有知”，相信学生的问题解决能力，给学生充分的表现空间，而不是囿于自己教学技艺的展示之中。

实践研讨

阅读二维码资源，思考：教师如何在历史故事中凸显学生的自主性与能动性？

文献：“做历史”活动体验（唐琴）

实践指引

兴趣是最好的老师

我们常说，“兴趣是最好的老师”。如果就兴趣激发学生的好奇心与想象力而言，这话是不错的。而如果仅是引得学生一笑过之，则无更多价值可言。在历史教学中，讲故事作为一种重要的教学方法，最为人青睐的就是它的激趣功能，这既体现在引入新知识上，也体现在细化新知识中。实际上，讲故事作为教学设计的重要特征，它一方面有助于创设学习情境，将学生吸引进来，开启学习；另一方面也致力于保持学生学习的持续性，深入故事之中进行历史探究活动。在这个过程中，兴趣都是不可或缺的。本节所提及的讲好故事所需要的条件，熟悉教育内容、知道学习目标、具备基本素养，实际上都是围绕着引起学生的兴趣，并使之持续下去，顺势转化为学习活动而展开的。这就提示我们，在选择、设计历史故事时，要关注学生兴趣的激发与保持，基于历史故事设计教学活动时，要关注学生的历史学习表现。

第二节　讲好历史故事需要哪些基本方法

○教师应具备讲故事的本领。
○理论提升与案例学习是获得叙事方法的重要途径。
○讲历史故事应追求多样化的表现与表达方式。

所谓讲好历史故事，并不是说从史书记载、史学专著中摘录一段故事，在适当的教学环节中讲出来就可以的。从功能上说，历史故事并非只有激发兴趣、活跃气氛诸如此类的表面功能，它还在创设可供学生持续性探究学习的情境等方面发挥作用。从内涵上说，历史故事不是单纯的历史记载，而是一种基于史实的文本表现。这也就意味着教师在面对纷繁的史实时，可以有不同的选取方式，以此来表达教学的意义。讲好历史故事，仅靠教师的基本素养是不够的，还需要借助叙事的基本方法，对历史故事进行教学的加工。

一、练成讲故事的本领

克罗齐曾断言，“没有叙事，就没有历史学”。从这个意义上讲，故事是历史学话语的基本形态[①]，讲故事则是历史呈现的一种基本形式。简单来说，叙事是历史学的基本特征。同样，它也是历史教学的基本特性。在历史教学中，撰写故事、表达故事以及讲故事，都是通过叙事完成的。譬如从事有关叙事的写作，叫作文字叙事；从事有关叙事的讲述，叫作口头叙事。[②]

练成讲故事的本领关乎历史教学的方向和质量。讲故事作为教师常用的一种教学方式，从内容上说，它是在传播历史解释，是为学生示范如何对历史问题作出解释的过程。历史解释有好有坏，有周延也有偏颇，有单一也有多元。教师的讲故事水平，将决定学生面对什么样的学习素材，也制约教师对学生“做历史”的指导。从形式上说，历史教学的艺术性主要反映在教师的叙事设计上。历史的过去性决定了我们对历史知识的接触往往是间接的，学生在历史学习时也只能依据零散的证据组织起历史画面。而教师通过讲故事的方式，能够帮助学生快速建立起诸事件之间的联系，形成生动、有趣的历史图景。

所以，历史教师具备讲故事的能力，无疑是一种显著提升教学有效性的方法。历史教师不仅要熟练运用叙事技巧，提升自己讲故事的能力，还需要通过讲故事，揭示出历史学科的学习特征。教师不但要会讲故事，还要善讲故事。前者是技能层面的，包括叙事的选择与安排、语言的表述与渲染等；后者是指导层面的，包括设计故事中的探究成分，引导学生参与历史故事的创作等。

二、获得组织历史叙事技艺的方法

叙事指的是这样一种话语模式，它将特定的事件序列依时间顺序纳入一个能为人理解和把握的语言结构，从而赋予其意义。[③] 由此可知，叙事的属性是一种话语体系；它的内容是一些特定事件；结构上以时间顺序呈现出来；理解与把握意味着要通过一定的技艺对故事加以分析；赋予其意义则表明叙事具有人为的价值性。

将此界定放在教学场域下来观察，历史叙事运用于教学中必须考虑如何组织历史事件的问题。具体来说，要思考哪些特定事件可以被选择？为何选择这个而不是那个？怎样看待特定事件本身及其载体？如何呈现？它表达了什么样的意义？等等。教师可以从不同方面去解决这些问题，择其要者，一是案例学习，二是理论提升。

---

① 彭刚. 叙事的转向：当代西方史学理论的考察［M］. 2 版. 北京：北京大学出版社，2017：7–8.

② 赵亚夫. 中学历史教育学［M］. 北京：北京师范大学出版社，2019：187–188.

③ 彭刚. 叙事的转向：当代西方史学理论的考察［M］. 2 版. 北京：北京大学出版社，2017：2.

案例呈现

张良至军门，见樊哙。樊哙曰：“今日之事何如？”良曰：“甚急！今者项庄拔剑舞，其意常在沛公也。”哙曰：“此迫矣，臣请入，与之同命。”哙即带剑拥盾入军门。交戟之卫士欲止不内，樊哙侧其盾以撞，卫士仆地，哙遂入，披帷西向立，瞋目视项王，头发上指，目眦尽裂。项王按剑而跽曰：“客何为者？”[①]

由此想到的

上述案例是司马迁《史记》中的一段内容，为我们呈现了精彩的历史叙事。司马迁以张良与樊哙的对话表现情势的危急，进而以樊哙入内的行为强化这种急迫感。在细节上，樊哙入内后的表情与项羽的反应，将二者的人物形象表现得活灵活现。

这给我们的启示在于，教师可以通过阅读经典史学著作，来获得组织历史叙事的方法。实际上，中外史学研究有着悠久的叙事传统，很多著作以叙事见长，如《史记》《资治通鉴》《伯罗奔尼撒战争史》等。教师可以琢磨史学家们组织叙事的方法，如何取材，如何铺陈，如何渲染，等等。如案例中，寥寥数语，就将樊哙的形象描绘出来，以樊哙的举动凸显鸿门宴上局势的紧张。

从史学发展上看，公众史学的兴起带来史学作品叙事风格的变化，这些作品的叙事方法也可以用于课堂上讲历史故事。如李开元的《秦崩：从秦始皇到刘邦》等，以文风平易、叙述流畅见长，兼顾历史研究的科学性与艺术性。

实践研讨

阅读二维码资源，思考中学历史教学与公众史学的关系，以及如何实践公众史学观念与方法。

文献：公共史学与学校历史教育学的创建（赵亚夫）

除此之外，随着信息技术的发展和应用，教学实录的获得变得容易了。教师还可以借助实录分析的方法（参见本书第八章第一节），梳理出讲历史故事的优质课例资源，仔细琢磨课例是如何选取历史故事、如何组织史实、如何设计起承转合的，从而获得有效的教学技能。

总之，案例学习是一个有效方法。这里的案例是宽泛意义上的，不仅包括教学

① 司马迁. 史记：点校本二十四史修订本：第1册［M］. 裴骃，集解. 司马贞，索引. 张守节，正义. 北京：中华书局，2014：399.

案例，还包括著作中的叙事。如果从学习者对案例的学习程度上划分，可以大致区分出观察、模仿、创造三个主要阶段。观察是第一阶段，教师从叙事案例中获得知觉经验，但未经实践验证。在第二阶段，基于观察的经验，教师开始在自己的课堂上模仿练习，但结果可能会由于教师的个人素质、学生的学情而与预期效果存在差异。在进一步反思中，案例学习进入第三阶段，教师突破原有的边框束缚，由经验总结转为技能创新，创造出新的教学方法。

案例呈现

某教师在讲《普通高中教科书　历史　必修　中外历史纲要》(下)中“第一次世界大战与战后国际秩序”一课时，以“这不是和平，这是20年的休战”为素材讲述了如下故事：

第一次世界大战后期，福煦被任命为西线最高统帅。巴黎和会上战胜国讨论对德处理事项，《凡尔赛条约》涉及分割占领德国领土、瓜分德国海外殖民地、限制德国军备发展、德国对外赔款等。德国国会在讨论是否接受时，有议员斩钉截铁地说：“不行！再说一遍，不行！我还要再说一遍，不行！”德国总理谢尔曼也说：“如果他们签订了那样的条约，就让他们的手烂掉吧。”福煦听闻《凡尔赛条约》签订的消息后说，“这不是和平，这是20年的休战”，“威廉二世丢了战争……克里孟梭丢了和平”。列宁也说：“靠《凡尔赛条约》来维持的整个国际秩序是建立在火山口上的。”

由此想到的

上述案例中的故事在教学中是较常见的，尤其是福煦和列宁的言论，更是作为历史故事的题眼被突出，用以表达《凡尔赛条约》建立的是一个不稳定的和平，为第二次世界大战的爆发埋下了祸根。但事实上，这则故事并非一个较为完整的故事表述，它是经过了一定剪裁而得到的。较完整的叙述如下（为方便描述，将每句话进行了标号）：

（A）第一次世界大战后期，福煦被任命为西线最高统帅。（B）战后福煦力促将更苛刻的条款强加于德国。（C）克里孟梭认为福煦态度强硬，不适合和谈协商，没有派他作为代表参会。（D）威尔逊发现他是“记仇、盲目法国人的化身”。（E）巴黎和会上战胜国讨论对德处理事项，《凡尔赛条约》涉及分割占领德国领土、瓜分德国海外殖民地、限制德国军备发展、德国对外赔款等。（F）德国国会在讨论是否接受时，有议员斩钉截铁地说：“不行！再说一遍，不行！我还要再说一遍，不行！”（G）德国总理谢尔曼也说：“如果他们签订了那样的条约，就让他们的手烂掉吧。”（H）福煦听闻《凡尔赛条约》签订的消息后说，“这不是和平，这是20年的休战”，“威廉二世丢了战争……克里孟梭丢了和平”。（I）列宁也说：

"靠《凡尔赛条约》来维持的整个国际秩序是建立在火山口上的。"（J）1923年，福煦积极支持、策划法国借口德国没有按期赔款出兵占领鲁尔工业区。

我们会发现，上述案例中的故事仅是挑选出（A）（E）（F）（G）（H）（I）加以组合，得出福煦认为对德国惩罚过重的结论。如果换一种思路，挑选出（B）（C）（D）（E）（H）（J）组合，则具有了相反的表意：福煦一直敌视德国，尤其在巴黎和会重罚德国的决议中起了很大作用。然而，这两种组合都与完整的叙述存在一定的偏颇。

选取素材组成完整的叙事单元，体现了教师对教学内容的定位，选择强调哪些史实，蕴含着教师的史识与教学意图。当然，每一条陈述都可能是中立地表达出来的事实，但当选取其中若干条组成故事文本时，事件之间的关联性、讲述者的意图就表现出来了，也就难免有片面和歪曲的嫌疑，即"真实不等于客观"。故教师在选取故事素材时，不仅要对单个事实作真假判断，还要考虑它们是否适用于故事整体。在确保故事的史料真实性后，还应转向更高层次的"可接受性"与"恰当性"的追求，一方面考虑历史故事要能够被社会基本价值观念与行为规范所接纳，另一方面也要考虑故事整体与事实的契合度，避免因追求意义而背离事实。[①]

案例呈现

北京市第二中学马婷老师在讲《普通高中教科书 历史 必修 中外历史纲要》（上）中"两宋的政治和军事"一课时，设计了"杯酒释兵权"这一故事的两种文本。

文本一从宋太祖平定李筠及李重进的叛乱讲起，历经赵普与宋太祖共议如何避免武将专权，最后决定杯酒释兵权，定下崇文抑武的"祖宗之法"。

文本二以五代时期天子"兵强马壮者为之"铺陈开头，随后讲起宋太祖杯酒释兵权，定下崇文抑武的"祖宗之法"，最后以宋与辽金之间的战争常处于劣势作为结尾。

由此想到的

一般来说，"杯酒释兵权"常作为宋太祖收军权的细节故事呈现。而在上述案例中，该教师设计了两个故事，虽然表述不同，但有相同的特点：将杯酒释兵权故事本身的时间线做了上溯或顺延。

具体而言，文本二是将"杯酒释兵权"作为整体故事的中间段而呈现，该事件以前的事件都成为导向它的背景，该事件以后的事件则因能上溯到它，而得以解释。这样，故事就表达了这样的意涵：宋太祖熟知五代悍将之弊，于是吸取教训成

① 刘波，王傲. 历史教学中讲故事的四个层次［J］. 天津师范大学学报（基础教育版），2021（4）：73-78.

杯酒释兵权之举，奠定崇文抑武的国策基础，削弱北宋的军事力量，最终导致北宋灭亡。而文本一将“杯酒释兵权”置于整体故事的结尾处，从事件起因的角度出发，使该事件成为故事的目的，强调“杯酒释兵权”的原因在于解决王朝短命的痼疾，表达了对事件本身的认可。

实际上，如果我们再加以调整，可以将“杯酒释兵权”作为完整事件序列的初始原因，将它置于故事开头加以呈现，以宋太祖杯酒释兵权开启故事，顺延到宋太宗以后不断加强军权控制，君主出阵指挥，最后宋与辽金之间的战争中常处于劣势。这样，该事件之后发生的事件都可以通过追溯至此得以说明，以影响的长时段为视角，希冀呈现出“杯酒释兵权”是避免割据的必然举措，但随着国家趋于稳定，后世仍不知变通，导致北宋灭亡。

同样的一则故事，却可以呈现出三种均相对合理的叙事结构，这体现出故事文本背后的叙事理论。教师想要获得组织历史叙事的方法，除了案例学习外，还应以理论作为内驱力，在掌握理论的基础上精进组织叙事的方法。

“在史学家能够把表现和解释历史领域的概念工具用于历史领域中的材料之前，他必须先预构历史领域，即将它构想成一个精神感知客体。”[①] 预构行为决定了史学家要以何种情节化或论述模式进行历史阐释。教师在进行叙事设计前，同样要对自己讲述的故事有所预构。课程内容决定了选用历史故事的时段，教师对这段历史的理解又影响了故事的情感基调。

资料卡片[②]

一种历史编纂的风格代表了情节化、论证与意识形态蕴含三种模式的某种特定组合。在不同模式或特定作品中，有着可选择的亲和关系，如表 4-1 所示。

表 4-1 历史编纂风格

情节化模式	论证模式	意识形态蕴含模式
浪漫式的	形式论的	无政府主义的
悲剧式的	机械论的	激进主义的
喜剧式的	有机论的	保守主义的
讽刺式的	情境论的	自由主义的

在这种预构之下，历史故事便有了不同的面貌。按照通行的叙事理论，叙事包括故事、话语、叙事行为三个要素。其中，故事即历史事件，它确定叙事的可信性；话语即叙事的组织方式，它确定叙事的成像；叙事行为即讲故事，它确定叙事

① 怀特．元史学：十九世纪欧洲的历史想像［M］．陈新，译．南京：译林出版社，2004：39.

② 怀特．元史学：十九世纪欧洲的历史想像［M］．陈新，译．南京：译林出版社，2004：37-38.

的主体与互动过程。基于这三个要素，教师在设计历史故事时，就可以有意识地考虑以下问题：（1）历史事件有哪些不同的记载，它们在多大程度上是可信的，是站在什么样的立场上留下的记载，是否有其他信息被掩藏，等等。（2）面对一系列不同的历史事件，如何将它们组织起来，具体来说，如何确定故事的开端、中间和结尾，不同的组织会给故事赋予怎样的认识视角与意义，等等。（3）历史故事是由谁来呈现的，这关乎谁是叙事的主体。当教师是主体时，学生仅参与故事解读；当学生成为主体时，他们则可以参与故事创作。对于前者，需要考虑如何引导学生理解故事中的人与讲故事的人；对于后者，需要考虑如何规范学生的叙事作品，如何引发故事间的交互。

案例呈现

北京市第二中学马婷老师在讲《普通高中教科书　历史　必修　中外历史纲要》（上）中“三国至隋唐的文化”一课时，根据《中华的崩溃与扩大：魏晋南北朝》一书设计了如下故事：

梁武帝是个虔诚的佛教信徒，甚至可以舍身为僧。早在他年轻时，梁武帝就对佛学有深厚的积淀，成为皇帝后对佛教的信仰更为热忱。因此，他修建了大量的寺院，举办大法会。梁武帝为经营佛事，还曾四次“舍身”于佛寺，让大臣拿钱来赎人。虽然他在位期间佛教实现“南朝四百八十寺”的繁荣，但也因他如此信奉佛教而使梁朝衰落。在与梁武帝时代相近的北朝，因思想文化冲突、经济利益矛盾等原因，出现了两次大规模的灭佛运动。

由此想到的

在掌握了基本的叙事理论后，教师固然可以有效地选择组织历史叙事的方法，设计出意义化的故事。为了使故事设计更具情节的跌宕性与内容的叙述性，教师还可以应用一些叙事技巧，如冲突、想象、假设等。

威林厄姆提出以“4C”为基本特征的故事，即因果关系（causality）、冲突(conflict)、并发事件（complications）和性格/特征（character），[①]这有助于丰富故事的情节安排。其中，对因果关系的表述既可放在故事收尾处，在学生对此前事件已有所了解之后，对引起此后事件的因素作回顾性评论，达成“让结果呈现”的优势效果；也可以放在开篇处，从最终发生的重大事件开始，发挥“它为什么发生？”的吸引力。[②]冲突包括事件中人或事的冲突，也包括学生对故事的认知冲突。并发事件是对故事主干内容的补充，或为同一人物身上发生的事，或为同一主题下

① 李嘉雯，张汉林. 历史教育中的叙事：理论、功能与设计［J］. 中学历史教学参考，2021（11）：8-14.

② 海顿，亚瑟，亨特，等. 历史教学法［M］. 袁从秀，曹华清，等译. 重庆：重庆大学出版社，2015：95.

不同人物的事。性格蕴藏于叙事者的言语之中，影响着故事的走向。

上述案例就运用了“4C”结构，对故事进行组织。梁武帝崇佛是其“性格”，这与修寺、出家等构成“因果”，南朝佛教昌盛与梁朝衰落形成“冲突”，同时代的北朝故事则是“并发事件”。一个故事在“4C”结构之下变得情节紧凑、富有节奏。在掌握了诸如“4C”结构等不同的叙事理论后，教师就可以对历史故事进行分析，获知其中的组织方法。实际上，这样的案例我们也可以在经典史学著作中看到。如《史记·陈涉世家》记载陈胜吴广起义：

公等遇雨，皆已失期，失期当斩。藉第令毋斩，而戍死者固十六七。且壮士不死即已，死即举大名耳，王侯将相宁有种乎！①

其中，“遇雨”“失期”“斩”，构成了因果关系；“毋斩”“固”，构成了冲突；“且”，表示事件之间的并发关系；“宁有”，则透露出陈胜的性格。当然，这四个特征并不必然全部出现，教师在组织时，可以适当引入，来调节故事的节奏特征。

总体来说，讲故事也是有理论的，它不仅需要历史学（指内容意义上的历史学）做支撑，还可以从教育学、语言学、历史哲学、传播学等角度关注讲故事的理论方向。例如，史学理论叙事转向逐渐明显，冲击着人们对讲故事的认识。海登·怀特、安克斯密特等人的作品进入人们的视线，他们对叙事的方法做了阐述，教师可以据此更新自己的叙事观，组织不同类型的历史叙事来阐明历史认识。更进一步说，教师需理论与实践相结合，即兼顾理论指引与案例学习。尤其是要看到基本的叙事理论在组织历史故事中的重要性，即便是案例学习，也离不开理论指引，它有助于我们揭示叙事案例背后的内涵，做到观水有术。

三、提升自己的表达力和表现力

表达力和表现力体现出教师讲故事能力的基本水平，是历史教师的基本功。表达力是指在讲故事的过程中教师运用字、词、句、段组织故事的能力，它具体指用词准确、语意清晰、结构合理、语句简洁、语言平易，能够把历史脉络表述清晰、准确、连贯、得体。教师在讲故事时，应避免出现词不达意、语言啰唆、缺乏过渡等问题，提高故事的质量。

表现力既包括教师的语言，也包括教师的行为。教师可以关注以下两方面：在语言方面，在讲故事时能否善用多种修辞手法，使故事更加生动形象，具有画面感；在行为方面，能否合理使用肢体动作，使故事表现出来更加立体、饱满。

案例呈现

某教师在讲授“罢黜百家，独尊儒术”时，进行了这样一段背景讲述：

---

① 司马迁. 史记：点校本二十四史修订本：第七册［M］. 裴骃，集解. 司马贞，索引. 张守节，正义. 北京：中华书局，2014：2368.

建元六年（公元前135年），太皇太后终于驾鹤西去。已经步入青年的汉武帝，在给这位可敬可佩的老人举行了盛大的葬礼后，便迫不及待地重拾6年前举贤良方正的夙愿。第二年（公元前134年）五月，汉武帝再次诏贤良策，在思想领域毅然"罢黜百家，独尊儒术"。[①]

由此想到的

授课者本人对这段讲述的反思是："在宏阔的历史气场下史海钩沉，历史的通感昭然若揭，历史的细节跃然眼底，历史的韵味见微知著。它反映了老师营造认知落差以激疑引惑的心机，也体现了老师搭建时空舞台以突出核心主旨的心思。从老师呈现历史的文字色彩中，我们能够体验到一种思想的张力和创作的魅力。可见，教师在历史课讲稿中的文字推敲，是淋漓尽致地呈现历史和传神达意激活课堂的利器。"[②]

从案例本身看，该教师描述了一个具体的历史场景，并配合具有启发性、感染力的课堂语言，将学生带入历史现场。通过鲜明的人物形象塑造、人物心理刻画，引导学生神入历史。讲述过程中的一些用词，如"终于""迫不及待""重拾""夙愿""毅然"等，使故事讲述本身显得巧妙且具有穿透力。其中的"太皇太后终于驾鹤西去""迫不及待地重拾6年前举贤良方正的夙愿"等语句，就特别能引起学生的疑惑，而这种疑惑的产生，就在于其所反映的情感立场与正常的现实生活有冲突，这种历史与现实的落差，正是历史意识的来源和内容。

作为教师教学的基本功，表达力与表现力是一种教学软实力。好的表达力与表现力，可以为教学文本增色。而表达不当，甚至是不会表达，则会使课堂教学的效果大打折扣。尤其是在讲故事的过程中，这方面尤为重要。教师如何提升自己的表达力与表现力，使其更富张力呢？可以从以下四个方面着手：

第一，提升自己的领悟力。历史是一门具有深沉思想底蕴的学科，这种底蕴一般不是显露于表面。如果将历史比作一颗多层夹心糖果，表层是我们直观所见的历史事实，中间层是事实之间的联结，最内层则是事实掩盖的思想性、观念性的东西。教师的表达力与表现力的根源，就在于他对历史的思考与意识。历史有效教学的原动力在于历史学。[③]这话并不是要让教师一头扎进史学中，而是回到历史事实本身，让学生理解事实，也让事实影响学生。也就是说，教师要以探究为方法，让学生发现表层事实之下的历史联系，透析历史背后的思想观念。而这首先需要教师

① 李惠军．呈现魅力与教学张力：一：历史老师的创意格局和创作格调［J］．历史教学问题，2016（2）：123-126，132．引用时有修改。

② 李惠军．呈现魅力与教学张力：一：历史老师的创意格局和创作格调［J］．历史教学问题，2016（2）：123-126，132．引用时有修改。

③ 赵亚夫．找准历史有效教学的原动力［N］．中国教育报，2007-03-23（6）．

对历史的领悟力，认识历史的脉络，体察历史的韵味，并能够转化为教学设计方案，指导学生的历史学习。

第二，保持对经典文本的学习。保持对经典文本的学习，能使教师在讲故事时用词更地道。前文已经提到经典文本的价值，此处仅从词语的选择与组织上再作强调。试举一例。《春秋》中记载军事行动的词语有“克”“入”“伐”“取”“围”“歼”“灭”“溃”“侵”“战”“袭”“堕”“获”等，不同的词表现出《春秋》对军事行动的发生状态描述与价值判断。并且，《春秋》在词语的先后顺序上也是经过认真推敲的。如对僖公十六年陨石事件的描述，记载陨石是由“闻”到“视”再到“察”，记载与之同时的鹢鸟则是从“视”到“察”再到“徐察”，以用词变化凸显表达力与表现力。[①]

第三，形成自己的语言风格。教师的表达力与表现力最终还是需要外显，这就离不开教师自己的语言风格。有的教师擅长铺陈，有的教师擅长分析；有的教师沉稳，有的教师诙谐，不同的风格之间还有交叉。教师应该根据自身特点与学生需要，形成合适的语言风格，达到事半功倍的效果。

第四，发现历史的细节。如果讲历史故事只是着眼于宏观，即便再有张力的语言文字，也不足以给学生留下深刻印象。所以，发现历史的细节，基于此对历史情节加以描述，是提升教师表达力与表现力的又一重要方式。

案例呈现

鸦片输入以后的中国是一个什么样的情景呢？一位教师是这样讲的：19世纪二三十年代的中国，从沿海直到内地的大小城镇，贩卖和吸食鸦片的烟馆，像毒菌一样滋长起来，掀开每个烟馆的门帘朝内一望，只见烟雾弥漫，一些面如死灰、两颊泛起青色的吸毒者，横卧榻上，手握烟枪，对着一盏鬼火一样的烟灯，双肩耸起，“吱吱”地狂吸着。由于吸毒者一般都是晚间过瘾，长夜不眠，白天昏睡，因而被称为“大烟鬼”。东南沿海的一些小圩集，十几二十家店铺里，烟馆常占半数以上。中国白花花的银子，淌水似的流到了伶仃洋外的英国船上。[②]

由此想到的

一个比喻，形象地描述出鸦片的传播；一个镜头，突出了吸食鸦片者的病态；一个绰号，生动地勾勒出吸食鸦片者的形象。寥寥数语，再现了烟毒泛滥的场景。

① 陈桐生.《春秋》的语言艺术［N］. 光明日报，2017-07-31（13）.

② 魏授章. 历史课堂教学艺术［M］. 北京：人民教育出版社，1995：84-85.

该教师通过抓历史细节，给历史故事如电影一般的镜头聚焦，整个故事寓理于情，融情于事。

实践指引

没有一成不变的教学方法

我们常说："教无定法，贵在得法。"教学是没有一成不变的教学方法的，它一定是教师基于教学内容、教师素养、学生学情等诸多方面的考虑加以选择的。虽无"定法"，却应"得法"。也就是说，教师面对同样的教学内容，可以有不同的处理方法，可以有个性化的创作，但应遵循一些基本的原则，尤其是要以学生的理解为中心，以学生的有效获得为目标。

对于讲故事而言也是一样的。讲好历史故事并没有一成不变的方法，但有统一的目标，即致力于学生的有效获得。这种有效获得不仅表现在记住了多少历史知识，还表现为知识的内化与意义化。前者指将外在的知识通过习得的过程转化为内在的认识；后者指提炼教学内容的核心价值。简言之，内化指向理解，意义化指向价值。讲故事无外乎这两者。只有被学生内化的历史故事才能被学生所理解，也才可能生成新的故事（解释），由此进入意义层面。讲故事虽无定法，却有目标，围绕这个目标，用什么方法便是教师发挥创造性的结果了。

文献：阳明心学故事讲述文字稿（刘波）

第三节　编写生动而有意义的历史故事

○情节使历史故事生动。
○内容使历史故事丰满。
○学习指导使历史故事有意义。

所谓"有意义的历史故事"，其意义体现在两个方面：其一，故事本身在历史中的意义；其二，故事能影响学生个体的成长。编写一个生动而有意义的历史故事，教师一方面要思考如何设计历史故事，包括导入、情境、内容、史料等；另一方面，还要考虑设计历史故事的目标，思考如何指导学生进行历史学习。

一、设计导入——"讲好故事"的起点

一则好的历史故事，应能够引导学生循序渐进地进入故事中。所以，如何导入故事，营造一个快乐学习的氛围，是编写生动而有意义的历史故事的第一步。

案例呈现

有教师在课堂上这样讲述“徙木立信”的故事：在古代，我国有个改革家在推行变法前，担心人们不相信，就在城南门竖了一根木头，如果有人把木头搬到北门，就赏给十金。人们惊奇地观望。这位改革家把赏金增加到五十金。有人把木头搬到北门，果然获得五十金的重赏。这表明改革家政令一旦下达就坚持执行的决心。这位改革家就是历史上著名的商鞅。立木为信，就是为变法作的铺垫。[①]

由此想到的

由上述案例可以看到，该教师并未以正向叙述的方式开启故事，而是以“事件先行，人物后出”的方式展开叙述。学生在听相关事件时，就会不自觉地将注意力放在这个人身上，希望获知人物信息的好奇心产生了。这样，教师就可以为历史故事的讲述做好氛围上的烘托，有助于学生快速进入故事，开启学习。

案例呈现

北京师范大学附属实验中学孙玲玲老师在讲《义务教育教科书 中国历史》(八年级上册)“经济和社会生活的变化”时，以恽毓鼎的日记材料为支撑，以恽毓鼎由北京出发去上海办事的故事为开端，让学生以清末国人的身份，从北京前往上海游览，期间经历辛亥革命，由此开启对近代经济与社会生活的变化的观察。在这次旅行过程中，学生将体验确定出行方式，从前门火车站出发，到达上海后联系北京亲人，作为游客怎样了解这个城市等活动。

由此想到的

与上一案例不同，该教师以带领学生开启“近代京沪游”的方式开启历史故事。也就是说，以贴近学生生活的现代方式，创设一则虚拟的经历，然后从主人公的视角，将历史故事铺陈开来。学生的兴趣被调动起来了，实现了激发学生兴趣的功能，为接下来的故事主体叙述营造良好的氛围。

---

① 李凯．历史这样教：中学历史教学技能［M］．贵阳：贵州教育出版社，2016：36.

讲好故事的起点在于导入。一个好的导入能将学生引入故事，使学生感到亲切、有趣，符合学生尤其是初中生的认知心理。帮助教师设计出有助于烘托学习氛围的故事导入可以采取以下三种办法：

一是恰当使用认知冲突。抓住与学生原有认知冲突的历史情境，使学生的认知处于失衡状态，有助于学生进入学习状态，搭建新的认知平衡。

二是注重细节使用。氛围的烘托需要扣人心弦的故事情节，在历史细节处挖掘故事，有助于学生管中窥豹，由“点”出发去探究“面”的历史学习。

三是善用历史的虚拟。虚拟历史虽然情境是虚的，但事件是实的，便于为学生“神入历史”提供途径。学生在“实践”中体会历史，开启进一步的历史学习活动。

实践研讨

阅读二维码资源，回答以下问题：

1. 历史教学为什么需要情境？
2. 创设虚拟情境需要注意哪些问题？
3. 如何看待虚拟情境的创设？

文献：李旺财与《天朝田亩制度》——兼谈虚拟情境的虚与实（张汉林）

二、创设情境——“讲好故事”的立意

故事本身即情境。编写历史故事的目的是通过创设学习情境使学生参与其中。如何使一则历史故事生动且有意义，就需要教师在创设情境上下功夫。创设情境与历史故事的立意密切相关，是对“讲怎样的故事”的回应。

案例呈现

某教师在讲“美苏争霸”时，设计了如下故事：

记得那是1962年10月的一个傍晚，美国的一对中产阶级夫妇像往常一样，晚饭后准备去悠然散步。不经意间，他们听到一段广播，顿时，下意识地感到，一场灾难和恐怖即将降临。于是他们匆忙间准备了足以吃几十年的食品，惊慌地躲到了自家的防空洞里，把出入口全部封死，只带了一台收音机保持与外界的联系。不久，收音机突然不响了，夫妻俩断定，人类的大难降临了，索性打消了出去的念头，一待就是20年。后来因女主人去世，男主人想尽一切办法爬了出来，发现外面还是老样子，似乎什么也没发生。

听到这，大家一定感到困惑：他们到底听到了什么样的广播呢？一段广播为什么就改变了他们的人生，让他们20年生活在黑暗之中，与世隔绝呢？为什么后来男主人出来并没有看到任何变化？谜底到底在哪里呢？今天我就带大家来了解故事背后的历史，希望同学们能找到答案，并从中获得一点历史的启示。[①]

由此想到的

由上述案例可以得知，历史故事包含情境的创设。这种情境不仅是内容发展上的情境，更重要的是，它是开启问题的情境。正是借助于提问，历史故事的立意才得以凸显。

案例中的这位教师运用生动的语言，渲染了一对夫妇面对核威慑的恐惧，由此吸引学生对美苏争霸产生兴趣。更重要的是，该教师通过创设一种悬疑式的情境，引出了接下来需要关注的问题。这实际上是在解释教师为什么要讲这个故事，它体现出讲故事的中心立意，即对故事的深层次的理性认识。

那么，如何在实际教学中凸显故事的中心立意呢？首先，还原故事的历史语境。有时我们常常误解、曲解历史故事，使其背离了历史的本真。历史故事的中心立意不能脱离历史语境，否则历史就成了“任人打扮的小姑娘”了。例如，孔融让梨的故事一般被理解为表现了孔融的谦让，而如果去翻阅《后汉书》的原文，则会发现，当大人问孔融缘故的时候，孔融的回答是“我小儿，法当取小者”，引来“宗族奇之”。实际上故事的原文记载是为了表达孔融年纪虽小，但已经懂得“宗法礼仪”，而非谦让礼貌。换言之，表面看是谦让的品德，内里则是对“礼”的意识。

其次，需要依靠问题的设计。教师将故事归结于问题，将学生引入对故事的深层认识中来，激活学生的思维，使关注点落在故事与已有认知的关系上，从逆向角度开启探究活动。如此，学生在任务之下的自主性增强，需设身处地利用历史知识方能解决问题。例如，孔子“问人不问马”一般被认为是其思想“仁”的表现。同时，教师还可以更进一步挖掘，将其作为“仁”与“礼”内涵及其关系的体现。那么，如何使历史故事凸显立意？教师可以向学生展示另一则孔子的故事，孔子最得意的学生颜回病死时，孔子非常悲痛。当颜回的父亲请求孔子卖掉车马为颜回置办椁木时，孔子却断然拒绝。并依据这两个故事大致设计如下问题：（1）你认为孔子为什么拒绝颜回父亲的请求？（2）孔子看重“车马”体现他的什么思想？你的判断依据是什么？（3）在今天看来，先救人属于常识，《论语》为何视它为有特殊意义的事件？（4）孔子“问人不问马”说明什么？这又体现了哪种思想？你的判断依据是什么？（5）比较孔子的两个行为，你认为是什么原因导致孔子做出不同的行为？[②]

---

① 黄桂兰. 转识成智的课堂教学：核心素养导向的历史教学［M］. 上海：华东师范大学出版社，2020：114-115.

② 刘波，王傲. 历史教学中讲故事的四个层次［J］. 天津师范大学学报（基础教育版），2021：（4）：73-78.

三、组织内容——“讲好故事”的逻辑

历史故事不是按年代表排列事实，而是通过一种情节化编排的方式呈现，以便学生理解历史故事的意义与教育价值。讲一个历史故事，应当有一定的结构安排和节奏变化。[①] 这就涉及教师要思考如何组织内容。

案例呈现

上海市进才中学杨国纬老师讲“马戛尔尼访华失败探源”一课时讲了这样的故事：马戛尔尼离去后，整个大清帝国波澜不惊，沿着传统的惯性继续前行。而马戛尔尼呢，这次出使的目的全部落空，但他也没有忘记一件事，在他来的时候，英国政府给过他一个秘密指令，在不引起中国人怀疑的前提下，应该什么都看看，并对中国的实力做出准确的评估。他看到了官员的腐败，看到了乞丐冻饿而死，看到了清军装备的落后，等等。回国以后，他告诉整个欧洲：大清帝国只是一艘破烂不堪的头等战舰。更具杀伤力的是一句话，他预言：只需要几艘三帆战舰，就可以摧毁中国的舰队。

由此想到的

从历史故事的叙述结构上看，该教师从马戛尔尼离开讲起，以倒叙的方式回看他的访华经历，介绍他回到英国后的预言，使整个故事囊括了整节课的内容，又提炼了整节课的精神主旨。引申说，教师在组织故事内容时，应不断优化故事的逻辑，既尊重事件发展的历史逻辑，也遵循学生学习的认知规律。

柯林武德认为，“叙述则并不是列举不同的事件，而是对事件之间种种关系或关联的陈述”。[②] 这种对关系的陈述，就体现了陈述人对历史事件的情节化设计。散落的编年式的事实，被编排进历史故事，共同构成了一个可以被理解的过程。一般而言，历史故事的结构可以大致分为如下三类[③]：

其一，依据确证的历史事件，按照简单的时间顺序排列，如：“英格兰国王死了，接着王后悲痛欲绝，随后公主开始焦虑不安”。三件事分别依据初始动机、过渡动机和终结动机被置于一个完整的叙事结构中，属于按照正向的时间发展顺序排列的。此外，教师还可以采用其他的时间顺序，如倒叙、预叙等。倒叙以事件的结局为起点，再回溯事件的发生过程，探讨事件的原因，以使故事更为完整。倒叙对于讲故事而言，特殊功能大致有三个：（1）交代因果，帮助学生更好地理

① 于友西，赵亚夫．中学历史教学法［M］．4 版．北京：高等教育出版社，2017：113.

② 柯林武德．历史的观念［M］．何兆武，张文杰，陈新，译．增补版．北京：北京大学出版社，2010：409.

③ 熊巧艺，刘波．核心素养背景下历史故事的设计与呈现［J］．教学与管理，2022（13）：52-55.

解发生的事件；(2) 补白，填补故事中断裂的空白；(3) 重复，对过去事件的意义加以改变或补充，或是在新的方面加以强调，或是改变过去人们对它的看法。预叙即提前将未来发生的事情表述出来，再从故事开头讲起。这种叙事方式在我国古代话本小说中十分普遍，如话本常将故事的经过和结果通过三言两语告诉听众，然后再详尽展开，其目的是引起他们继续听的兴趣。于叙事而言，这样起到了揭示故事的端倪、线索的作用；于历史学习而言，这样更是打开了学生理解历史、探究历史的思维之门。

其二，依据主要事件的历史定位以及相关事件间的联系，以情节化为手段，确定叙事的结构。叙事结构一般以故事的开端、发展与结局赋予事件序列，也因开端、发展与结局的不同而使故事呈现出差异。例如，我们可以将马戛尔尼来华事件放在西方自工业革命以来扩张海外市场的背景中去认识；也可以将其视为中英鸦片战争的一个伏笔；还可以将其与清朝的朝贡体系相联系来认识。

其三，将历史事件依据不同主题分组，再将各主题按照故事的总主题进行排序。这适用于共时性故事，如江西省抚州市临川中学董春宇老师认为，在讲马戛尔尼来华事件的同时，介绍当时英国的社会发展状况和中国的社会面貌同等重要，甚至还可以呈现一下相关史事，“马戛尔尼到中国的同时，清朝逮捕了一个廓尔喀族间谍，从他那了解到，英国东印度公司获得了印度孟加拉邦的统治权，乾隆意识到英国对喜马拉雅山外造成的威胁”以及“在马戛尔尼离开北京时，乾隆颁布了很多加强军事防御、防止英国袭击的文件……”形成对“天朝上国就真的一无所知？”这一叙事主题的思考。

“为了把相继发生的带故事性历史改变成一种有意义的叙事，就必须对它作情节编织；也必须将它编码。”[①] 显然，与后两类相比，第一类相对简单，但也同样需要对故事结构的组织加以考量。后两类所呈现的是“得自于讲述故事这一行为的结构，而不是来自事件本身”[②]。它为学生提供了不同的探究层面，如故事内部的论证关系、总主题与主题之间的关系与排列、情节结构的设置等，都成为学生思维的生成点。

案例呈现

北京市第三十五中学李慧文老师在讲汉初休养生息政策时，设计了“萧规曹随”的历史故事：

曹参和萧何早年都是沛县的官吏，跟随刘邦一同起兵。曹参主武萧何主文，可谓是刘邦的左膀右臂。汉朝建立后，任命萧何作为相国，并且在萧何的建议下，施行了一系列休养生息的政策。曹参早年与萧何关系很好，但后来因为一些争执，彼此产生了嫌隙。但萧何深知曹参是个不可多得的治国人

---

① 詹金斯. 论“历史是什么？”：从卡尔和艾尔顿到罗蒂和怀特 [M]. 江政宽，译. 北京：商务印书馆，2007：192.

② 陈新. 当代西方历史哲学读本：1967—2002 [M]. 上海：复旦大学出版社，2004：159.

才，生病后便向汉惠帝推荐了曹参。当上相国的曹参，处理政事，一切按照萧何已经确定的章程，一点都不变动。并且曹参还日夜饮酒，不理政事。许多大臣看到曹参这样的做法，便想劝说他。但是他们到了曹参面前，反而被曹参拉着一起喝酒，最后想要劝说的话也没说出口。

惠帝得知他这些作为，便去询问缘由。曹参说："陛下，您和先帝相比，哪个更英明？"惠帝说："当然是先帝，我怎么能比得上先帝呢？"曹参又问："那我和萧何哪个更能干？"惠帝很坦率地回答道："好像不如萧相国。"随后，曹参又说："既然陛下不能超越先帝，我不能超越萧相国，那么他们所建立的这一系列规定和制度，我们就不应该去改变。现在我们要做的，就是遵循先帝和萧相国的做法，不要玩忽职守。"汉惠帝听后觉得很有道理，便同意了曹参的主张。

曹参为相三年，遵循萧何规定，继续实行休养生息的做法，受到人民的赞许。司马迁更是评价他在百姓脱离了秦朝的残酷生活后，帮助人民休养生息，"天下俱称美"。

由此想到的

通常教师引用"萧规曹随"的历史故事，主要是表明汉初实现休养生息的"无为"政策。在故事表述上，曹参的形象往往是消极负面的，被塑造成一个懒政、惰政的形象，这与《史记》中记载的曹参并不吻合。案例中教师重新梳理教科书提供的故事内容，优化了讲故事的过程。我们可以将上述故事按照图 4–4 分解开来。

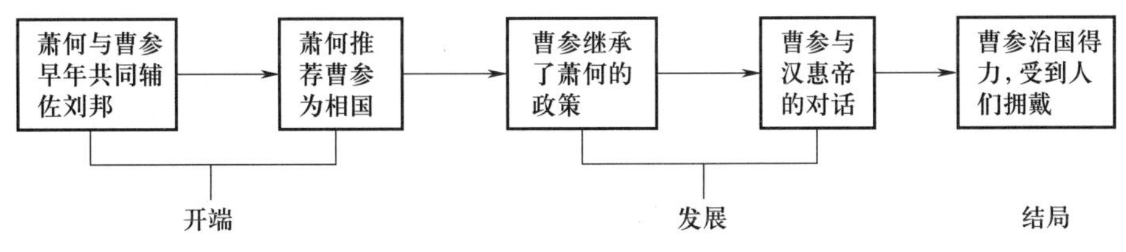

图 4–4 "萧规曹随"故事分解

教师在备课时通过组织故事内容，厘清逻辑，进而达到优化讲故事的过程的效果。这与史学家在编排事件时的做法是有相似性的。史学家会不断追问自己：下一步发生了什么？这是怎样造成的？为什么事情会是这样而不是那样？最终会是怎样？这些问题决定了他在建构其故事的过程中必须使用的叙述手法。[①] 教师也可以通过这样的方式，对故事的内容组织加以处理。

① 怀特．元史学：十九世纪欧洲的历史想像［M］．陈新，译．南京：译林出版社，2004：13．

首先是结构性问题。诸如："故事是如何发生的？"——指向开端，叩问因果关系；"接下来发生了什么？""为什么事情会是这样发展而不是那样？"——指向发展，追问历史的延续与变迁；"最终将会怎样？"——指向结局，思考历史意义与历史视角；"我讲的故事是基于什么叙事模式的？"——指向故事表现出的叙事逻辑与唯物史观的范式。

其次是整体性问题。诸如："将这些部分整合为一个故事是什么样？"——指向故事间的相关性；"历史故事的整体意义是什么？"——指向故事的价值性；"我所讲的故事在何种程度上是合理的？是否存在对史实的曲解、对史料选取的遮蔽？"——指向故事的自我判断。

当然，教师在组织故事内容时不仅要从文本呈现的角度下功夫，还要着眼于教学过程的设计，通过问题设计使学生深入到历史故事中去。以上述案例中的故事为例，对于开端所包含的两件事来说，教师可在教学过程中设计问题，比如：萧何为什么要推荐曹参？紧接着，在故事的高潮部分，教师可以再次抛出问题：既然曹参是一个如此有能力的人，为什么要"举事无所变更，一遵萧何约束"呢？既说明了"无为而治"在这一时期实行的必要性，同时也还原了曹参在史料当中的形象。[①]

文献：认同建构视角下"楚王问鼎"的另一种讲法（刘波、王傲）

实践研讨

阅读二维码资源，回答以下问题：

1. 历史故事的结构变化如何凸显历史故事的意义？
2. 你能否设计其他结构的"楚王问鼎"故事？
3. 在设计历史故事时，需要注意哪些问题？

四、运用史料——"讲好故事"的内容

史料是历史学科的基石。历史故事虽然有一定的想象成分，但仍需要依托于史料，以确保故事的真实性。所以，要讲好历史故事，教师应当合理地运用史料。这种运用不仅是指教师将史料转化成教学语言讲给学生，或者是给学生呈现史料，由教师讲，更在于能否借助史料的运用，激活学生对历史的探究欲，保持求真相、悟真理的学习信念。

案例呈现

北京市第二中学分校李田玉老师在准备《义务教育教科书　中国历史》（七年级下册）中"从'贞观之治'到'开元盛世'"一课时，讲了"玄武门之变"的故事：

---

① 李慧文. 论历史教学中历史故事的创作［D］. 北京：首都师范大学，2019：32.

公元618年，李渊称帝后，立李建成为太子，封李世民为秦王，李元吉为齐王。太子、齐王集团与秦王集团为了争夺皇位展开了激烈的明争暗斗。在公元626年，李世民先发制人，在玄武门设下埋伏，将一同来参加朝会的太子与齐王射杀。随后，李世民派尉迟敬德去保护唐高祖李渊。尉迟敬德身披盔甲，手持武器，直奔高祖住处而来。李渊大惊，连忙问道："今天是谁在作乱啊？你来这里是要干什么？"尉迟敬德说："秦王看到太子和齐王作乱，于是就起兵诛杀了他们。他担心陛下您受惊，就派我来保护您。"于是，李渊的神经才舒缓下来。两个月后，因李世民功勋卓著，李渊禅位给他。

由此想到的

上述案例中，教师依据《旧唐书·尉迟敬德传》的记载讲述"玄武门之变"，使故事内容呈现出历史学科的特色——言必有据。历史故事的内容需要基于史料进行选择与确认。历史故事不同于虚构故事，也不同于文学故事，前者与后两者的不同点"首先在于其内容，而非其形式。历史故事的内容是真实的事件，实际发生的事件，而不是虚构的事件，不是叙述者发明的事件"①。历史故事可以不是真实发生的实在，但必须以确实的史料为基础，以提供有关实在的语言图景为目的，确保历史的基本要素为真，来建构历史故事。

从构成上看，这些基本要素包括具体的时空，真实的人、物、事件，它们是一个故事非虚构并得以完整的必备要素，也是最浅白的信息单元，构成了历史故事的显性要素。但一个故事的产生，往往不仅是简单的陈述，还隐含着诸多事实在其中，以及故事中体现的人物观念、故事之外讲述者的叙事意图。

从故事所依据的史料来看，史书以李渊与尉迟敬德的对话呈现事件，写明了玄武门之变的事实。从《旧唐书·尉迟敬德传》中的"大惊""作乱""卿来此何也"等用词看，暗示太子、齐王是发动叛乱者，李世民为自保和保护李渊才举兵诛杀叛乱者，全过程李渊并不知情。但是，如果参考其他材料的记载，可能会对这则故事的内容有其他方面的认识。

例如，敦煌文献出土的武则天时期话本《唐太宗入冥记》，有如下记载：

阎罗王手下判官崔子玉在冥间审问唐太宗："问大唐天子太宗皇帝……为甚〔杀兄〕弟于前殿，囚慈父于后宫？"……（太宗）闷闷不已，如杵中心……争答不得。②

这段记载虽然不属于史料，但是反映了民间视角。我们不禁生疑：政变究竟如何发生？官方视角与民间视角的故事有出入，尤其是在武则天时期出现可能会隐含着怎样的意图，就需要我们借助其他史料，在确认显性要素为真的同时，考虑隐性要素的意义。

① 怀特．形式的内容：叙事话语与历史再现［M］．董立河，译．北京：文津出版社，2005：35.

② 周绍良．全唐文新编：第4部 第5册［M］．长春：吉林文史出版社，2000：12105.

又如，吴兢编的《贞观政要》记载唐太宗在贞观十四年与房玄龄关于帝王亲看国史的对话：

太宗见六月四日事（指玄武门之变），语多微文，乃谓玄龄曰："昔周公诛管、蔡而周室安，季友鸩叔牙而鲁国宁。朕之所为，义同此类，盖所以安社稷，利万民耳。史官执笔，何烦有隐？"①

太宗为何执意要看国史，为何专门对玄武门之变做了重要的史书撰写批示，这就需要挖掘史料中的人和书写史料的人的意图了。而综合来看，玄武门之变的故事并不是如《旧唐书》所示的那样简单，其中蕴含着很多有关细节、视角、意图的信息。所以，教师在设计一则历史故事时，应注意多个视角，参考不同类型、不同主张、不同记载的史料。之所以这样做，并不是要给学生呈现一个史学意义上的问题论证，而是以学生的思维进阶为目标，让学生逐渐掌握分析历史问题的方法。多视角、复杂史料群的引入，不仅符合历史故事具有历史学科的实证特征，也将问题思考融于叙事中，丰富了历史故事探究的意味。

当然，教师在选择史料编制历史故事内容时，不仅要从内容上而且要从方法上凸显学科特色。教师可以从两个角度对这一问题加以考虑：（1）从史料的要素上看。一则史料由表及里，是由多种要素构成的。比如，时间、地点、人物属于显性的信息，一般可以从史料中直接获取；事实、观念、意图属于隐性的信息，一般需要读者在史料内外钩沉索隐。（2）从史料的分析上看。对一则史料的分析除了要把握上述史料要素之外，还要综合处理史料，确保在设计故事时恰当运用史料，避免用得太浅、误用，甚至错用。

通常来说，史料分析可以分为四步：（1）查找史源。史料的来源影响史料的可信性。教师在选用史料作为自己设计的历史故事的支撑时，需要考虑史料的创作者、创作时间与地点、作者动机、目标受众等。（2）考察语境。"叙述应该是一个系统，只有在整体的语境中，部分的叙事才能获得相关的解释，考虑一个孤立的叙述是没有意义的。"② 如果脱离了语境，史料就变得无法理解。所以教师应关注语境对史料的意义以及它是如何影响史料的，去考察史料创作的时代，思考历史背景与史料的影响关系，区分史料的语境性质，比较不同时代的人对史料的理解是否一致或差异性何在等。（3）完成确证。所谓确证，即综合考察各种史料，分析史料表达的观点，整合史料中所蕴含的信息，确认史料内和史料间的叙述差异，确证其可靠性与价值。（4）实现精读。精读指向对史料的理解。这要求教师对史料的观点、偏见等加以判断，对史料在解决何种问题时的有用性作出评估，等等。

五、指导学生——"讲好故事"的价值

如果说运用史料是讲好故事的内容保障，那么指导学生则体现了故事应有的教育性，它关乎讲好故事的价值导向。从本质上讲，它指向有意义的历史教学，亦即

① 吴兢. 贞观政要［M］. 段曹，注译. 武汉：崇文书局，2017：172.

② 韩震，孟鸣岐. 历史·理解·意义：历史诠释学［M］. 上海：上海译文出版社，2002：109.

指向学生的获得。具体来说，这既在于发掘史料的证据价值以支撑叙事的求真追求，培养学生的理性意识，也在于透过史料的历史理解来彰显叙事的时光温情，培养学生的人文情怀。[①]

案例呈现

广东省珠海市斗门第一中学陈美瑶老师在讲授“明朝的灭亡”一课时，呈现了如下三种历史故事，并基于此引导学生展开探究活动。

环节一：教师对明朝灭亡的背景知识做概述性讲解，随后呈现故事A。

故事A：1628年，陕西大旱。1639—1640年，河南、山东、河北等地更连续发生了严重的旱灾和蝗灾。与此同时，明政府又陆续征收辽饷、剿饷和练饷，加重了农民的负担，农民被迫起义。到了1640年，李自成进入河南，提出“均田免赋”的口号，队伍迅速壮大。1644年，李自成所率领的农民军以疾风暴雨之势攻陷北京，明朝灭亡。

针对故事A，指导性问题设计如下：

- 故事结构如何划分？为何如此划分？
- 故事的主角是谁？
- 故事表达了什么观点？
- 这则故事能够说明什么历史问题？
- 史料依据是什么？是否可靠？
- 是否存在不同的史料？

环节二：在学生初步理解对他人所讲述的历史故事是如何设计，并掌握分析方法后，教师为学生提供学习资料，学生基于材料设计故事，表达自己对明朝灭亡的理解。例如，有学生设计了故事B和故事C。

故事B：早在经济繁荣的明朝万历年间，各地民变先后发生数十次。民变规模逐渐变大，演变为农民起义。1622年，徐鸿儒在郓城举旗反明，起事者头戴红巾，各地响应的起义风起云涌，成为明末农民大起义的先声。1627年，从陕西到广西均爆发了起义，其中陕北农民起义不断扩大，到1633年冬之后达到极盛，最终将明朝推向灭亡。

故事C：气候史研究已经证实，1580年以后，地球进入小冰河期，灾害频繁，17世纪达到极点。据记载，崇祯三年到十五年，河南一直被水旱灾害、蝗灾、地震等自然灾害笼罩。严重而且长期的大灾荒使原有的社会秩序崩溃了，流寇、民变四起。如此严重的局面，岂是像崇祯这样“勤勉的昏君”和腐败的官僚机构所能应对的？而差不多在同时期，类似的情况也在其他一些国家出现。1635—1666年，世界各地共发生大规模叛乱与革命49次。

---

① 鲍丽倩. 历史教学：史料研读与历史叙事的有机融合［J］. 中学历史教学参考，2017（11）：18-22.

学生基于自己掌握的叙事方法与材料，借助以下问题，使历史故事在设计层面的问题更为显性化。

- 多则故事中哪些是相同的，哪些是有差异的？
- 他们分别站在什么角度组织故事？
- 他们的故事在多大程度上是可靠的？
- 当时的人可能更赞同哪一种？

环节三：教师挑选一名或几名学生对探究活动作总结，并追问“自己的故事有什么特点？”“如何改进自己的故事？”“能否设计出更为完善的故事？”等问题，促使学生开启元认知活动，重新认识历史，反思自我。[①]

由此想到的

由上述案例可以看到，该教师将叙事的主体范围延伸至学生，所设计的教学活动也同样围绕着学生的个体学习与群体交流展开。教师通过背景铺垫，使学生具备一定的学习本课内容的知识基础。随后呈现的故事A，是以李自成为主角展开叙述的。它从天旱起义讲起，以提出“均田免粮”壮大队伍为高潮，至攻陷北京为结尾。其中，为使明亡原因更丰满，增添“并发事件”征三饷，同时它和李自成的口号构成“冲突”，这使叙事更具情节性与可读性。

至此，学生只是理解了他人所讲述的历史故事是如何设计的。如果没有故事之间的比较与分析，则无法更清晰地理解讲述者的设计意图与质量差异。学生想探寻故事的最佳版本，需要认识到多维度与多元故事的缘由，知道“如何在相互竞争的故事文本之间进行抉择。”[②] 尤其值得注意的是，该教师并没有把现成的其他版本的故事直接提供给学生，而是代之以学习材料，以此来培养学生组织与表达历史故事的能力。如上述两则故事，体现了与故事A不同的叙事意图：故事B将历史事件的时段拉长，从民变视角释义“明亡于万历”；故事C将时段拉得更长，从1580年以后的自然变化讲起，借助“并发事件”进行中外对比，凸显气候变化是17世纪全球危机的导因这一主旨。“我们关于过去的解说越多，它们之间同与异的扭结越复杂，我们距历史的真理就越近。”[③] 学生在面对关于同一主题的竞争性解释时，对其纵横比较才能更好地激发他们的历史思维，形成批判性的历史认识。

由上述案例我们可以看到，历史课堂上讲故事只是手段，其目的指向学生的有效获得，即在探究的过程中感悟历史知识，体验历史知识中的情思，判断情思中的价值。《义务教育历史课程标准（2022年版）》提出，在教学活动中，学生不再是

---

① 李伯重．不可能发生的事件？：全球史视野中的明朝灭亡［J］．历史教学，2017（3）：6-15.

② P N STEARNS, P SEIXAX, S WINEBURG．Knowing, teaching, and learning history: National and international perspectives, New York: NYU Press, 2000: p.98.

③ 安克斯密特．历史表现［M］．周建漳，译．北京：北京大学出版社，2011：15.

被动接受者，“学生通过亲身参与，表达自己的观点，交流不同的看法，吸纳合理的意见，完善自己的认识”。当然，这并不是否定教师的作用，“教师要及时引导学生概括总结，达成共识”[①]。当历史叙事通过作者、文本、读者与社会历史语境产生交互作用时，学生便能够经由教师的指导，去关注对具体叙事作品的意义的探讨，并因此带来教与学的方式的根本转变。[②]换言之，讲好历史故事，不再是教师的独角戏，而是教师要将讲述权交给学生。这样，学生就由“获得知识”转为“拥有知识”。后者强调学生对知识的运用与技能的迁移，重视学生解决问题能力的培育。因此，教师除了示范讲故事的方法外，还应关注学生的对话和表现，指导学生自主地开启、推进历史学习，使故事成为学生理解与解释的展示台。

为了在课堂实践中便于操作，我们可以将这种指向学生在历史学习中的获得，以学习指导的有效性为讲好故事的标准的历史故事教学呈现归纳为如图 4–5。这个流程图不仅适用于教师作为讲述主体组织教学展开的教学，同样也适用于教师引导学生自主设计历史故事进行分享与分析的教学。二者的区别在于，前者是由教师提供不同版本的历史故事，学生的学习侧重于解释；后者是由教师示范，学生基于一定的方法与材料，自主创设围绕学习主题的历史故事，与同伴分享，在交流中生成更多可供探究的问题，侧重于理解。相比而言，后者更为复杂，不可控性更高，与之相应的是，学生的学习获得也会更具开放性与丰富性。

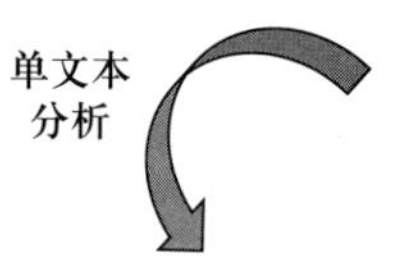

基于学习主题设计与讲述故事

- 素材有哪些？
- 选择什么样的叙事结构？
- 故事与主题的契合度如何？

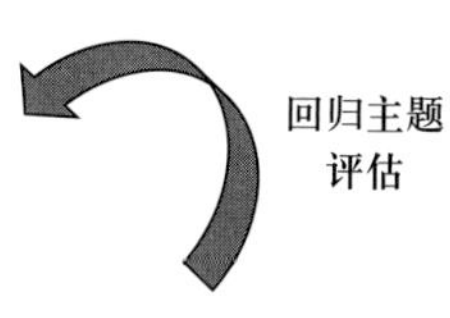

围绕单则故事，追问故事细节

- 故事结构是如何划分的？
- 故事中的主角是谁？
- 故事表达了什么观点？
- 作者以什么视角叙事？
- 史料依据是什么？是否可靠？
- 是否存在不同的史料？

指向学生获得的历史故事教学流程

跳出既有文本，生成完善故事

- 既有故事中存在哪些优势与不足？
- 如何通过对史料与叙事的处理使故事更加完善？
- 相比而言，新故事与既有故事之间有何差异？
- 还可以选择其他叙事形式吗？

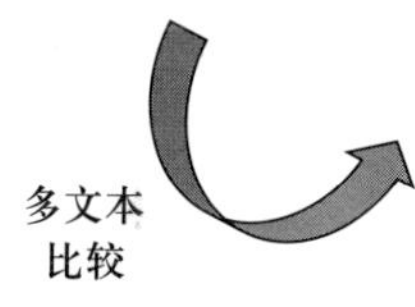

引入多则故事，对比故事间差异

- 他们的故事在多大程度上是可靠的？
- 多则故事中哪些是相同的？哪些是有差异的？
- 他们分别站在什么立场上组织故事？
- 当事人可能更赞同哪一种？

图 4–5　指向学生获得的历史故事教学流程[③]

① 中华人民共和国教育部．义务教育历史课程标准：2022 年版［M］．北京：北京师范大学出版社，2022：60.

② 赵亚夫．中学历史教育学［M］．北京：北京师范大学出版社，2019：189.

③ 熊巧艺，刘波．核心素养背景下历史故事的设计与呈现［J］．教学与管理，2022（13）：52-55．引用时有修改。

为确保学生能够有真实获得，教师至少需要提供以下保障：(1) 在故事设计上关注叙事结构的变化。为学生提供多样化的材料和认知视角，将有助于学生获得更多探究视角，形成理解自我与认识他者的能力。(2) 在故事呈现上关注问题设计的指导性。这种指导性一方面帮助学生在思维受阻时找到分析现有故事的思考点，另一方面则帮助学生自主设计历史故事，并在彼此交流中形成有效的探讨过程。简言之，问题设计的指向在于学生的思维发展。(3) 在教学过程中提供开放、平等的学习环境。课堂是教与学的自由场域，对话是其特征。学生的自由表达是生成新认识的前提保障，也是增强学生学习结果有效性的催化剂。

案例呈现

以下为北京市第四十四中学程可欣老师在进行《义务教育教科书 中国历史》(七年级上册) 中“动荡的春秋时期”一课的授课时，组织学生参与创编的历史剧本《葵丘之会》第二幕的内容。

旁白：公元前 652 年冬，周惠王去世了，太子姬郑害怕弟弟姬带作乱夺位，不敢发丧，再次向齐国求助。齐桓公则于次年正月与诸侯及王室代表会盟于洮 (今山东省鄄城县西南)，共立姬郑为王。周室进入了周襄王的时代。

周襄王 (泰然自若地)：“我坐上王位了，那就得感谢伯舅的帮助。”

(消息传到了齐桓公耳中。)

齐桓公：“听说天子要赏赐我了？这正好是个在诸侯中树立威望的机会啊！上次会盟郑伯私自逃走了，现在郑国归顺我齐国了，我要借此机会再召开一次会盟！”

旁白：公元前 651 年夏，齐桓公会周公 (宰孔)、鲁公、宋公、卫侯、郑伯、许男、曹伯于葵丘。

宰孔 (庄重而富有深意地)：“天子祭祀了文王、武王，派臣为使臣，送文武胙给您享用。”

(齐桓公准备拜谢。)

旁白：(解释“文武胙”，此处略。)

宰孔 (拦下齐桓公，庄重而富有深意地)：“还有一道命令。天子让我对您说，伯舅您年纪大了，加上功劳，另赐一级，不用下阶拜谢了。”

齐桓公 (惶恐而恭敬地)：“天子威严在上，寡人怎敢受天子的命令却不行礼跪拜呢？寡人害怕因失礼而从诸侯的位子上摔下来，给天子带来羞辱！寡人不敢不下阶拜谢啊！”

(随后，齐桓公下阶，跪拜，登堂，受胙。会盟继续。)

旁白：经过一系列仪式后，齐桓公与诸侯缔结盟约。

齐桓公 (威严地)：“下面请大家一起和寡人宣誓。”

齐桓公及众诸侯 (庄严地)：“不得阻塞水源；不得阻挠各地粮食流通；不得随便废立太子；不可以立妾为妻，不可让妇人参与国事；要尊贤育才，选拔贤士，士人不得世袭官职。”

(同时，用投影展示誓言。)

齐桓公(威严地)：“凡同缔结盟约者，既已宣誓，就应彼此友好相处。”

设问：齐桓公为什么要当霸主？周王为什么要派代表参加？齐桓公为什么坚持行礼？诸侯为什么愿意参与盟誓？诸侯为什么要发出这样的盟誓？如何理解齐桓公口中的“彼此友好相处”？你如何评价齐桓公这位霸主？

由此想到的

从概念上说，历史剧是历史与戏剧的结合。它以尊重历史为前提，通过凸显人物性格、描绘生活场景的手段，使历史生动起来，以便学生“神入”历史，更真切地理解历史。[①] 它实质上是对历史的一种解释。

历史剧本创作是学生表现自己历史认识的一个重要途径。学生在教师的指导下，依据学习目标对历史剧本进行创作与表演。当历史剧运用于教学时，对于学生而言其至少具备四个功能：(1) 探究他们的情感；(2) 洞察他们的态度、价值观及对事物的看法；(3) 培养他们解决问题的技巧及其对此的态度；(4) 从不同的途径研究问题。[②] 从操作上看，教师和学生可以从选材、编制、展演与指导四个方面加以考虑。

第一，在选材上，历史剧关注的是学生对历史的理解与把握，所以它应指向核心知识，而非一般性知识。在此基础上，结合历史剧自身的戏剧冲突的特征，选择富有冲突性的知识，这样有助于借助戏剧冲突激发学生的历史想象与探究。例如，在上述案例中，根据课程标准与教科书，“动荡的春秋时期”一课的核心知识就是“诸侯争霸”。其中，霸主的出现意味着多方势力的互动与博弈，这就必然会导致一系列矛盾冲突。通过历史剧这种表现性极强的形式，更能充分地揭示其中的冲突、对抗、竞争、联合、妥协，促进学生对“诸侯争霸”的深刻理解。

第二，在编制上，历史剧既要体现历史之真实，也要具备戏剧之情节。首先，搜集、鉴别史料是编制历史剧的前提条件。基于一定的史料进行钩沉索隐，将一系列史实组织排列，形成对某一历史问题的解释。其次，即便史料再丰富，史实之间也存在缝隙，这就需要合理地推论，加以想象处理。如上述案例中的齐桓公，学生要“神入”他的内心世界，体会他的困惑、苦恼或欲望，洞察他的态度、价值观及对周边事物的看法，这样才算真正理解齐桓公的行为。当然，想象一定要有节制，以不违背史料和常理为准绳。再次，历史剧需要揣度人物的心态、意图等隐性信息，如案例中通过括号对人物的言说、动作与心理状态作出陈述，这一方面表现了学生对历史的理解，同时也是同伴交流时的探究点。

---

① 于友西，赵亚夫. 中学历史教学法[M]. 4版. 北京：高等教育出版社，2017：180.

② 乔伊斯，等. 教学模式[M]. 荆建华，宋富刚，花清亮，译. 北京：中国轻工出版社，2002：70.

第三，在展演上，历史剧不是个别人的展演，而是全员参与的学习活动。教师可以基于学生的实际情况，如他们的知识基础、多元智力水平等，将学生分组，形成剧本写作组、表演组、评价组等。

第四，在指导上，没有教师指导的历史剧容易缺乏分析，使历史剧这种讲故事的形式本身变得浅薄。教师的指导包括两个方面：（1）提出引导性问题，在展演后教师以提问的形式参与到历史剧中，启发学生深入思考。如上述案例中，在学生表演后教师以 7 个问题使表演更具有学习特征。（2）提供鉴别、组织史料的基本方法，如案例中的“葵丘之会”在记载中存在详略和叙述上的差异，学生应能够基于教师所做的方法示范恰当处理，并将多元史料排列组织到一个相对完整的历史故事中。[①]

当然，除了历史剧创编外，以学生为主体的讲故事形式还有很多。《义务教育历史课程标准（2022 年版）》列举了不同类型的教学活动，都体现了以学生为主体的讲故事形式。

开展课堂讨论，组织辩论会，编演历史剧，举办故事会、诗歌朗诵会、成语比赛、讲座、专题论坛、读书交流会、学习经验交流会等，进行历史方面的社会调查，采访历史见证人，参观博物馆、纪念馆及爱国主义教育基地，考察历史遗址和遗迹，观看并讨论历史题材的影视作品，制作历史文物模型，撰写小论文，编写家庭简史、社区简史和历史人物小传，编写历史题材的板报、通讯等，举办小型历史专题展览，设计历史学习园地的网页，等等。[②]

文献：学习活动设计具有怎样的特征？（唐琴）

虽然诸如此类的讲故事活动对于学生的历史学习获得而言更有帮助，但对于传统意义上的以教师为主体的教学而言，难度显然是更大的，不仅需要教师有基本的指导能力，创设宽松的课堂教学环境，更需要教师和学生具备良好的创作意识，创新讲述方式。但我们仍不可忽略的是，在历史课堂中以学生为主体的讲故事模式已经逐渐形成一股新的发展潮流。

实践指引

“讲好故事”的意义

没有意义的历史内容不必学习。讲故事只是历史教学的一种重要方法，而非历史教学的目的。换言之，方法服务于目的，讲好故事的意义归根结底在于学生的发展，使教与学变得有意义，而不是成为故事汇。这种意义都连带一定的历史意识，都与学生的精神解放和智慧生长相关。[③] 简言之，讲好故事的意义就在于学生

① 程可欣，张汉林．深度学习视域下历史剧教学研究：以统编版七年级历史教科书上册“动荡的春秋时期”一课为例［J］．天津师范大学学报（基础教育版），2019（4）：80-83．

② 中华人民共和国教育部．义务教育历史课程标准：2022 年版［M］．北京：北京师范大学出版社，2022：60．

③ 赵亚夫．中学历史教育学［M］．北京：北京师范大学出版社，2019：216．

的有效获得，而采取什么方式讲故事，选择什么手段进入故事，是开放性的。择其要者，讲好故事应把握以下三点：（1）历史故事凸显历史的意义；（2）历史故事联系现实的意义；（3）历史故事是思维的展台、对话的平台和表现的舞台。抓住这三点，“讲好故事”就有意义了。它在形式上具有了探究性，在内容上具有了多维度，使学生基于自己的认知基础，在故事中表现出自己思维的进阶，在互动中获得交流、协作的技能，在自我创作中参与“做历史”的实践。

章末作业

一、回顾

1. 定义：历史故事；历史叙事；意义化。

2. 辨识：以教师为主体的讲故事与以学生为主体的讲故事。

3. 解释：为什么说讲故事要以学生的有效获得为目标？

二、实施

1. 如何凸显历史故事的意义化特征？

2. 如何指导学生参与到设计和分析历史故事中？

三、分析

结合本章所学内容，任选一则教学设计或教学实录，分析其中讲故事的环节，完成以下任务：（1）判断讲故事的主体；（2）找出设计的优点与缺陷，并提出修改建议；（3）你还能设计出其他思路的讲故事形式吗？

推荐阅读

1. 唐琴，等．问史·建构：历史教育价值的教学转化［M］．南京：江苏凤凰教育出版社，2021.

2. 赵亚夫．理解历史　认识自我：中学历史教育研究［M］．北京：光明日报出版社，2020.

3. 李敏，陈德运．历史解释的多样性成因续说：以叙事组合方法为中心［J］．中学历史教学，2021（1）：50-53.

4. 刘波，王傲．认同建构视角下“楚王问鼎”的另一种讲法：兼论如何讲好历史故事［J］．中学历史教学参考，2021（11）：40-44.

5. 邓敏，张汉林．如何阐释历史意义：以陈尧咨与卖油翁的故事为例［J］．中学历史教学，2021（9）：3-5.

6. 刘波．深度学习视域下历史故事的建构路径［J］．课程·教材·教法，2021（10）：99-106.

第五章　如何帮助学生建立问题意识

学习目标

- 了解问题意识的概念、问题设计的来源与类型划分。
- 理解问题意识的教学价值。
- 了解历史教学中有效问题的基本特征。
- 掌握进行有效提问的基本方法。
- 掌握进行追问的基本方法。

知识导图

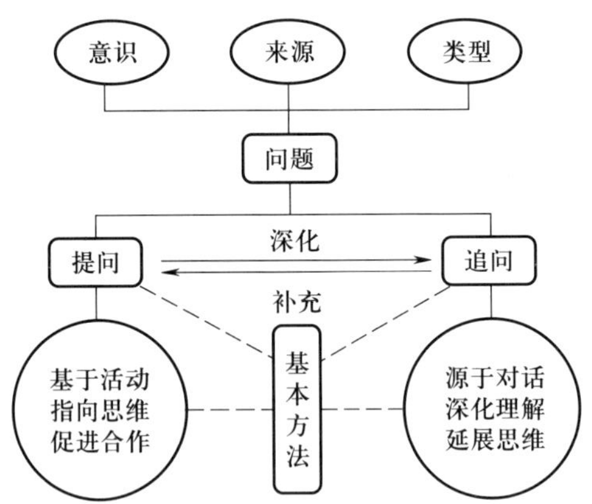

导语

英国哲学家弗朗西斯·培根主张两件事，直指实验科学的正确理论。第一，科学家必须采取主动，知道想要什么，并在他自己的心灵中以问题的形式总结出这一点；第二，他必须找到迫使大自然做出答案的手段，使其不再保持缄默。[①]也就是说，科学家所研究的不是自然本身，而是对自然所提出的问题。科学研究始于问题，没有问题就没有科学的进步。

在柯林武德看来，“质问”这种手段不仅停留在自然科学中，它也是历史学方法。换言之，科学的历史学家在自己心灵中带着问题来阅读资料，在“拷问”中发现问题的答案。[②]同样，我们也可以说，“质问”是一种重要的历史学习方法。历史教学如果要作用于学生的真实获得，就不能只是被动地接受，需要借助始于问题的探究。那么，对教学设计而言，历史教学需要具备哪种问题意识？作为方法示范的教师应该如何提问，并基于问题深挖下去，以追问形式叩开学生深度学习的大门？

提问是为了激发学生思考，如果一个问题能直接得到答案，就说明这不是一个好问题。一位日本老师在接受访谈时说道：“我们把很大一部分时间都花在了讨论课堂提问的问题上——讨论哪个词最适合用来激发学生对学习内容的思考和探究。一个好的提问可以使整堂课持续很长时间；一个不好的问题产生的效果微乎其微，最多是一个简单的答案。”[③]

第一节 怎样界定教学中的问题意识

○问题是思维的起点和思维的动力。

○历史教学的问题来源具有多元性。

○深度学习是问题意识的教学价值。

一、什么是问题意识

《2017 年普通高等学校招生全国统一考试大纲（历史）》将以往的“分析问题、解决问题”修订为“发现问题、分析问题、解决问题”，新增了“发现问题”，在学

---

① 柯林武德. 历史的观念［M］. 何兆武，张文杰，陈新，译. 增补版. 北京：北京大学出版社，2010：265.

② 柯林武德. 历史的观念［M］. 何兆武，张文杰，陈新，译. 增补版. 北京：北京大学出版社，2010：266.

③ 麦克泰格，威金斯. 让教师学会提问：以基本问题打开学生的理解之门［M］. 俎媛媛，译. 北京：中国轻工业出版社，2015：66-67.

者看来，“发现问题”关涉到能否有效解决问题。[①]那么，问题是怎样被发现的，抑或说问题是怎样产生的呢？心理学家认为，“当一个有机体有一个目标，但不知道如何达到该目标时，便出现一个问题”[②]。

案例呈现

《普通高中教科书 历史 必修 中外历史纲要》(上)中“辽宋夏金元的经济、社会与文化”在导言部分引用了一幅宋墓壁画《夫妻对坐宴饮图》，教师为了引导学生分析该图像史料，解读出背后的历史信息，鼓励学生围绕该画提问。

兹列举一些学生的提问如下：

学生A：这幅壁画意在表达什么？是夫妻举案齐眉，还是当时社会享乐的风貌？

学生B：这对夫妻是什么身份地位？为何二人对坐如此拘谨？为何后面的“侍女”衣着华丽，而女主人衣着朴素？

学生C：理学背景之下女子为何与男子平起平坐？

学生D：这幅画出现在墓室里的意义何在？

学生E：该宴设于何时？设宴的目的是什么？是有什么重大节日吗？宴会设在室内而不是室外？

……

教师根据学生提出的问题，提供相关史料，以帮助学生对墓主人身份和壁画反映出的宋代社会信息形成较为清晰的判断。

由此想到的

上述案例旨在培养学生的问题意识。史料是其作者在面对当时某一社会问题而做出的答案，为了探究作者当时要回答的“问题”，向史料提问就是“还原历史真相”的重要途径。所以，缺乏问题意识，学生就不可能提出问题、探究问题、解决问题，所谓的研习史料就不可能达到深度学习的境界。问题意识是一种对于思维的“问题性心理品质”，具体言之，即在认知活动中，人们“经常意识到一些难以解决的、疑惑的实际问题或理论问题，并产生一种怀疑、困惑、焦虑、探索的心理状态”，它驱使个体积极思考，“不断提出问题和解决问题”。[③]

该案例就抓住了问题意识的精髓，利用学生对未知问题的探究心理，以“头脑

① 盛刚．发现问题：学生思维的起点与动力［J］．中学历史教学，2017（9）：1.
② 盛群力，魏戈．聚焦五星教学［M］．福州：福建教育出版社，2015：24.
③ 姚本先．论学生问题意识的培养［J］．教育研究，1995（10）：40-43.

风暴”的形式让学生尽可能地展开提问，促使问题成为思维的起点和动力。正如卢梭所说，“问题不在于告诉他一个真理，而在于教他怎样去发现真理”①。同样，用到该案例也是如此，老师不是告诉学生该图所蕴含的史实，并打破先呈现史料、再出示预先设计的问题的做法，而是让学生先自主发现问题，然后再基于相关史料来解决问题，真正“像史学家一样思考”，从而发现真理—— “历史”。

资料卡片

问题意识对以下五个方面具有重要的催化作用：（1）课堂的条理性；（2）教学方式的变化；（3）教学任务的定位；（4）学生对学习过程的参与程度；（5）学生的成功度。②

案例呈现

怎样设计出更好的历史教学问题呢？可以按照表5-1审视两个问题：（1）你现在的问题设计属于表格的哪一个位置？（2）你能重新设计你的提问（问题），让它更具挑战性吗？

表5-1 问题设计的层次

	封闭→开放					
		是……？	做……？	将……？	能……？	可能……？
简单↓复杂	什么					
	何时					
	何人					
	哪个					
	为何					
	怎样					

由此想到的

学生的问题意识表现为能够在历史学习中自发地提问或在教师提问的基础上，形成自己对于历史的疑惑，并可以运用思维工具，展开进一步探究，从而促进疑问

① 卢梭．爱弥儿：论教育：上卷［M］．李平沤，译．北京：商务印书馆，1978：280.

② 鲍里奇．有效教学方法：第四版［M］．易东平，译．南京：江苏教育出版社，2002：208.

的解决。但若是提不出恰当、适宜的问题，问题意识也不能发挥应有的效益。所以，为了能够提出更好的问题，该案例以网络表格形式呈现出不同层次、不同属性的问题，既可以作为设计问题的指南，也可以作为评估问题设计的指南。此外，该表格也提醒我们：历史教学中的问题有不同的层次，教师掌握这些层次，有助于在实践中有目的、有方向地设计问题。

实践研讨

课件：重庆谈判（马婷）

观看马婷老师的“重庆谈判”教学课件，回答以下问题：

1. 这节课在问题设计上有什么特点？
2. 这节课的问题设计在思维层次上是如何变化的？
3. 你能否根据所学教学设计原理与方法，提出两条提问的改进建议？

参照不同的标准，问题设计可以有不同的类型划分，这里提供三种较为常见且方便操作的问题类型。

从认知水平上分，以目标分类学为基础，将问题对应六个认知过程：识记、理解、应用、分析、评价、创造。其中，指向识记、理解的问题要求学生回忆所学的事实、事件、原则并做出解释；指向应用、分析的问题要求学生回答有关“为什么”的问题；指向评价、创造的问题则要求学生的叙述基于一定的标准，对“如果……将会……”的问题作出判断与回答。例如，教师可以提出以下具体问题：

（1）回忆类提问：给出资料中提到的事件、人物、地点的细节。

（2）理解类提问：证据说了什么？你理解它吗？你能在自己心中描绘出证据所显示的情景吗？

（3）解释类提问：证据与你的历史背景知识相比较异同点在哪里？作者的写作目的是什么？

（4）推断类提问：它与其他证据相抵触吗？它透露出什么新的信息？

（5）虚构类提问：用“假如你曾去过那里”提问，用“如果……”提问。

（6）评价提问：该证据的价值是什么？它值得相信吗？你对行动的发生过程有什么看法？[①]

以上六个层次的问题是逐层加深的，其目标是鼓励学生自己思考。当然，选择哪一类问题，要依据学生的认知水平。

从认知类型上，问题对应学生不同类型历史知识的层次，分为事实性问题、概念性问题、程序性问题和元认知问题。事实性问题涉及细节、事实。如“想想看，当今世界上普遍采用什么进位制”“你能说出深受印度佛像艺术影响的中国古代石窟吗”“你知道中国这一时期的思想家是如何认识世界的吗”。概念性问题试图建立事实之间的联系，尤其关注对因果关系的理解。如“尼罗河与古埃及科学文化的发

① 海顿，亚瑟，亨特，等. 历史教学法［M］. 袁从秀，曹华清，等译. 重庆：重庆大学出版社，2015：65.

展有什么关系”“举例说明《共产党宣言》出版后对世界历史有什么影响”“雅典的直接民主制能在地广人多的国家很好地实行吗”。程序性问题指向如何做。如“怎样将三省六部制用示意图表示出来”。元认知问题关照对自我知识的理解，理解思维如何发生。如“如何理解文艺复兴并非简单的‘复兴’”。

从开放程度上，问题可以分为封闭性问题、半开放性问题和开放性问题。封闭性问题使学生以一种限定性的方式来回答，它将回答限定在一个或少数几个答案之内。对于这种问题，学生只需要回忆某些知识点即可。开放性问题则没有唯一正确的答案，以激发一般的、开放的回应为特征。[①] 美国亚利桑那大学梅克教授提出了以开发学生潜能为目标的问题体系——问题连续体。这个体系包括问题、方法、答案三个要素，并基于不同的组合形式将问题分为五种类型，如表 5-2 所示。

表 5-2 问题连续体[②]

类型	问题		方法		答案	
	师	生	师	生	师	生
第一类	已知	已知	已知	已知	已知	未知
第二类	已知	已知	已知	未知	已知	未知
第三类	已知	已知	系列	未知	系列	未知
第四类	已知	已知	开放的	未知	开放的	未知
第五类	未知	未知	未知	未知	未知	未知

第一类，师生知道该问题及方法，但问题的答案是教师知道、学生未知的，问题、方法和答案各有一个；第二类，师生知道问题，但方法和答案只有教师知道，问题、方法和答案各有一个；第三类，问题为师生所知，有多元的方法和答案，而学生不知道方法和答案；第四类，师生知道问题，但都不知道方法与答案，有多元且开放性的方法与答案；第五类，问题不是教师提出来的，而是学生自主发现的，问题、方法和答案对师生而言都是未知的。问题的开放性程度取决于教育目的和学生的思维水平。其中，第一类、第二类属于封闭性问题，第三类属于半开放性问题，第四类、第五类属于开放性问题。

从心理学角度，问题分为结构良好问题和结构不良问题。结构良好问题的初始状态、目标要求和算法都很明确，上述三者有一方面不明确，就属于结构不良问题。[③] 初始状态即问题的已知条件，目标要求即问题的最终结果，算法即问题解决

① 鲍里奇．有效教学方法：第四版［M］．易东平，译．南京：江苏教育出版社，2002：211．

② 付煜．一种有效设计问题的策略："问题连续体"［J］．教学与管理，2013（33）：18-21．

③ 李同吉，吴庆麟．论解决结构不良问题的能力及其培养［J］．华东师范大学学报（教育科学版），2006（1）：63-68，75．

的途径和方法。无论是结构良好问题还是结构不良问题，都应关注学生在解决问题时所调动的思维结构层次，通过触及问题的深层结构，促进学生的思维朝着广阔、深刻的方向发展。

资料卡片

结构不良问题主要表现为三种情形：第一，已知条件明确，目标要求不明确；第二，已知条件不明确，目标要求明确；第三，已知条件、目标要求都不明确。三者中，问题解决的途径和方法都需要解决者自己寻找，又以第三种的解决难度最大。

结构不良问题一般具有以下特点：第一，具有未知或不可知的因素；第二，解决路径和方法呈现明显的多元化；第三，解决方案或问题答案具有不确定性；第四，评价标准具有不唯一性；第五，需要解决者表达自己的而非现成的观点。解决结构不良问题，需要哪些知识、概念、原理，如何运用这些知识、概念、原理，需要什么方法或方案，何种方法或方案是最佳的，等等，都需要解决者自行决定。①

实践研讨

视频："文艺复兴"片段2（王子涵）

观看王子涵老师的"文艺复兴"教学视频，回答如下问题：

1. 这节课的问题设计是什么思路？
2. 这节课的问题属于哪个思维层次？

二、历史教学中问题的来源

在历史教学实践中，问题的来源是多样的，教师在设计教学时，应关注多元的问题来源。概括地说，可以有四个层面：一是教师——问题是在教学中给出的；二是学生——问题是从体验中来的；三是教材——问题是从阅读中来的；四是学科——问题是在建立过去、现在与未来的联系中来的。当然，问题的四个来源也不是有绝对界限，来源于学科的问题有时会和其他三种来源重合。

案例呈现

张景山老师设计"欧人东渡之原因"，其导入环节如表 5-3 所示。

① 何成刚，沈为慧．趋势与应对：高考历史试题中的结构不良问题［J］．基础教育课程，2020（Z2）：41-47.

表 5-3 “欧人东渡之原因”导入设计[①]

教学环节	教师活动	学生活动
导入	问：你们见过西洋人吗？	甲生答：见过
	问：此人属何洲人？	乙生答：欧罗巴人
	问：欧洲在亚洲何方？	丙生答：西北方
	问：欧亚之界，隔何山水？	丁生答：乌拉山、高加索山、里海、黑海、地中海
	问：欧人从何路来到中国？	戊生答：从航海之路
	问：新航路开于何时？	己生答：前明
	问：新航路开通以前，东西洋亦有交涉之事乎？	庚生答：自蒙古统一亚洲，东西洋交涉日繁
	问：在何地交涉？	辛生答：以黑海沿岸为贸易场
	问：为什么又开新航路？	壬生答：因土耳其帝国兴，握黑海航海权，以断与东洋通商之路
	问：欧人决意东渡，有何目的？	癸生答：以寻得殖民地为目的
	曰：然今日说明欧人东渡之原因	

由此想到的

上述案例选自1905年历史教师张景山以五段教学法为基础，引入问答法而设计的“欧人东渡之原因”一课的教案。从其导入环节，就能领略到问题来源于教师的设计。案例看似“老旧”，其实有两点值得注意。一是由老师给出问题的做法是一项教学传统，由来已久，至少可以追溯到近代学校中小学历史教育刚兴起之时。二是问题始终掌握在教师手中，教师占据发问的主动权，学生能在有限的课堂时间内获得较高效率的教学效果。研究表明，教师提问能促进学生的学习，教师的设问关系到教学质量和学生的学习状态。

来自教师的问题需要教师自身专业素养和专业视野的支撑。一是教师要具有专业的眼光，选择优质的问题设计材料，使问题富有启发性；二是教师在阅读文本信息时能深刻而透彻地理解其意义，由此生成开放性的价值问题；三是教师在阅读文

① 张景山. 教授管理：历史教案［J］. 教育杂志（天津），1905（18）：46-49. 纠正：蒙古没有统一亚洲。

本时，不能局限于文本的视野，加深对内容价值的理解程度。[①]

虽然来自老师的问题是一项历史遗产，也是一个优良传统，意味着它最常见、最成熟，但今天我们的教学条件、师资力量、学生眼界早已超越百年前的历史教学环境，切忌将传统当作教条、让遗产成为包袱，束缚住教学的手脚，排斥其他几个问题来源，尤其是学生发现问题。

案例呈现

有老师在自己教学的班级建立了课堂记录本，要求学生将每一次历史课的过程、内容、感受与问题记录下来。课堂记录本由学生轮流记，让每位学生都有展示、锻炼、质疑与表达的机会。从课堂记录本中，薛老师发现了学生在历史学习中存在的一些问题。例如，三帆中学初一（3）班有同学在课堂记录本中提出这样的疑问："司马光编写《资治通鉴》时，查阅了许多小说、笔记等资料，这样编写出来的史书是否可靠？"[②]

由此想到的

上述案例呈现了一个学生在历史学习中提出问题的课例。记在课堂记录本上的问题是学生历史学习的真问题，是需要老师认真对待的问题，无疑也是生动的学习资源。"整个教学的最终目标是培养学生正确提出问题和回答问题的能力。任何时候都应鼓励学生提问。遗憾的是，提问课中常常是按照教师问学生答的反应模式进行。"[③]

纳托尔经过研究后得出，少部分学生已经知道教师要教什么，约一半的学生只知道部分内容，还有少部分学生对于教师要讲的主题一无所知。[④]学生的文化背景和经历不同，对学习内容的了解情况也不同，于是，我们就此可以明白为什么教师不能照搬别人的教学设计或教学参考书中的问题了。在进行新授课之前，教师应该知道学生对所学内容的熟悉程度，建立起学习内容与学生之间的联系。每一个问题都应该精心设计，以使绝大多数学生都能参与进来。

故而，教师应善于发现学生的问题，形成开放的、平等的交流环境。而学生自己产生问题，需要利用知识与经验，发现新知识与自己原有认知之间的差距，由此

---

① 郭子其. 从史实到价值：基于历史学科思想的深度问题教学［M］. 成都：西南交通大学出版社，2020：241.

② 薛纪国，张汉林. 关于学生历史学习问题转化为课程资源的实践［J］. 中学历史教学参考，2007（9）：14–17.

③ 胡佛. 大学实用教学法［M］.《大学实用教学法》翻译组，译. 福州：福建教育出版社，1990：113.

④ 沃尔什，等. 优质提问教学法：让每个学生都参与学习：第二版［M］. 盛群力，等译. 北京：中国轻工业出版社，2018：29.

捕捉问题。学生提出的问题或许是粗糙的，但经过打磨后可能富有探究价值，成为课堂教学的生成点。历史教学要培养学生发现问题的能力，就需要植根于学生认识水平中存在的疑惑，促成学生的反思性思维。

视频：历史课堂教学问题的设计（徐赐成）

案例呈现

《普通高中教科书　历史　必修　中外历史纲要》（上）中“三国两晋南北朝的政权更迭与民族交融”一课的子目“十六国与北朝”正文旁呈现了“鲜卑旧墟石室嘎仙洞祝文”一图（图5-1），并辅以文字说明了嘎仙洞即为《魏书》中提到的鲜卑拓跋部“石室”祖庙这一学界研究成果。但该图仅呈现了拓片局部，学生无法了解祝文的完整、丰富的内容，且这组图文信息给出的是“结论性概述”，并无史料实证的思维过程。因而要求学生通过这组材料对“鲜卑族与汉族间的民族交融”这一问题形成更为清晰、完整的认知，就有了相当大的难度。基于此，教师向学生展示祝文的完整文字内容，并通过设置相关探究活动引导学生围绕“鲜卑族与汉族间的民族交融”对拓片内容进行研读。

图5-1　鲜卑旧墟石室嘎仙洞祝文

“维太平真君四年，癸未岁七月廿五日，天子臣焘，使谒者仆射库六官、中书侍郎李敞、傅㝹，用骏足、一元大武、柔毛之牲，敢昭告于皇天之神：启辟之初，祐我皇祖，于彼土田。历载亿年，聿来南迁。应受多福，光宅中原。惟祖惟父，拓定四边。庆流后胤，延及冲人。阐扬玄风，增构崇堂。剋翦凶丑，威暨四荒。幽人忘遐，稽首来王。始闻旧墟，爰在彼方。悠悠之怀，希仰余光。王业之兴，起自皇祖。绵绵瓜瓞，时惟多祐。归以谢施，推以配天。子子孙孙，福禄永延。荐于皇皇帝天、皇皇后土。以皇祖先可寒配、皇妣先可敦配。尚飨！东作帅使念凿。”

——鲜卑旧墟石室嘎仙洞完整祝文

任务一：认真阅读嘎仙洞祝文，找出你认为祝文当中一些有意思的或者觉得疑惑的地方。

任务二：以小组为单位，分享你的发现、思考和疑问，并尝试回答其他同学的疑问。

任务三：在前两个任务完成后回答下列问题。

1. 从文字类别上看，鲜卑族祝文用的是何种文字？句式有何特点？你认为出现这种情况的原因可能是什么？

2. 从祝文内容上看，祝文中出现了真君、癸未、天子、中书侍郎、绵绵瓜瓞、皇天、后土等词语，这能够说明什么问题？

3. 你认为这篇祝文能够在多大程度上帮助我们了解“鲜卑族与汉族间的民族交融”这一问题？

由此想到的

上述案例是一个对教材基本史料加以完整呈现并提出问题的课例。案例中，教材呈现的图片信息并不能反映出鲜卑祝文的完整内容。因此，该教师在教材所摘取的局部祝文截图的基础上完整地将祝文内容呈现，并试图让学生按照自己的理解去阅读史料、分享史料、提出问题并互相解决问题。这个过程实现了由“教师输出”到“学生输出”，充分彰显了学生的主体地位，学生充分参与的教学活动突破了教科书传递事实性知识的层面。与此同时，教师在学生自主活动和思考之后，结合学生课堂生成情况，延伸出新的问题，将学生的问题意识引导到新的维度，并引发学生的“认知冲突”。于是学生就形成了一个在理解问题、思考问题、解决问题中反思自己历史学习的思维过程。

资料卡片

好的提问应具有五个特点：表现教师对教材的深入研究；与学生的智力和知识发展水平相适应；能激发学习的欲望；能有助于实现教学过程中的各项具体目标；富有启发性，并能使学生自省。[①]

实践研讨

文献：基于历史学科核心素养的有效提问策略（张汉林）

阅读二维码资源，以《普通高中教科书　历史　必修　中外历史纲要》（上）中“秦统一多民族封建国家的建立”一课的“史料阅读”为素材，设计教学中有效问题。

三、问题意识的教学价值

思维是在事物还不确定或者可疑，或者有问题时发生的。[②]问题意识的教学价值最直接地体现在学生的思维发展上。只有让学生直面问题，去发现、分析和解决问题，才能使他们具有一种思维上的紧迫感，形成自主学习的素养。

---

① 孙菊如，陈春荣，谢云，等. 课堂教学艺术［M］. 北京：北京大学出版社，2006：118.

② 杜威. 民主主义与教育［M］. 王承绪，译. 北京：人民教育出版社，2001：162.

案例呈现

材料一：深以中国军器远逊外洋为耻，日戒谕将士虚心忍辱。

——李鸿章《朋僚函稿》

材料二：中国文武制度，事事远出西人之上，独火器万不能及。

——李鸿章《致总理衙门函》

问题：如何理解李鸿章在同时期对西方军事武器态度一样但语气不同？从史源角度展开研习，如下。

何人创作？作者身份是领导者、参与者、观察者，还是受害者？我们对他了解多少？——学生能够知晓作者都是李鸿章，他是洋务运动的重要参与者、领导者。

何时创作？事件发生当时，还是事后？——学生能够判断两史料都是在洋务运动开展之时李鸿章创作的。

为谁创作？目标读者是私人还是公众？——学生能够确定《致总理衙门函》是李鸿章给总理衙门的公函；《朋僚函稿》是给曾国藩的私人信函。

为何创作？其创作动机是什么？其目的是报告、说服还是欺骗？——学生能够根据内容理解《致总理衙门函》的创作动机是以下级官员的身份向上级朝廷汇报，希望能够说服朝廷采纳学习西方军事的主张，为减少顽固派阻挠，故摆出中国制度胜西方的“政治正确”策略；《朋僚函稿》的创作动机是以朋僚师生之立场向曾国藩交流自己私下想法，故比较真诚而无须掩饰。

作者的观点是什么？——学生能够依据《致总理衙门函》得出李鸿章主张学习西方军事器物，但是中国政治制度强于西方的观点；依据《朋僚函稿》得出他急需学习西方军事的心态。

史料可靠吗？为何？——学生能够确定两则史料语气不一，但均是一手史料，且有后来兴办洋务企业等行为以及所遇阻碍等均可证明两史料可靠。①

由此想到的

在上述案例中，该教师将李鸿章对同一事件的不同认识放在一起，给学生制造了学习的认知障碍，学生的问题意识得到激活。为了弄清楚这个问题，学生就需要依靠问题，进一步挖掘材料，从史源出发，探究李鸿章作为叙事者的心理活动。这样的学习符合深度学习的三层意蕴：学习目标的“深层”，强调思维能力的训练、创新精神的形成，在无疑处生疑，通过对史料文本创作的逐层剖析破解疑惑；学习过程的“深入”，强调学生充分调动自己的知识储备、思维习惯，参与到论证、分

① 陈德运，赵亚夫. 论史料研习新路径：指向深度学习的模型构建［J］. 教育科学研究，2020（7）：73–78.

析史料的过程中来；学习结果的“深刻”，强调学生的获得，这不仅包括对知识的理解，还更注重方法的掌握，让学生在解决问题中训练分析方法，诱发学生开启新的历史学习的内在动机。

问题意识的教学价值在于开启学生的深度学习。所谓深度学习，目前学界的基本共识认为，深度学习是指在教师引领下，学生围绕着具有挑战性的学习主题，全身心积极参与、体验成功、获得发展的有意义的学习过程。① 也就是说，深度学习是学生对学习内容的深层理解和个体建构，强调基于个体经验实现对学习内容的迁移。在历史教学中，深度学习表现为历史思维的深化与历史思维能力的提升。

于学生的历史学习而言，问题是激活历史知识的法宝。“通往合理结论的道路往往是从问题开始，并且一路都有问题相伴。”② 历史学习的任务并不是要记住历史学家研究后的结论——该结论总是暂时的，而是要学会像历史学家一样思考。虽然在历史学习中，学生思考的问题基本上都被历史学家思考过，学生思考后的结果也并不会超越历史学家的认识，但是，我们应该承认，学习是学生的学习，对于学生来说，“一切能考虑到从前没有被认识到的事物的思维，都是有创造性的”③。只要他思考的是他从来没有思考过的东西，那么这就是创新。相反，没有经过学生的自主思考，而是从教师的灌输中得到的知识，只是“呆滞的思想”④，堆积于大脑中却无法使用。做个“无用的书橱”倒也罢，更可怕的是像杜威说的那样：“脱离深思熟虑的行动的知识是死的知识，是毁坏心智的沉重负担。因为它冒充知识，从而产生骄傲自满的流毒，它是智力进一步发展的巨大障碍。”⑤

在现实的历史教育中，学生经由历史学习获得“呆滞的思想”和“死的知识”是非常普遍的现象。据调查，学生对于历史的几个有代表性的看法是：“(1) 历史就是时间、地点、人名和事实的代名词；(2) 学习历史要死记硬背，所以历史课是一门令人生厌的课程；(3) 历史课上学习的东西往往不切实际，距离现实生活太远，而且不能有自己的看法；(4) 历史就是教科书上写的东西，既不是故事，也不是史实；(5) 我们的历史观点经常是被强迫接受的。”而教师也认为，“学生在学习历史课之前，几乎一无所知；历史观必须依靠灌输或塑造，才能保证它的正确性。”历史本应是一门关于思考的学科，充盈着调查、取证、质疑、推理、分析、综合、比较、概括、论证等多种活动，但在现实教育中却往往被异化为听讲。由此可见，历史教育亟待正本清源，从提出问题开始，在解决问题中思考，在思考中获得新知。⑥

---

① 郭华. 深度学习及其意义［J］. 课程·教材·教法，2016（11）：25-32.

② 布朗，基利. 学会提问：原书第10版［M］. 吴礼敬，译. 北京：机械工业出版社，2013：2.

③ 杜威. 民主主义与教育［M］. 王承绪，译. 北京：人民教育出版社，2001：174.

④ 怀特海. 教育的目的［M］. 庄莲平，王立中，译注. 上海：文汇出版社，2012：2.

⑤ 杜威. 民主主义与教育［M］. 王承绪，译. 北京：人民教育出版社，2001：167.

⑥ 张汉林. 提问之道：历史思维养成路径的探讨［J］. 教育学报，2018（3）：48-54.

实践指引

培养学科核心素养需要启动问题意识

当今世界是一个知识经济时代，知识的更新速度与存量增速是以往任何时代不可比拟的。这对基础教育也提出了重要挑战，知识观、教学观、人才观等皆须与时俱进。“教育系统理所应当由‘遗传型’教育转变为创新型教育，培养出具备创造性才能的学习者，以适应社会发展对教育系统的要求。”① 当然，核心素养视域下，创造性人才也是对问题具备敏感性的人才。核心素养旨在培养学生面对未来社会情境时拥有能够提出问题、解决问题的能力。历史学科作为人文学科，注重反思性、反省性，没有问题意识，何谈反思？历史教学的本质是探究，没有问题意识，如何着手探究？所以，历史学科要培养核心素养，就必须启动问题意识，没有问题意识的历史教学应当被摒弃。

第二节　怎样进行有效提问

○有效提问旨在培养历史思维能力。
○提问技能离不开丰富的学习活动。
○提问有助于教学对话和合作学习。

一、有效提问与思维的关系

历史思维能力是在问题解决的过程中得以养成的，没有问题就没有历史思维能力。所以，为了培育学生的历史思维能力，就必须思考怎样进行有效的提问抑或提出有效的问题。

案例呈现

某教师在试教《普通高中教科书　历史　必修　中外历史纲要》（上）第三单元“辽宋夏金多民族政权的并立与元朝的统一”时，首先向学生提问：你眼中的宋朝是怎样的？请说明理由。

绝大多数学生认为“宋朝初年加强中央集权，增设了很多官员，同时在与少数民族的战争中屡遭失败，财政开支庞大，军队战斗力不强，是一个积贫积弱的朝代”。

① 胡小勇. 问题化教学设计：信息技术促进教学变革［M］. 北京：教育科学出版社，2006：1.

学生发言完毕，该教师接着说道：这是我们长期以来接受的结论。可是，已有不少学者提出了不同的看法，认为宋代的真实历史并非如此。明代的学者陈邦瞻就认为，宋朝在中国古代发生了具有转折意义的变化并深刻影响到后世。你怎么理解他的观点？[①]

由此想到的

上述案例中，该教师提出了两个开放性问题：一是“你眼中的宋朝是怎样的”；二是“你怎么理解他的观点”。问题一指向学生的现有认知，初步判断学生思考问题的深度与广度；问题二指向学生对不同历史解释的理解，在认知冲突中重建自己的历史认识。这样，学生就不能单纯地依靠所学知识进行回答了。相反，学生需要辨析材料，比较不同说法的异同点，分析解释者的观点、立场、态度，教师的提问就与学生的思维联系在一起了。

只有面对问题时，学生才需要开动思维。如果仅是陈述，学生则不太需要启动思维，只要识记就好了。历史教育不在于简单地传播知识，而在于帮助学生以特定的思维方式解决历史与现实问题。没有历史思维，历史教育就会沦为单纯的历史知识的灌输活动，从而丧失人文教育的本质。[②] 疑是思之始，学之端。思维总是与问题连接在一起。问题是思维的起点，又是思维得以发展的动力。“对于一门学科来说，没有比思维方式这个问题更为重要的了。”[③] 因此，在历史教学中，设计能够启动思维的问题，是对提问的高品质追求。但能够设计出高品质的问题并非易事。如何追求高品质的问题，改进历史课堂教学中师生协同学习的质量？我们首先需要把握高品质问题的基本特征。

特征一：问题设计应具有科学性。

历史问题的设计应具有科学性，以避免因随意性而引发的时空错置、分析困难等问题。问题不具有科学性，学生的历史思维就会被遮蔽，导致思考的片面性或误导性。设计历史问题可从三个方面来保持其科学性，即设问准确、有据可答、符合情境。具体而言，体现科学性的问题需要考虑以下几点。一是选择的情境必须包含一个一直令你困惑的问题或主题。二是确定问题情境是否能自然地激起学生的兴趣、是否符合学生智力发展水平。三是能否用学生能理解的方式来描述问题情境，并能很好地突出问题的“困惑性”。四是要考虑问题的可操作性，学生能否在给定

---

① 胡军哲．学术视野与中学立场：以“唐宋变革论”为例［J］．中小学教师培训，2020（6）：67–73．引用时有修改。

② 郑士璟，张汉林．英语国家的历史思维能力研究及启示［J］．基础教育课程，2019（13）：68–74．

③ 布鲁纳．教学论［M］．姚梅林，郭安，译．北京：中国轻工业出版社，2008：136．

的时间内利用可找到的资料进行充分的调查。①

特征二：问题设计应具有探究性。

问题的本质就是探究。不具有探究性的问题，则无异于简单的陈述。杜威提出反省思维的五步法②，即以探究问题来训练思维。方法性知识指向学生的思考，就应在问题设计上开启学生思维的阀门。问题的设计应给学生提供处理史料的机会。学生从史料中找出事实，分辨史料存在的各种形态，在相互冲突的观点中思考其可作为证据的可能性问题。这些问题显然没有现成答案，也不是一问一答，学生探究这类问题就能够逐渐掌握思考历史问题、解释历史现象的方法，审慎地得出结论。据此而言，诸如问题只为落实知识点、问题只为呈现结论、为问题而问题等，都不是指向思维发展的高质量问题。

资料卡片

一个好的问题情境应至少满足以下五条重要标准：第一，问题应该是真实的。这就是说问题应该与学生现实世界的经验紧密联系在一起，而不是与具体的学科原理相联系。……第二，问题应该比较模糊，且能造成一种神秘或使人困惑的感觉。因为模糊所以就不会只有一个简单的答案，它通常要求学生提供多个可供选择的解决方案，且每个方案都有自己的优势和劣势。引起部分学生认知冲突的问题能够激励探究，对学习产生重要的影响。第三，问题对学生来说应该有意义，应该适合学生的智力发展水平。第四，问题范围应该足够宽泛，以允许教师完成教学目标，但是也要有必要的限制，……第五，一个好的问题应该能够使学生从团体中获益，而不是受到团体的阻碍。③

特征三：问题设计应具有开放性。

问题是获得新知的一种方式，不是教师炫耀学识的手段。所以，真正的问题应具有开放性，在开放性的问题下实现探究。所谓开放性，既指问题的内容，也指对问题的回答。对前者来说，意味着历史学家的最终职责是解释为什么这件事是这种可能，而不是为什么这件事是必然发生的。故此，在历史教学中，历史教师要以开放的心态，谨慎地对待历史发展的所有可能性，这样才能提出开放性的问题。对后者而言，问题的提出能够激发不同问题视域的回答，而不是固定且绝对正确的答案。

解决开放性问题会扩宽学生的思维，使他们逐渐善于思考，尤其是善于从多角度、多层面进行思考，其意义在于不囿于单线思维，不陷于顾此失彼，更不落入人云亦云的陷阱。

---

① 阿伦兹. 学会教学：第九版［M］. 丛立新，等译. 北京：中国人民大学出版社，2016：392-393.

② 杜威. 我们怎样思维·经验与教育［M］. 2版. 姜文闵，译. 北京：人民教育出版社，2005：94.

③ 阿伦兹. 学会教学：第九版［M］. 丛立新，等译. 北京：中国人民大学出版社，2016：392.

二、提出问题的基本技能与思维含量

案例呈现

为帮助学生关注教科书的这种精准表达，体悟蕴含在这种表述背后的教材编写者的“史料实证”与“历史解释”，在《普通高中教科书 历史 必修 中外历史纲要》(上)“挽救民族危亡的斗争”一课中，某教师精心选择了三则材料。

材料1摘编自《康南海自编年谱》，是康有为对“公车上书”的回忆。材料2摘编自茅海建《戊戌变法史事考二集》，论证“康有为组织的十八行省公车联名上书，并非都察院不收，而是康有为根本没有去送”。材料3则摘编自房德邻《康有为与公车上书——读〈“公车上书”考证补〉献疑。教师依据材料设计了问题链：

（1）根据材料1，概述士大夫阶层对甲午中日战争失败的反应？

（2）材料1是什么类型的史料？材料2和材料3所选史料属于什么性质史料？

（3）结合三则材料，你认为康有为组织过公车上书吗？理由是什么？

（4）教材对公车上书的史事是如何表述的？为什么这样表述？①

由此想到的

上述案例中，该教师共计设置了四个问题，都指向对历史教科书中“公车上书”的表述的认识。具体来看，问题1是从材料中获取历史信息；问题2引导学生关注史料类型；问题3是对史料信息的判断；问题4是学生对历史叙述的认识。后两个问题都属于评价类问题。整个过程体现了涵育学生的史料实证素养的教学目标，并体现出一定的层次性。

案例促使我们思考，在历史教学中如何设计高质量的问题。从设计策略与技巧上说，高质量的问题是学生能够积极组织回答并因此积极参与学习过程的问题。这种问题的品质不仅仅体现在词句表述上，还在于问题的目标性、逻辑性，教师使用方式的恰当性，以及学生认知水平的符合性。每个因素都决定着问题是否会被学生理解为一个问题，以及它会被理解成一个怎样的问题。

基于这样的考虑，我们将高质量的问题划分出五个维度：（1）使学生关注与学习目标和教学标准相一致的重要学习内容；（2）促进一个或者多个仔细定义过的教

---

① 郑婷婷. 指向深度学习的问题链设计刍议［J］. 历史教学，2020（21）：8-13.

学目标的达成；（3）帮助学生在合适的认知水平上进行思考；（4）清晰而准确的用词能够使学生明白提问是什么；[①]（5）有助于与学生开展合作，促使学生深化理解问题和反思学习过程。总结来说，即为“重点内容”“教学目标”“认知水平”“措辞和语法”“师生协同”五个维度。

作为提问的工具，教师应据此时刻反思自己的问题设计。在每一个环节，都可以从不同的侧面，对问题设计进行自我追问，以此优化问题。表 5–4 直观地展示了问题设计的目标维度及对应的反思问题。

表 5–4　对问题设计的反思[②]

目标维度	反思问题
决定重点内容	● 如何为我的提问决定重点内容？ ● 如何确保我的问题与重要的教学标准和相关学习目标一致？ ● 如果学生已经有了做出正确回答的先前认知，我该怎么办？ ● 知识的四个维度中的哪一个被整合进本单元的焦点问题中？ ● 当寻求帮助学生把新的学习与已有认知和经验联系起来时，我如何考虑学生的兴趣？
确定教学目标	● 我提问的目的是什么？ ● 当决定提问的目的时，我考虑教学阶段了吗？ ● 学生需要了解额外的表层知识吗，还是应该进入到深度学习？我是如何知道的？ ● 在构建问题时，我是如何考虑教学的情境（如详述或讨论）的？
选择认知水平	● 我的问题是想让学生处于什么认知水平？ ● 问题的认知水平与提问目的和教学标准匹配吗？ ● 如果合适，我构建的问题超越了回忆层次吗？ ● 如何确保学生的回应正好在预期的认知水平上？ ● 我帮助学生理解不同的认知水平所包含的内容了吗？
考虑措辞和语法	● 学生理解问题吗？他们理解要他们回答的是什么吗？ ● 问题的意思清楚吗？ ● 如果可能，问题里包含学术词吗？ ● 措辞精确而简洁吗？ ● 问题限制于单一的关注点吗？ ● 问题的组织便于口头表达吗？
师生协同	● 与学生合作到什么程度能确保问题可以使学生建立个人联系以及理解问题的意图？ ● 在从“正确答案导向”过渡到把问题当作学习的工具方面，我们已经达到了什么程度？ ● 用什么方法把学生的兴趣和热情与学习的主题联系起来？ ● 如何帮助学生理解和反思他们的思维？

① 沃尔什，等．优质提问教学法：让每个学生都参与学习：第二版［M］．盛群力，等译．北京：中国轻工业出版社，2018：27．

② 沃尔什，等．优质提问教学法：让每个学生都参与学习：第二版［M］．盛群力，等译．北京：中国轻工业出版社，2018：74．

案例呈现

授课教师： 成都市锦江区嘉祥外国语高级中学王子涵老师

授课对象： 高二年级学生

探究内容： 近代西方的法律与教化（历史选择性必修课程）

1. 法律的"基本精神"是什么？教化的"内涵实质"是什么？

2. 为什么"程序正义"是必要的？"新教伦理"何以成为推动西方文明发展的重要"精神动力"？

3."恺撒的归恺撒，上帝的归上帝"用于形容法律与教化的关系是否恰当？为什么？

教学目标：

1. 了解近代西方法律与教化的历史渊源与基本特征。

2. 认识近代西方法律与教化如何与社会发展"互动共鸣"。

3. 感悟法律制度与宗教教化对国家治理与人类文明发展的重要价值。

教学材料与教师引导（部分）：

1."法律"部分

（1）"史"：古罗马法制史概况、近代西方宪法条文。

（2）"论"：西塞罗论法律、两大法系的判例分析。

（3）"情境"：米兰达警告、国王诉剑桥大学案、黑人维权之路。

2."教化"部分

（1）"史"：《路德文集》等。

（2）"论"：马克思·韦伯论新教伦理。

（3）"情境"：中世纪的日常宗教生活、罗马教皇与枢机主教的宗教主张。

由此想到的

分析上述案例可知，授课教师并非只停留在让学生了解近代西方法律与教化的"发展史"，而是引导学生以"近代西方法律与教化的发展历程"为抓手，形成对"法律精神""教化实质""法律制度与宗教教化的内在联系"等的上位思考。在案例的"探究内容"中提出了三个问题，这三个问题的回答建立在了解课程基本内容的基础上，属于不同类型、不同维度的问题，要求学生有一定的跨学科思维并关注到学生的个人经验（如电影台词）、生活情境（如真实的司法审判场景），较好地体现了设问的主题性与拓展性。因此，教师要掌握必要提问技能，除了要知晓问题的目的指向何处外，还需要考虑问题设计的维度，以及丰富设问的类型与层次。

资料卡片

克里森伯里和凯利的研究对问题的重点内容选择有帮助。他们的“提问文氏图”关注的是“题材”（主题领域的知识）、“个人现实”（学生的个人经验知识）和“外在现实”（其他内容领域和外在世界的知识）之间的关系。……他们认为，文氏图中的三个圆形交叉处是最有力的“密集”问题：学习主题、学校外的个人生活和其他资源（包括其他主题领域和真实世界的资源）。[①]

我们将教学中的提问分为“基本问题”与“非基本问题”两大类。所谓“基本”，有三个含义。第一，是指“重要”和“永恒”，基本问题是会贯穿于学生的长久学习乃至一生的，范围广而且普遍存在。第二，是指“基础的”，它反映了对某一学科领域关键问题的探究。第三，是指它对于个人理解的重要性和必要性，当一个问题有助于学生理解那些看似孤立的事实和技能或者重要却抽象的思想和策略时，这个问题就可以被称为基本问题。[②]据此，我们可以给基本问题下一个简单的界定，它是指向重要的、可迁移的概念的，这些概念值得我们去理解和掌握，甚至它们还提供了对自身进行探究的方法。

一个好的基本问题，应具备以下特征：（1）是开放式的；（2）是发人深省和引人思考的；（3）是需要高级思维的，如分析、推理、评价等；（4）指向学科内重要的、可迁移的观点；（5）能引发其他问题，并激励进一步探究；（6）需要证据和证明，而不仅仅是答案；（7）随着时间的推移会反复出现。[③]

例如，在历史课上，教师可以提出诸如这样的问题：

这是谁的“故事”？

我们怎么能知道过去到底发生了什么？

为什么人们要迁徙？

政府应该怎样权衡个人权利与大众利益的关系？

科学与宗教可以和谐共处吗？

这些问题是无法用简单的一句话或者在一节课中得出固定答案的，这是基本问题的关键。对这些问题的提问，其目的是要激发学生思考，促进探究，引出更多的问题和思考，而不仅是为了知识性的答案。与此相反，如“经济大萧条刚开始时的在任总统是谁？”“‘人人生而平等’是什么意思？”等问题就不属于基本问题的行列。

---

① 沃尔什，等．优质提问教学法：让每个学生都参与学习：第二版［M］．盛群力，等译．北京：中国轻工业出版社，2018：35-37.

② 麦克泰格，威金斯．让教师学会提问：以基本问题打开学生的理解之门［M］．俎媛媛，译．北京：中国轻工业出版社，2015：7-9.

③ 麦克泰格，威金斯．让教师学会提问：以基本问题打开学生的理解之门［M］．俎媛媛，译．北京：中国轻工业出版社，2015：4.

在理解了基本问题后，我们对非基本问题就有了大致的轮廓，它包括导向型问题、引导型问题和启发型问题三种类型。导向型问题需要一个唯一的“正确”答案，它可以帮助教师检查学生的记忆情况。因此，导向型问题的目的不是探究，而是指向事实，适用于回忆或强化实践性知识，如：“秦始皇统一六国是在哪一年？”

引导型问题能够将学生引导至之前学习的目标知识和技能，由此得出确切的答案。这些答案不仅仅需要记忆，也需要一些推理的成分。引导型问题看起来是开放性的，但却不是真正的开放式问题，它们并非为了激发学生长期的探究欲望，在以后的一段时间里也不会再次被使用。从使用上看，它是能帮助教师达到具体教学结果的重要工具，如：“第一次世界大战爆发的四个原因是什么？”

启发型问题则是为了激发学生对新话题兴趣的问题，它能促进想象，激发学生的好奇心，引出问题或争论，如：“当群众集体行动时，为什么有时他们会做傻事？”与基本问题不同，启发型问题并不能激发学生对相关的知识进行不断的探索，但能够有效地抓住学生的兴趣点，为该学习单元中一个普遍的基本问题奠定基础。①

案例呈现

成都市锦江区嘉祥外国语高级中学杨雅宁老师对高中历史“戊戌维新运动”的相关内容设计了如下教学过程：

材料1：康有为《新学伪经考》与《孔子改制考》（下简称“两考”）中对孔子的描述。

材料2：晚清士人群体对康有为“两考”的态度。

材料3：当代学者对“两考”内容的解释。

（“两考”）都是考史之书，但其基本态度及所达到的结果都是反历史的。

——王汎森《中国近代思想与学术的系谱》

问题1：康有为的“两考”塑造了怎样的孔子形象？

问题2：晚清士人群体对“两考”态度如何？说明了什么？

问题3：如何理解王汎森对“两考”的评价？你是否同意该观点，为什么？

问题4：综合上述问题，你认为影响“历史解释”的因素有哪些？②

---

① 麦克泰格，威金斯．让教师学会提问：以基本问题打开学生的理解之门［M］．俎媛媛，译．北京：中国轻工业出版社，2015：15-20.

② 杨雅宁．让思想回归历史：探寻思想史教学的另一种可能：以“顺乎世界之潮流”一课为例［J］．中学历史教学参考，2020（13）：19-23.

由此想到的

上述案例中，以四个问题串联起戊戌维新运动的理论来源、重要手段及社会土壤，深化学生对“托古改制”这一核心概念的理解，体悟“复古主义”中所蕴蓄的“革新意识”。如果将上述材料与设问加以细分，则会发现，材料围绕三类不同群体（历史当事人、当时时代的不同群体、后世历史学者）的“历史解释”，设问则指向逐层递进的思维层次，问题1、问题2第一问是关于历史事实的提问，整体上都指向材料信息提取与学习内容的知识层面。问题2第二问、问题3的两问，涉及原因与评价类问题，要求学生对材料及所学加以分析，提出自己的解释。问题4指向对历史解释本身的审视，引导学生提炼和概括分析历史问题的方法。

学生在历史学习中，既要“知道什么”，也要试着去把握“如何知道”。教师可以通过不同目的的提问，来鼓励学生有意义地学习，引导学生“知道怎样知道”。教师提问的目的通常有以下三个：

（1）了解学生的已有知识。检查学生先前的知识，可以帮助学生澄清关于学习主题已掌握的内容，看到新旧材料的相关性，使之能用已有的知识来源解释新的问题。学生可以向自己提问，也可以由老师对学生提出诊断性问题。

（2）让学生建立起新知识和原有知识之间的联系。例如，让学生就一个概念自己举例，而不是回忆教科书上给出的例子。

（3）在学生阅读学习文本时，提供一些需要回答的应用领域的问题，促使学生将知识迁移到新的实例中，或者去解决新的问题。

在实际教学中，教师的提问很多都是学生能够从学习材料中直接找到答案的，这些问题指向新授课的知识掌握，较少表现出开放性特征。随着学习不同的教学内容，这些问题极容易被学生忘记，而很少具备迁移的特点。对照基本问题的特征，这些问题都属于非基本问题中的引导型问题，而缺乏高级思维，如分析、推理、评价、预测等。

如何使用基本问题，促进学生进行有意义的学习、持续的探究和深刻的思考，以便使学生能够真正理解历史学习内容呢？这里总结了四个必经步骤：

步骤1：提出一个问题，用于激发探究

目标：确保基本问题是引人深思的，并与学生的生活经验和目前的教学单元及课程内容相关，可以通过教材、研究项目、实验、问题、模拟问题在现实中的运用等进行探究。

步骤2：引出不同的回答并对这些回答进行提问

目标：使用提问技巧，以必要的方式，尽最大可能引出对问题的各种貌似合理却又不完美的回答。另外，根据不同学生的答案以及问题本身字里行间固有的歧义词汇来探讨初始问题。

步骤 3：提出并探讨新的想法

目标：对新的文本、数据或现象进行探究，有目的地扩大探究范围或对远远未达成完善的假设性结论进行质疑。然后将新的回答与先前的回答进行比较，找到两者间可能相关或不一致的地方进行探讨。

步骤 4：到达暂时的终点

目标：让学生对自己的调查结果、新的见解、遗留问题（或新问题）进行概括，糅合到对教学内容和过程的理解当中。[①]

案例呈现

课件：罗斯福新政（王子涵）

成都市锦江区嘉祥外国语高级中学王子涵老师对《义务教育教科书　世界历史》（九年级下册）中“罗斯福新政”一课的教学设计如下：

步骤 1：提出一个问题，用于激发探究。在讲完 1929—1933 年经济大危机后，提出问题：现代政府在应对危机的同时，应如何权衡个人权利与大众利益的关系？

步骤 2：引出不同的回答并对这些回答进行提问。为学生提供新政时期的照片、新政措施的文字材料等及学习任务，这些材料包含了对“该项措施的主要目的是什么？”“其内容牵涉到哪些群体的切身利益？”“该项措施的实施效果如何？”“你对该项措施如何评价？”“不同措施之间有何联系？”等问题的不同认识，使学生形成自身对新政措施的评价。

步骤 3：提出并探讨新的想法。为学生提供“洪灾难民领取救济”的照片、美国历史教科书中关于“法院填塞计划”的漫画、新政时期“联邦艺术项目”的画作等，有目的地扩大探究范围，接下来还可以探究的问题是：“‘大政府’与‘小政府’理念之争的实质是什么？”“‘分权制衡’的传统与‘行政扩张’的趋势如何平衡？”“‘自由竞争’与‘计划调控’的经济模式是如何博弈的？”“‘资方主导’与‘劳工抗衡’是如何推动新政深入发展的？”“你认为社会保障应是‘自我负责’还是‘政府义务’？”学生掌握相对充分的“新政”史实后，围绕基本问题为学生设置有“认知冲突”的问题，便于学生展开深入探究。

步骤 4：到达暂时的终点。让学生认识罗斯福新政对当时美国、当时世界和现代国家治理产生的深远影响，结合对新政存在的问题及争议的辩证分析，对“现代政府在应对危机的同时，应如何权衡个人权利与大众利益的关系”这一基本问题作出总结。

---

① 麦克泰格，威金斯．让教师学会提问：以基本问题打开学生的理解之门［M］．俎媛媛，译．北京：中国轻工业出版社，2015：69.

由此想到的

上述案例中，教师提出的问题作用于学生的历史学习，当然，问题的解决过程借助了丰富的学习活动才得以实施。这些学习活动尤须注意。一是阅读。学生带着学习任务去阅读一手史料，发现材料的来源和背景信息，对历史问题做出合理推测。二是辨析。学生提取不同材料提供的历史信息，分析这些历史信息间的联系，加深对探究问题的理解。三是讨论。学生基于史实与理解，生成并展开对探究问题本身及其延伸出的“新问题”（上位问题）的思考与研讨。四是展示。学生分享思考及研讨的成果，即陈述对探究问题的认识，阐述对“新问题”（上位问题）的初步理解，及探索进一步探讨的方向及可能。

三、由提问促成的教学对话

提问并不以学生回答为终止，相反，提问是促成教师与学生、学生与学生、学生与学习材料之间对话的一种手段。有了教学对话的生成，提问才具有生命力，使教学具有深度和生成性。

案例呈现

成都市锦江区嘉祥外国语高级中学王子涵老师在教授“文艺复兴”这一学习主题时，在分析莎士比亚《哈姆雷特》中“哈姆雷特”与其杀父仇人“克劳狄斯”的人物形象后，组织学生围绕“你认为谁是人文主义者？”这一问题进行讨论。如教师所料，大部分学生的回答指向哈姆雷特。这时有位同学有些“胆怯”地举手回答，他认为克劳狄斯这个“反派”也是“人文主义者”。周围学生有些哗然，教师此时并未打断他，而是鼓励他说出理由。该生抓住克劳狄斯的“无视神明”“权欲极重”等性格特点与行为准则进行了阐述，有理有据。这堂课也因此达到了深化对“人文主义”内涵的理解的教学目的。

由此想到的

上述案例中，“‘哈姆雷特’与‘克劳狄斯’谁是人文主义者？”这一设问看似有些“套路”，像是故意引导学生得出“哈姆雷特”这个“既定”的答案以推进教学流程。而实际教学中，学生通过与文学人物的深入对话，通过“反套路”的思考，让该问题的真正价值得以凸显。

教师在讲授这部分内容时，大多都只关注哈姆雷特的经典台词，突出其人文主义者的理想形象，而把克劳狄斯定性为“封建罪恶势力”。这样的解读将经典人物“脸谱化”，未必符合“人文主义”在文艺复兴时期的内涵。若关注克劳狄斯的人物

特征会发现，无论是其凭借阴谋攫取王位、还是利用权势夺取爱情，以及无视“上帝与地狱”的惩罚，都体现出了强烈的个人欲求与世俗观念，似乎正是那个逐步摆脱神学禁锢的时代中典型的人文主义者形象。与哈姆雷特的理想主义相比，他更像是一个“行动着的人文主义者”①，其形象甚至有些接近马基雅维利《君主论》中理想君王的形象。教师无疑可以借助这样的契机进行追问，为学生提供一个继续探究的对话空间。

追问 1:（对话人物）如果两人都是“人文主义者”，那么他们的异同点体现在何处?

追问 2:（对话时代）人物身上的异同点，折射出当时怎样的时代特征?

追问 3:（对话读者）《哈姆雷特》为何是人类文学史中“永恒的经典”?

通过这样的对话，学生能运用“时空观念”意识，认识到莎翁时期的欧洲，资本主义处在高速发展的上升期，血腥的原始积累伴随着人们之间的厮杀与缠斗，也带来了道德败坏、社会不公的现实。哈姆雷特与克劳狄斯的命运纠缠，与其说是“先进”的人文主义者与“反动”的非人文主义者之间的“敌我斗争”，不如说是“理想”的人文主义者与“功利”的人文主义者之间的“内部矛盾”。进而让学生丰富对人文主义时代性的理解，进一步认识到文艺复兴后期人们对人文主义的反思更加深刻，不只是高扬人性，更在作品中表现出对转型期社会价值取向的审思，及对“人之内涵”的哲学思考，昭示着一个呼唤理性的时代即将到来。

学生学习历史的过程就是与历史展开对话的过程，借助问题去叩开历史的大门。实际上，在历史教学中并非只有学生与历史对话这一种形式，还存在学生与教师、学生的对话，以及学生自我的对话。学生与历史对话，是在“人总是通过文本与潜在地存在于文本中的作者进行‘对话’，将人与文本的关系变成‘我与你’的关系，变成一种心灵对话、灵魂问答的关系”②，它可以帮助学生确定学习的重难点，产生疑惑点；学生与同伴对话，即学生基于教师的提问和指导，结成学习小组，与同伴交流自己对问题的认识，在交流中理解不同的人是基于什么视角而形成对历史的认识的。在彼此的对话中，学生的知识与技能将得到提升，并学会倾听与理解的素养，学习内容是逐渐深化的，而不是简单的你问我答。“每一方都把另一方看作是与自己‘交谈’的‘你’，……双方都亲临在场，在精神的深处被卷入了，沉浸与被吸引到对话之中。”③学生与自我对话，是学生建立意义，将历史知识内化为自我认知的过程。正如德罗伊森的看法：“人类的自我，借着历史知识为媒介，展开自己对自己的认识：历史知识是自知的知识——知识的主人，认识他自己是某个历史演变的结果；也洞识他在与时俱移的（个人与世界的）活动中，所形成的

① 刘建军. 关于欧洲文艺复兴运动几个重要问题的再思考［J］. 东北师范大学学报（哲学社会科学版），2015（5）：148-154.

② 熊武川. 反思性教学［M］. 上海：华东师范大学出版社，2002：75.

③ 金生鈜. 理解与教育：走向哲学解释学的教育哲学导论［M］. 北京：教育科学出版社，1997：138.

个性。”[①]

“没有对话，就没有交流，也就没有了真正的教育。”[②] 历史教学的对话强调“去中心化”，师生都是学习活动的参与者，这有助于打造开放性的历史课堂，从而适合于学生的个性发展。对话的过程不仅是一个认知的过程，还是一种情感交融的过程；不仅可促进自我发展，还可以推动社会发展。通过对话，学生可以增进对历史与现实的理解，对同伴的理解，以及对自我的理解。“在对话中，学生如何对待历史，就是如何对待生活；如何对待师长与同伴，就是如何对待自我。而这种对话，其最终结果就是学生人格的培育。”[③]

实际上，教师的提问为对话的开展制造了机会，尤其是对学生表现的追问，追问是合理对话的开始。教师的追问，既可以是对学习材料的追问——追问内容信息、作者意图等；也可以是对学生历史学习的表现追问——追问学生想法的依据、观点的出发点、对不同意见是否想要补充与分析等。如此一来，教师的提问就开启了学生的多层次对话。在对话中，问题得以澄清，学生对问题有了别样的理解。有时教师还可以在学生回答的基础上挖掘新信息，通过追问的方式做进一步的思维拓展。经过了这样一番对话，学生的历史学习将被重新导向或重新组织，朝向更有成效的方向发展。与此同时，学生在对话中也学会了提问，激发出对历史的疑惑与问询。“提问绝非是单向的教师问学生答。应当鼓励学生既向教师提问，也彼此提问。从学生的提问中可以了解到他们对历史的理解或不理解的许多情况。”[④]

实践指引

基于提问的教学设计分析

历史课堂中的提问，不仅是课堂必需的环节、教学必备的方式与师生交流的途径，更关乎学生对教学内容的掌握程度、对历史的理解共情和核心素养的内化生成。提问若要有效，设问本身，须在定位学情的基础上，直指学生不同层次的历史思维能力，保证科学性的同时，兼具探究性、开放度，让学生在思考中磨炼思维品质，感受历史魅力；探究过程，须以丰富的学习活动为抓手，以创设恰当的学习情境为辅助，在具有碰撞的、互启性的教学对话中发生。教师须明确意识到两点：（1）提问本身既是手段也是目的；（2）高质量的问题设置与高水平的探究过程同等重要，且相互影响。有效的课堂提问与探究，不仅会有益于学生的历史学习，更会持续影响学生的思考与行为，让学生懂得面对这个开放、复杂的世界，要敏于发现问题、勇于提出问题、精于分析问题、善于解决问题。

---

① 德罗伊森．历史知识理论［M］．胡昌智，译．北京：北京大学出版社，2006：16.

② 弗莱雷．被压迫者教育学［M］．顾建新，赵友华，何曙荣，译．上海：华东师范大学出版社，2001：41.

③ 张汉林．历史教学的三层对话模式［J］．中小学教材教学，2017（3）：70–73.

④ 海顿，亚瑟，亨特，等．历史教学法［M］．袁从秀，曹华清，等译．重庆：重庆大学出版社，2015：65.

第三节 围绕教学活动形成的追问

○追问有助深化历史概念的理解。
○追问构成教学有效对话的前提。
○追问促成历史思维能力的延展。

我们常常会面临这样一种情况：学生回答了一个问题，已经触及合理答案的范畴，但还不够准确、全面。这个时候，教师有两种选择：第一种是教师接着学生的回答，继续深入下去；第二种是围绕教学活动，向学生发出追问，由学生在自我反思中建构更深刻的新知。相较而言，后者更具有开启元认知的效能，能促进学生的深度学习。

一、追问有助于深化概念理解

概念是对事物特征的反映，具有抽象性、统摄性和层次性。从宏观上看，概念有一般性的通识概念，以跨学科为支撑，具有可迁移性，如革命、民主、政府等；还有专门性的学科概念，是构成学科内容的骨架，如工业革命、文艺复兴、三省六部制等。具体到历史学习中，学生对历史的理解并不是直接建立在概念上的，而是直面具体的事实。但如果要形成对历史的真正理解，就不得不凝练概念、理解概念。所以，教学中教师可以不断地追问，一方面使学生拨开事实的迷雾，对概念有清晰的认识，锤炼思维；另一方面也使学生真正地理解概念，并学会用概念认识问题、分析问题。

案例呈现

政府和政体

课程概述：研究政府经常会引发一些高中学生发出“呃”的声音，因为他们从小学起就开始学习相关课程，并深信自己知道的东西足够应付实际生活中的问题了，至少他们知道了上哪儿去找资料解决问题。而事实是，学生中鲜少有人知道政府存在的必要性。在他们的印象中，包括民主政府在内的国家政体一直都存在着，而且还将继续存在下去。

他们对“为什么会有一个政府把我们紧紧地团结在一起”这个问题有点想当然。本课程的任务，就是帮助学生理解政府和政体，无论是哪个年级，这一学习都是研究政府的入门功课。

教学目的：让学生思考有关政府的一些基本问题。比如，为什么需要一个政府？政府应该做什么？政府应该是个什么形式？

教学目标之一为在学习结束后，学生应该能够给共和政体、民主政体、无政府状态、独裁政治、贵族政治和富人政治下定义。

教学活动：把学生分成五组，不必选出一个带头人或者指派一个记录员，小组活动应该非常自然地进行。

（1）界定自然王国，一个虚构的、不存在政府的国家。

（2）假设学校里所有的学生都被运到一个孤岛上，这个孤岛有足够的自然资源供你们生存，只是以前从未有人生活过。一旦来到这个岛上，你将无法跟世界上其他地方的人联系。在这种情况下，让学生决定他们为了生存会采取什么样的行动。（全班一起交流。）

（3）再给一个全新的事实。假设在这个时候，你发现有另外一群人生活在附近。可以假定他们是对抗者，或者让学生自己想象。让各组讨论自己的行动，是隔离还是发动战争，或者双方签订一个和约，保证各自相安无事。想象他们的社区将如何适应当前的变化。

（4）加进一个新的情节，有海盗在岛上打劫，而且他们的行动效率很高。你的社区对外来者的入侵和他们可能给社区带来的危险，将如何反应？

（5）界定共和政体、民主政体、无政府状态、独裁政治、贵族政治和富人政治。每个小组都要涉及一些实例，说明这些政府形式分别在什么时候出现。

（6）让每个小组都对政府重新下一个定义。他们将如何对待岛上的另外一群人？他们将如何对待外敌的入侵？他们将如何使本团体接受他们的政府？①

由此想到的

上述呈现了一则典型的基于追问来深化概念理解的教学案例。通过政府和政体的学习，理解了共和政体、民主政体、无政府状态、独裁政治、贵族政治和富人政治等不同概念。为什么强调对概念的学习呢？作为“对具体事物的表述或抽象化的知识”的概念，若是缺乏对其理解，“要想正确理解社会现象或与他人分享对社会现象的理解将会变得十分困难”。②

从历史教育对象看，概念是对零散知识的抽象组织形式，学生科学地掌握概念，有助于“完整准确地学习规则”③，可见，概念教学既是历史教学成功的关键，也是历史思维方式成形的关键。从历史教育内容看，历史是由诸多概念组成的，每一个概念又不是孤立存在的。这些概念与概念之间的联系，最终形成历史认识的结

① 赵亚夫，唐云波．国外历史教育文献选读［M］．长春：长春出版社，2012：271-272.

② 赵亚夫，张汉林．国外历史课程标准评介：上卷［M］．北京：北京师范大学出版社，2017：540.

③ 加涅．学习的条件和教学论［M］．皮连生，等译．上海：华东师范大学出版社，1999：124.

果。学生一旦掌握概念，就意味着“能推论出规则和原理”[①]，能够学习到“无限的知识”。从历史教育方法看，方法和手段都是服务于教育目的。它们一方面倚借形象的扩展形成形象思维，另一方面又将形象加以概括，上升为抽象的理智概念。[②]

资料卡片

加拿大魁北克省历史课程标准尤为重视概念的作用，其课程内容以核心概念为中心，又以具体概念、历史概念、一般概念为辅助，构成了一个概念框架。这个概念框架旨在用历史方法解释社会现象，而解释社会现象需要针对它提出问题，九年级的学习内容是“魁北克历史”，共有七个学习主题，其中涉及的概念使用情况见表 5-5。[③]

表 5-5 “魁北克历史”概念框架

序号	学习主题	核心概念	具体概念	历史概念	一般概念
1	第一批居住者	世界概念	文化、口头传说、灵性、生活圈、环境	长者	问题、社会、领土
2	新法兰西社会的出现	殖民	州、教会、定居、贸易、基督教化	法裔加拿大人、特许公司	问题、社会、领土
3	帝国的变化	征服	语言、经济、权利、宗教、教育	保皇党	问题、社会、领土
4	英国殖民地的诉求与斗争	国家	代表、资产阶级、权利、自由主义、民主	爱国者、叛乱	问题、社会、领土
5	加拿大联邦的形成	工业化	城市化、人口、自由贸易学说、工团联合主义、联邦、资本主义	邦联制、国家政策保护区	问题、社会、领土
6	魁北克社会的现代化	现代化	干涉主义、主张、大众传媒、民主化、观念	寂静革命	问题、社会、领土
7	1980 年以来魁北克社会的问题	公共领域	社会选择、法规、共同利益	无	问题、社会、领土

基于追问深化对概念的理解，需要考虑概念的基本层次。粗略地看，概念可以分为核心概念、具体概念、一般概念等，教师的追问应考虑三类概念，逐渐推进。

① 阿兰兹. 学会教学：第六版［M］. 丛立新，等译，上海：华东师范大学出版社，2007：274.

② 赵亚夫. 中学历史教育学［M］. 北京：中国建材工业出版社，1997：55.

③ 唐朋，王傲. 历史课程标准中的核心概念研究：以加拿大魁北克省为例［J］. 天津师范大学学报（基础教育版），2021（3）：79-84.

例如，核心概念是工业革命，具体概念包括工业化、城市化、垄断等，一般概念则有三次工业革命等。而作为知识支撑，蒸汽机、发电机、信息技术等，都成为概念的表现。在具体实施上，应考虑概念作为高级思维的基石，反映了概括性和抽象性的特点。这使得学生掌握概念需要一个由模糊到准确、由片面到全面、由浅入深的过程。从方法上说，学生离不开类比、比较、反例、归纳、演绎等学习策略。而这些策略背后，实际上则是由问题的提出与追问推动的。例如比较策略，追问“是什么让政治体制更加民主”。[①] 当然，如果要更好地追问，则可以依托于目标分类学理论，考虑对概念认知的水平层次。例如，采用布卢姆的目标分类学理论，将问题指向记忆、理解、运用、分析、评价、创造六个水平层次，由浅入深地挖掘概念的内涵与外延，并恰当运用概念。

案例呈现

讨论核心概念与相关概念的实质联系，其活动步骤为：（1）学习相关史实后，教师将写有不同概念的卡片分给四个小组，要求小组给出概念定义，小组做好记录；（2）展示四张卡片上的概念，围绕相关学习主题的一个核心概念进行全班讨论，找出核心概念与卡片上四个概念之间的联系以及四个概念之间的关系；（3）教师总结活动中产生的重要想法。

例如，关于对核心概念“革命”的学习。卡片上有四个概念，分别为政治变化、精英、人民、自由。活动为：（1）这几个概念可以排序吗？（2）这几个概念有一个由低到高的自然等级吗？（3）这几个概念间的主要关系是什么？（4）这几个概念与核心概念“革命”有什么联系？[②]

由此想到的

上述案例是基于核心概念的学习，但是并没有直接给出“革命”的定义。有两点值得注意。一是通过思考核心概念与其他概念之间的联系性、迁移性，发展学生思维的抽象水平和灵活性。关于厘清“自由”与“革命”的关系，这是要求学生着眼于从革命的原因思考概念间的关系；厘清自上而下的“精英”革命和自下而上的“人民”革命，这是要求学生从革命形式角度考虑概念间的关系；厘清“政治变化”与“革命”的关系，这是要求学生思考怎样的“政治变化”可能避免社会动荡的产生，精英执政或非精英执政对社会稳定的利弊。这样的设计思路，不仅使学生从抽象概括水平上思考历史现象间的内在联系，还拓展了学生的思维空间，与已有

① 赵亚夫，张汉林．国外历史课程标准评介：上卷［M］．北京：北京师范大学出版社，2017：540.

② 刘立新．再论历史科概念教学［J］．历史教学，2009（15）：24-28，48.

的知识经验整合，从而对“革命”概念更深入地思考和理解。[①] 二是着眼于连环追问的手段来深化对概念的理解。从其活动步骤可以看出，学生弄清楚核心概念“革命”与相关概念的关系、关联，进而能够深度理解“革命”都是在系列追问下完成的。

二、追问的基本技能与思维的延展

追问是对某一问题或学习内容的多次追加提问。它是在探究问题的基础上追根究底地发问，着眼于历史学科核心素养的涵育，对学生在历史学习中所遇到的认识困境与思维误区作出及时的点拨，而非简单的对白。

案例呈现

表 5-6 为某教师围绕“戊戌变法失败的原因之缺乏群众基础”进行的两组问题设计。

表 5-6 两组问题设计比较[②]

京都管理街道，有工部街道厅。管理沟渠河道司官，顺天府大宛两县，步军统领衙门。前三门外，又有都察院管理街道城防司汛等官，可谓严且备。究其实，无一人过问焉，以至任人践踏，粪土载道，秽污山积，风即扬尘，雨即泥泞，春夏之交，变成瘟疫，而居其中者，奔走往来宴如也。洋人目之为猪圈，外省比之为厕屋。

——摘编自苏继祖《清廷戊戌朝变记（外三种）》

序号	设计 A	设计 B
问题 1	上述史料提到了戊戌变法时京城的哪些群体？分别有何特点？	你觉得材料中最吸引你的字眼是什么？是当时真实情境的描述吗？你为什么认为“是”或“不是”？
问题 2	晚清官僚体系设置虽然严密，但办事效率异常低下。维新派出台了什么措施进行整治？	生活其中的“人”是什么状态呢？为什么会这样呢？
问题 3	京城环境糟糕，但百姓却“奔走往来宴如也”，这说明什么？	如果你处于当时的情境中，你会如何应对呢？
问题 4	维新派主张用什么措施来增强百姓的权利意识？	百姓与官员间呈现出一种什么态势？这能说明什么呢？
问题 5	这种措施真能起到增强百姓权利意识的效果吗？	维新派“裁并机构，精简人员，任用维新人士，准许百姓向朝廷上书等”的措施有可能被哪些人认可？

① 刘立新．再论历史科概念教学［J］．历史教学，2009（15）：24-28，48．

② 赵玉洁．基于问题的中学历史教学研究［D］．上海：华东师范大学，2017：135．

由此想到的

上述案例为我们呈现了两种问题链的设计，属于教学预设中的追问设计，其实施主体是教师，目的是推进教学进程。在问题设计的取向上，设计 A 与设计 B 有所不同。前者从教师、教科书的角度设计问题，要求学生得出答案，目标指向单一，基本落在知识层面上；后者从学生兴趣出发，以学生的经验为基础，通过层层追问使学生获得运用证据的意识与技能。

当然，更多的追问情境是教学生成中的追问，其实施主体是教师，也可以是学生，其目的是廓清学生的思维误区，深化思维的层次。透过一个个深入的追问，学生的思绪随之深刻起来，能够与历史展开对话，和同学分享感悟，同教师交流收获，由此，历史课堂的对话也就顺利开启了。

除此之外，追问因其发生形式不同，可以分为不同的类型。教师可以根据实际教学需求，设计不同的追问形式。

案例呈现

设问：路易十六没有觉察到革命的发生，尤其让他百思不得其解的是，一次突发的市民骚乱怎么就演变为一场声势浩大的革命并且最终颠覆了他的王朝呢？通过课前的预习，同学们会怎样来解答路易十六的困惑呢？

（学生从财政危机、君主专制、等级制度三个方面归纳原因。）

追问 1：然而，这些危机的存在是否就意味着革命的必然爆发呢？

追问 2：既然等级制度早在中世纪就已经出现，在法国已经存在了几百年之久，为什么过去的岁月里从来没有发生过如此大规模的革命呢？

追问 3：可是，伏尔泰和卢梭早在革命爆发十一年前就已经去世了。启蒙思想真的具有如此强大的威力吗？回顾法国的启蒙运动，或许能帮助我们找到答案。

……

设问：从柱状图中，宗教书籍的出版情况是什么样的？

追问：那么同一时期启蒙书籍的出版情况如何呢？

……

设问：（第二条）在这一条中，《人权宣言》体现了启蒙思想所宣扬的什么理论？

追问 1：从宣言所提倡的自由、财产、反抗压迫来看，它否定了旧制度的什么？

追问 2：宣言强调“财产权是天赋人权”和“政治结合的目的在于保护人的这些权利”，明确了怎样的原则？

追问 3：宣言符合哪一个阶级的利益？

追问 4："自由就是指有权从事一切无害于他人的行为……" 这一条的作用是什么？

追问 5：那就让我们来看一看什么是自由。

追问 6：这是不是意味着可以不受限制、为所欲为？[①]

由此想到的

上述案例中，学生通过预习，能够做到从财政危机、君主专制、等级制度归纳法国大革命爆发的原因，但教师并没有止步于此，而是提出问题：上述因素是否必然导致法国大革命的爆发？对学生们提出的三条解释作出推理回应。这就给学生抛出了一个新问题，他们会主动启动原有知识，作出合理的假设与推理，这是学生解决所遇到问题的基本路径。

在教学过程中，教师的这些追问围绕历史事实的发生展开，带着学生一步步拨开历史的迷雾。在这种知识型追问中，我们需要关注学生的原有经验，找到经验与知识间的差异以预设知识获取"陷阱"，意在基于学生的认知状况，由误区走出，根据更多的视角与材料，展开连环追问，一步步揭开事实的面纱，让学生的经验不断地得到修正，形成新经验。

案例呈现

某教师在完成"五四运动过程"的教学后，用四则短小精悍的材料设计了一组问题。

材料一：匡互生从西院窗口将铁栅扭弯了两根，打开一个缺口，他从缺口爬进去，打开了大门。

——夏明钢《五四运动亲历记》

材料二：我身材较高，就踩在匡互生的肩上，打破天窗，第一批跳入曹贼院中。

——陈荩民《回忆我在五四运动的战斗行列里》

材料三：高师学生匡日休（互生）个子高，站在曹宅窗户底下，我们踩上匡日休的肩膀，登上窗台跳进去，接着打开了两扇大门。

——许德珩《回忆五四运动》

① 陈宇静."法国大革命"教学实录［J］. 历史教学，2008（23）：23-28. 引用时有修改。

材料四：后来打破了一个短墙的窗子，大家爬进去。首先进去的，据我眼睛所看见的，乃是北大的蔡镇瀛，一个预科的学生和高等工业学校一个姓水的。

——罗家伦《北京大学与五四运动》

问题：

（1）四位记述者与他们所记述的事件之间是什么关系？

（2）四则材料所讲述的都是五四运动中的哪一细节？

（3）四则材料所讲述内容的差别是什么？

（4）真实发生过的情景只能有一个，可为什么四个人的记述各不相同，差异明显？

（5）面对这一明显差异，我们该如何基于还原历史真实的角度运用史料？①

由此想到的

与上一种追问不同，该案例中的追问聚焦于史料本身，是具有“史料批评”意义的追问形式，它将每个问题指向学生对史料的理解，意在培养学生的实证精神。学生在运用史料解决问题时，应清楚史料的作者、创作时间、创作意图等有关史料可信度和历史动机的基本问题。案例中这一追问的设计，在教师设计的五个问题中，前三个问题和后两个问题分别对应着不同的思维方式，引导学生逐渐由关注内容的联系走向关注本体论意义上的史料追问，要求学生先通读四则材料，知悉文字的作者是谁，然后分析其差别，最后探讨如何解决或应对这一问题。在回答这些问题的过程中，学生可以发现，史料大多无法避免个人利害关系、情感因素、时代背景乃至各种无意错误的影响，还原真实的历史必须要借助其他史料进行互证。在解读史料用于证史时，要兼采其他记载以求旁证。

实践研讨

阅读二维码资源，回答以下问题：

1. 追问是如何展开的？
2. 从思维层次角度看，文中设计的问题属于哪些类型？
3. 如何选取进行追问设计的史料？

文献：基于追问的史料实证——以《耕织图》为例（王子涵、陈德运）

在传统史学研究中，史学家热衷于以史料为证据建构历史叙述，这被柯林武德

① 苗颖. 系统设问与顺势追问：例谈高中历史教学中的问题链运用［J］. 中学历史教学，2018（9）：39-41.

喻为“剪刀加糨糊”。他认为，要使史学有意义，需要对史料进行追问。布洛赫也认为：“一件文字史料就是一个见证人，而且像大多数见证人一样，只有人们开始向它提出问题，它才会开口说话。”因此，“历史学研究若要顺利开展，第一个必要前提就是提出问题”。[①] 而这种追问必然涉及问题的发现、假设的提出、论证的评估、结论的得出，是学生整个历史思维的过程，关注史料的创作者、史料中的人和事、读史料的人等多个层次，聚焦批判性。在实际的历史教学实践中，我们可以关注如下 11 个关键问题，以连环追问的方式引导学生的历史思维发展，形成对史料的确证与运用、对人物思想和行为的理解与解释、对历史的批判性思考。

（1）谁创作了该史料？他是一个重要的领导者，一个参与者，一个观察者，还是一个受害者？我们对这个人了解多少？

（2）作者为什么会创作该史料？动机是什么？

（3）该史料的目的是报告、说服还是欺骗？

（4）谁是目标读者？

（5）目标读者是私人还是公众？

（6）该史料是私人的还是官方的？

（7）它呈现一个特定的观点还是强大的见解？

（8）该史料语气是积极的还是消极的，幽默的还是严肃的，讽刺的，自私的？

（9）该史料是何时创作的？时间是如何影响史料的内容、意图和可信度的？

（10）作者在什么情况下创作了该史料？

（11）目的、读者、时间或环境在多大程度上影响了该史料的内容？[②]

案例呈现

某教师在讲《义务教育教科书　中国历史》（八年级上册）中“五四运动”一课时，设计了如下环节：

材料五：昨日为星期天，天气晴朗，记者驱车赴中央公园游览。至天安门，见有大队学生，个个手持白旗，颁布传单，群众环集如堵，天安门至中华门沿路，几为学生团体占满。……时正下午四钟，且见火焰腾腾，从曹宅屋顶而出。起火原因如何，言人人殊，尚难确悉。……警察乃下手拿人。学生被执者，闻有数十人之多。

——《山东问题中之学生界行动》，《晨报》，1919 年 5 月 5 日

针对这则材料，教师预设了四个问题，其中在问题（2）“它主要介绍了五四运动的哪些情形”中，学生的一个解读失误给教学提供了一个极好的培育实证精神的机会。节录如下：

① 巴勒克拉夫．当代史学主要趋势［M］．杨豫，译．北京：北京大学出版社，2006：44．

② 陈德运．国外史料教学连环追问探究及启示［J］．岭南师范学院学报，2018（4）：12-23．

生（回答第二个问题）：材料介绍了五四运动中学生集会的时间地点，火烧曹宅和被捕的情形。

师（发现了他的错误，不动声色地追问）：你是从哪里看出来“火烧曹宅”的？能否找出材料中对应的关键词？

生：“且见火焰腾腾”。

师：这能说明“火烧”吗？

生（突然被点醒）：好像不对，应该说是曹宅起火了，不能说是火烧。

师：这个发现很好，还能从材料中的哪句话得到验证？

生（看了一下材料）：“起火原因如何，言人人殊，尚难确悉”。

师：对的，这里我们能够读出的只能是起火，而不是火烧，更不是学生放火，要弄清起火原因，还需借助其他的史料。历史研究讲究“有一份证据说一分话，没有证据不说话”，我们在解读史料时，一定要慎重啊。[①]

由此想到的

上述案例是教师在推进预设问题链的完成时，抓住学生生成的新问题，进行了“你得出结论的依据是什么？依据到结论之间的逻辑严谨吗？有没有其他旁证？”的顺势追问，引导学生审视自己的回答。这样的处理，看似是无用的，实则暗含了警惕学生史料解读的方法误区的用意。过度解读，是学生在探究历史问题、分析历史材料时常犯的错误，于小处渗透历史学科核心素养的内涵，有助于学生形成良好的证据意识。但是，也不得不指出的是，该教师仅看到了学生对“且见火焰腾腾”一语的过度解读，而未见史料作为证据的其他层面的追问挖掘。例如：火烧曹宅作为一个习惯用语，是如何形成的？是谁提出来的？这则材料中说起火原因不明，是否就意味着如教师总结所言，不是学生所为？为何会出现原因“言人人殊”的状况？当时的各界人士对此事件有何记载？有何评论？等等。这样就将学生的思维域拉宽了，不局限于单则材料的“内证”，而是既看到史料本身的形成过程，又看到史料之间的“互证”与“旁证”。

此外，我们还可以基于该教师的追问，归纳追问的几种类型：一是阐释，明确学生使用过的术语是什么意思；二是补充，引导学生举证更多已经说过的事实与结论；三是证实，思考如何知道观点是否真实可靠。而无论是哪一种类型的追问，都应注意以下几点：

第一，追问是以学生为定向的。追问应兼顾教学过程的预设与生成，依据学生的现场表现及时做出调整，关注学生的困惑之处，直击学生学习过程中所遇到的壁垒。例如，美国学者丹东尼奥等提出“核心问题”与“加工性问题”组成课堂追

① 苗颖．系统设问与顺势追问：例谈高中历史教学中的问题链运用［J］．中学历史教学，2018（9）：39–41．

问，其中“加工性问题”包括重新聚焦的问题、解释性问题、验证性问题、限定焦点的问题、支持性问题和重新直接询问的问题六个主要方面。[①] 各个问题都是围绕学生的认知水平为中心，引导学生实质性地参加各种学习活动的问题，为学生参与各类学习活动创设平台，教师在这个过程中则需要基于此提供相应的追问。

根据丹东尼奥的研究，我们以《普通高中教科书 历史 必修 中外历史纲要》(上)中“隋唐制度的变化与创新”一课为例，如表 5-7 所示。

表 5-7 “核心问题”与“加工性问题”举例

类型	举例	
核心问题	以选官制度为例，制度创新的特征是什么?	
加工性问题	重新聚焦的问题	你刚才说隋唐时期科举制度让社会中下层有机会进入社会上层，社会流动性强，这与魏晋时期、秦汉时期有什么相似或不同之处?
	解释性问题	你说的“制度创新”是什么意思?
	验证性问题	你怎么知道隋唐时期社会流动性强的? 你从哪里发现的信息，这些信息是否可靠?
	限定焦点的问题	你介绍了隋唐制度的很多特征，请你再将之与隋唐之前的制度进行比较。
	支持性问题	你对隋唐时期制度创新的判断依据是什么?
	重新直接询问的问题	你还有其他资料吗? 还有谁可以进行补充说明吗?

第二，追问之处应紧扣教学重难点，实现思维的延展。有效的追问应该是有的放矢的，不宜使整堂课充塞过多的、琐碎的问题，这样反而会分散学生的思维。

第三，追问之间需要保持一定的逻辑关系。教师应避免将关联度较小的诸多问题组成问题链，减少学生认知与探究问题之间的差距和跳跃。例如，以历史事实的全面认识为中心，一层层推进到事件本质；以历史思维的发展为中心，由简单到复杂、由形象到抽象地基于史料设计探究活动。

第四，追问设计与史料密不可分。围绕史料设计的问题具有更强的指向性，也有利于学生进入问题情境，唤醒探究的兴趣，获得更深层次思维的锻炼。没有追问的设计，史料发挥不出最大化的价值。

---

① 丹东尼奥，等. 课堂提问的艺术：发展教师的有效提问技能［M］. 宋玲，译. 北京：中国轻工业出版社，2006：197.

案例呈现

某教师对“鸦片战争失败的原因”的设计如下。

材料1：彼之大炮，远及十里内外，若我炮不能及彼，彼炮先已及我，是器不良也。彼之放炮，如内地之放排枪，连声不断，我放一炮后，须辗转移时，再放一炮，是技不熟也。

——林则徐《致姚椿、王柏心》（1842）

材料2：（大清帝国）不顾时势，安于现状，人为地隔绝于世并因此竭力以天朝尽善尽美的幻想自欺。这样一个帝国注定最后要在一场殊死的决斗中被打垮。

——马克思《鸦片贸易史》（1858）

材料3：鸦片战争的失败是由于武器的陈旧、政治的腐败，还是社会的落后？中国人曾经长期思考过这个问题。应当说这三个东西是相互联系的：因社会落后而政治腐败，因政治腐败而武器陈旧。

——陈旭麓《近代中国社会的新陈代谢》（1980）

问题设计：

（1）三则材料共同叙述了什么史实？

（2）三则材料关于鸦片战争清政府战败原因的解释有何异同？

（3）说明林则徐、马克思和陈旭麓的解释差异产生的原因。

（4）请你综合运用各种史料，分析鸦片战争清政府战败的原因。①

由此想到的

上述案例基于三则材料设计了四个问题，共同指向学生对历史事件发生原因的解释。其中，问题（1）对应“区分史实与解释”的层次；问题（2）对应“分辨不同解释”的层次；问题（3）对应“评价历史解释”的层次；问题（4）对应“提出新解释”的层次。四个问题之间具有由浅入深的递进性思维层次，在问题的推动下，学生的历史思维能力呈现出由简单到复杂、由形象到抽象的变化。

实践研讨

请观看刘波老师的“十月革命”教学课件，回答以下问题：

1. 课件中的问题设计哪些是有效问题？哪些是无效问题？

2. 课件中的问题设计属于内容推进式，还是思维推进式，或是其他形式？

课件：十月革命（刘波）

① 张胜平. 指向核心素养的历史教学问题设计：以部编教材“两次鸦片战争”一课为例［J］. 历史教学，2019（21）：14-19.

3. 如何改进课件中的问题设计？请你提出两条调整建议。

三、高水平的追问促成历史思维能力

问题是打开学习者思维大门的钥匙，问题解决的过程则是思维能力形成的过程。高水平的追问有助于将学生的思维能力层级分解，使学生在解决问题的过程中实现思维的进阶。

案例呈现

某教师在讲“经济体制改革”时，以“1984 年”作为关键词，设计了如下问题：

（1）城市经济体制改革为何是“1984 年”？当时农村改革成效如何？

（2）农村与城市经济体制改革间的关系是什么？请举例说明。

（3）1984 年，我国对外开放进行到何种程度？它与对内改革间的关系是什么？

（4）20 世纪 80 年代，世界经济形势有何变化？请以美苏等国为例说明。

（5）这些变化对我国经济体制改革有哪些影响？

（6）这些变化与影响对我国现今的经济体制改革有何启示？[①]

由此想到的

上述案例中涉及的城市经济体制改革开始于 1984 年，《义务教育教科书 中国历史》（八年级下册）对它的描述为“改革在农村取得成功，为继续深化改革打下了基础，改革的浪潮从农村涌向城市”。看似清楚，实则学生未必能够完全理解。该教师围绕时间设计若干追问，评估学生是否理解为何在 1984 年开始转向城市，是否认识到促成一个历史事件除了内因外还可能存在外部环境因素的影响等。

没有追问就不知道学生的思维到达了何种程度。就像米沃什揭示的那样，“记住这些，考试内容全都在里面”是一种“装懂”的知识。因为“装懂是一种重要的社会礼仪”，所以“装懂”成了普遍的现象。学生在这个过程中，获得的是假装有知识的技巧，而非知识本身。[②] 我们在历史教学实践中，应通过追问去评估学生对某一问题的理解程度，他的思维能够调动到何种程度。这与苏格拉底的“产婆术”颇有相似之处。苏格拉底采用谈话的方式，先让对方说出自己的观点，然后进行反问，不断揭露对方观点的矛盾，迫使对方陷入困惑，承认自己的无知。如果是这样的话，追问的问题就不能是指向事实的问题，而应通过设计更高认知层次的问题，

---

① 盛刚. 指向深度学习的课堂提问策略例谈［J］. 中学历史教学参考，2020（5）：76-80. 引用时有修改。

② 米沃什. 米沃什词典［M］. 西川，北塔，译. 北京：生活·读书·新知三联书店，2004：149.

逐渐加深思维活动，帮助学生去除“假知”现象，既知其然，又能知其所以然。

案例呈现

某教师围绕“怎样看待美国1787年宪法？”这一核心问题设计了一节复习课，下面是该教师的设计片段：

材料一：20世纪初，美国前总统威尔逊说：“我们的宪法之所以恒久，就在于它简洁。它是一块奠基石，而不是一座完整的大厦。或者用句老话比喻：它是根，而不是完美的藤。”

材料二：19世纪中后期，曾四度出任首相的英国政治家威廉·格莱斯顿说：“美国1787年宪法是迄今为止，在特定的历史时期人类智慧和意志所创造出的最美妙的杰作。”

材料三：20世纪60年代，美国黑人领袖马丁·路德·金说：“一个向上帝要求赋予自由的民族，没有迈出同时给予非洲人自由的第一步，是不应该的。”

问题：

（1）如何理解威尔逊说的美国宪法“是一块奠基石，而不是一座完整的大厦”这句话？

（2）格莱斯顿所说“特定的历史时期”指的是什么？

（3）马丁·路德·金是在什么样的历史条件下对美国宪法作出如此评论的？如何理解他说的“不应该”？

（4）威尔逊和马丁·路德·金对美国宪法的评价有无相同点？相同点是什么？

（5）三位政治家对美国1787年宪法作出了自己的评价。他们评价的基本出发点有何差异？评价有何异同？

（6）你觉得我们追求民主自由时，应该坚持哪些基本的准则？①

由此想到的

上述案例中问题（1）（2）（3）帮助学生首先读懂材料的内容，抓住材料的关键词，培养学生阅读材料提取信息的能力；问题（4）引导学生在比较中建立不同认识之间的联系；问题（5）则更进一步，引导学生看到史料背后的人，探明为何会有不同的说法，他们各自持有什么立场；问题（6）帮助学生在长时段的视角下，建立起历史与现实的联系，认识民主进程中重要的程序与原则问题。有意义的追

① 刘汝明．为思考而提问［J］．历史教学，2010（9）：27-31．引用时有修改。

问，“是要通过对话来推动思考的进程”[①]。案例中，整个过程由浅入深，教师基于材料与学生展开对话，在学生真正理解材料的基础上，引导他们思考深层次的问题，逐渐激活学生的思维。这样，提问的有效性就提高了。

“在发展和改进学习者认知加工的过程中，回答的结构化和随后的教师追问比提出初始问题更重要。紧随学生回答之后的、经过精心设计与核心问题密不可分的加工性问题能为学生提供一套标识，引导他们参与目的明确的、以教师和其他学生为互动对象的对话。”[②] 课堂提问的目的是引导学生参与课堂学习活动，而真正的课堂学习活动参与是学生的思维参与。

实践指引

基于追问的教学设计分析

在教学过程中重视历史概念的讲解，有助于学生通过分析、综合与概括等思维活动理解历史事实的本质及其内在联系，从而培养学生分析、理解历史的能力。围绕概念进行追问，不仅有助于改变传统教师主导的历史课堂，还能够充分发挥学生的主体地位，让学生主动去发现问题、提出问题、论证自己的假设或判断，从而得出结论，而这个过程也是学生历史思维形成的过程。教师在教学过程中进行追问设计时，需要兼顾教学过程的预设与生成，关注学生的课堂表现，了解学生的困惑之处以及学习过程中所遇到的困难，并灵活采取措施助其突破。同时，在追问过程中要做到有的放矢，并形成具有内在逻辑的问题链条，避免一堂课充塞过多的、分散的、琐碎的问题。此外，围绕史料的追问设计，能够让追问具有更强的指向性，有利于学生进入问题情境，唤醒探究的兴趣，锻炼学生深层次思维。

章末作业

一、回顾

1. 定义：问题意识；核心概念；历史思维能力。
2. 定位：基于历史思维能力发展的问题设计。
3. 解释：历史课堂为什么需要提问与追问？

二、实施

1. 如何使用基本问题改善教学中的提问质量？
2. 基于《普通高中教科书　历史　必修　中外历史纲要》(上)中“三国两晋

① 丹东尼奥，等. 课堂提问的艺术：发展教师的有效提问技能［M］. 宋玲，译. 北京：中国轻工业出版社，2006：46.

② 丹东尼奥，等. 课堂提问的艺术：发展教师的有效提问技能［M］. 宋玲，译. 北京：中国轻工业出版社，2006：53.

南北朝的政权更迭与民族交融”一课中“问题探究”板块材料，设计一条问题链。

三、分析

任选一则教学案例，从问题类型、问题数量、问题的思维层次等方面分析其中问题设计的质量。

推荐阅读

1. 徐赐成．论历史学科的概念教学［J］．历史教学问题，2014（5）：113-115．

2. 张汉林．问题意识：开启历史教学的成功之旅：陈昂老师“商鞅变法：强国之道的再省思”刍议［J］．中学历史教学参考，2017（9）：51．

3. 张汉林．提问之道：历史思维养成路径的探讨［J］．教育学报，2018（3）：48-54．

4. 徐赐成．历史课堂教学的关键在于述诘融合［J］．中学历史教学，2019（9）：12-14．

5. 王子涵，陈德运．基于追问的史料实证：以《耕织图》为例［J］．历史教学，2021（7）：61-68．

6. 郑士璟，陈凯．历史教育的阅读究竟如何开展：以“文本阅读”教学模式为中心［J］．历史教学问题，2022（1）：135-141．

7. 张汉林．基于历史学科核心素养的有效提问策略［J］．历史教学，2022（5）：17-22．

8. 张汉林．理解提问的三个维度［J］．历史教学，2022（9）：24-29．

第六章　如何运用史料深化历史理解

学习目标

- 理解史料、史料阅读、三次序材料教学法的概念。
- 理解有史料的教学与基于史料的教学之间的区别。
- 了解解读史料的基本要求以及史料对于历史教学的意义。
- 理解并掌握 *S-QTR* 史料研习模型。
- 了解并掌握阐释和表现史料的途径和方法。
- 应用史料、阅读、问题、思维四要素设计史料研习活动。

知识导图

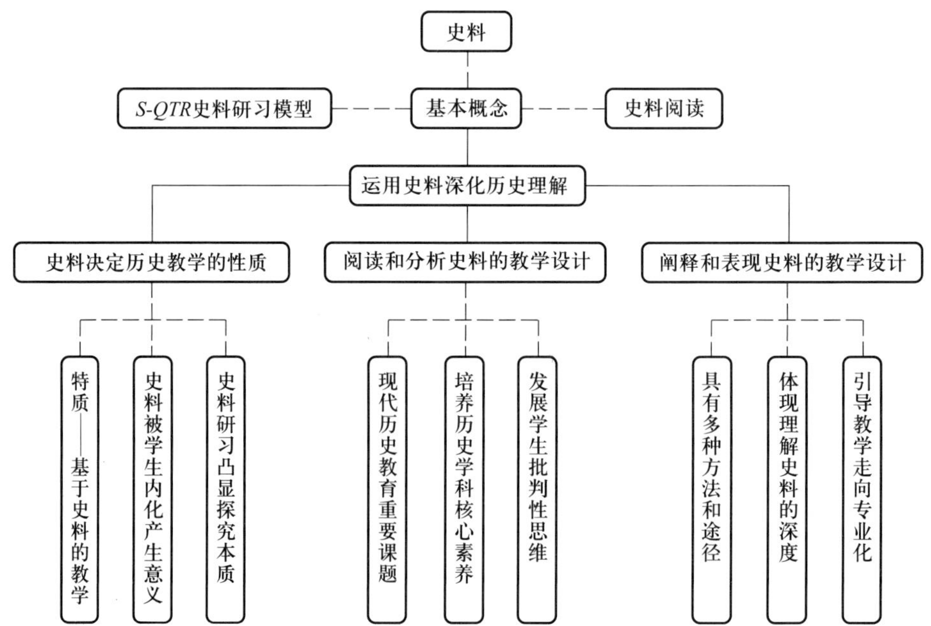

导语

1966年，一篇题为《危机中的历史》的文章促使英国历史教育界反思、改变教师和学生对历史学科大失所望的困境，“新历史科”运动逐渐兴起。教师不再是知识的储藏者，而是学生学习的指导者和帮助者，协助学生寻找证据、使用证据，建立历史假说。

这种改革经验至今仍备受推崇，今日“史料教学”大行其道便是例证。然而，在史料教学实施中，存在把教师变成“伪”史学家而不是历史教育家的倾向。画虎不成反类犬，本来“新历史科”运动着眼于学生探究过程，而较少强调内容，关注学生探究方法，而淡化背诵资料与结论。当下流行的教学设计中，呈现性的史料仍占多数，史料研习课变成史料阅览课，学习探究被“偷梁换柱”为验证既定结论。事实上，史料进入中学历史课堂本是理应之事，史料如何使用、使用史料意欲何为等，才是“新历史科”运动启发我们真正应思考的。

为此，我们需要思考如下两个问题：其一，何谓史料教学？何谓基于史料的教学？其二，教师在何种程度上需要运用史料，如何运用？对历史教学过程而言，便是教师需要知道如何利用史料创设学习情境，才能不断提升史料的学习价值，使其成为学生建构历史认识、提升核心素养的基础。

第一节　史料决定历史教学的性质

○基于史料的教学是历史教学的特质。
○史料被学生内化才能产生教学意义。
○史料研习凸显历史教学的探究本质。

一、中学生应该了解的史料知识

史料是历史认知的出发点，它是我们获知关于过去的知识的文本记载。历史课程标准中将“史料实证”作为历史学科核心素养之一提出，要求学生能够获取史料、辨析史料、运用史料。想要培养学生的史料实证素养，形成证据意识，首先就应该明确学生应该了解的史料知识。例如，初中阶段，学生应“了解史料的主要类型，初步学会从多种渠道获取历史信息，提高对史料的识读能力；能够尝试运用史料说明历史问题，学会根据可信史料对历史进行论述；初步形成重证据的意识和处理历史信息的能力。”[①] 高中阶段，学生则有所进阶，要“知道史料是通向历史认

① 中华人民共和国教育部. 义务教育历史课程标准：2022年版［M］. 北京：北京师范大学出版社，2022：7.

识的桥梁，了解史料的多种类型，掌握搜集史料的途径与方法；能够通过对史料的辨析和对史料作者意图的认知，判断史料的真伪和价值，并在此过程中增强实证意识；能够从史料中提取有效信息，作为历史叙述的可靠证据，并据此提出自己的历史认识；能够以实证精神对待历史与现实问题。”[①]

案例呈现

一个关于鸦片战争和《南京条约》的内容和影响的教学片段，共引用了6段材料，分别来自陈旭麓的《近代中国社会的新陈代谢》（2段），叶圣陶编、丰子恺绘的《开明国语课本》，魏源的《海国图志》，茅海建的《天朝的崩溃》和裴钰的《改变中国——鸦片战争英国出兵170周年反思》。

由此想到的

上述案例围绕鸦片战争和《南京条约》的内容和影响来展开教学，其所选的6段材料中能称为史料的只有魏源的《海国图志》。若叶圣陶编、丰子恺绘的《开明国语课本》运用得当，亦勉强可作为史料。其余4段材料均属于当代史家的论断和看法。历史教学中，将史家论断、看法当作“一手史料”要小心谨慎，若以史料研习为幌子作所谓的历史探究，很容易被异化为既定观点的验证。令人遗憾的是，《南京条约》作为本课的基本史料也是一手史料，最应被引用而未能见其踪影。

中学教师由于精力与资源的限制，接触较多的是史家著述而非史料。但即便如此，也应该以史家著述为线索去查找史料原文。查找史料原文是为了核对原文，避免出现“史源不清，浊流靡已”的现象。再退一步说，如果没有查找与核对史料原文的条件，（转）引史家著述中某些史料的部分无可厚非。除有特殊教学设计意图外，如果把史家的论断当成“一手史料”来用就值得警惕了。

案例呈现

做历史：史料

史料之于历史非常重要，以至于对史料的研究构成“做历史”活动。

史料是告诉我们有关过去的线索。例如，过去的人们是怎样生活的或他们做些什么、想些什么。史料源于过去的一切，各种各样的东西都可能成为史料，包括文本（书写的史料）、图片、建筑物、工艺品（物品），甚至骨骼。

---

① 中华人民共和国教育部．普通高中历史课程标准：2017年版2020年修订［M］．北京：人民教育出版社，2020：6.

史料 1：发现于剑桥郡的英格兰东部爱西尼人制作的银币。

史料 2：发现于英格兰北部哈德良长城的一块题有文字的墓碑。

史料 3：发现于英格兰北部哈德良长城沟渠的法国陶碗。

史料 4：发现于伦敦装着罗马时代脸部护理产品的罐子。

史料 5：来自罗马时代百夫长头盔上的羽毛饰品。

和搭档一起合作：

1. a）判断史料 1—5 中哪些是文本史料（书写的资料），哪些是工艺品（物品）。b）回顾所学，找到另一种不同于其他任何东西（史料 1—5）的物品。

2. 你觉得史料 1—5 中哪一则史料最有趣？为什么？

3. 在第 2 步的基础上，选择一则史料，分析：是谁制作的？它的使用者们的生活是怎样的？

4. 选择一个学习过的历史时期，列出三则能为该时期提供证据的史料。

5. 命名两则不存在于 2 000 年前罗马时代的，但能够告诉未来的历史学家我们今天的生活的史料。

由此想到的

上述案例从史料定义处入手，首先让学生明确史料的地位，即探索过去的线索，起到证据的作用；其次，让学生树立泛史料意识，凡保存有过去信息的东西都可能成为史料。事实上，这背后隐藏的是在时代思潮、历史观念、研究领域、研究方法不断发展的背景下，史料概念拓展的过程。为了巩固这两点教学目的，教师设计了五步探究活动，问题设计层层递进，对思维要求越来越高。值得注意的是第 2 步与第 5 步活动。询问学生“哪一则史料最有趣”比“哪一则史料最有价值”更适合七年级学生的心理发展水平。让学生“制造”后世史学家所用的史料看似随意，但蕴含的是学生参与“做历史”的精髓；看似简单，但指向了史料之所以成为史料的条件，恰恰契合了史料的定义。

由史料的概念可知，史料丰富且复杂。正因如此，在搜集史料后需将其分类，以明了每条史料的特性，便于开展探究活动。根据不同的标准、不同的研究视角，史料类别也各有不同。

按照载体来划分，史料分为文献史料、实物史料、口碑史料、声像史料。文献史料均出自人物的记录，如二十四史、档案材料、书信日记、家庭账册、回忆录和公开报道等。实物史料包括出土文物、历史遗迹等。口碑史料一般是当事人或当时的人对所经历或听闻事件的回忆。声像史料是近现代的产物，对于研究近现代史非常重要。需要注意的是，同一史料，可能既是实物史料，又是文献史料，如青铜器的铭文。

按照史料流传方式来划分，史料可以分为直接史料和间接史料。直接史料是指“凡是未经中间人手修改或省略或转写的”，间接史料是指“凡是已经中间人手修改或省略或转写的”。[①] 一般而言，直接史料较为可信。

按照史料作者的意图来划分，史料可以分为有意证据和无意证据。有意证据是指为影响当时或后世的历史学家而留下来的证据，无意证据则反之。[②] 实物资料、家庭账册、部分书信日记一般属于无意证据。二十四史、部分书信日记、回忆录和公开报道等，这类史料的作者大都“有意”想以自己的文字来左右时人和后人的视听，因此属于有意证据。需要注意的是，在同一史料中，可能同时存在着有意证据和无意证据。如一张关于美国内战的照片，摄影者的意图可能是要表现政府军的英勇，但在无意中留下了当时的服饰、枪炮、阵形、军人体格等信息。

史料作为证据，有“正面证据”（确证）和“反面证据”（反证）之分，对二者都必须慎重对待。[③] 要综合考虑正反两方面的证据，切忌只看到一方面就匆忙下结论。[④]

按照史料保存状况来划分，史料可分为一手（原始）史料与二手（转手）史料。前者是目击者的陈述、文献以及事实自身的遗存，数者皆与事件同时；后者是史学家或编年家论述彼等所未及亲见的事件，仅凭传闻或直接或间接地参稽原始史料而来。[⑤]

按照在教学中的作用来划分，史料可以分为基本史料与延伸史料。学习一段历史时所无法绕过的材料就是基本史料，拓展学生历史认识的有关史料属于延伸史料。[⑥] 前者是一节课中用于解释、说明某一历史现象、历史事件典型的史料，后者则是加深对相关内容理解的史料。

案例呈现

某教师在执教《义务教育教科书　中国历史》（七年级上册）中“汉武帝巩固大一统王朝”一课时，基于探索“史料实证”素养培养有效路径的考虑，设计了如下教学环节：

教师出示图片并提问：“同学们，利用以下史料来研究汉武帝的文治武功，怎么给它们分类？哪则史料的价值更高？为什么？”

A——电视剧《汉武大帝》，B——汉武帝画像，C——电视纪录片《中国通史》，D——司马迁《史记》，E——班固《汉书》，F——钱穆《国史大纲》。

学生讨论（略）。

---

① 傅斯年. 史学方法导论［M］. 北京：中国人民大学出版社，2004：3.

② 布洛克. 历史学家的技艺：第2版［M］. 黄艳红，译. 北京：中国人民大学出版社，2011：71.

③ 李剑鸣. 历史学家的修养和技艺［M］. 上海：上海三联书店，2007：275.

④ 张汉林. 历史教育：追寻什么及如何可能［M］. 北京：中国民主法制出版社，2016：95.

⑤ 杜维运. 史学方法论［M］. 北京：北京大学出版社，2006：110.

⑥ 张汉林. 基本史料：思考“史料教学”的新视角［J］. 课程·教材·教法，2016（8）：77-82.

生：A、C属于声像史料，B属于实物史料，D、E、F属于文献史料；B、D、E属于原始史料，A、C、F属于二手史料；B是无意史料，其余都是有意史料。从史料价值来看，《史记》和《汉书》相对价值较高。

师：为何《史记》和《汉书》的价值相对较高？（学生一时语塞。教师趁势再次发起课堂讨论。）

生：《史记》和《汉书》的成书较早。司马迁生活在汉武帝时代，《史记》记叙了诸多汉武帝当朝之事。《汉书》的作者是东汉的班固，在时间上距离西汉并不遥远，受时代之隔而降低史料价值的因素比较小。汉武帝画像在历史上版本较多，且图片中的画像因未标明出处而难以判断其年代。钱穆虽是国史大家，但《国史大纲》是现代人写古代史，距离西汉已有数千年之隔，分析其研究价值就不得不考虑时间因素了，再说钱穆的著作也是二手史料。电视剧虚构成分较大，纪录片虽然力图还原历史真相，但也不能称为严格意义上的原始史料。[①]

由此想到的

广义的史料，包括历史材料、历史文本和历史文献。狭义的史料就是历史典籍，“或说是有重要价值和意义的历史文献”。[②] 英美学者常用 sources 代指史料，意为“过去留下的人工制品”，sources 有时包括史料和研究性论著，即一手史料和二手史料。[③] 清晰区分不同性质的史料，对有效指导学生运用史料至关重要，在区分史料的基础上，可以：（1）寻找与历史时代相符的材料；（2）确保所搜集的材料适宜学习；（3）为学生解读材料提供背景知识；（4）有针对性地分组使用材料；（5）明确阅读材料的目的和动机；等等。[④] 上述案例从不同性质的史料入手，旨在引导学生判断史料的价值。学生基于对史料概念的理解，能够很好地区分类型，但就各类史料的价值并未充分理解。通过老师引导，学生从史料创作者、创作时间、创作形式等方面着眼权衡不同史料的价值大小。这些教学活动并不是要让中学生去做史学研究，而是基于学科研究基本法则，通过有目的、有层次、有效益的指导，使学生“像史学家一样思考”和“做历史”。

① 周靖，罗明．核心素养：中学历史学科育人机制研究［M］．上海：复旦大学出版社，2018：125-126. 引用时有修改。

② 赵亚夫．历史教学设计的流程、诊断与策略：第八讲上［J］．中学历史教学参考，2015（7）：4-8.

③ 李剑鸣．历史学家的修养和技艺［M］．上海：上海三联书店，2007：237.

④ 赵亚夫．历史教学设计的流程、诊断与策略：第八讲上［J］．中学历史教学参考，2015（7）：4-8.

资料卡片

学生关于史料证据的常见误解

1. 一手史料比二手史料更可信。

2. 所有的史料要么是“一手”，要么是“二手”。

3. 一手史料被玩厌了，这使得它们作为证据是无用的。

4. 历史学家使用大多数时间评估史料的可信性，主要是为了找出不可信的史料并抛弃它。

5. 仅凭借一手史料建构对于过往的理解是可能的。

6. 因为只有当事人才确切地知道发生了什么，所以努力地回答有关过往的问题毫无意义。①

面对复杂纷繁的史料，学生需要了解如何选择史料。学生选择史料时，应持如下观点和态度：由人记载下来的东西都有局限性；由人记载下来的东西难免会有偏见，尤其是政治史中所反映的兴衰更替和垂范、资鉴；由于战乱、天灾、人祸等原因，史料被破坏的程度相当高；历史当事人对于机密事件，常常不留文字或伪造文字，所以即便档案也不能全信；杜撰史料自古有之；以讹传讹在史书中也普遍存在，所以说历史不过是“对过去的部分真实的解释和不完全的叙述”②。

案例呈现

《普通高中教科书 历史 必修 中外历史纲要》(上)中“从隋唐盛世到五代十国”一课的“探究与拓展”列出一条描述隋朝国力、财政的史料。四川省邻水中学骆孝元老师借助该史料，引导学生围绕“该史料的用处”，完成表6-1中的学习任务，开展史料研习。

史料：隋氏西京太仓，东京含嘉仓、洛口仓，华州永丰仓，陕州太原仓，储米粟多者千万石，少者不减数百万石。天下义仓又皆充满。京都及并州库，布帛各数千万。而赐赉勋庸、并出丰厚，亦魏晋以降之未有！

——杜佑《通典·食货志》

表6-1 史料研习任务单

该史料对告诉我这些有用吗	有	不确定	没有	证据
1. 隋朝国力				

① 曹祺. 理解“证据”：来自英国历史教学的经验与启示[J]. 中学历史教学参考，2017(15)：12-18.
② 赵亚夫. 历史教学设计的流程、诊断与策略：第八讲上[J]. 中学历史教学参考，2015(7)：4-8.

续表

该史料对告诉我这些有用吗	有	不确定	没有	证据
2. 隋朝的救济制度				
3. 隋朝北方经济与南方经济对比				
4. 隋朝的农业生产				
5. 隋朝粮仓的建立				
6. 丰厚的赐赉勋庸对隋朝政权稳固的作用				
7. 隋朝的手工生产				
8. 隋朝的国家治理				
9. 隋朝老百姓的生存状态				
10. 隋朝是否是盛世				

由此想到的

学生如何选择史料的过程，即判断该史料信息有何用处的过程。基于这一过程需要注意三点：一是注意鉴别，即对史料信息的可信度进行评估，鉴别真伪；二是注意判断，即权衡史料信息在解决何种问题上是可以采纳或能够使用的；三是注意互证，对一个事实、一个观点最好找到不同的陈述和证据作支撑。上述案例简洁明了、直接有效地将第二、三点注意事项融入教学设计之中。学生在“有、不确定、没有”三个选项中作考虑时，已经在鉴别该史料信息用于验证、解决某一个史事、现象、问题时是否真实、可用，并需要提供相关证据予以支撑、互证。

资料卡片

传统的鉴别史料方法主要有外考证与内考证两种。外考证是对文献史料的形式和外表考证，它可以判断史料的真实性、来历。内考证是对史料的内容细节考证，它可以用来辨别可信度和可靠度。其步骤如下：

外考证：

（1）追寻文本来自何处。

（2）作于何人？

（3）成于何时？

内考证：

（1）探讨作者所言真意如何。

（2）作者是否自信其所言？

（3）作者是否有理由自信其所言？[①]

好的、成功的历史教学应该是让学生成为历史知识的拥有者、历史认识的建构者。何谓学生理解了历史，其表现就在于学生能够运用史料讲故事，能够论证、阐明观点。历史课堂不能仅让学生知道历史事实，也应该教给学生史料的一般知识，为他们有可能成为历史知识的生产者、拥有者奠定基础。要强调的是，史料在教学中的地位虽是优先，但没有被学生体认、内化的史料是不能带来历史理解和历史解释的，历史教学也会丧失应有之意义。

二、解读史料的基本要求和技能

案例呈现

某教师在讲“抗日战争的胜利”时，以一幅获全国金奖的油画《公元1945年9月9日9时·南京》来烘托胜利的氛围，并设计比较油画与照片的教学活动，目的是要“寻史知真”：

图1：公元1945年9月9日9时·南京（陈坚：《公元1945年9月9日9时·南京》，人民美术出版社2016年版）。

图2：日本代表递交投降书（韩文宁：《战区大受降》，南京出版社2005年版，第92、97页）。

让学生对比油画与照片，思考其“不同”，尝试从受降仪式的场景、国旗的数量、持枪士兵的人数、观礼人群的变化、递交投降书代表的人数、受降代表的姿势等视角提取“个性”，从这些“不同”中辨析作者的意图、心态及情感寄托。该教师告诉学生：因受制于时代特征、情感立场、个性偏好、利益诉求、价值判断等因素，历史认识往往会带有主观性，有一种看法认为何应钦“弯腰”接投降书的那一瞬间，是丧失国格、尽失尊严，是向侵略者和失败者低头。其实，这很可能是带有主观性的偏见，因为单幅历史图像只能推断出部分信息，即便是未经技术处理的照片也只能反映历史的瞬间，仅是一个定格、一个片段，单凭一幅图像下结论难免会陷入孤证不立的境地。因此，该教师虽没有给出明确答案，却为学生预留了从多种渠道获取史料，借助不同类型史料对所探究的问题进行互证，最终构架完整证据链以推导、验证结论的广阔空间。[②]

① 王学典．史学引论［M］．北京：北京大学出版社，2008：175.

② 周靖，罗明．核心素养：中学历史学科育人机制研究［M］．上海：复旦大学出版社，2018：129-130.

由此想到的

上述案例中教师从多则图片中的场景信息、图片外的社会特征、图片折射意图与心态等角度进行比较解读，这与采取知识问答式、旨在知识记忆的教学思路有所不同。这种教学思路多着眼于选择能够契合某一先验结论的史料，舍弃与结论相反或矛盾、对立的史料，所谓“史料实证”就是“用公式推理应有的‘真实’”；或者囿于求真、求实的史学规则，遇到“不可靠”的史料就予以舍弃，“无力分析和解释”史料，不能“通过分析进行‘证伪’”。① 这也引发了我们思考如何解读史料的课题。

结合史料研习一些典型成果，我们认为由史料、问题、思维、阅读构成的四位一体史料研习模型是解读史料的一个新路径。② 在该模型中，史料是研习活动的起点，阅读、问题、思维立足它而展开。阅读的对象是史料，史料阅读以理解史料为基础，其阅读的过程即史料深度研习的过程。基于史料提出、发现、生成、解决问题，于实施而言是问题设计，于结果而言则为问题意识。历史思维是目标，其水平和质量高下受制于良好的史料、深度的阅读和有效问题，同时它又调控阅读、问题的深度。此外，知识与技能在“四要素”互动时，或隐或现起辅助深度学习的作用。

直观地表示该模型，如图 6-1 所示。S 为史料（source），即研习的基点或原点③，Q 轴表示问题设计（question），T 轴表示历史思维（thinking），R 轴表示史料

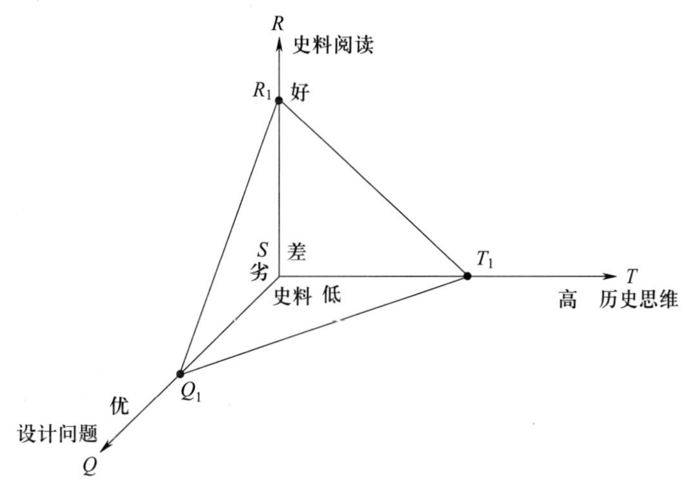

图 6-1 “四要素”互动模式

① 赵亚夫. 中学历史教育学［M］. 北京：北京师范大学出版社，2019：190.

② 陈德运，赵亚夫. 史料·阅读·问题·思维：基于史料的教学原理阐释［J］. 基础教育课程，2020（Z1）：56–62.

③ 研习的史料一定是有效的、能意义化的，这是研习的基点，故坐标轴原点就是史料。

阅读（reading）[1]，它们形成 S-QTR 三维坐标，由此深度学习取向的 S-QTR 史料研习模型得以建构。Q、T、R 与 S 的距离（远近）表明相应的问题、思维、阅读与史料构成的效果，如优劣、高低、好坏。在坐标轴上分别赋值 Q_1、T_1、R_1，在知识与能力或明或暗的辅助下，与 S 点互动构成一个史料研习 S-$Q_1T_1R_1$ 四面体（如图 6-2 所示）。史料研习基于史料 S，各要素互动，意味着某一个或几个赋值变化，四面体随之改变。如“史料浏览课”，史料阅读目不暇接，其问题设计、历史思维也受影响，四面体呈相[2]就会相应变化。

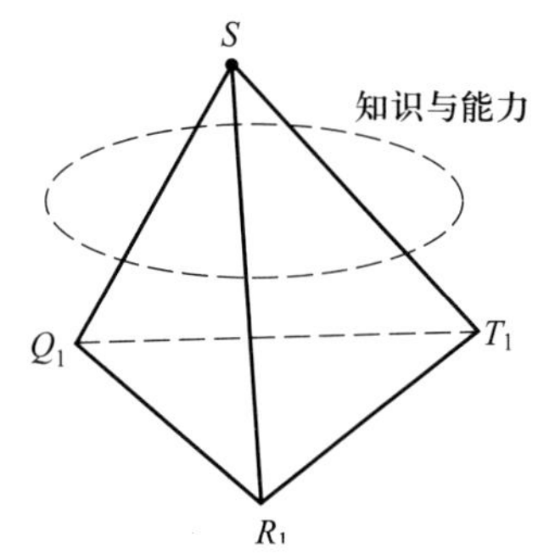

图 6-2 “四要素”的立体模型

该模型中四要素的互动、协调，决定了史料研习有效运作。一是史料之于史料研习而言为根本，没有史料就没有研习活动，也丧失了学科特色。当然，史料研习是否立得住，不仅与史料的真实、全面与否有关，还与选择史料的态度、方法有关。如不然，史料亦不过废纸。二是史料蕴藏事实但不等于事实，破灭了一阅读史料就自动获知事实的幻想，唯有“通过反复盘问”史料，才能得到“他们的原始陈述中所隐瞒了的情报”[3]。所以，史料的价值由问题决定，问题设计又决定阅读的质量。三是史料提供的“证据”与其指向的“事实”间，并不总是一一对应的，如果希冀通过研读史料澄清其隐晦及障蔽之处，则必须理解史料。理解与历史思维是关联的，缺乏对史料的理解，就会流于肤浅的史料阅读，缺乏历史思维的介入，研读史料就不可能让学习意义化。因此，研读史料必须触及历史理解，并介入历史思维，否则阅读必定肤浅，学科素养的培养势必空虚。四是史料阅读是进入了一种同过去及正试图理解过去的询问者之间进行协商交流的场景，如何对史料提问、提出什么样的问题等都关联历史思维。如若剥离之，则不可能提出有意义的问题。可见，问题必然与历史思维互动，否则问题就是摆件。

史料、史料阅读、问题设计和历史思维四要素的互动关系构成 S-$Q_1T_1R_1$ 四面体，不同形式的四面体，实际反映了人们对史料教学的认知以及史料教学的理想程度，四面体中 Q_1-T_1-R_1 面的三角形的三边越是均衡，说明史料教学就越理想，即史料阅读的质量越好、问题设计的程度越优、历史思维的水平越高。

阅读、问题、思维是解读、理解和应用史料不可或缺的关键要素，不能从原理上认识各自教学位置和彼此之间的关系，基于史料的教学势必落空。但同时，在该原理作用下，史料解读的注意要求也不可或缺。

概而言之，有关注意要求大致有三条：一是“读懂史料”，即引导学生识别史料的主要信息；采用不同形式、观点的史料；分析史料的来源、史料的社会背景

① 每个数轴朝向不固定，因三个数轴构成立体，摆放位置不一，数轴朝向随之改变。

② 呈相是指根据具体研习效果而呈现出的四面体样式，它体现研习的水平、风格和类型。

③ 柯林武德. 历史的观念［M］. 何兆武，张文杰，陈新，译. 增补版. 北京：北京大学出版社，2010：234.

等。二是“拓展知识”，即区分不同类型的史料并解释其价值；认识到史料之间的联系；“从历史陈述、因果关系中看出偏见、曲解或宣传的角度”。三是“运用解释技巧分析历史材料”，即基于多角度、多方面作史料分析；基于历史理解和历史批评咬文嚼字，理解文字的内涵、段落的主旨和与背景相关的词汇；在历史背景中解读史料，“考查其可信度”；解释和评估作者的偏见；发现历史思想与行为的真实意图；强调对史料的自我见解。①

实践指引

中学历史教学同样重视一手史料

史料是历史的细胞，引入史料进行教学本是历史教学的应有之义。换言之，基于史料的教学是常规的、必需的做法。基于史料的教学决定了历史教学的性质，使其探究本质特征得以凸显，对于打破以教科书为中心、以教师为中心的桎梏具有积极意义。但这并不意味着可以任意滥用、乱用史料，不被学生理解、内化的史料是不可能产生教学意义的，这势必指向如何有效研读史料的课题。现代历史教育越强调专业性，就越凸显专业历史阅读的重要性和关键性，研读史料实则是有效教学的钥匙！在问题驱动、历史思维指引下，阅读又与它们构成史料研习的关键要素。

第二节 阅读和分析史料的教学设计

○史料阅读是现代历史教育的重要课题。
○史料研习是培养核心素养的重要手段。
○史料研习使学生批判性思维得以发展。

一、史料阅读在教学的应用

阅读是核心的学习内容，史料阅读也是历史教学的常态。展望当前全球历史教育，历史阅读素养的培养成为学科的重要任务已是不争的趋势。② 现代历史教育追求人文、人性、人格的培养，在强调专业性的同时，也就凸显了阅读的重要性和关键性，因为培养学科核心素养离不开历史阅读。

史料在历史教学设计中占有重要位置。历史教学要重视学生对历史的理解，就不得不借助史料来理解历史知识的本质。史料对于学生而言，是他们认识历史的媒介，需要通过阅读与分析，破解史料的表意与内涵，形成对历史问题和历史现象的整体理解。所以，教师在教学设计中，需要设计指导学生阅读和分析史料的教学活

① 赵亚夫. 中学历史教育学［M］. 北京：北京师范大学出版社，2019：219.
② 陈德运. 美国《州共同核心标准》的历史阅读素养［J］. 中学历史教学参考，2020（7）：24-32.

动，以落实教学目标。

案例呈现

材料：中国文武制度，事事远出西人之上，独火器万不能及。……鸿章以为，中国欲自强则莫如学习外国利器。欲学习外国利器则莫如觅制器之器，师其法而不必尽用其人。

——李鸿章《致总理衙门函》

师：那么，根据材料，我们应该怎么去面对这种变局呢？

学生思考、回答。

师："莫如觅制器之器"，也就是兴办工业，兴办工业以图自强，是当时世界上后进国家实行改革的常见形式。在内忧外患这个背景下，清政府最先感受到的，就是西方的坚船利炮，清政府认为当时除了武器之外，清政府的制度"事事远出于西人之上"，我们称这种观点为"中体西用"的思想，这种思想现在看起来比较肤浅，但在当时还是符合人们的认知的。

由此想到的

上述案例将史料嵌入教学逻辑中，但根本谈不上"基于阅读和分析史料的教学设计"。一是用史料佐证、诠释既定的"中体西用"观点，学生无须调动已有经验来探究，探究内容也与已有经验没有结构性的关联。二是史料只为服务老师认同的某个观点，以加深学生记忆，而无意义化的学习机制，停留在"知识性史料研习""接受性历史学习"层面，缺乏真正的阅读和分析史料活动，更遑论学生的历史理解了。三是过于依赖历史解释，只为预定的立场给出相应的历史解释，至于李鸿章为何要用这样语气、如何理解等显然不在关注的范畴内。四是史料使用呈现解说式取向，重在记忆"中体西用思想"史实，轻视了对史料的阅读和分析，至于高阶的历史思维乃至核心素养都不在视野内。

有关史料阅读在教学的应用现状，如上述案例一般悬置史料阅读只是冰山一角。还有者如：陶醉历史故事的精彩讲述，老师"讲明白"与学生"听懂了"才是教学最关心的能事；追求史料的大量充溢，史料"新颖"与"解读"深刻只为凸显教师素养高；打着创新旗帜来借用新技术、新手段、新媒体活跃课堂氛围，看重的却是活动形式；将历史阅读与语文阅读等同，把史料阅读简化成"有声朗读""默读"。不可否认，以往研究历史思维、历史学科能力、历史教科书、学业评价等领域时，学界虽觉察到阅读材料的课题就挡在那里，但没有给予足够关注。[①]

① 赵亚夫. 理解历史 认识自我：中学历史教育研究［M］. 北京：光明日报出版社，2020：380.

有调查发现，47% 的教师顾不上培养学生史料阅读能力，63% 的教师认为学生基础差而未培养史料阅读能力，50% 的学生对高考客观题材料“理解有误”，25% 的学生对高考主观题材料的阅读目的“不明确”，12.5% 的学生认为阅读高考主观题材料“有难度”。数据调查虽局限于某些年份和区域，但已将普遍存在的困境呈现出来了。学生读不懂材料与考纲未给出一套可操作的研读策略相关，使学生“未能揭示阅读在读者与文本间的互动关系”[①]，只能把复杂的人与史料的对话过程简化成“单向度”的认知过程。

资料卡片

史料阅读是指一种历史学习活动，不仅意指观览史料，更指检阅史料、考核史料，即对史料进行辨析。通俗来讲，就是学生批判性地解读史料，将其读懂读透。依据现代的文本理论，“阅读”的潜在含义是将史料作为文本。文本躺在那里，并非“其义自现”，只有当读者主动介入时，文本才能向作者敞开，在与读者的互动中生成其意义。

《普通高中历史课程标准（2017 年版 2020 年修订）》并没有采用“史料教学”这个概念，而是提出了“基于史料研习的教学”和“基于史料研习的教学活动”这样的说法。如果说史料教学的主体是教师的话，那么史料研习的主体显然是学生。从这一点来讲，史料研习比史料教学更能体现历史教育的现代性。此外，“史料研习”的含义一目了然，大家都能明白它是指一种具体的学习活动。当然，也正是在这个意义上，“基于史料研习的教学活动”是同义重复。

“基于史料的教学”是赵亚夫提出的概念。这个概念既突出了史料在历史教学中的显要地位，同时也强调了历史教学的整体性。相较于“基于史料研习的教学”，“基于史料的教学”这个概念更为简洁，而且更为准确，因为“基于史料研习的教学”将历史教学局限在史料研习中，而“基于史料的教学”则显示出史料在历史教学中无处不在，史料与阅读、史料与情境、史料与讨论、史料与讲解，均有机联系在一起。[②]

按照这样的模式和教学方式走，历史教育视野永远不会置史料阅读课题于重要位置，然而这根本不允许。1988 年，我国历史教学大纲首次提出培养历史阅读能力，20 世纪 90 年代，历史教学大纲依然延续这一能力的培养。[③]21 世纪推行课程改革后，初高中课程标准实验稿对历史阅读能力有了简单分层，初中培养学生“初

---

① 李学敏，张晓静，范英军．基于史料阅读能力层次标准的考生水平评价及教学建议：以 2017 年高考文综历史（天津卷）为例［J］．考试研究，2017（6）：19-30.

② 张汉林，李嘉雯．论学科核心素养背景下的史料阅读［J］．历史教学，2021（9）：52-58. 引用时有删减。

③ 课程教材研究所．20 世纪中国中小学课程标准·教学大纲汇编：历史卷［M］．北京：人民教育出版社，2001：510，690.

步具备阅读”的能力[①]、高中则为“进一步提高阅读”的能力[②]。配套的新教科书也探索出“材料阅读”“自由阅读卡”等学习栏目。此后，修订版课程标准同样重视阅读能力的培养：《义务教育历史课程标准（2011 年版）》提出掌握“阅读教科书及有关历史读物的方法”[③]，《义务教育历史课程标准（2022 年版）》也提出，“从帮助学生学会阅读、理解教材，概括所学内容入手，进而指导学生解读史料，使学生逐步学会对史事进行分析”[④]。《普通高中历史课程标准（2017 年版 2020 年修订）》中“史料研读”模块“重在对学生的历史阅读理解能力的培养”，教学以“历史阅读活动为主”，对不同类型史料要求“尝试解读”甚至“深度阅读”。[⑤]可见，基于阅读和分析史料的教学设计必须重视阅读课题。

案例呈现

为了让学生将黑死病的影响、先前对疾病的反应、对医学信念的学习与理解等联系起来，有老师采用“推理层次工作表”的方式来阅读和分析史料。要求学生将若干史料放在图 6-3 中。

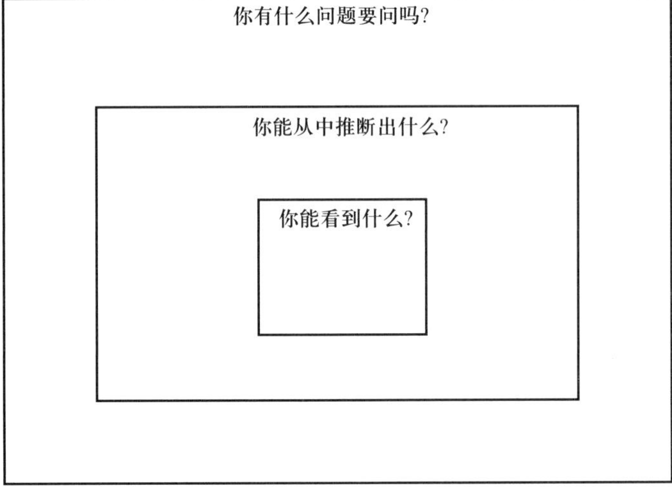

图 6-3 推理层次工作表

史料 A 为 19 世纪的一幅德国雕版画，描绘了 14 世纪中期的一群鞭笞者。

① 中华人民共和国教育部. 全日制义务教育历史课程标准：实验稿［M］. 北京：北京师范大学出版社，2001：4.
② 中华人民共和国教育部. 普通高中历史课程标准：实验［M］. 北京：人民教育出版社，2003：4.
③ 中华人民共和国教育部. 义务教育历史课程标准：2011 年版［M］. 北京：北京师范大学出版社，2012：6.
④ 中华人民共和国教育部. 义务教育历史课程标准：2022 年版［M］. 北京：北京师范大学出版社，2022：15.
⑤ 中华人民共和国教育部. 普通高中历史课程标准：2017 年版 2020 年修订［M］. 北京：人民教育出版社，2020：37-40.

史料 B 为 1964 年儿童图书中的一幅图片，显示了民众驱逐男子和他患瘟疫的妻子及孩子。

史料 C 为描绘荷兰瘟疫墓葬的一幅当代图片。

史料 D 为 20 世纪儿童读物的一幅图片，展示了 1349 年诺里奇市的瘟疫墓葬。

史料 E 为 19 世纪的一幅图片，显示了在 1350 年左右人们为从黑死病中解脱而进行祈祷的场景。

史料 F 为刻在赫特福德郡阿什韦尔教堂墙上的一段铭文，大意为：1350 年瘟疫来到这个村庄，1361 年在大风肆虐时离开了村庄。

史料 G 为爱德华三世国王在 1349 年发布的《密封敕令之卷宗》。

史料 H 为 19 世纪作家威廉·迪恩对罗切斯特 1348 年黑死病情况的一段描述。

史料 I 为 14 世纪的一幅图片，展示了 1348 年欧洲焚烧黑死病受害者的衣服的场景。

由此想到的

历史皆为往事，史家要将之还原就须借助史料，这个过程不得不涉及对史料信息的推理。故史家有言，历史学“非观察之科学”，而为“推理之科学”，[①] 更确切说，是“根据史料而加以间接之推理”[②]。该案例有三个值得注意之处：一是阅读与分析史料颇具史学味道。中学生“像史学家一样阅读”或“像史学家一样思考”上述九则史料时，基于“层次推理”思路来探究历史，蕴含了历史学推理特质。二是阅读与分析史料有教学支架辅助。现行史料研习案例成为“摆设”的很大原因在于缺乏阅读与分析的辅助工具，致使学生无从着手探究。三是对史料的阅读与分析呈层次性、逻辑性展开。推理层次工作表中，由内向外，第一圈处于认知水平的“知识”层次，第二圈处于认知水平的“分析”层次，第三圈属于认知水平的“创造”层次。

案例呈现

“雅典民主”案例共计三个教学环节，即背景知识介绍、研读史料、全班讨论。本课导入以教师介绍历史背景知识展开（过程略）。

新课探究“雅典真的是民主的吗”这一问题。研读史料环节共分为五步。

---

① 郎格诺瓦，瑟诺博司．史学原论［M］．李思纯，译．上海：商务印书馆，1926：281．

② 何炳松．通史新义［M］．北京：商务印书馆，2017：16．

第一步，研读史料A（节选自修昔底德的《伯罗奔尼撒战争史》，具体内容略）。问题设计为：（1）谁是伯里克利？他为什么发表这个演讲？（2）基于你对伯里克利的了解，这篇演讲是如何被记录下来的，这份文献作为研究雅典政治体系的史料，其优点和缺点是什么？（3）据伯里克利的观点，雅典民主的特征是什么？

第二步，研读史料B（节选自亚里士多德的《雅典政制》，具体内容略）。问题设计为：（1）这是什么类型的文献？其目的是什么？（2）根据史料，谁有权在雅典投票？（3）雅典人是如何"注册"成为公民的？请解释。

第三步，研读史料C（节选自奥博的《希腊古典时期的兴衰》，具体内容略）。问题设计为：（1）雅典总人口中能够投票的占比是多少？（2）哪些雅典群体能够投票？哪些群体不能投票？

第四步，研读史料D（节选自莫根斯的《雅典是民主国家吗？古代和现代政治思想中的普遍统治、自由和平等》，具体内容略）。问题设计为：（1）谁是汉森？这份文献作为研究雅典政治体系的史料，其优点和缺点是什么？（2）根据汉森的说法，雅典的政治制度怎么会比我们今天所想的民主制度更民主呢？事实上，雅典政治制度为什么不那么民主呢？

第五步，研读史料E（节选自约翰·麦克的《在雅典被放逐：古希腊人知道如何抛弃坏波尔》，具体内容略）。问题设计为：（1）谁是坎普？这份文献作为研究雅典政治体系的史料，其优点和缺点是什么？（2）雅典放逐的是什么人？目的是什么？（3）放逐使雅典更加民主还是更不民主？使用文献中的证据来支持回答。

通过以上五步研习活动，学生对雅典民主制度有了一定理解，由此进入全班讨论环节，共计五步。

第一步，学生四人一组，每组分为A、B组。

第二步，布置任务：（1）A组认为雅典是真正民主，B组认为不是；（2）A组向B组陈述，B组向A组重复辩论，直到A组满意为止；（3）B组向A组陈述，A组向B组重复辩论，直到B组满意为止；（4）达成共识。

第三步，分发问题：（1）雅典真的是民主的吗？（2）民主意味着什么？（3）雅典在哪些方面是民主的？（4）雅典在哪些方面不民主？（5）雅典的民主与今天美国的民主相比如何？

第四步，要求学生用图表空格写下自己的要点和对方的要点：赞成雅典是真正民主的一方，须列出四个证据；认为雅典不是真正的民主的另一方，同样须列出四个证据。

第五步，学生可放弃原来的立场为另外一方争论，最后团队达成涉及双方的证据和论据的共同协议。①

---

① 谭贺婧，陈德运．斯坦福大学RLH项目的史料阅读策略透视［J］．现代教学，2020（5A）：74-76.引用时有修改。

由此想到的

上述案例出自萨姆·温伯格主持的斯坦福大学“像史学家一样阅读”项目，它呈现出一个较为完整的史料阅读与分析的架构，即将求源、语境、确证、精读四个史料阅读维度融贯于史料研习活动之中。求源策略可以分析史料来源，如作者身份、写作时间、写作动机等用以评估史料价值；语境策略可以让学生带着背景知识仔细阅读史料，同时又从史料中产生有关事件或时代的历史背景知识；确证策略让学生比较多个史料来评估史料的可信度和是否存在偏见；精读策略让学生放慢阅读速度，仔细考虑作者的语言和用词选择，尤其是作者表达自己观点的语句。每个阅读维度都以问题为指引，从史料中最大化获取信息解决历史探究问题。

该案例提示我们，史料阅读与分析须关注几个关键教学环节。一是学生阅读史料前，离不开相关背景知识的铺垫。二是学生阅读史料时，需要有相关问题设计的驱动。三是学生阅读史料后，借助全班讨论予以升华。这一步将与史料对话、与别人对话、与自我对话融为一体，将自己对史料的阅读收获与其他人的收获置于一处，论证自己的观点的同时还看到多种历史的解释以及史料作为证据支撑不同观点的做法，从而建构起历史认识，习得历史思维能力。

关于史料阅读与分析的理念，“像史学家一样阅读”项目可谓较为新颖，其阅读与分析的架构与方法也更为体系化、结构化。此前，国内外学者已在不同研究取向上进行了探索，这些研究取向大致分为三类：一是阅读取向，以阅读领域的“认读”与“解读”作为维度；二是史料取向，将史料的“三层面”（显性信息、隐性信息、概括信息）和“九要素”（时间、地点、人物、事实、观念、意图、内容、形式、价值）作为维度；三是整体取向，把维度分为辨别、语境、探索、分析、评估或求源、语境、确证、精读，或它延伸出的求源、批判、确证、语境、主张、证据。结合国内外研究与实践成果，在“像史学家一样阅读”的架构基础上从 1.0 版改编为 2.0 版。一是拓展阅读与分析维度，即从求源、语境、确证、精细、批判、创造等维度展开史料阅读与分析；二是细化阅读与分析维度，即在每个维度下再细分出二级维度；三是调整问题设计，即依据相关一级与二级维度设计问题；四是将历史思维明确化，即具体到培养何种思维能力。阅读架构具体呈现为表 6–2。

表 6-2 “像史学家一样阅读”2.0 版架构[①]

阅读维度	分析维度	问题设计	历史思维
求源阅读	辨别	制作史料的目的是什么？主题是什么？	时序思维（包括延续与变迁等思维）
	归属	对反映的史事 / 人物来说，史料是几手？	
	视角	作者是谁？是何身份？是作者的观点，还是哪一个群体的观点？	
		史料创作于何时、何地？	
语境阅读	确定语境	作者制作史料前经历什么？受到哪些因素的影响？	
	使用语境	根据语境可以帮助理解史料的哪些方面？	
	生成语境	利用史料理解的社会背景是怎样的？作者是主动还是被动制作史料的？	运用证据
确证阅读	辨别异同	同一史事 / 人物的史料，其异同是什么？能说明什么？	
	确证判断	还有哪些同一史事 / 人物的史料？谁更可信，理由是什么？	因果关系
精细阅读	叙事要素	概述史料的主要内容（时间、地点、人物、事件、原因、意义等）	
	言语用词	作者用什么样的言辞说服读者？如何使用特定词汇的？作者对相关史事 / 人物的态度是什么？依据是什么？	历史解释
	情感语气	史料含有哪些明确 / 隐含的道德判断？	
		作者对某史事 / 人物的情感如何？为何是该情感？能说明什么？	
	蕴含意义	史料对所涉史事 / 人物的意义是什么？	
		史料对当时的人的意义是什么？放到今天有何意义？	历史理解
		你对史料的理解与当时的人会一致吗？为什么？	

① 陈德运，骆孝元．像史学家一样研读史料的意义与实践［J］．天津师范大学学报（基础教育版），2022（5）：72–73．引用时有修改。

续表

<table>
<tr><th>阅读维度</th><th>分析维度</th><th>问题设计</th><th>历史思维</th></tr>
<tr><td rowspan="2">批判阅读</td><td>质疑</td><td>史料所论史事 / 人物有依据吗？它能用来证明什么，理由是什么？</td><td rowspan="7">历史意义</td></tr>
<tr><td>评估</td><td>对某史事 / 人物时是有意 / 无意证据、直接 / 间接证据？该史料价值如何？</td></tr>
<tr><td rowspan="5">创造阅读</td><td rowspan="2">推测</td><td>哪些部分不符合史实，推测这能够说明哪些问题？</td></tr>
<tr><td>部分不可信是否会破坏整个史料的真实性？</td></tr>
<tr><td>计划</td><td>是否存在与该史料观点相反的史料？还有哪些类型的史料能够帮助认识该史事 / 人物？</td></tr>
<tr><td>建构</td><td>综合各种史料，对该史事 / 人物有何新看法？</td></tr>
<tr><td>运用</td><td>运用史料还能解读出哪些隐藏信息？</td></tr>
</table>

“像史学家一样阅读”呈现出由问题、史料、叙事、表现四要素构成的，有效实现核心素养的结构性教学关系，并基于探究课题、教学环境、学生需求等，自由配置核心素养所需的教学设计与策略[①]，最终呈现出四个着眼点、三个环节的教学架构。老师讲述背景（叙事）、提出探究课题（问题）、学生史料研读（史料）、学生对话讨论（表现）构成四个探究着眼点，在此基础上，教学实施聚焦为背景讲述、问题探究、认识建构等环节。该探究重新定位了记忆历史知识与建构历史认识的关系、探究历史与讲授历史的关系、老师叙事与学生叙事的关系等。

二、史料养成历史思维能力

于学科而言，再没有什么能够比“做史（doing history）”那样有助于人们的历史思维能力发展的研究更激动人心的了[②]。历史教育不可或缺，首先是因为能培养学生的历史思维能力，这是现代历史教育的共识。历史思维能力是历史教育的本质特征与根本反映，离开这一灵魂式的内涵，历史教育活动必将沦为“死历史”，单纯以知识灌输的教学方式又将兴盛，或以其他面貌再度呈现。

案例呈现

英格兰人约翰与诺曼人纪尧姆对 1066 年诺曼征服有不同的叙事，那么究竟谁说出了 1066 年诺曼征服的真相？要求学生立足证据探究为何约翰与纪尧姆不会告诉我们整个事情的真相。

---

① 陈德运，赵亚夫．夯实历史学科核心素养的四维教学法［J］．课程·教材·教法，2021（9）：86–92.

② 赵亚夫．国外历史课程标准评介［M］．北京：人民教育出版社，2005：24.

（一）善用史料意味着能够识别为何史料常常不提供整个事情的真相

1. 约翰和纪尧姆的想法给出了没有说出全部真相的原因。请把 A—F 的结尾和正确的人搭配起来。

结尾如下：

A. ……哈罗德夏天保卫海岸的计划。

B. ……哈罗德虽然被打败了，但他是个好国王。

C. ……威廉的准备工作。那是很久以前的事了，我不在那里。

D. ……没有写太多关于英国人在黑斯廷斯战役中失败的报道。

E. ……因为威廉给了我们修道院很多钱。

F. ……威廉是真正的国王，而不仅仅是一个侵略者。

2. 如果作者没有说出一件事的真相，这是否意味着你不能相信他说的任何话？想想约翰和纪尧姆所写的文章，它们能够帮助你。

（二）善用史料意味着能够使用各种资源

如果历史上一个史料真实且清晰地告诉你整个故事，那将是简洁而方便的，但事实很少如此。在大多数情况下，你需要使用一系列的史料来构建你对事件或时期的描述。

1. 列出能为我们提供 1066 年诺曼征服的各种史料证据。

2. 列出贝叶斯挂毯告诉你的关于黑斯廷斯战役的两件事，并且是教科书第 66-68 页上没有的文献史料。

（三）善用资源意味着能够知道自己有多确定

在历史上，我们不一定总能找到明确的答案，因为：我们没有足够的史料；史料没有告诉我们想知道的一切；史料之间不一致。因此，当你对一个问题做出回答时，你需要说你的答案有多确定。

1. 列出两件 1066 年诺曼征服中可以确定的历史事件。

2. 列举两件 1066 年诺曼征服中无法确定的历史事件。

学习日志：关于史料的使用，你从约翰和纪尧姆那里学到的最重要的是什么？你打算怎么记录它们？[①]

由此想到的

"对于一门学科来说，没有什么比思维方式这个问题更为重要了。"[②] 史料研习是培养历史思维能力的演练场，是学生触碰历史、确证历史的知识来源。很显然，上述案例旨在引起学生思考、养成思维能力而非记忆事实。一方面，它以历史思维能力调和教学深度与广度之间的基本张力，促使学生深度研读英格兰人与诺曼人不同

---

① IAN DAWSON, MAGGIE WILSON. SHP history year 7 [M]. London: Hodder Education, 2008, pp.64–71.

② 布鲁纳. 教学论 [M]. 姚梅林，郭安，译. 北京：中国轻工业出版社，2008：136.

立场的史料，有效分析这些史料，从而辨析历史争论，理解多元历史解释，学习史学家运用证据的方法，知道历史偏见形成的原因，获得质疑并判断历史问题的技巧等。另一方面，阅读与分析史料“本身包括达成历史思维的思考和方法”，该案例越是期待学生以史料阅读的方式接近1066年事件真相，就越需要培养其运用历史证据的思维能力。可见，在阅读与分析史料时，历史思维能力对论点的识别、评估及寻求证据的解释等都是历史教学的诉求。①

案例呈现

九一八事变发生后，中国和日本的报纸都以最快的速度针对这一时事热点进行了持续报道。有老师找到了如下几段材料：

绝不容许他方干涉，维护我政府关于九一八事变的声明，维护我国的正当权益。

——《大阪朝日新闻》1931年9月26日社论标题

日军昨晨强占沈阳，自毁南满铁路轨诬我军所为。

——《民国日报》1931年9月19日报道

日军大举侵略东省，蔑弃国际公法，破坏东亚和平，沈阳、辽阳、长春、安东、营口等处均被侵占。

——《申报》1931年9月20日报道

提问：

1. 以上中日双方的新闻报道对九一八事变提出了哪些看法？

2. 究竟哪一方的报道是可信的？我们应该如何运用新闻报道来探究九一八事变的真相？

3. 请同学们以自己小组的预习作业为依据，交流一下你们为探究九一八事变的真相，通过哪些途径，找到了哪些类型的补充材料，得出了怎样的结论。②

由此想到的

在上述案例中，该教师通过具有清晰指向性的提问，开启学生的阅读、分析活动，检查学生是否能够区分史料的不同类型，认识到不同类型史料的不同价值。引导学生在探究九一八事变真相时，能够尝试着从多种途径检索、获取与之相关的史料，并从中提取中日双方媒体、当事人、第三方的看法，评估其在研究该问题中的

① DAISY MARTIN. Using core historical thinking concepts in an elementary history methods course［J］. The history teacher, 2012, 45(4)：581-602.

② 凤光宇. 中学历史学科核心素养教学实践研究［M］. 上海：上海教育出版社，2019：177-180.

价值。《普通高中历史课程标准（2017 年版 2020 年修订）》将史料实证界定为“对获取的史料进行辨析，并运用可信的史料努力重现历史真实的态度与方法”，希望使学生“知道史料是通向历史认识的桥梁，了解史料的多种类型，掌握搜集史料的途径与方法；能够通过对史料的辨析和对史料作者意图的认知，判断史料的真伪和价值，并在此过程中增强实证意识；能够从史料中提取有效信息，作为历史叙述的可靠证据，并据此提出自己的历史认识；能够以实证精神对待历史与现实问题”。① 案例中的活动设计恰好体现了这些目标，指向了学生史料实证核心素养水平 1–4 的培养，也涵养了学生的逻辑推理能力、证据意识、求真意识等。

历史知识常常是关于过去的，是对人类过往经验的总结，如果仅限于知识的学习，历史课就会陷入无用论。而历史思维方式乃至学科核心素养与此相反，它们着眼于未来国民的培养，即从解决过去的问题中获取解决未来的问题的途径，从解决确定性问题中获得不确定性问题的破解途径。

案例呈现

某教师在讲述“绥靖政策”相关内容时，依据图 6–4 所示的一幅漫画设计如下教学环节：

材料：漫画《麻烦您借给我一根火柴，可以吗？》，戴维·洛，伦敦《标准晚报》，1938 年 2 月 25 日。

注：（1）图中坐着的人上衣底部的英文是 DEMOCRACY，意为民主。站立的人上衣底部的英文是 DICTATORSHIP，意为独裁。（2）在当时，读者能马上辨认出图中人物分别为刚刚辞去英国外交大臣职务的艾登（照片上的人）、英国首相张伯伦（坐着的人）和意大利领导人墨索里尼（站立的人）。

图 6–4 漫画《麻烦您借给我一根火柴，可以吗？》

第一步：史料信息获取与解读

（1）从漫画标注中能获取哪些信息？（2）这些人物代表什么？（3）为什么

① 中华人民共和国教育部．普通高中历史课程标准：2017 年版 2020 年修订［M］．北京：人民教育出版社，2020：5–6.

站立的那个人物看起来那么高大?(4)站立的那个人手里面拿的是什么?和它连在一起的又是什么?(5)坐着的那个人正在做什么?(6)这幅漫画要告诉我们什么?

第二步：史料辨析

1. 示范

逐步出示以下问题：(1)写出这幅漫画的寓意，你如此判断的理由有哪些?(2)结合漫画创作的时间，你如何判断这幅漫画的寓意?(3)结合漫画中的人物，来判断这幅漫画的寓意，还需要知道什么背景知识?(4)为准确判断这幅漫画的寓意，你还需要知道哪些史实?(5)从这一案例中，你能获得关于史料实证的哪些体会?

2. 练习

(略)[①]

由此想到的

当“认识到视觉艺术也属于历史材料”，并系统运用，就能“更加深入地调查研究以往发生的事件”，并“建立在一个更加稳固的基础上”。[②] 可见，培养核心素养，图像史料与文献史料所起到的作用并无二致。该案例有三点需要注意：一是聚焦图像的深度解读。这在偏重文献史料研习的中学教学中实属难得，图像史料常被置于教学的“边缘”的位置，被视为文献的补充，更甚者被视为教学装饰品，可有可无。这对夯实史料实证这一学科核心素养来说，无疑是一大缺憾。二是立足于可操作的解读策略。轻视图像史料与图像解读策略缺乏相关联，不能以有效手段挖掘图像史料信息，导致了人们对图像史料的地位及价值认识不够，当将图像作为专门史料来培养核心素养时，如何让学生解读则是一线教学思考的重点。三是延伸出图像史料的解读方式。史料的解读大致有理解史料的信息和探究其背后的意义两步，该案例遵循此思路，即以普遍到特殊的思路创新出图像史料的解读策略。

图像史料是一种特殊的史料，既有一般史料的共性，也有图像的特性。该案例的解读方式、策略表明倾向于史料的共性，当然，我们还可以借用“像史学家一样阅读”项目思路或者四位一体的 *S-QTR* 史料研习模型等进行解读。若是解读方式、策略倾向于图像的特性，那么则可以借用图像学理论来解读，借此挖掘图像背后隐藏的史实及意义，真正夯实历史核心素养。

视频：历史图片的实践运用（徐赐成）

图像学理论目前相对丰富，如彼得·伯克的图像证史理论，使图像具备了与史料同等重要的历史书写合法性；欧文·潘诺夫斯基从艺术史角度出发，将图像分析分为

① 魏飞.“史证”故事：一幅漫画引发的思考［J］. 历史教学，2020（17）：62-67.

② 曹意强，孔令伟. 艺术哲学与史学理念［M］. 杭州：中国美术学院出版社，2015：5.

前图像志描述、图像志分析、图像学解释三个层次；贡布里希聚焦视觉的象征意义，强调对艺术家和当时情境的关注，提出“方案的重构”理论；米歇尔主张从视觉文化研究的角度认识图像理论，他在图像理论著作“三部曲”（《图像理论》《图像学》《图像何求？》）中全面阐释图像学由1.0时代发展到3.0时代的历程。此处从方便教学操作的角度出发，呈现潘诺夫斯基的图像意义三层次阐释理论，如表6–3所示。

表6–3 图像意义三层次阐释理论[①]

解释的对象	解释行为	解释的资质	解释的矫正原理
Ⅰ．第一性或自然主题——（A）事实性主题，（B）表现性主题——构成美术母题的世界	前图像志描述（和伪形式分析）	实际经验（对对象、事件的熟悉）	风格史（洞察对象和事件在不同历史条件下被形式所表现的方式）
Ⅱ．第二性或程式主题，构成图像故事和寓意的世界	图像志分析	原典知识（特定主题和概念的熟练）	类型史（洞察特定主题和概念在不同历史条件下被对象和事件所表现的方式）
Ⅲ．内在意义和内容，构成了“象征”价值的世界	图像学解释［深义的图像志解释（图像志的综合）］	综合直觉（对人类心灵的基本倾向的熟悉）但受到个人心理与“世界观”的限定	一般意义上的文化征象或象征的历史（洞察人类心灵的基本倾向在不同历史条件下被特定主题和概念所表现的方式）

实践研讨

课件：从潘诺夫斯基图像学视角解读籍里柯的《梅杜莎之筏》(骆孝元)

观看骆孝元老师的“从潘诺夫斯基图像学视角解读籍里柯《梅杜莎之筏》”教学课件，回答以下问题：

1. 图像的解读是否需要借助图像学视角？

2. 如何评估这一设计的特点？

3. 以《普通高中教科书 历史 必修 中外历史纲要》（上）“两宋的政治和军事”课中的《雪夜访普图》为例，从潘诺夫斯基图像学的视角设计教学环节，并明确教学意图。

三、批判性思维借助史料得到发展

批判性思维由批判性思维能力与批判性思维倾向构成，前者“包括解释、分析、评估、推论、说明、自我校准六种基本能力”，而后者则“以质疑、问为什么以及勇敢且公正地去寻找每个可能问题的最佳答案的一贯性态度为特征”。[②] 历史

① 潘诺夫斯基. 图像学研究：文艺复兴时期艺术的人文主题［M］. 戚印平，范景中，译. 上海：上海三联书店，2011：13.

② 武宏志，周建武. 批判性思维：论证逻辑视角［M］. 修订版. 北京：中国人民大学出版社，2010：3.

教学对人类认知贡献在于求真态度与探究的方法，意义化的史料研习旨在追求这两点，而这恰恰与批评性思维相吻合。所以，“基于史料的历史教学，不仅大大提升了历史教学的专业化水平，而且让批判性思维大放光彩”[①]。

案例呈现

讲授1812年英美战争，有教师这样用史料：

首先出示材料一。

材料一：胜利的王室军队蜂拥而入了华盛顿。在一片欢呼声中，火把被传递过来。军官领着队伍带着木头点燃了反抗的首都。部队的总军官确信这一行动将很快破坏掉美国人反抗的后援。有传言说叛军会在年底之前向王室正式投降。美国人的反抗据说正在被瓦解。对国王忠诚的臣民正在加拿大等待返回南部，重建正当的殖民地政府。

——摘自《伦敦公报》

针对材料提出问题：放火焚烧华盛顿被看作是一个积极的事件吗？理由是什么？军队是如何看待这件事情的？美国人是如何看的？文中是用什么言词来描述美国人的？

接着呈现材料二。

材料二：英国的野蛮人今天现出了原形。与25年前践踏美国人的权利一样，毫无修养的英国军队以他们没有人道的野性，在今天攻占了华盛顿。他们毫不顾忌妇女和儿童的安全，持续他们的暴行，焚烧了华盛顿的大部分建筑物。为这种野蛮行为深感震惊的美国军队正在重整队伍。决心从未像此刻这样坚定。所有人都期望进行报复，把这片大陆从英国人的暴政中永远解脱出来。

——摘自《纽约评论》

要求学生恰当地转换两个国家的立场，思考下列问题：

1. 两篇报道有何相似之处？
2. 二者有什么不同？
3. 你如何解释这种不同？
4. 你认为读完这两篇文章的人会有什么反应？
5. 你认为当你读或听到一个事件的报道时，应该怎么做？[②]

由此想到的

上述案例在培养批判性思维方面有三点值得注意：一是有效的提问。提问技艺

① 赵亚夫．理解历史　认识自我：中学历史教育研究［M］．北京：光明日报出版社，2020：278.

② 何成刚，等．智慧课堂：史料教学中的方法与策略［M］．北京师范大学出版社，2010：244-245.

关乎学生能否积极参与探究，该案例提问利于唤起学生好奇心和探究欲，也有机融入了学生的生活经历，还让学生将历史与现实衔接，视批判性思维为一种生活方式。二是分歧的解决。两则有分歧的报道内容是学生产生批判性思维的起点，也是形成论证或推论的推力，促使学生提取史料中的有效信息，梳理出史料背后的作者意图，从而对两则史料所表达的历史事件有一个重新认识。这个过程是学生依据史料展开有逻辑的历史思考过程。三是史料的选择。该研习活动从战争双方的视角来提供史料，尽可能全面但又强调史料信息的差异性。总之，该案例通过有效提问的驱动、引入分歧的情境，借助史料研习这一途径来发展学生的批判性思维的能力与倾向，据此，学生就需要在比较、辨析史料后，认识史事的异同，并对史事的不同点和共同点作出假设；须依据不同立场的史料，评估相关的历史解释与评价；能够基于史料对历史问题作出“合理的推论”；能够根据史料和史事“得出结论或进行归纳概括”。①

我们对批判性思维的误读很深，最直接表现就是认为“批判”就是批评、否定，呈现一种负面、消极的情感倾向。这或许是有学者翻译为“审辨式思维”“品判性思维”的原因吧。事实上，批判的英文critical一词可以追溯到古希腊语kritikos，为判断、洞察、辨别等意思，所以，有学者主张“批判”一词“是一种谨慎的判断或审慎的评价”，而不是否定或者不友好的态度。②批判性思维强调独立思考，基于大量事实，利用怀疑、论证、辨析、评估、探索等能力，经过符合逻辑的推论从而作出判断。引申说，批判性思维“是一种注重验证的思考方式”，但不限于理性的思考，还关涉“思考者自己”，带有强烈的“反省式思考”特质，由此，它是一种“认知、情感和伦理的结合”，是“知与行的合一”。③由此，那些与人不同的观点并不是批判性思维表现，不针对自己而只针对他人的诘难也不是批判性思维的表现。批判性思维蕴含了一种对自我和他人的“尊重”价值观，“尊重是它的话语伦理和行为准则”。④

上面对批判性思维的澄清已然告诉我们：历史教学离不开批判性思维，抑或说需要借助批判性思维才能还原历史教学的本色。一是历史教学的本质是探究，它离不开批判性思维的归纳、演绎、推理、分析、解释、评估等技能。二是儿童的天性是追问为什么，这与批判性思维具有的反驳与质疑倾向相当吻合。三是历史教学追寻历史真相、诉求真理，既能够为重构历史作出恰当的解释，又能够利用历史知识“做出见多识广的选择和决定”，⑤其旨趣与批判性思维“是为了增强公共生活中的明辨是非能力和理性参与质量”⑥的目的一致。四是批判性思维是反思性的，“有意义

① 赵亚夫. 学会行动：社会科课程公民教育的理论与实践［M］. 北京：高等教育出版社，2004：121.
② 田洪鋆. 批判性思维与写作［M］. 北京：北京大学出版社，2021：24.
③ 徐贲. 批判性思维的认知与伦理［M］. 北京：北京大学出版社，2021：1.
④ 徐贲. 批判性思维的认知与伦理［M］. 北京：北京大学出版社，2021：13.
⑤ 赵亚夫，张汉林. 国外历史课程标准评介：上卷［M］. 北京：北京师范大学出版社，2017：26.
⑥ 徐贲. 批判性思维的认知与伦理［M］. 北京：北京大学出版社，2021：13.

的历史教学也都具有反思性”[①]。五是历史教学蕴含人文、人性、人格等精神内涵，它们恰恰能在批判性思维中得以体现——“树立深思熟虑的思考态度，尤其是理智的怀疑和反思态度”与“好的思维品质”。[②]

实践指引

基于史料阅读的教学设计分析

历史教学设计中史料占了相当大的比重，因此基于史料教学就成为培养学生历史学科核心素养的重要载体之一，它将史料与阅读、史料与情境、史料与讨论、史料与讲解，均有机联系在一起。教师必须有较好的史学素养以及史料意识，在进行历史教学设计过程中首先要精选史料，尤其是要注重对“基本史料”的选取与挖掘。然而，没有高质量的史料阅读，基于史料教学的质量就无法得到保障！因此，教师还要根据不同类型的史料，采用相应的研习框架引导学生展开研习活动，对史料进行细致阅读与分析。没有问题就没有历史思维能力，教师在史料教学过程中还要精心进行深层次设问甚至是追问，以帮助学生破解史料的表意与内涵，实现由“浅层阅读”到“深层分析”的转变，最大化获取关键信息以解决历史探究问题，形成对历史问题和历史现象的整体理解。学生在史料研习过程中不仅能够借助史料触碰历史、确证史实的知识来源，其逻辑推理能力、证据意识、求真意识、批判性思维也在这一过程中得以培养，历史学科核心素养也将有效落地。

第三节　阐释和表现史料的教学设计

○阐释和表现史料具有多种途径与方法。
○阐释和表现史料体现理解史料的深度。
○阐释和表现史料引导教学走向专业性。

如何判断学生是否理解了他们所阅读的史料，仅靠经验判断学生在思考、听懂了之类是不够的。如何帮助学生用自己的方式表现他们理解的史料，是教师在教学过程中运用史料的最终落脚点。也可以说，学生的阅读史料不是单纯的阅读，而在于“用”，即由学科的、教师的历史转向学生的历史。

① 赵亚夫. 理解历史　认识自我：中学历史教育研究［M］. 北京：光明日报出版社，2020：274.
② 谷振诣，刘壮虎. 批判性思维教程［M］. 北京：北京大学出版社，2006：2.

一、阐释和表现史料有多种途径和方法

案例呈现

某教师在讲授“宋朝科举制”时，选取了如下两则史料进行设问：

材料一：唐世科举之柄，专付之主司，仍不糊名。又有交朋之厚者为之助，谓之“通榜”。故其取人也，畏于讥议，多公而审。亦或胁于权势，或挠于亲故，或累于子弟，皆常情所不能免者。

——洪迈《容斋随笔·四笔》卷5《韩文公荐士》

材料二：窃以国家取士之制，比于前世，最号至公。盖累圣留心，讲求曲尽，以谓王者无外，天下一家，故不问东西南北之人，尽聚诸路贡士，混合为一，而惟材是择。各糊名、誊录而考之，使主司莫知为何方之人、谁氏之子，不得有所憎爱薄厚于其间。故议者谓国家科场之制，虽未复古法，而便于今世。其无情如造化，至公如权衡，祖宗以来不可易之制也。

——欧阳修《欧阳修全集》卷113《论逐路取人札子》

问题一：材料一中“皆常情所不能免者”反映了唐朝科举制度的哪些问题？

问题二：你如何理解材料二欧阳修对宋朝科举制度“无情如造化”的形容？

问题三：从“常情所不能免”到“无情如造化”，反映了科举制度的何种进步？结合宋朝科举制度发展的其他史实，说明这些发展对宋朝社会产生的重要影响。

教师在学生活动后进行总结和引导：

尽管唐朝科举制度有很大的发展，在国家形态转变中起到重大作用，改变了门阀士族把持朝政、垄断仕途的局面，加速了社会阶层流动等。但也存在制度程序仍不够完善的情况：主考官大权在握，考试卷子并未糊名，于是就为“徇私舞弊”“权力寻租”提供了可能，可谓“常情所不能免”。不仅如此，科举考试的教条化还导致学用脱节、不谙政务、学风颓废等问题。

宋朝科举制度对考试程序进行了改良，针对唐朝科举制度存在的问题采取了糊名、誊录的制度来尽可能保证考试的公平，即所谓“无情如造化”。与此同时，科举制向社会广泛开放，扩大了统治基础，进一步增强社会流动。王安石变法进一步革除了科举制学用脱节的弊端，为国家选拔了大批有用的官员，满足了国家治理的需要。

由此想到的

在史料的表现上，针对不同的学生群体，史料可以有简有繁，教学活动须有的放矢。上述案例，教师对两段较长且并未有明确注释的文言文史料做了精简化处理与通俗化引导。首先围绕史料中两个相互关联的情境描绘进行设问，引发学生思考，接着结合学生日常生活的经验，用故事化的口吻加以阐述，这对史料阅读能力较弱的学生而言是十分必要的。这样的处理既有助于提高课堂教学的趣味性，又便于学生迅速融入历史情境去理解宋朝科举制的进步之处。

当然，史料故事化处理须注意三点：一是在史料形式活泼的同时，遵循史料运用的正确性。比如，标注史料的作者信息、关键性时间等，帮助学生恰当地定位时空坐标。二是关注多重视角的阐释。史料故事化并不意味着弱化历史的多面性，教师应提高自己的叙事技艺，采用多种叙述方式，融合多元视角的史料，结合通俗的生活情境，使故事更加立体。三是史料故事化要注意探究性。史料并不是以服务于教师讲授为目的，而是以服务于学生的思维发展、个性健全为目的，在将史料故事化的同时，应在故事中设置悬疑、做好铺陈，在故事外巧设问题、形成探究焦点。

无论是将史料以故事化表现阐释，还是以视觉化表现阐释，如转化为图像、数据、视频等，抑或其他的表现形式，都必须以“科学性为标准线”，然后再遵循“聚焦、简化和提示”等原则。这意味着史料先要保持原义，“然后再聚焦地节选与探究问题相关的史料部分”，倘若有晦涩难懂的史料，“须考虑学情简化史料或对关键信息注解”，标注史料出处“帮助学生置于历史背景去理解”，当然，也需要保留史料原始版本，以便根据学情作进一步调整。①

实践研讨

观看王子涵老师的“文艺复兴”教学视频，回答以下问题：

1. 这节课在图片处理上有什么特点？
2. 教师是如何借助图片展开历史叙述的？

视频：“文艺复兴”片段3（王子涵）

案例呈现

对“如何评价王安石及其变法”，成都市锦江区嘉祥外国语高级中学王子涵老师在教学时提供了如下材料：

以余所见宋太傅荆国王文公安石，其德量汪然若千顷之陂，其气节岳然若万仞之壁，其学术集九流之粹，其文章起八代之衰，其所设施之事功，适

① 陈德运，骆孝元. 核心素养导向下史料研习的三个关键基石［J］. 教学与管理，2020（34）：49-52.

应于时代之要求而救其弊，其良法美意，往往传诸今日莫之能废，其见废者，又大率皆有合于政治之原理，至今东西诸国行之而有效者也。

——梁启超《王安石传》(1908 年)

核心问题：材料中对王安石的整体评价是什么？

问题 1：作者从哪些视角对王安石进行了评价？分别涉及哪些史实？具体评价如何？

问题 2：该材料的作者是谁？有何身份？其所处年代发生了哪些重大历史事件？可能会对作者评价王安石产生哪些影响？

问题 3：你如何看待材料作者对王安石的评价？理由是什么？

问题 4：你还知道哪些对王安石不同的评价？分析该材料评价与其他对王安石的评价产生差异的原因。

问题 5：综上，你认为评价历史人物应考虑哪些因素？遵循哪些原则？

由此想到的

在阐释史料时，常陷入史料过多、过滥的误区，一节课动辄使用二三十则材料，造成学生目不暇接、无思考的可能。[①] 该案例避开史料研习误区，为史料阐释做了一个好示范。一是史料阐释的理念上，不求史料的数量，而求用足、用透、用好史料，让史料蕴含的信息尽可能地释放出来。二是史料阐释的方法上，针对怎样提出问题、怎样解释问题、怎样反思问题展开对史料的阐释。三是史料阐释的策略上，用核心问题撬动活动，用系列小问题延伸思考。四是史料阐释的意义上，遵循以课标定教、以学生为本的理念，在教学目标的引领下，将史料阐释与历史理解、历史解释、历史批判、历史意义、历史意识等结合，生成出应有的教学意义。

学界虽有反对“史料教学”的声音，但不是反对史料研习的教学方式，而是因为很多史料教学早已背离教学的初衷。无论是倡导“基本史料”也好，抑或主张“核心史料”也罢，都有一个共识性，即所阐释的史料宜精不宜多，其“精”就体现在它能够激发学生的探究欲，能够蕴含更丰富的历史信息，以便学生把握探究的问题。根据认知弹性理论的核心观点，要达到获得高级知识的目标，必须在不同的时间内、在不同方式安排的情境脉络中，为了不同的意图、从不同的观点重新访问同样的材料。[②] 因此，教师在选择史料进行阐释和表现时，应考虑以下四个基本问题：

（1）当前提供的相关史料，学生依据相关知识能够获取什么新信息？

（2）当前提供的这些新的相关史料，学生可以从中发现哪些问题？对这些问题

---

① 张汉林. 基本史料：思考“史料教学”的新视角［J］. 课程·教材·教法，2016（8）：77-82.

② 斯特弗，盖尔. 教育中的建构主义［M］. 高文，徐斌燕，程可拉，译. 上海：华东师范大学出版社，2002：103.

进行追问是对原有认知的补充还是新的拓展？

（3）当前提供的这些相关史料，其中哪些未知的问题通过简单的点拨、提醒就可以引导学生展开讨论并获得了解？

（4）当前提供的这些相关史料，还可以探寻到哪些未知的问题？这些问题又如何通过深度追问，引发高层次思维？[①]

案例呈现

五四新文化运动时期，人们对传统的态度究竟是怎样的？如何正确认识那一历史时期的“反传统”呢？成都市锦江区嘉祥外国语高级中学王子涵老师运用三次序材料教学法，选择“五四新文化运动时期的反传统”这一重要教学内容进行史料研习。

一、教师提供第一次序材料

材料一：无论政治学术道德文章，西洋的法子和中国的法子，绝对是两样，断断不可调和迁就的……若是决计革新，一切都应该采用西洋的新法子。不必拿什么国粹，什么国情的鬼话来捣乱。

——陈独秀《今日中国之政治问题》，《新青年》第 5 卷第 1 号，1918 年

材料二：欲废孔学，不可不先废汉文；欲驱除一般人之幼稚的野蛮的顽固思想，尤不可不先废汉文。

——钱玄同《中国今后之文字问题》，《新青年》第 4 卷第 4 号，1918 年

问题设计：

1. 对于研究“五四新文化运动”，以上材料是一手史料还是二手史料？

2. 这两则史料创作于何时？这两位作者是何人？其身份是什么？

3. 这两则史料的受众是谁？

4. 就这两则史料来看，两位作者对待中国传统的认识涉及哪些方面？其基本态度是什么？

5. 通过以上史料，是否能得出“五四新文化运动全盘反传统”这一认识？如果你认为能，请说明理由。如果你认为不能，你还需要哪些类型或哪些方面的史料以进一步推断？

二、教师提供第二次序材料

材料三：余既绝对排斥以孔道规定于宪法之主张……孔子于其生存时代之社会，确足为其社会之中枢，确足为其时代之圣哲，其说亦确足以代表其社会其时代之道德……余之掊击孔子，非掊击孔子之本身，乃掊击孔子为历代君主所雕塑之偶像的权威也；非掊击孔子，乃掊击专制政治之灵魂也。

——李大钊《自然的伦理观与孔子》，《甲寅》日刊，1917 年 2 月 4 日

---

① 赵玉洁. 基于问题的中学历史教学研究［M］. 北京：科学出版社，2018：144-145.

材料四：吾人不满意儒家者，以其分别男女尊卑过甚，不合于现代社会之生活也。然其说尚平实近乎情理，其教忠，教孝，教从，倘系施者自动的行为，在今世虽非善制，亦非恶行。

——陈独秀《随感录·阴阳家》，《新青年》第5卷第1号，1918年

材料五：钱先生是中国文字音韵学的专家，岂不知道语言文字自然进化的道理……他愤极了才发出这种激切的议论，像钱先生这种“用石条压驼背”的医法，本志同人多半是不大赞成的。

——陈独秀《本志罪案之答辩书》，《新青年》第6卷第1号，1919年

材料六：若要知道什么是国粹，什么是国渣，先须要用评判的态度，科学的精神，去做一番整理国故的工夫……新思潮的唯一目的是什么呢？是再造文明。

——胡适《新思潮的意义》，《新青年》第7卷第1号，1919年

问题设计：

1. 以上四则史料对于探究“五四新文化运动时期的反传统”提供了哪些角度？

2. 以上四则史料作者对待传统的态度与认识是什么？与材料一、材料二的观点有何异同之处？

3. 以上四则史料是否可用于证明“五四新文化运动全盘反传统”？为什么？

三、学生提供第三次序材料

教师要求学生自行查阅并提供“第三次序材料”，并以其为论据，围绕“五四新文化运动时期的反传统”写一篇历史小论文，内容需要包括：

1. 你对五四新文化运动“反传统”的理解。

2. 为何学术界会一度出现“五四新文化运动全盘反传统”的观点？这种观点是如何产生并发展的？影响如何？请谈谈你的看法。

学生完成后需要在班级展示分享，接受教师与其他同学的点评。教师以学生提供第三次序材料的价值以及小论文的完成情况作为评价依据。

由此想到的

当教师在教学中使用多则史料进行阐释和表现问题时，需要考虑的是学生对历史问题的理解程度，通过提供多种类型、多重角度的史料，加深对问题的探究。上述案例为我们呈现了一种可以施行的方法，通过三次序材料的呈现，学生进入到历史问题的探究过程。

在案例中，该教师提供的第一次序材料是一手史料，基于此，围绕探究问题进行设问与探究。陈独秀与钱玄同对待传统言辞尤为激烈，所选择的两则材料可谓是

其“标志性”言论，亦是“基本史料”。这些言论涉及传统文化和制度的各个方面。单从这些带有愤激之情的言论来看，颇像“全盘反传统”“全盘西化”的主张。[①]通过对史料来源、作者身份与史料创作年份等信息的“解剖”，逐层设问，引导学生对史料进行辨析。第二次序材料的四则史料是对第一次序材料的拓展、解剖，甚至部分史料的观点和第一次序材料有矛盾之处。学生通过分析发现，思想家们的观点并非如出一辙，亦非一成不变，正确认识五四新文化运动时期的“反传统”，需要深入剖析其“内容”、“手段”与“目的”。这种思维冲突，也为学生打开了新的分析思路，有利于学生从多角度思考历史问题，锻炼学生从史料中提取信息、选择观点、作出判断的能力。第三次序材料的呈现不是由教师完成，而是由学生自主提供。在案例中，该教师以小论文的形式，引导学生自主搜集材料，并形成历史表现。它强调“学生必须找到一种与教师的第一次序的材料有联系的材料”，以第三次序材料去质询第一、第二次序材料。学生不仅需要基于材料搜集与分析形成对“五四新文化运动时期的反传统”的历史解释，也要追溯并分析针对该问题不同学术观点产生的原因与背景，即对“历史解释”的解释。在这个过程中，教师可以评估学生的材料是挑战还是佐证第一、第二次序材料，以及它与历史问题的关联度，学生是否能够据此展开新的历史叙述。一旦学生开始准备第三次序材料，就践行了“像史学家一样思考”的共同探究过去的意愿。

三次序材料教学法虽然有助于学生落实史料实证的学科素养，相较于对单则史料的阐释而言将问题推进到更高的层次。但它还是单线性的，“从学生自我构建到专家观点佐证，再到自我提出佐证材料”，尤其是第三步自我佐证“是一种认识的强化行为”，缺失了自我构建的反省、对专家学者观点的再次审视等环节。所以，有教师又将其操作流程改进、调整为图6-5所示。第一次序材料保持不变，依然选取经典的、集学术性和生动性于一体的一手史料；第二次序材料调整为学生主动提供的补充性材料；第三次序材料调整为教师呈现专家学者研究的二手史料，用以支持或质疑第一次序材料。需要注意的是，第二次序材料与第三次序材料表面上只是调整了顺序，但起到的效果大不一样的。第一次序材料、第二次序材料遵循研究思路，即先“论从史出”，再依据新史料互证、佐证已有的结论。第三次序材料是专家学者的研究观点，对照这些观点，学生可以反思自我历史认识的构建是否合理，其研究路径是否科学，甚至可能会对专家学者的研究成果提出自己新的看法，然后再进行论证。[②]

① 龚书铎．“五四”时期的反传统［J］．北京师范大学学报，1989（3）：24-30.

② 席长华，张惠贤，王丙申．“史料实证”素养落地的思考：基于“三次序材料进行法”的重构［J］．中学历史教学，2019（8）：50-52.

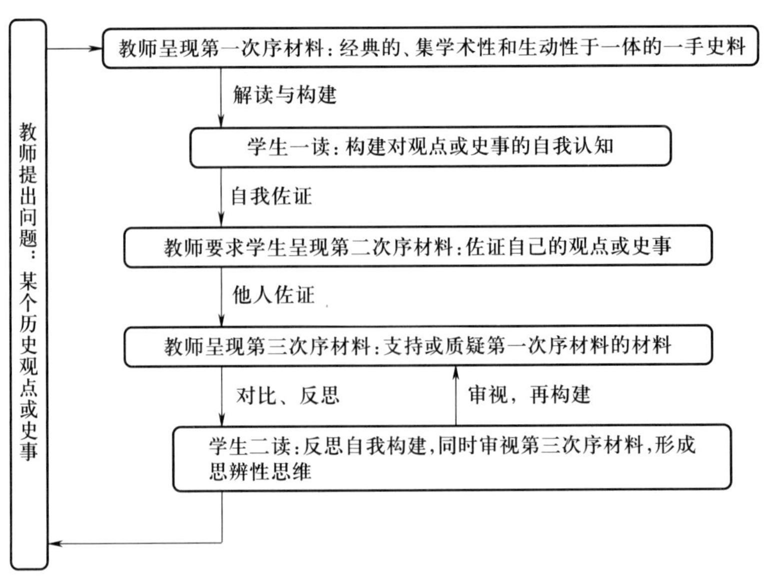

图 6–5 三次序材料教学法操作流程

二、阐释和表现史料体现理解史料的深度

案例呈现

有教师在网络课程中设置“会诊室”和“看疗效”等情境。教师请学生点击“看疗效”一栏，看看洋务派的观点。(学生看洋务派的观点)网页中设置“会诊室”第三小模块“看疗效”，由两页组成，第一页展示洋务派的观点：“中国文武制度，事事远出西人之上，独火器不能及”和漫画(略)。

师：对了，洋务派认为清政府的政治制度比西方的政治制度好，只需要添加洋枪、洋炮就可以了。可我们前面了解到，19世纪中后期清政府的政治制度到底如何啊?

生：非常腐朽。

师：基于洋务派的观点，你认为洋务运动能实现富强之梦吗?

生：不能。

师：所以，1895年甲午中日战争中北洋舰队才会全军覆没，这证明洋务运动最终没能使中国走向富强之路，也标志着这场洋务运动失败。

由此想到的

阐释和表现史料是为了深度理解史料，若不然，何须“基于史料的教学”?显然上述案例只是一个“有史料的教学”。换言之，呈现的史料只是嵌入老师讲授的逻辑之中，并不需要对史料展开理解和对话。理解诉求“谈话伙伴与谈话人有同样的发言权”，引申说，人与史料应呈现出“你—我”同类关系而非“人与物的异己关系”。[①] 当史料与人（师生）呈现“你—我”同类关系时，这已达到深度学习的特质了。该案例只是涉及从史料中提取信息，然后循着设定的教学意图进入下一个环节，它只是将史料当作一个情境，学生并未与史料对话，也谈不上深度理解史料了。

整个过程，也看不到教师对史料研习的指导，所以学生也无法与自我对话、与其他学生对话。“交往理论认为，一个人强调自我主体性的前提是也强调他人的主体性：我是主体，你也是主体，是我—你关系，而非我—他关系，……交往强调主体间的对话和理解，通过学习、思维、辩论、交换意见等主观活动来推动人的发展与进步。”[②] 案例中仅有师生对话，但这种对话是异化了的对话，换言之，对话被简单地理解为对答，甚至沦为检测学生是否知道的手段。这一异化的对话关系扼杀了对话的生成性基础。

当以史料为对话的媒介来组织教学过程，教师就失去了史料解读的专有权。结论与观点不再是给定的、接受式的，它因学生参与而变为分析的、探究式的。史料研习呈现三层对话模式，即与历史对话、与他人对话、与自我对话。[③] 这意味着历史课堂也包含了学生与知识世界、学生与社会世界、学生与自我世界的三重关系，且这三重关系是三位一体，构成完整的课堂教学活动中，每一层次的对话都加深学生对史料理解的深度。

学生与历史对话又可分作解读文本、解释联系、诠释意义三个层级。“历史是历史学家与历史事实之间连续不断的、互为作用的过程，就是现在与过去之间永无休止的对话。”[④] 这种对话的基本中介是史料，而“对话的缘起是问题”，即学生向史料或作者发问，“迫使作者进行回答，对话就此产生”。[⑤] 教师提供若干史料，指导学生从史源、语境等多角度进行解读。这是学生个体的历史阅读体验阶段。在进行历史阅读时，学生个体与史料之间存在着客体主体化的实践关系。作为客体的史料不断向个人知识转变。与之相反，作为主体的学生通过思维、认知与体验等活动，实现了对史料的改造，获得关于史事的意义，进而重建自我心智结构。

受视野、角度、立场等方面的差异，学生与他人对话就有协商之必要，其关键在于同情理解。该对话突出交往性与社会性，它是在学生历史阅读后，进行表达交流的群体性的实践活动，对“异质交往”的倾听更为主要。如果把每个不同个体自身的逻辑世界作为一个课题，历史课堂的生成将更为丰富。每个学生对历史的认识如同互相碰撞、互相呼应的“交响乐”本身，通过“交响乐团”式的课堂环境，学

---

① 伽达默尔．真理与方法：哲学诠释学的基本特征：上卷［M］．洪汉鼎，译．上海：上海译文出版社，1999：471.

② 李森，王牧华，张家军．课堂生态论：和谐与创造［M］．北京：人民教育出版社，2011：11.

③ 张汉林．史料研习中的三层次对话［J］．历史教学，2018（11）：31-34.

④ 卡尔．历史是什么？［M］．陈恒，译．北京：商务印书馆，2007：115.

⑤ 张汉林．史料研习中的三层次对话［J］．历史教学，2018（11）：31-34.

生之间富有内涵的相互学习才得以展开。[①]这样，学生既要理解历史中的人为何选择和行动，还要理解身边的人为何产生这样的思想，并在理解他者中认识自我，将历史方法照进现实生活。

学生与自我对话，是在内省基础上进行的主动建构，关键在于建构意义。“人类的自我，借着历史知识为媒介，展开自己对自己的认识：历史知识是自知的知识——知识的主人，认识他自己是某个历史演变的结果；也洞识他在与时俱移的（个人与世界的）活动中，所形成的个性。”[②]学生既是历史学习的主体也是客体，通过主客体的相互作用不断地去认识自己、改造自己、发展自己，对已实现的历史认识进行审思，在审视与反思中对外部世界的认识和自身内部世界的洞明实现新的超越。这既是学生与历史对话、与他人对话的最终目的，也是发展健全自我的必由之路。

案例呈现

某教师对“美国南北战争”一课的教学设计如下：

一、学生通过回答问题和提出问题，理解历史

步骤1：教师呈现一段林肯的言论（内容略）。问题：根据材料，林肯对奴隶制度持什么态度？

注：故意呈现无来源、无语境且断章取义的史料，让学生初步进行判断，以便与后面形成反差。这种反差是激发学生思维的最好途径。

步骤2：在学生回答后，教师又呈现一段林肯的言论（内容略）。问题：你的看法发生改变了吗？为什么？

注：该步骤是想让学生明白，要在文本的内在语境（即上下文）中理解话语的意义。如果只看到三言两语就轻下结论，很容易犯断章取义的错误。

步骤3：在学生回答后，教师再提供史料的来源和语境信息（内容略），问题：1. 早在致霍勒斯·格里利信之前的一个月，林肯就决意废奴。他为何不在信中告诉霍勒斯·格里利？2. 林肯将其信件公开发表，肯定是希望更多的人知道他信件中写的内容。他希望美国国民知道什么？3. 林肯在信中说他的政府职责是拯救联邦，而他的个人愿望是解放黑奴，你认为哪个是他的真心话？4. 除以上问题外，你还有什么问题想问林肯？

注：该步骤旨在通过问题的设计，使学生置身于林肯写信的语境，尝试着理解林肯写信与公开信件之意图。

二、学生分成几个小组，饰演不同角色

步骤4：教师呈现材料（内容略），学生分组回答问题。

---

① 佐藤学. 静悄悄的革命：创造活动、合作、反思的综合学习课程［M］. 李季湄，译. 长春：长春出版社，2003：46-50.

② 德罗伊森. 历史知识理论［M］. 胡昌智，译. 北京：北京大学出版社，2006：16.

小组 1（霍勒斯·格里利）：你对林肯的回信感到满意吗？

小组 2（温德尔·菲利普斯）：你为什么对林肯感到失望？

小组 3（盖伊）：你为什么感到非常乐观？

小组 4（南方的奴隶主）：当你看到林肯的公开信时，你有什么感想？

小组 5（一个主张维护联邦统一但歧视黑人的白人）：当你看到林肯的公开信时，你有何感想？

注：采用这种角色体验的方式，旨在让学生从他者的角度，对林肯的行为再做一番审视。

步骤 5：教师呈现材料（内容略），学生分组回答问题。

小组 1（废奴主义者）：当你看到《解放宣言》时，你感到愤怒还是高兴？

小组 2（逃亡的南方黑奴）：当你看到《解放宣言》时，你想干什么？

小组 3（未叛乱地区的奴隶主）：当你看到《解放宣言》时，你有何感想？

小组 4（最高法院法官）：你认为林肯有权解放黑奴吗？你可以控告林肯违宪吗？

小组 5（林肯的政敌）：林肯的《解放宣言》有没有给你留下可以攻击的把柄？

注：该步骤与步骤 4 的意图大致类似。不同之处在于，该步骤增加了另外两个重要的角色——最高法院法官和林肯的政敌。

三、学生与自我对话，在完成任务的过程中潜移默化地完成

步骤 6：教师布置写作任务，学生课外独立完成。

决策训练：设想你是林肯的内阁成员，对林肯忠心耿耿。现在美国因奴隶制而陷入内战，不同利益群体的观点对立严重，有激进的废奴主义者，有坚定的分裂主义者，有顽固的种族主义者，更有大量的中间派别。即使在主张解放黑奴的人中，也有众多意见：有人主张立即解放全部黑奴，有人主张逐步解放黑奴；有人主张给予被解放者平等待遇，有人对黑人与白人平等感到恐惧，还有人主张将黑奴返送到非洲大陆。国会和最高法院随时都有人准备弹劾林肯，行政分支也有人等着看他的笑话或取而代之。请你给林肯写一封信，建议他慎重地处理奴隶制的问题。

要求：1. 你的主张要明确，措施要具体。2. 要有 6～8 句引文，4～6 部参考文献。①

由此想到的

上述案例是三层对话模式的具体教学实践。第一个部分指向学生与历史对话，

① 张汉林. 史料研习中的三层次对话［J］. 历史教学，2018（11）：31-34.

对话的关键在于理解史料。通过史料研习，分析、理解材料之间的内在联系及其内涵。第二个部分指向学生与他人（教师或学生）对话，对话的关键在于理解不同的观念与行为。通过体验不同历史角色作出决策的思考与行为，学会换位思考，倾听并理解与自己不同的人。第三个部分指向学生与自我对话，对话的关键在于建构意义，通过自我对话使史料分析内化于个体。该案例以三层对话形式引导学生对林肯的行为作较为全面的思考，当然，他们学到的并不是林肯的思想，“而是他们自己的感受与看法，尽管此时这些感受与看法非常内隐，不易觉察到”①。到此为止，史料研习已经超越知识获得本身，而积淀为学生的核心素养。

三层对话模式离不开史料的支撑，所以，对话的表征即是史料阅读，且阅读角色逐渐呈现释放和扩大的态势，呈现出如图 6-6 所示的对话与阅读模型。该模型中教师讲授历史背景（背景讲述），启动历史对话，创造研读的契机；教师指导学生研读史料（问题探究），深入历史对话，搭建研读的平台；学生自主研习史料（认识建构），升华历史对话，呈现研读的特质。

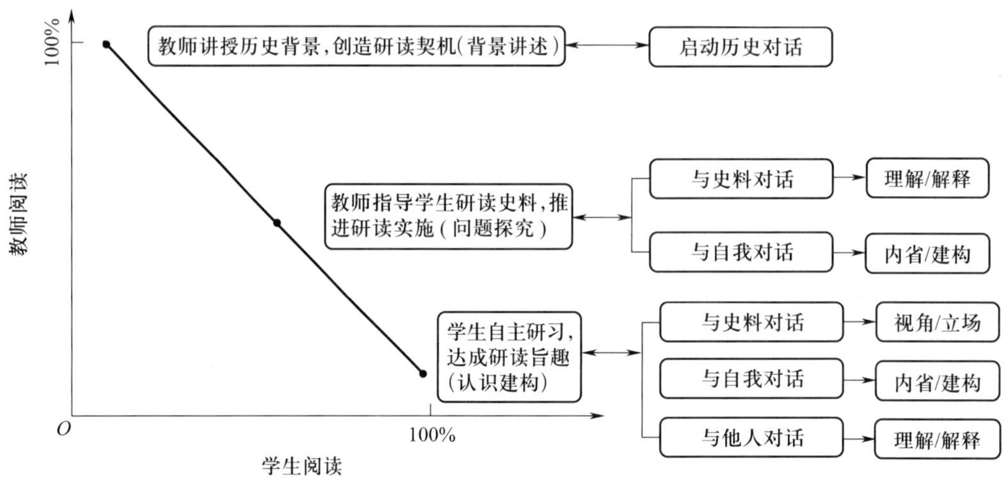

图 6-6　对话与阅读模型

案例呈现

某老师讲“杯酒释兵权”故事。环节一为老师讲解故事的背景知识（内容略），以便学生能很好地将该故事置身于时代背景之下。

环节二为学生研习故事的不同版本。第一步提供该故事第一个版本（选自南宋李焘《续资治通鉴长编》，内容略）。问题设计为：（1）该史料在何时所写？（2）谁推动了“释兵权”的发生？（3）触发“杯酒释兵权”的是什么？（4）该史料对“杯酒释兵权”的描述准确吗？为什么？

第二步提供第二个版本（选自北宋《丁晋公谈录》，内容略）。问题设计

① 布鲁纳. 教学论 [M]. 姚梅林，郭安，译. 北京：中国轻工业出版社，2008：142.

为：(1) 谁推动了“释兵权”的发生？(2) 触发“杯酒释兵权”的是什么？(3) 找出对话中描述赵普、赵匡胤的动作词语。(4) 与前一版本相比，它缺少了什么内容？

第三步提供第三个版本（选自北宋王曾《王文正公笔录》，内容略）。问题设计为：(1) 谁推动了“释兵权”的发生，可信度怎样？(2) 触发“杯酒释兵权”的是什么？(3) 对比史料 2，对话中描述赵普、赵匡胤的动作词语有何不同？(4) 对比史料 1、2，赵匡胤的形象有无变化？(5) 在这份记载中，赵匡胤的形象有无缺陷？

第四步提供第四个版本（选自北宋司马光《涑水记闻》，内容略），问题设计为：(1) 该史料的是什么类型？(2) 赵普起什么作用？(3) 触发“杯酒释兵权”是因为什么？(4) 对比史料 3，石守信等人的反应有什么变化？(5) 对比前面 3 则史料，赵匡胤的形象又有哪些新变化？(6) 与史料 1 相比较，史料 4 的故事衔接如何？

环节三为讨论历史故事。探究问题为：(1) 四个版本，哪个版本对杯酒释兵权的描述更详细？(2) 哪个版本对赵匡胤的美化程度更高？(3) 据此分析，你认为四个版本谁先谁后？此后追问：(1) 为何同一个故事会有不同的记载？(2) 出现不断美化的原因何在？(3) 如何看待北宋初年杯酒释兵权的故事？再次追问：(1) 美化过的故事是不是就没有真实成分呢？(2) 从不同版本中能找到哪些共同点？①

由此想到的

该案例呈现了“对话与阅读模型”实施的可能性。所有对话都基于史料及史料的阅读，并且学生在研习故事不同版本过程中，其阅读角色逐渐呈释放和扩大的态势，由老师帮助学生研读文本逐渐转变为学生独立讨论、研读文本。第一个环节，虽无实质性对话，但开启了对话。第二个环节，学生通过阅读、理解史料建构其历史认识，指向了与史料对话和与自我对话。全班讨论环节，既有与史料对话、与他人对话，也有与自我对话，即通过论辩而内省，或许会坚持或放弃原有看法。总之，该模型与三层对话模式都摒弃汇集死板的信息与在测验中重述的做法，而是投身于三个层次的对话中。

实践指引

史料研习引导历史教学设计的专业性

① 刘梦莹，陈德运．追求历史故事的意义化：以“杯酒释兵权”为例［J］．中学历史教学，2021（10）：60-62，66.

课堂教学的史料，其呈现方式既不会恰如其分地“排列组合”，其意蕴内涵也无法显而易见“不言自明”。有时教师会“不自知”地将史料研习等同于无目的的“材料展示”、无思维性的“语文阅读”或是简单问答后的“答案印证”。这都让我们时刻警醒：史料研习设计必须摆脱随意性，走向专业性，如此，才能最大化提高历史课堂的有效性，更好地作用于学生核心素养的培育。这一过程中，教师无疑需要立足学生的实际情况，通过筛选贴合目标的史料数量、编排恰当的史料序列、设计具有针对性的史料阅读、设置不同梯度的史料追问，引导学生渐次经历“史料过滤者”“问题探究者”“真相挖掘者”“理性反思者”等角色体验，让学生对课堂史料建构的历史世界既有基于审辨的反思，也有基于理解的共情，最终在达成教学目标的同时，完成对知识本身的超越，通向核心素养内化的更高层次。

章末作业

一、回顾

1. 定义：史料；图像史料；史料阅读；三次序材料教学法。

2. 辨析：有史料的教学与基于史料的教学。

3. 解释：为什么史料阅读能够深化历史理解？

二、实施

1. 基于《普通高中教科书 历史 必修 中外历史纲要》(上)中“辽宋夏金元的经济、社会与文化”一课的材料，围绕史料、阅读、问题、思维四要素，设计史料研习活动。

2. 如何借助三层对话模式改进史料的研习方式？

三、分析

观看二维码中的课件，分析该课件中图片史料的运用形式，并尝试提出两条改进意见。

课件：文艺复兴（王子涵）

推荐阅读

1. 张汉林．基本史料：思考“史料教学”的新视角[J]．课程·教材·教法，2016(8)：77-82．

2. 张汉林．历史教学的三层次对话模式[J]．中小学教材教学，2017(3)：70-73．

3. 陈德运．国外史料教学连环追问探究及启示[J]．岭南师范学院学报，2018(4)：12-23．

4. 陈德运，骆孝元．核心素养导向下史料研习的三个关键基石[J]．教学与管理，2020（34）：49-52.

5. 陈德运，黄柳. “时间之幕”下的图像教学：证史·疑史·释史［J］. 内蒙古师范大学学报（教育科学版），2022（3）：129-134.

第七章　如何展开有理有据的论证

学习目标

- 了解历史论证的基本要素。
- 掌握历史论证的基本方法。
- 理解历史论证与历史探究、历史叙事之间的关系。
- 能应用历史论证开展历史教学设计。
- 了解中学生历史学习方式的本质特征。
- 掌握历史学习指导的主要方法。

知识导图

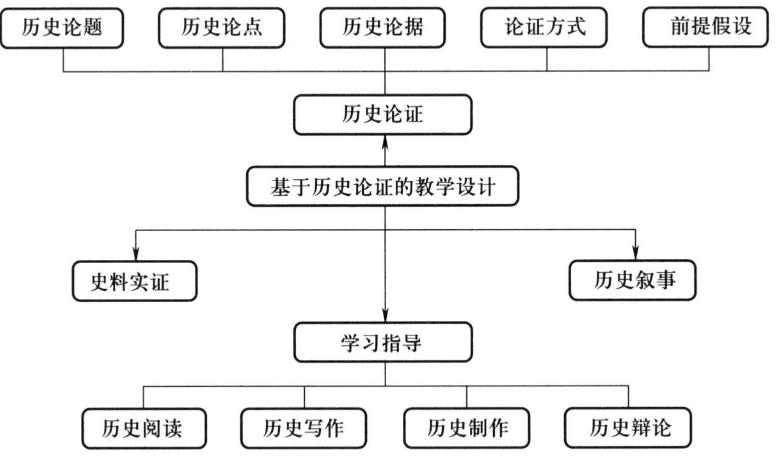

导语

《大般涅槃经》中记载了"盲人摸象"的典故:"尔时大王,即唤众盲各各问言:'汝见象耶?'众盲各言:'我已得见。'王言:'象为何类?'其触牙者即言象形如芦菔根,其触耳者言象如箕,其触头者言象如石,其触鼻者言象如杵,其触脚者言象如木臼,其触脊者言象如床,其触腹者言象如瓮,其触尾者言象如绳。"

这个典故我们非常熟悉,《长阿含经》还对这个典故作出延伸解释:"诸盲人群集,于此竞诤讼;象身本一体,异相生是非。"众人分歧的原因被归结为盲人只摸大象的某个部位,因此都作出了以偏概全的论断,得出了他们认为的大象的样子。

实际上,这并不仅是对佛性与无明众生的阐释,而且蕴含着人认知与探索新事物的道理。彼此争辩的盲人都没有刻意去歪曲事实,但恰恰是自己真实的感受让他们愈加远离了本质。人们只有不断对"所摸之象"全面探索、辨明真伪、相互印证、去粗存精,才有可能打开当前的认知壁垒,更全面地认识世界。这也提示我们思考历史课上如何开展论证才是合理的。我们至少应该做到以下两点:一是多维度论证;二是多主体论证。

第一节 历史论证有哪些特点

○历史论证是史料实证的核心环节。

○历史细节应体现历史证据的可靠性。

○历史论证的过程就是开展历史探究的过程。

论证是用某些理由去支持或反驳某个观点的过程或语言形式。[①] 换句话说,论证是一种思维活动,它是用多种形式的表达来确立观点的真实性与可信性的说理过程。历史论证从属于论证这一上位概念,是用经过鉴别的史料去支持或反驳某个历史观点、历史现象、历史事实的思维过程。

一、历史论证亦如史料实证

《普通高中历史课程标准(2017年版2020年修订)》对史料实证水平的规定具有明显的层次性,课堂教学关键要培养学生"例证""互证""辩证"三种关键学习行为,这三种论证方法是史料论证的基本方式。课程标准中还提到,学生"能够尝

---

① 陈波. 逻辑学十五讲[M]. 北京:北京大学出版社,2016:41.

试运用史料作为证据论证自己的观点”，“能够利用不同类型史料，对所探究的问题进行互证”，“能够恰当地运用史料对所探究的问题进行论述”。[①] 如此，历史教学就需要改变先有观点再有材料的印证模式，而转向论证能力的培养。历史论证亦如史料实证，历史证据是用来支撑历史观点，而非迎合固定观点。证据是观点的源头，教学不能本末倒置，不能将史料教学变成提取信息材料，或围绕课文观点提供相对应的材料，让学生在课本中找观点。这无视证据与观点之间的关系，曲解了史料教学的本质。[②]

案例呈现

某教师在讲“宋代经济的发展”时，设计了如下探究活动，要求学生回顾本课所学，自主选择教师提供的史料，论证材料中的观点。

材料：

我们认为经济重心转移过程完成的标准应是以下三条：

第一，经济重心所在地生产发展的广度和深度都超过其他地区，具体表现为：人口众多，劳力充足；主要生产部门的产量与质量名列前茅；商品经济发达。

第二，经济重心所在地区生产发展具有持久性和稳定性，不只是在一个较短的时期内居优势地位，而是有持续占优势的趋势，就是说其优势为后世所继承。

第三，新的经济重心取代了旧的经济重心后，封建政府在经济上倚重新的经济重心，并在政治上有所反映。

——郑学檬《中国古代经济重心南移和唐宋江南经济研究》

第一条标准内容最直观，也是课上着重讨论的知识点，因而学生在论证时史料运用得充分、准确。如学生甲选择图3（选自《中国历史地图册》七年级下册），对比分析宋以前和两宋时期南北方人口的变化，说明宋朝南方劳动力更为充足；学生乙选择图4（根据中国硅酸盐学会《中国陶瓷史》图五十三、图五十五绘编），结合教材内容，说明南方“主要生产部门的产量与质量名列前茅”；学生丙选择吴自牧《梦粱录·卷十三·夜市》里的描述，说明南方“商品经济发达”。教师提供史料时，还设置了干扰项《清明上河图》，以检验学生是否会选择北方城市图景来论证经济重心南移，令人欣喜的是没有学生判断错误。

第二条与第三条标准，本课史料涉及较少且不易论证。学生在论证过程中，遇到了一些挑战。如有学生丁同样选择图3，认为以两宋时期南方人口的

---

① 中华人民共和国教育部. 普通高中历史课程标准：2017年版2020年修订［M］. 北京：人民教育出版社，2020：71.

② 陈志刚，张春桐. 证据意识和论证能力的培养［J］. 历史教学，2020（9）：14–20.

持续领先，就可以说明生产发展的“持久性和稳定性”，而这显然是不充分的；学生戊选择表 1（选自《中国历史地图册》七年级下册）、图 5（摘自陈国生《论我国古代宰相籍贯分布规律及其形成原因》），说明南方表现出“封建政府在经济上的倚重和政治上的反映”，以一年赋粮比例和宰辅籍贯分布来论证，还是过于片面了。

但这一部分的不尽如人意，正是为引出“模拟研究——你还需要搜集什么史料来完成论证”做准备。学生在小组讨论之后，根据第二条和第三条标准的论点，进行研究设计。如有学生说需要搜集宋以后历朝的财政收入来源资料，对比南北方所占比重来论证“持久性和稳定性”“经济上倚重新的经济重心”；还有学生说，需要搜集各朝科举选官的官员籍贯来论证“政治上有所反映”等。[①]

由此想到的

《义务教育历史课程标准（2022 年版）》在“教学建议”部分提出“组织历史论证”，“要组织学生对历史问题进行论证，引导学生对史料进行分析、比较、综合、概括等，形成自己的看法”。[②] 这条建议提示我们在历史教学中展开论证，需要以历史论题为中心，以史料研读为基础，以逻辑思维为方式。一个完整的历史论证由历史论题、历史论点（观点）、历史论据、历史论证方式和历史论证隐含的前提或假设五个要素构成。实际上，这五个要素都离不开对史料的关注。

历史论题是进行历史学习时所选定的课题，范畴较大；历史论点指人们就某个历史论题提出的较具体的见解、看法、主张，它的呈现方式既可是陈述式的，也可以是描述的，既可以语言文字呈现，也可以图像、图形、图表、历史地图等呈现，但最常见的是以历史判断（命题）的方式呈现；历史论据是支持或否定某个历史论点的依据，历史论据可分为两大类，一类是历史事实论据，即史料依据，一类是历史事理论据，即历史科学理论、原理、定义等；历史论证方式是历史论点与历史论据之间的联结方式，或者说是论据用以支持论点所采取的逻辑方式，即要解决的是“怎样证明”的问题。历史论证中往往隐含着一些语言、文字未能表述出来的前提或假说，但它们在论证过程中要发挥作用，注意并充分利用隐含的前提和假说有助于更好地选取证据，在证据和论点之间建立联系，加速论证的完成。[③] 其中，最为核心的要素即论点、论据、论证方式三要素，在运作过程中，它们基于史料开展有

① 夏艳芳. 基于史料研读的教学实践研究：以“宋代经济的发展”为例［J］. 中学历史教学参考，2020（3）：35–38.

② 中华人民共和国教育部. 义务教育历史课程标准：2022 年版［M］. 北京：北京师范大学出版社，2022：59.

③ 冯一下. 历史论证探析：以历史教学中的“论证”为中心［J］. 历史教学，2017（19）：20–31.

理有据的说理过程。

在上述案例中，该教师提出的历史论题是“宋代的经济发展变化”，历史论点是“经济重心南移的标准是什么”，历史论据包括了人口、商业、宰相籍贯、赋粮的地域分布情况，历史论证方式是典型历史事例枚举归纳论证，历史论证隐含的前提或假设是宋代发展的社会阶段特征、经济重心的必备条件等。

资料卡片

所有的逻辑推理，所有的论证，目的只有一个：找出某个事物的真相。……真相是我们所有努力的意义所在。

真相有两种形态：一为本体真相，二为逻辑真相。其中，本体真相更为基础。所谓本体真相，指的是关乎存在的真相。

逻辑真相，如你猜测的那样，是逻辑学家直接关注的真相形式。逻辑真相仅仅是关乎命题的真理性。更宽泛地说，它是在我们的思维和语言中自动呈现出来的真相。[①]

视频：“文艺复兴”片段1(王子涵)

对史料证据价值及论证逻辑的关注，直接表现在证史过程中，即是否已充分考虑到史料作为论据的有效性与可靠性；是否遵守了“孤证不立”的史学思想方法；是否规避了“过度推论”的误区；是否就史料的多样性和论证的多视角展开充分思考。美国逻辑学家弗里曼（J. B. Freeman）说：“我们在文本、社论、论文、演讲中遇到大部分论证是以独白的方式提出的。”[②] 我们的教科书和教师总是自信于自己所传递的观点的正确性，论据的可靠性和论证的符合逻辑，但这其实已经落入“独白的方式”之中。在历史教学中，如何开展有理有据的历史论证？只有学生掌握论证的基本要素，才能更好地解决历史问题，实现探究的模式转变。

二、历史论证必须触及历史细节

历史论证的有效性既依赖于作为历史证据的史料的可靠性，也依赖于历史论证过程中逻辑的合理性。对于历史教学中的论证而言，史料的可靠性居于首要位置，这种可靠性需要历史教师在指导学生开展历史论证时必须关注史料的细节。

案例呈现

某教师以“玄武门之变”为主题设计史料研习活动。其中，教学环节一、三、五比较明显地涉及历史论证。

① 麦克伦尼. 简单的逻辑学［M］. 赵明燕，译. 杭州：浙江人民出版社，2013：21-22.
② 弗里曼. 论证结构：表达和理论［M］. 王建芳，译. 北京：中国政法大学出版社，2014：48.

教学环节一：政变企图

教师讲述：为争夺皇位继承权，我们看看李世民做了什么？

史料1：隐太子将有变也，太宗令长孙无忌召玄龄及如晦，令衣道士服，潜引入阁计事。

……（侯君集）渐蒙（太宗）恩遇，参预谋议。建成、元吉之诛也，君集之策居多。

……太宗之谋建成、元吉也，尝引（刘）师立密筹其事，或自宵达曙。

……太宗以隐太子、巢剌王之故，令大雅镇洛阳以俟变。大雅数陈秘策，甚蒙嘉赏。

——（后晋）刘昫等《旧唐书》

问题1：李世民与部下的交往暴露出了什么企图？

教师引导学生分析：从李世民与刘师立、温大雅等人的密谋中，可以看出他早有发动武装政变的计划。

……

教学环节三：政变选址

教师讲述：同学们想一想，李世民为什么选择玄武门作为政变的地址？他何以知悉建成、元吉一定会走玄武门而伏兵击之？如果二人不走玄武门，而走其他门，不就杀不成吗？

史料4：唐长安城由宫城、皇城、外郭城所组成。宫城是供皇帝及皇族居住和处理朝政的地方，位于长安城北部的最中央。……承天及玄武二门分别为南军及北军重地。

问题3：观察史料4和唐长安城平面图，说明李世民为何选择在玄武门发动政变。

教师引导学生分析：唐代长安城宫城的玄武门是朝臣入宫奏事的必经之地。因此，玄武门成为宫中与外朝联系的咽喉要地。玄武门自然也成了李建成、李元吉入宫的必经之地。所以李世民选择玄武门作为伏兵突袭的有效地点，必然能切断建成、元吉的退路。同时，李世民依靠收买的北门禁军重要将领，采用先发制人的战略，最终获得“玄武门之变”的成功。

……

教学环节五：后人评说

教师讲述：李世民通过玄武门之变，杀兄屠弟，夺得了太子之位，不久即登帝位。那么，后世史家如何看待此事？

史料6:……赞曰：“昌、发启国，一门三圣。文定高位，友于不令。管、蔡既诛，成、康道正。贞观之风，到今歌咏。”……赞曰：“……建成、元吉，实为二凶。中外交构，人神不容。用晦而明，殷忧启圣。运属文皇，功成守正。善恶既分，社稷乃定。”

——（后晋）刘昫等《旧唐书》

史料7：立嫡以长，礼之正也。……既不能然，太宗始欲俟其先发，然后应之，如此，则事非获已，犹为愈也。既而为群下所迫，遂至喋血禁门，推刃同气，贻讥千古，惜哉！夫创业垂统之君，子孙之所仪刑也，彼中、明、肃、代之传继，得非有所指拟以为口实乎！

——（宋）司马光《资治通鉴》

问题6：五代时期的刘昫等、宋朝的司马光对“玄武门之变”一事的看法有何异同？联系他们所处的时代背景进行评析。

教师引导学生分析：刘昫等对李世民发动玄武门之变持理解、同情甚至赞赏的态度，而司马光对“玄武门之变”持否定态度。五代时期，“兵强马壮者为天子”，政权更换频繁，统治者大都是通过玄武门之变式的流血政变上台，“天下大乱，中国之祸，篡弑相寻”就是这个时代的写照。从北宋开始，由于封建伦理道德和忠孝观念的加强，史家对唐太宗多有微词。司马光依据立嫡长不立贤的传统，认为李建成身系嫡长子，为唐朝建立立下汗马功劳，又不见其有失德之事，由他继承皇位，应该无可争议。但是李世民不甘居人之下，只能用流血政变的手段达到目的。要将这种做法说成是名正言顺，只能颠倒历史真相。因为宋太宗和唐太宗一样，都是从兄长手中夺取帝位的，宋太宗以后的皇帝又都是宋太宗的后代，如果面对宋太宗的后代，司马光痛斥李世民杀兄屠弟之罪，当然会刺痛宋英宗、宋神宗的。所以他说，唐太宗杀建成、元吉，虽是为“群下所迫”，但“贻讥千古”，令人惋惜，因为它带来了不利的影响，“中、明、肃、代之传继，得非有所指拟以为口实乎”。司马光对唐太宗的批评最终是为了从历史中吸取教训，寻找借鉴。①

由此想到的

该教师在设计这一节课时，着重考虑学生的论证能力。一方面，以学生常见的观点“李世民是正义的一方，李建成、李元吉是大反派，应该被打倒，李渊昏庸无能”为论点，通过提供多面向的证据，抓住历史的细节，来驳论原有观点。另一方面，从玄武门之变这一问题入手，力图使学生认识到，对于历史现象、历史问题，往往有多方面的资料，要比较各方叙述的异同，避免先入为主而弱化论证过程的可靠性。

通常来说，教师们常采用讲故事的办法讲“玄武门之变”，将历史的细节融入故事中，透过历史发生的经过带给学生一个可能的真相。历史论证同样要触及历史细节。这与讲故事的最大区别在于：论证以历史细节为论据，提供给学生去鉴别、比较、分析，而不只是讲述细节本身。学生借助这些历史细节，尝试运用史料作为

① 何成刚，李志先．核心素养导向的史料研习活动探索：以探究“玄武门之变”为例［J］．教学月刊·中学版（教学参考），2018（12）：3-8.

证据论证自己的观点；选择、组织和运用相关材料并使用相关历史术语，对系列史事提出自己的解释；利用不同类型史料的长处，对所探究的问题进行互证，形成对该问题更全面、丰富的解释；甚至能够比较、分析不同来源、不同观点的史料。这是我们在教学设计中应当注意的，要看到历史细节的论证价值，从而设计激活思维的探究活动，由此展开教学。

三、历史论证影响教学设计结构

案例呈现

以下是某教师在执教《普通高中教科书　历史　必修　中外历史纲要》（下）中“影响世界的工业革命”一课时的教学设计思路。

教学分析如下：

一般认为，工业革命是指由一系列技术变革引起的，从手工劳动转向机器生产的重大飞跃，人类也由此从农业社会迈向工业社会。然而，学术界关于能否将从农业社会向工业社会的转型称为“革命”尚有争议，形成了“革命说”和“非革命说”两大阵营，这本身亦表明不同学者从不同角度观察，对同一历史事件有着不同的解释。

持“革命说”的学者从历史影响的角度出发，认为由于工业化，人类的物质文化在过去200年中发生的变化远大于前5000年，创造出了“工业革命”一词。该词本身就是一种比喻，将政治史研究中的“革命”概念移植到经济史研究领域，意在把从18世纪中叶开始的某些经济变化比作一场推翻旧秩序的革命。

持“非革命说”的学者则认为“革命”一词蕴含着突变的意味，而从发生和发展的进程来看，农业社会向工业社会的转型却是一个稍显漫长的过程，突变并不是经济发展过程根本的特点，用“革命”一词来指称这一历史事件并不妥当。

综上所述，本课教学可基于“革命说”和“非革命说”两大冲突观点，创设学术争端情境，围绕“从农业社会到工业社会的转型能否被称为革命”这一核心问题，设计探究环节并制订相应的学习目标，促进学生历史解释核心素养的养成。

教学设计思路如图7-1所示。

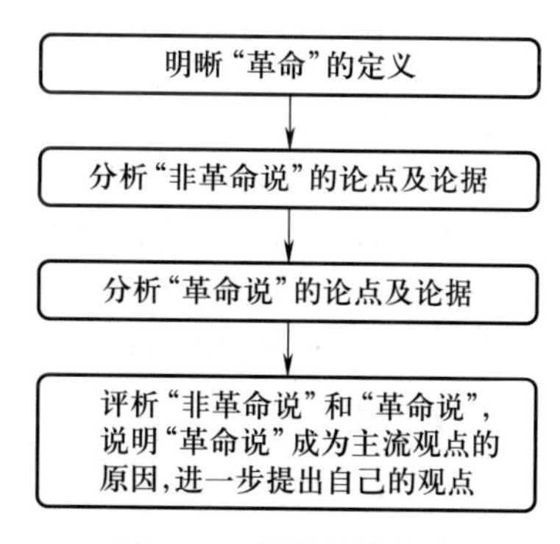

图7-1　教学设计思路

探究环节及具体目标如下：

1.“非革命说”探究

（1）学生依据教材、相关阅读材料，能够

从政治、原料与市场、劳动力与技术等方面分析工业化首先出现在英国的原因，认识到工业化的发生经过多方面的漫长积累与准备。

（2）学生依据教材、相关阅读材料，能够在说出工业化开始的标志、重要的机器发明、动力改良、两次工业革命发生的时间与范围等内容的基础上叙述工业革命的进程，认识到经过一代又一代的技术革新才促成了工业化的发生与发展。

（3）学生依据"非革命说"代表性论述，能够提炼"非革命说"的论点，并找出相关史实作为论据支撑。

2."革命说"探究

（1）学生依据教材和相关阅读材料，能够从生产力、生产组织形式、阶级结构、社会生活、世界经济格局等方面对比工业社会和农业社会，并联系其他学科知识和实际生活，阐述工业革命的深远影响。

（2）学生依据"革命说"代表性论述，能够提炼"革命说"的论点，并找出相关史实作为论据支撑。

3. 总结提升环节

学生能够在评析"非革命说"和"革命说"，尤其是辨别两种观点研究视角的基础上，说明"革命说"成为学界主流观点的原因；进一步提出自己对"从农业社会到工业社会的转型能否被称为革命"这一核心问题的观点，并运用相关史实论述自己的观点。①

由此想到的

教师在设置历史论点时引入了学术争议，展示了工业革命"革命说"与"非革命说"两种不同观点，制造学生的认知冲突，激发学生的探究欲。在学生的学习兴趣被调动起来之后，教师给学生提供阅读材料以及相应的指导，这些阅读材料的出现，使得学生对历史观点背后的史实依据有了更为全面的认识，也使学生能够直接参与到问题的探究之中。

历史教科书在讲述历史时往往只呈现了学术界的主流观点，但很少涉及这些观点是如何形成的。该教师将关于工业革命的两种不同观点都呈现出来，并且指导学生利用教科书中的史实以及相关的材料，对两个观点进行论证。这样的论证并不是要推翻原有的主流观点，恰恰相反，是要学生靠自己的论证去证明为什么主流观点会成为"主流"。在这个过程中，学生不仅学会了开展历史论证的方法，同时也加深了对历史事实的理解，工业革命不仅仅是一个停留在教科书中的概念，而变成了一种鲜活的历史认识。

① 王昌月. 基于历史解释素养的"影响世界的工业革命"教学设计［J］. 历史教学，2021（19）：28-36. 引用时有修改。

由此可以认识到，历史教学中开展有理有据的论证会重建教学设计的结构。推理论证的过程是对一个历史问题进行探究的过程，它不再是传统意义上的教师将历史情节娓娓道来，而是根据已知判断提出新的判断的思维形式。基于这样的理念，我们的教学设计结构就由“事实（材料）—解释（理解）—认同（总结）”的一般认知结构转变为“理解（事实·问题）—探究（材料·对话）—建构（实证·解释）—表现（评判·认同）”的特殊认知结构，更加凸显学科性的思维品质。

实践指引

历史论证的性质就是面对事实

历史论证是用经过鉴别的史料去支持或反驳某个历史观点、历史现象、历史事实的思维过程，史料实证中最核心的环节便是开展历史论证。历史论证的有效性依赖于历史证据的可靠性和论证过程的合理性，因此，重视历史论证的教学也将呈现出一些与传统教学不同的特点。

首先，历史论证必须触及历史细节。传统讲授法也重视历史细节，但这种细节的作用主要是渲染氛围、激发兴趣，其反映的历史可能是虚构的。而在历史论证中，历史细节是作为证据存在的，因此，细节的真实性和可靠性才是第一要务。其次，历史论证会改变教学设计的结构，历史论证的过程也是开展历史探究的过程，因此教学设计的结构将更加注重培养学生自主建构历史知识的能力。概括来说，基于历史论证的教学尤为重视对历史事实的确认，并以此锻炼学生的历史思维。

第二节　历史论证也是叙事过程

○历史论证是具有阐释意义的叙事形式。
○开展历史论证需要揭示历史叙事背后的历史观念。
○好的历史论证可以全面提升学生的历史学科核心素养。

一、了解必要的历史叙事方式

历史学家对历史问题的研究，实际上是对这个问题的观点论证，而呈现形式则是通过叙事。叙事具有一定的解释功能，特别是对因果关系的论述。在这个意义上，叙事也成了历史论证的一种方式，历史论证是具有阐释意义的叙事形式。义务教育历史课程标准也从展开论证活动的角度提及叙事，要求教师“从培育核心素养的角度，引导学生理解历史叙述的内在含义，分析历史的多种联系，有根据地评述

史事”[①]。可见，与讲故事相比，论证更强调说理，而叙事则是它的具体展开形式。了解和掌握历史叙事关乎历史教学中开展论证的方向和质量，所以教师不仅要熟知叙事方式，也需要具备揭示历史叙事结构要素的能力。

20世纪，西方史学实践对叙事方式存在三种不同的立场：重构、建构和解构。重构论者强调“如实直书”，认为只需要将史料不偏不倚地呈现出来，就是最好的论证方式。建构论者则认为，单纯的重构不足以揭示真实，历史学家也不是毫无情感和思想的机器，所以在论证历史观点、历史事件的时候，他们常常是有所选择、有所侧重的。第二次世界大战后，社会科学极大发展，历史学的社会科学化更使理论进入历史学之中。由此，历史论证方式就由客观呈现变为借助史家的理论视角、个人能力建构过去的历史片段。

其中，有的历史学家关注历史结构，以结构的历史代替事件的历史。如布罗代尔提出时段理论，从长时段、中时段、短时段认识历史。也有历史学家关注论证的解释模式，并由此形成两个不同的流派。波普尔－亨佩尔的覆盖率模式认为，倘若将某一具体的历史事件之间的关联，纳入某一普遍的规律之下作为其个案显现，就达成了成功的历史解释。而德雷等人的逻辑关联论证，则沿袭了柯林武德的传统，将行为人动机和选择之间合乎逻辑的关联，作为历史解释的关键。[②]

20世纪70年代以后，后现代思潮兴起，历史学也受其影响，由建构走向解构。“后现代主义一般来说意味着这样一种观点：历史学家不能洞穿语言给历史事实蒙上面纱，换言之，历史学家仅能书写文本，而非真相。”[③]于是，人们开始放弃对绝对客观的追求。历史学家在论证历史问题时，将历史文本化，将论证视为众多叙事文本中的一种，强调修辞的力量。“如果我们从一个不同的视点来解释这个故事中的各种事件，从而修改这个故事，那么很多可能都会改变。”[④]因此，历史论证成为一块战场，不同的叙事文本充斥其中，如何以历史学科的规范与标准约束历史学家做出合理论证，已经成为一个难题。

二、没有脱离历史观念的历史叙事

在历史叙述主义哲学看来，历史故事并非天然存在于过去，而是史学家依据史料、运用语言建构的结果。[⑤]《普通高中历史课程标准（2017年版2020年修订）》也明确指出“所有的历史叙述在本质上都是对历史的解释，即便是对基本事实的陈述也包含了陈述者的主观认识”。由此可见，所有的历史叙事都蕴含着历史书写者的观念，只是这种观念或明或暗，体现在明处的历史观念一般通过故事的意义得以阐发，而体现在暗处的历史观念则需要读历史的人去破解，试举两例如下。

---

① 中华人民共和国教育部．义务教育历史课程标准：2022年版［M］．北京：北京师范大学出版社，2022：59.
② 彭刚．叙事的转向：当代西方史学理论的考察：第2版［M］．北京：北京大学出版社，2017：230.
③ 艾文斯．捍卫历史［M］．张仲民，等译．桂林：广西师范大学出版社，2009：284.
④ 马丁．当代叙事学［M］．伍晓明，译．北京：中国人民大学出版社，2018：前言2.
⑤ 李嘉雯、张汉林．历史教育中的叙事：理论、功能与设计［J］．中学历史教学参考，2021（11）：8-14.

案例呈现

在孔子思想的教学中，许多教师常会引用一个源自《论语·乡党》的经典故事，以阐明孔子“仁”的思想。这个故事的原文是：“厩焚。子退朝，曰：‘伤人乎？’不问马。”在马棚起火的情况下，孔子关心的是人，而非马；由此可见，孔子不仅主张“仁者爱人”，更是身体力行。这是教师教学的逻辑。但是，在今天，“问人不问马”是一个比较寻常的行为；如果哪个当权者在灾难发生时，敢于“问马不问人”，恐怕会受到不少的非议。①

由此想到的

《论语》是由孔子的弟子及其再传弟子编撰而成的，上述“孔子问人不问马”的故事之所以会被编入《论语》之中，显然与当时人的观念有关。在编撰者看来，孔子在马厩失火之后先关心人而不是马是否受伤，这是一件比较重要的事情。要理解这个事件的重要性，我们不能用当下的观念去看待这个故事。在孔子生活的年代，养马人的身份地位很低，而马不管是作为“财物”还是“礼仪之物”，都有非常重要的意义。在这样的历史背景下再去看这个故事，《论语》编撰者的意图就比较清晰了，显然，问人不问马是一件值得记录下来的事情，而且之所以会专门提到“不问马”，正是对“问人”的一种反衬，进一步体现了孔子“仁”的观念。

案例呈现

及（后稷）为成人，遂好耕农，相地之宜，宜谷者稼穑焉，民皆法则之。……后稷卒，子不窋立。不窋末年，夏后氏政衰，去稷不务，不窋以失其官而奔戎狄之间。不窋卒，子鞠立。鞠卒，子公刘立。公刘虽在戎狄之间，复修后稷之业，务耕种，行地宜……公刘卒，子庆节立，国于豳。庆节卒，子皇仆立。皇仆卒，子差弗立。差弗卒，子毁隃立。毁隃卒，子公非立。公非卒，子高圉立。高圉卒，子亚圉立。亚圉卒，子公叔祖类立。公叔祖类卒，子古公亶父立。古公亶父复修后稷、公刘之业，积德行义，国人皆戴之。……于是古公乃贬戎狄之俗，而营筑城郭室屋，而邑别居之。

——《史记·周本纪》

---

① 张汉林. 孔子“问人不问马”故事的教学解读［J］. 历史教学，2016（3）：7-9，20.

由此想到的

上述材料几乎是纯粹的事实的描述，但纵然如此，字里行间也隐藏着史料编纂者的观念。周族列祖列宗，自后稷至古公亶父，凡十三人。除了后稷、公刘和古公亶父，其余十人唯有“立”和“卒”，几乎没有其他记述。后稷、公刘和古公亶父流传下来的事迹很多，详加考察，我们不难发现他们有个共同点——“务耕种”。而其余十人，“去稷不务”“奔戎狄之间”，带领族人过着居无定处的游荡生活。

为什么史料作者对务耕种者不惜笔墨，而对其他人惜墨如金呢？其实，这反映的是史料编纂者对于文明与野蛮的观念：农耕的定居生活是文明，渔猎的游荡生活是野蛮。带领周族走向文明的祖宗自然要大书特书，而险使周族走向“邪路”的祖宗自然要为尊者讳。[①]

历史书写者在建构历史叙事时会自觉或不自觉地将自己的历史观念渗透进历史故事，完成了历史的第一次建构，而历史教师在开展教学活动时往往会根据自己的观念对历史故事进行再次选择和使用，对历史进行了第二次建构。因此，历史教师在使用历史叙事时应当警惕，不能“只满足于讲故事”，还要努力看到历史故事背后的观念，“帮助学生拆去历史故事的各种包装，包括教科书给定的历史故事和没有写进教科书的历史故事”。[②]

三、基于历史论证的教学设计分析

从宏观上说，历史教学设计就是在对学习主题进行论证的过程；从微观上说，每一个环节的教学过程，也是学习者开启历史论证、探讨论题的过程。基于历史论证来分析教学设计，有助于我们打造一个有事实、有逻辑的理性课堂环境。

案例呈现

《义务教育教科书 中国历史》（七年级上册）中“原始农耕生活”一课涉及“河姆渡人的生活”，其中一个重要内容就是“大量人工栽培水稻”。某教师以“证实河姆渡人会种水稻”为题组织课堂讨论。老师以教材中河姆渡遗址的考古发现为材料，引导学生在阅读课文内容的基础上，通过课堂讨论展开历史论证。以下为其教学过程：

师：为什么说河姆渡时期已经出现原始农业？

生：因为河姆渡遗址中发现了大量的稻谷、谷壳、稻秆和稻叶堆积。

师：你是怎么知道的？

生：书上有稻谷的照片。

---

① 张汉林，邓敏．论史料信息的三个层面和九个要素［J］．历史教学，2020（13）：30-34.

② 赵亚夫，张汉林．国外历史课程标准评介：上卷［M］．北京：北京师范大学出版社，2017：14.

师：这些稻谷是人工栽培的天然形成的？
生：书上说是人工栽培的。
师：很好。除此之外，还有其他证据吗？
生：（沉默。）
师：种地需要什么？
生：农具。
生：对了，骨耜是用来种地的。
师：你怎么知道骨耜是农具，而不是其他？
生：外观像铲子，估计是挖土的。①

由此想到的

教师以“河姆渡时期已经出现原始农业”为话题，要求学生以相关的史料作为证据予以论证。在教学过程开始时，教师启发学生寻找可作为直接证据的稻谷，并通过对稻谷是天然形成还是人工栽培的辨识，引导学生对证据进行质疑和证实。随后，又引导学生从工具出发，寻找作为间接证据的骨耜，并从外形和功能上推测其与农业的联系。

但是，这样的论证过程并不完整。例如，该教师对“书上说是人工栽培的”一语并未在意，而这恰恰忽略了对论据的批判，没有深究知识的来源而默认书上内容是正确的前提假设；教师虽然追问“还有其他证据吗？”，但仅停留于骨耜因外观像铲子而被推断是农具，这一方面反映出证据链构建并不完善，没有建立起“挖土”与“人工栽培稻谷”之间的联系（印证或是反证），另一方面也没有提供更丰富的佐证，说明骨耜是培植水稻的农具。

如果想避免在历史教学中论证的不完整，提高可靠性，开展有理有据的论证，就需要教师把握中学历史论证的如下特点：

第一，论点具有启发性。历史教学中开展论证，首先需要一个论点，而论点的选择应具有一定的启发性。这个启发性表现在两个方面：一是能够激发学生的探究欲，开启历史思维的大门；二是有利于深化学生对历史的理解程度。

第二，论据具有多元性。孤证不立作为历史研究的一条原则，同样适用于中学历史论证过程。关注论据的多元性，就是要兼听则明，从多角度、多层次选取证据，论证观点是否合理。例如，上述案例中教师启发学生寻找原始农业的直接证据，又从农业工具角度中寻找间接证据，就是关照了多元论据的历史论证基本特征。

第三，论证过程具有完整性。历史论证的可靠，需要建立在完整的证据链上，

① 姚锦祥. 从史前时期的课程内容谈历史教学中证据使用的方法［J］. 历史教学，2014（17）：16–20. 引用时按照新版教材进行了修改。

形成论点—论据—论证之间的自洽。以史料为依据，要做到“大胆假设，小心求证”。这不仅揭示了由史料获取历史知识的史学方法，也突出了由史料培养学科思维的学习方法。所以，论证过程的完整性应兼顾“证”与“疑”，“证”是判断、推理与建构思维理性的过程；“疑”是由已知走向未知再重归已知的逻辑过程，二者相辅相成。

第四，需要一定的历史想象。“我是一个历史（学）家，因为我能把不相连的片段拼成一幅完整的图画；我知道哪里遗失了材料，也知道怎样来填补它们。”① 很多情况下支撑历史故事的史料记载中存在着记录的空白，而无法建构相对完整的情节。为弥合史料描述间的断裂，教师应锻炼学生的历史想象力，把散落于各处的一些不相关的事实或者碎片连成整体，建构一个比较完整的信息，据此修补证据链，将论证过程置于一个虚实交织的中间地带，即柯林武德所说的“填补的想象”。

实践指引

在历史论证中提升学生的学科核心素养

历史论证是具有阐释意义的叙事形式。历史叙事背后拥有丰富的蕴含，包括叙事者在特定文化影响下对历史的理解、通过特定的言辞结构和组织方式为历史赋予的意义、在历史解释过程中流露的意识形态内涵等。因此，在开展历史论证时需要保持警惕，不能满足于讲故事，而是要努力揭示历史叙事背后的历史观念。一个好的历史论证的论点具有启发性，论据具有多元性，论证过程具有完整性，而且需要一定的历史想象，它不仅能够充分发挥历史叙事阐释意义的功能，而且可以全面提升学生的历史学科核心素养。

第三节　全面导入新的学习指导方式

○历史学习方式的本质特征是亲身体验、自主探究。
○学生历史学习活动的真实发生需要教师的有效指导。
○在丰富的历史学习活动中锻炼学生的历史论证能力。

历史是摆事实、讲道理的学科，指导学生展开有理有据的论证，是历史教学的重要目标，也是历史教学的有效组织方式。展开论证的主体是学生，而不是教师，这也就意味着应让学生获得论证的能力。讲授式的教学在这方面收效甚微，仅是给学生呈现一种或几种已经被教师自己加工过的论证成品，但并没有指导学生如何自主进行论证。所以，探索新的教学思路，全面导入新的学习指导方式，才能为锻炼

① 古奇. 十九世纪的历史学与历史学家：上册［M］. 耿淡如，译. 北京：商务印书馆，1989：99.

学生的历史论证能力提供充分的环境与条件。从教育发展史来看，越是强调学生的主体地位，学习指导的作用就越大。学习指导的方式越丰富，学生的学习获得也就越多。

一、中学生历史学习方式的本质特征

学习方式最早是由美国学者哈伯特·塞伦于1954年提出的，但并没有一个被学界广泛认同的界定。所谓历史学习方式，是在一定的历史学习观指导下，在长期的历史学习过程中逐渐形成并稳定化的历史学习的程序、形式、方法、兴趣和习惯等的有机集合体，是人们学习历史的思维方式和行为方式。①

 案例呈现

时间的顺序

适用范围：5—12 年级的学生。

课程概述

时间概念是全美历史标准所要求的重要学习能力。本案例描述了一个基本的教学框架，学习水平的跨度较大。

教学目的

提高学生的历史学习兴趣，降低学习难度，让学生直观地感受历史。

教学目标

本活动结束之后，学生将能够：

1. 在一个确定的时间段里确认重要的历史时间和选择重要的历史事件。
2. 利用符号指代来探索的历史时间和事件。
3. 按照正确的时间顺序在年代尺上排列出主要的历史时间和事件，并用不同的标记加以间隔。
4. 事先通过讨论为后面的学习达成好的效果铺垫。

学习资料

教科书；表示计量时间的各种实例；展示一些富有创造性的象征物，以激发学生的创造性。

教学活动

1. 让学生选出 1920—1930 年他们认为重要的时间和事件。
2. 让学生先在草稿纸上给各自所选择的历史事件配上适宜的象征物。
3. 在年代尺上明确标出与这些历史时间和事件相适宜的象征物。如果有 8 个历史时间和事件的话，一定要有 4 个历史时间和事件在年代尺的上方，4 个在年代尺的下方。也可以把纸对折，然后把这些历史时间和事件放到适宜的位置。

---

① 冯一下，李洁. 试论历史学习方式及其变革［J］. 历史教学，2003（2）：57-62.

4. 给每个历史时间和事件以及标志物涂上颜色。

5. 让学生讨论并解释自己的年代尺。

6. 让学生交流各自所做的年代尺，并放在教室里展览。

7. 让每一个学生都有机会展示自己的作品，并允许他们通过艺术的手段来表达、学习和阐述各种历史事实。

小结

让所有学生分享他们绘制的时间轴，并贴在教室的四周展示；使学生艺术地表达自己的观点，这也是叙述史实的绝佳方法。[①]

由此想到的

上述案例为我们呈现了一种新的教学方式。教学过程即学习过程，它以学生的参与活动为中心，鼓励学生对知识进行探究。在历史学习中，学生大多数时候都处于主动的状态，积极与他人展开互动并参与实践，实现对“时间概念”的理解与运用。这种历史学习方式与传统意义上的学生在特定程序中接受特定的知识与技能不同，教师让学生直接参与到历史学习中来，向学生提供自主选择的机会，鼓励学生的个人见解，如案例中“让学生讨论并解释自己的年代尺”。这反映了21世纪学习型社会下历史学习方式的变革——摆脱传递大量知识的接受式学习转为以学生的亲身体验、自主探究为特征。

我们说历史学习方式的本质特征是亲身体验、自主探究，就要关注有效的获得知识、生产知识的学习过程。首先，学生在历史学习中所涉及的知识不是传统所说的系统知识，更不是仅仅掌握教科书中的知识，而是包含事实、概念、程序与元认知等多个层次的知识。其次，学生的历史学习活动是将非生命载体的知识向生命载体的知识转化，探究是激活知识生成的手段。显然，学生是教学主题的探究者或建构者。学生学习的过程是将历史知识活化的过程，如果还将历史学习方式停留在接受教师的单线传递上，无异于扼杀了学生作为学习主体的存在，使学生失去内化知识为历史理解并形成自我历史解释的机会。再次，由于全民终身学习的学习型社会的出现，学校教育的核心功能已经从对特定知识的传递转变为对终身学习者的培养。学习型社会所要求的教育是对话型教育，是创造性思维的教育，是不拘泥于狭义专业的跨领域的知性教育，是培养选择与组织信息能力的教育，是科技文化教育，是多元化理解教育，是重视自然生态平衡的教育，是促进终身学习主体形成的教育。[②]

① 赵亚夫，唐云波. 国外历史教育文献选读［M］. 长春：长春出版社，2012：266-267.

② 佐藤学. 教育方法学［M］. 于莉莉，译. 北京：教育科学出版社，2016：83.

二、有效历史学习活动的选择和指导

历史学习活动有多种表现形式，既包括读写的，也包括体验的。教师对学生的学习指导，首先体现在选择适当的学习活动，其次则是如何确保指导的有效性。所谓适当，一方面要处于学生的认知与学习水平的最近发展区内，另一方面也要与学习任务目标相适应。所谓有效性，则强调学生的有效获得，即通过历史学习活动能够将历史知识意义化，解决历史与现实问题，等等。

案例呈现

“寻找自己的根”

美国诺曼中心中学的历史教师山迪·伯翰在想这样一个课题：“我们当中有多少人的家族中曾经出过像汤姆斯·杰弗逊一类的大人物，可是我们并不知道。假使你花费大量时间，克服种种困难，在一所古老的乡村教堂里找到了曾祖父接受洗礼的记录，那是一种怎样的感受？”其实，每个家族乃至每个公民，家族的历史和他本人的历史体验都与国家的历史保持某种联系。事实上，如果能够把我们自己的历史放在一个地区或一个国家的历史进程中来看，或许会变得更加有意义。因为从一个家族的历史中能够找到诸如“为什么”“谁”“什么时候”这样的历史答案。

他接着想到，如果把每位学生的家族史汇集起来的话，不仅能够了解到我们中的大多数人是如何相互关联的，而且能够了解到国家的历史以及历史中的人民！

对学生来说，研究家谱是了解自己家族历史的一个好机会。当然，他们从中也能够学着使用史学家常用的一些研究历史的工具。家谱在微观历史教学中，也是一种很有价值的资料，它能够帮助学生建立更宽泛的概念，即地区、州及国家的历史都是历史。

于是，伯翰老师决定提供一个将家族历史融入地区、州及国家的历史大背景中的范例。首先，他为本次活动制订了细致的教学目标，诸如在地图上正确指出其家族移居美国前，最初居住的大洲、国家和可能居住过的城市、地区等；口述其家族定居美国后所在地区或州的历史，包括在美国地图上指出其家族最初到达美国时，主要定居过的地区或州；使用恰当的资料，确认其家族在某一个州或地区定居的最初时间；使用恰当的资料，指出使其家族在某一地区或州定居的社会原因和经济原因；列举当地、州或国家现存的，能够激发人们去探究更为完整家谱的组织（只需要每一个组织的概要）。然后将整个学习过程分为四部分。

第一部分，每个学生制作一份尽可能完整的家谱，包括以下项目：姓名（最初的）、出生日期和地点，最早到达美国的时间、移居美国的目的、最早

定居现住地区或州的时间、定居的原因、移居美国后重大的搬迁、搬迁的原因。有些学生的家谱可能会比别的同学详尽一些。完成这一任务的时间并不充裕，最好是在家庭聚会时进行，比如圣诞节、感恩节及复活节，以便更好地向祖父母或其他“长辈”了解情况。

第二部分，学生“采访”其祖父母、叔叔、阿姨或父母。“采访”的目的是得到家谱中家庭成员的详细资料。学生“采访”时，可以询问其家族中是否出过著名的人物，或其家族是否有过光辉的历史，这样的谈话往往能够在家庭成员间架起沟通的桥梁。学生能够从其家族的历史中了解到一些著名或不著名的人物，这些正是他们在描述其家族历史时所热衷于谈论的话题，它会使学生们兴趣盎然，在完成家谱调查时做到积极主动、认真细致。

第三部分，每个学生口述其家族史。教师可以先作示范，这样可使学生的心情放松。值得强调的是，这一课时不仅仅是一项任务，它需要大家的共同参与，有的学生可能不愿意口述其家族史，不要强迫他们。通常当他们看到别的同学陈述之后，也会跃跃欲试。

第四部分，有的学生想知道他们如何从其家族史中学到更多的东西，可以让他们给以下所列组织写信。还可以鼓励那些住在市区的学生去参观大学、图书馆或公墓，并查阅那儿的资料。

伯翰老师在总结中说：“这种类型的活动每学年可以组织几次。家谱反映了移民最集中的来源地，以及美国历史上最初开始移民的时期，是研究美国移民史的一个入门课题。家谱还可以作为口述史研究的一部分。不管这样的活动何时融入课堂，学生都可以在许多方面受益。因为它可以使学生有机会从个人的角度看国家的历史，而且能够使他们发现同学之间的共同特征，从而更加尊重彼此。我常常惊喜地看到原来不经常往来的学生之间在谈论家族史时的热烈场面。几乎每天我们都组织一部分学生共同讨论彼此的先辈、祖籍以及我们引以为荣的历史人物。

或许最见成效的情形是，当一名学生在研究州历史，以及研究美国历史上某一特定事件时，会说：‘我现在明白了我的祖父为什么来到这里。而过去我从未考虑过这个问题，也不理解祖父所说的一切。’”①

由此想到的

上述案例中教师设计的学习活动主角是学生，他为我们呈现出怎样的学习活动方案能够实现学生真实地参与其中，开展探究学习。学生在历史课上，如果无法实际运用知识，无法获得思辨的方法，无法作出合理的价值判断，就不是真实的参

① 赵亚夫，等. 国外历史教育透视［M］. 北京：高等教育出版社，2003：180–182.

与。如果要确保学习活动能真实地作用于学生，上述案例给予我们两点启示：精准选择与有效指导。

首先，基于目标选择历史学习活动。一节课要选择怎样的活动，既是基于教学目标设定的结果，也是关乎课程目标落实的体现。例如，《普通高中历史课程标准（2017年版2020年修订）》在“课程理念”中就提出：“将培养和提高学生的历史学科核心素养作为目标，使学生通过历史课程的学习逐步形成具有历史学科特征的正确价值观、必备品格和关键能力。”在选择学习活动时，要始终贯穿发展学生历史学科核心素养这一任务，“促进学生的自主学习、合作学习和探究学习，提高实践能力，培养创新精神”。而具体到一节课，教师应围绕本节课的重难点内容，设计行之有效的学习活动，帮助学生在体验历史现象中探究历史问题。例如，在上述案例中，该教师制订了细致的教学目标，如“口述其家族定居美国后地区或州的历史”，“使用恰当的资料，指出使其家族在某一地区或州定居的社会原因和经济原因”，“列举当地、州或国家现存的，能够激发人们去探究更为完整家谱的组织”等。他围绕这些具体而细致的模板，将学习活动分为四个部分，有层次地突破。

其次，学习活动离不开有效的学习指导。组织历史学习活动，以学生参与为中心，并不是要将教师悬置，而是让教师由主导者变为指导者。作为指导者的教师不是把“如何教”作为关注的重点，而是注重于帮助学生通过自主学习获得历史知识与技能，养成良好的学习习惯。具体来说，教师应重点关注三个问题：

一是学生提出的问题。上述案例中，山迪·伯翰老师的成功之处在于把教学的问题变成了学生自己的问题：我的祖先是从哪里来到美国的？为什么来美国？他（他们）的到来对美国有什么影响？……它揭示了一个原则，历史教学不是教师的自我愉悦，而是学生发展情感、享受成功的学习。我们常说，在历史学习中，学生要想象一下古人（前人）是怎样想的，怎样做的，如果学生对于正在学习的内容觉得味同嚼蜡，他们怎么可能做到设身处地？伯翰把强烈的外加动机与兴趣结合在一块，把学生真正地调动了起来，使得学生带着与祖父母们对话的心情，“兴趣盎然”地投入到学习中。学生喜爱上这类历史课，伯翰“常常惊喜地看到原来不经常往来的学生在一起谈论家史时的热烈场面”。这促使学生对所学内容产生强烈的学习欲求和冲动，是学生真实地参与的前提。

二是学习活动的方案。方案具有技术性和任务性，它是为学生到哪儿、干什么以及获得什么而设计的。因此，好的方案会通过精细的教学目标来逐一落实，关注教学过程中内容的生成与学生对知识的建构，引导其真实参与。例如，案例中学生探究家谱的奥秘，运用历史学或社会学专业方法解决问题，学生真实地参与其中；学生想要借助整理的家谱了解国家的历史，伯翰老师鼓励学生口述家族史，同时学生之间也彼此交流，这是真实地参与的又一体现。同时，方案还体现出功能性与结果性，反映教师将要为了学生的历史学习做的准备和预期效果。例如，案例中学生们不仅知道了问卷调查、个案访谈等方法，而且亲力亲为了家庭人口和“移居”状况调查、亲友采访等活动，进一步理解了专业方法的作用，加强了实际操作能力。从历史学习方法的角度来看，学生进行了一手资料的搜集和整理，他们整理的资料为探究祖先移民和搬迁的原因提供了重要的证据。当然，中学生可能一开始不熟悉这些方法，还需要教师进行一定的示范。如伯翰老师向学生示范调查问卷上应列入哪些问题，介绍访谈的技巧，向学生推荐调查和访谈的时机，推荐可供学生深入研究的资料网站等。

三是运用批判性思维。批判性思维在指导学生历史学习中至少有三个方面作用：展开有逻辑的历史思考，通过论证形成历史解释；确立学生独立思考在学习中的首要地位，促使学生在历史分析中建构历史知识，并获得探究乐趣；拓展新的学习指导途径和方法，如把历史阅读和写作作为独立的学习形态。①

三、促进和展开丰富的历史学习活动

《义务教育历史课程标准（2022年版）》列举了多样的历史学习活动，如：开展课堂讨论，组织辩论会，编演历史剧，举办故事会、诗歌朗诵会、成语比赛、讲座、专题论坛、读书交流会、学习经验交流会等，进行历史方面的社会调查，采访历史见证人，参观博物馆、纪念馆及爱国主义教育基地，考察历史遗址和遗迹，观看并讨论历史题材的影视作品，制作历史文物模型，撰写小论文，编写家庭简史、社区简史和历史人物小传，编写历史题材的板报、通讯等，举办小型历史专题展览，设计历史学习园地的网页，等等。② 其目的都是突出学生的学习主体地位，使学生通过真实参与，共享观点。这就在一定程度上改变了“获得知识”的痼疾，而转变为“拥有知识”，强调学生自己在历史学习中的个性与创造性。

案例呈现

某教师在讲《义务教育教科书　世界历史》（九年级下册）“罗斯福新政”一课时，基于学生的阅读体验呈现了如表7-1所列举的材料。

表7-1　材料表单

形式	内容
读书笔记（教师、学生）	介绍罗斯福早年的学习、患病及康复训练的经历
大事年表	列举罗斯福新政期间的各项立法（名称）及创立的新政机构（名称）
文献（摘录）	《农业调整法》（1933年5月）；《全国工业复兴法》（1933年6月）；《社会保障法》（1935年8月）；《关于最低工资、最高工时立法的咨文》（1937年5月24日）

① 赵亚夫. 中学历史教育学［M］. 北京：北京师范大学出版社，2019：219-220.

② 中华人民共和国教育部. 义务教育历史课程标准：2022年版［M］. 北京：北京师范大学出版社，2022：60.

续表

形式	内容
图片	漫画 *New Deal Remedies*；照片《“*Fireside Chat*” 1933年3月12日》（罗斯福第一次“炉边谈话”）；《时代》封面照片；照片《1931年大萧条时代，芝加哥街头排队领取免费食品的场景》；照片《美国人排长队领取救济金》；宣传画《以工代赈》；国家复兴管理局（NRA）“蓝鹰”标志；照片《加利福尼亚州劳动营干活的年轻男子》；照片《1939年9月，失业男子在美国加利福尼亚州就业服务局办公室外等候》；照片《2005年8月11日，美国社会保障法实施70周年纪念仪式在华盛顿 WEST POTOMAC PARK 罗斯福纪念馆举行》
歌词（节选）	《幸福的日子又来到了！》

该教师基于上述材料作了如下阅读设计：

1. 阅读人物传记（略）
2. 泛读大事年表（略）
3. 精读法律条文（略）

问题探讨：从《农业调整法》来看，农业调整主要涉及哪些方面？是怎样管理的？从《全国工业复兴法》来看，工业调整又涉及哪些方面？从《社会保障法》来看，社会保险的对象有哪些人？涉及哪些方面？这样的改革使哪些人受益？使哪些人不满？

4. 解读图像资料

提示学生观察《以工代赈》宣传画，提取告示牌上的文本信息：以工代赈，项目1号，重树150万美国工人自尊，再与照片《加利福尼亚州劳动营干活的年轻男子》中年轻小伙子的阳光笑容相印证。

补充国家复兴管理局“蓝鹰”标志的背后信息。①

由此想到的

阅读是基本的学习途径，它不仅是学习内容，也是学习技能。历史教学需要了解多种历史呈现方式，包括文献材料、图片、图表、实物、遗址、影像、口述以及历史文学作品等，提高历史的阅读能力和观察能力。上述案例中，该教师为学生提供了多样的材料供学生阅读，并通过问题探讨引导学生关注材料中的关键内容，读懂材料的主旨内涵。但是，作为学习活动的阅读，其目的在于指导学生阅读和运用史料，基于史料形成对历史的理解与解释。所以，案例中教师的设计虽然已经触及

① 周靖，罗明．核心素养：中学历史学科育人机制研究［M］．上海：复旦大学出版社，2018：162-165.

历史阅读，但仍有值得完善的地方。

历史学习需要借助各种史料，特别是一手史料，所以材料意识或证据意识不可缺失。培养学生的阅读习惯，通过阅读发展历史思维能力，是现代历史教学的主要特征。引申说，学生不能只知道教科书内容，还要有透过教科书寻找材料的证据意识，抑或说用其他材料进一步理解教科书内容的能力。教师在提供多样化材料的同时，还应培养学生针对不同材料的分析技能。

例如，阅读教科书时，首先，认真阅读单元主题、课节标题，理解单元、课节之间的内在联系，并以此把握本课的知识结构。其次，阅读教科书课文时的方法要得当，包括（1）精读与粗读相结合。前者是对材料做深入细致的研读，要求读者细读深思，分为三个层次：第一层次即通过分析材料构成的短语、词句，弄懂材料文本的要素大意；第二层次即结合具体的历史事件、人物、现象等，弄清材料的类别，了解整个材料的意义；第三层次即联系宏观历史背景和历史事件产生的具体背景要素、过程、性质与影响等，理解文本材料的核心内容与意义。（2）在阅读过程中要善于发现问题，尽可能带着问题阅读。

阅读历史地图时，要辨别历史地图的种类，了解地图图例；要注意地图的标题，把握其表达的主题；要注意历史地图的古今对比信息，揭示特定历史阶段的空间变化；注重地图之间的比较，把握历史变迁的时空对照。

阅读人物传记时，要关注历史人物材料的真实性，关注历史人物所处的历史背景与时代因素，关注历史人物的特征或关键节点，尽可能与心理体验结合起来，与历史人物形成共情。[①] 由此，教师对学生的学习指导就更加扎实了。

资料卡片

2010年，美国共同核心州立标准（Common Core State Standards）正式颁布，至今已获得大多数州的认可。该标准的目标是为孩子在升学、职业和生活的成功做好准备。历史／社会科6～12年级阅读标准是其中的重要部分。该阅读标准建议的阅读对象包括史料和史学文本。其中，史料是历史阅读的核心，包括一手史料和二手史料。阅读标准要求学生能引用特定文本证据去支持对原始与二手史料的分析，决定一则原始或二手史料的中心理念或信息，详细地分析一份复杂的原始材料的结构，整合与评估在各种形式与媒介之中所呈现的多重信息来源。

作为达成历史理解的必经之路，“阅读是历史叙述循环的第一个步骤”[②]。学生在进行历史叙述时，需要通过阅读掌握叙述技巧、明确叙述意图、了解叙述内容。仍以“图片”为例。上述案例中一处解读图像资料的处理，该教师提示学生仔细观察《以工代赈》宣传画，提取告示牌中的文本信息，再与照片中年轻男子的表

① 于友西，赵亚夫．中学历史教学法［M］．4版．北京：高等教育出版社，2017：173-176.

② 陈新．论历史叙述中的理解与解释［J］．史学理论研究，2000（2）：62-72.

情相印证。这提示我们，教师在提供图片帮助学生理解时，应使学生注意文本与图片之间的相互关系。教师可以通过一个问题或一系列问题帮助学生理解图片呈现的信息：这张图片反映了什么？所呈现的图片之间有什么联系？图片是什么时候拍（或画）的（如最近、几年前、哪一天等）？这张图片对我们课上讨论的问题有什么帮助？图片有什么影响（原因或结果）？从图片中可以看出人们有何种生活方式？图片是如何展示人们所珍视的东西的？图片是如何表现传统与现代在制作方式上的冲突的？图片中哪些要素是用来表现那个社会男性、女性或儿童的角色的？图片展示了该文化的何种特征？你能说出图片所展示的地理区域吗？图片中的人可能在说什么？你觉得那个地方的人的教育水平怎样？你觉得这个地区的技术水平先进吗？为什么是或为什么不是？为什么农民要这样利用他们的土地？你觉得人们是使用了自己生产的大多数产品，还是销售给社区之外了？你为什么这么认为？等等。[①]

此外，还应注意的是，学生在历史阅读后，还要将阅读收获转化为表现成就，即学会如何解释观点。这包括作出推断、找出联系、找出因果关系、发现作者的感情偏向、有批判性地阅读、评估材料，并能够预测可能的结果。它要求学生能够超越事实的字面意思，理解其重要含义。

案例呈现

某教师针对“新文化运动”历史写作设计了如下八个教学环节：

1. 出示材料：张申府1937年5月作的《什么是新启蒙运动》。（具体内容略。）

指导学生审题，注意要围绕着题目来写，不能随意改变主题。如有的学生看到材料中有“新文化运动”，就将题目改写成对“新文化运动”的理解而非对“新启蒙运动”的理解。

2. 引导学生阅读材料的标题和出处，判断作者的身份以及作品创作的时代背景。

3. 引导学生通读材料，分析材料结构，对材料进行分段，概括段落大意。提示范例，如材料中第一部分讲述了启蒙的共性，包括启蒙的定义、启蒙运动的三大特性、启蒙运动的反对对象。第二部分讲述新启蒙运动的特点，指出新文化运动时用的口号不适用于现在并分析了原因，提出了新的口号。

4. 引导学生找到作者论述的主要对象，即新文化运动、新启蒙运动。在理解原意的基础上站在第三方，在比较中找到两者的关系——反思、完善、否定、另起炉灶、继承与发展、对立、因果、并列等。

5. 引导学生找到作者的结论、论述方法，利用所学知识和材料分析判断

① 赵亚夫.《历史与社会》教学中提高学生阅读与写作技能的策略［J］. 教育科学研究，2005（9）：41-42.

作者所用史实、逻辑、结论是否准确、合理、全面，并以一定的标准作出价值判断，判断的标准要符合唯物史观的要求。如张申府从启蒙的定义、特性出发来解读新文化运动，既肯定了新文化运动的功绩，又在指出不足的基础上提出了新的口号，更符合文化自身的特点与时代特征。

6. 引导学生结合时代背景，考察作者著述的动机，突出作者某些结论在当前的价值。

7. 总结，指出作品的时代价值或不足。

8. 请学生撰写成文，论点一般要开门见山，结构清晰，逻辑合理，每一段都能有分论点和史实，避免史实堆砌。

问题：对张申府提出的“新启蒙运动”，你是如何理解的？[①]

由此想到的

历史写作是一种综合性学习参与活动，阅读与写作是分不开的，学生的写作无论是选题还是写作过程本身，都离不开历史阅读。当学生不理解写作中所遇到的历史事件、概念等时，就会主动查阅相关资料，在写作实践过程中发现和探究问题，加深对相关知识内容的理解，相应地提升自学、探究、批判等多种综合性能力。[②]故而说，历史写作是学生体验、合作、探究等学习方式的集中体现。借助历史写作，学生可以综合地调动所知所学，达成历史学科核心素养的基本要求，如要以史实为依据，论据要务实求真。这要求学生具备史料辨别、分析加工以及讲求证据的态度与能力，切实做到“史料实证”；对史料进行组合与解读，合理地对历史问题进行阐释，触及“历史解释”，等等。

在上述案例中，该教师将历史写作的过程渗透在自己的教学示范之中，帮助学生了解在正确史观和方法指导下，全面、客观地论述历史问题的思维步骤和方法。由此案例我们可以总结出指导学生进行历史写作的步骤。

第一，摸清学生在面对写作任务时可能存在的问题。历史写作不是随意而为的，它既需要紧扣教学目标与重难点内容，更需要考虑学生的实际情况。如下四个方面是教师首先要调查把握的，并据此设计学习指导策略：学生是否明确历史写作的读者和写作目的，学生如果不清楚这些，他们的成果就很难达到较高的品质；学生是否具备充分的信息，如果仅仅掌握历史教科书中的某些句子，或者是片面的材料，那么学生的写作基础就是不牢靠的，难以触及更宽广的思维领域；学生是否能够判断信息与学习任务的相关性，是否只挑选那些他们可以应付任务的句子；学生是否具备一定的历史写作所需要的技能与语言表述习惯。

第二，指导学生拟定写作选题。选题可以从日常学习与阅读中提炼，从史学文

① 风光宇. 中学历史学科核心素养教学实践研究［M］. 上海：上海教育出版社，2019：254-256.

② 于友西，赵亚夫. 中学历史教学法［M］. 4版. 北京：高等教育出版社，2017：176.

献的内容争议中选择，也可以在社会调查或现实问题寻找，上述案例即是在阅读史料的过程中生发。在这里，教师应指导学生全方位地分析史料，考察史料的标题、出处、时代背景，以及史料中论述的问题指向，为聚焦选题中心、撰写小论文做好准备工作。

第三，指导学生分析材料结构。为了使学生能够理解材料内容，使材料转变为论证过程中的证据，教师应对学生分析材料结构加以指导，利用所学知识分析判断作者所用史实、逻辑、结论是否准确、合理、全面，以图能够全面把握材料内容，找出论点与论据之间的联系。

第四，指导学生开展历史写作。这是本则案例所欠缺的，也是极容易在实际教学中变成格式化的模板的步骤。这种学法指导应存在于学生开展历史写作的全过程，如在准备阶段，教师可以采纳以下建议制订学习指导策略：

- 确定写作的目的和听众。
- 确保学生有话要说，给学生安排的任务一定要有足够的信息支撑。
- 给学生提出想法、阐明想法和修正想法的机会。
- 鼓励学生在计划写作和拟定初稿期间进行合作。
- 鼓励学生自主获得参考资料，不仅可以接触历史资料，也能利用词库、术语表。
- 一定要在写作过程中和完成后，留有反馈机会。①

在写作过程中，为帮助学生进阶到论点更明晰、材料更充分、论证叙述更有逻辑，教师为学生提供示范，当有机会接触和分析延伸写作范例并以此作为他们自己写作的样本时，学生会有积极的回应。例如，在叙述的步骤与顺序上，指导学生辨清某一历史时段叙事或多个历史事件的时间顺序排列，对历史事件作情节化叙述、论证式或意识形态式分析与描述，更深层次地把握叙事的内在结构。其次，注意叙事的角度，学生的历史写作不仅仅是对历史信息的组合与呈现，也是历史意义的表达，更是对历史经验的反思。教师还可以利用各种形式的活动帮助学生处理信息，推进学生的历史思考，组建写作架构。以下引导性建议可以提供支撑：

- “有原始资料暗示……”
- “然而，其他资料暗示……”
- “具有共同性的原始资料是……”
- “我们不能肯定……，因为……”
- “可以对此提供某些证据的原始资料是……”
- “另一个重要的论据是……”②

需要注意的是，教师在写作框架方面所做的示范，应对学生掌握历史写作的基本规范有所帮助，学生能够通过思考写作中的陈述、解释、史料和结论，来提升他们的历史理解力。同时也应具备足够的灵活性，鼓励学生进行合理而清晰的思考，

---

① 海顿，亚瑟，亨特，等. 历史教学法［M］. 袁从秀，曹华清，等译. 重庆：重庆大学出版社，2015：74.

② 海顿，亚瑟，亨特，等. 历史教学法［M］. 袁从秀，曹华清，等译. 重庆：重庆大学出版社，2015：75.

帮助他们更好地理解关键概念，修正不当之处，并鼓励学生自主建构自己的论证框架，完成历史写作。

实践研讨

文献：“纽约州社会科框架”写作部分节选

阅读“纽约州社会科框架”写作部分节选，以近两年全国卷高考第42题为素材，设计历史写作活动，并制定评估标准。

资料卡片

掌握研究课题的意义与特征：在研究范例中比较实证的和解释的方法。

研究计划：熟悉研究计划的步骤，知道好的研究计划所具备的条件。

研究方法的类型：知道各种研究方法的类型及其优缺点，以便能够有意识地选择和研究课题相匹配的方法。

撰写研究计划书：确知研究计划书的构成要素，能够对研究计划书的事例进行分析，能写出一份精细的研究计划书。

撰写研究报告书：确知研究报告书的构成要素及其类型，遵守应注意的研究原则；能够撰写一份研究报告书。[①]

案例呈现

某教师在讲“罗斯福新政”之前两周给学校戏文班学生布置了一份作业：写一份有关“罗斯福新政”的历史剧本。

经过教师初步辅导，学生按新政的内容自行分成金融组、以工代赈组、工业组、农业组和社会保障组。之后几天，学生利用课余时间积极查找资料，深入研究相关细节。经过几次头脑风暴，各小组形成了初步框架：金融组紧扣罗斯福上任后下令全国银行停业整顿这一细节，设计了一个普通美国家庭在整顿前后的对话场景，展现了美国民众对新政的金融政策从质疑到信任的过程；以工代赈组试图挖掘历史细节，以一位失业者独白的形式描述经济危机前后个人的境遇，表达了美国民众对政府以工代赈政策的认同以及做一个“有尊严的美国人”的心路历程；工业组聚焦《全国工业复兴法》，模拟美国国会听证会的场景，以回应质询的方式说明《全国工业复兴法》实施的必要性和预期成效；农业组设计了农民围绕政府缩减土地、屠宰牲畜的举措热烈讨论的场景，来探索新政农业政策的实施目的；社会保障组通过三位底层民众的对话呈现出政府对有工作能力的失业群体、丧失工作能力的群体与尚在工作岗位的群体所采取的保障措施，并表达了他们对“累进所得税制度”

① 赵亚夫，张汉林．国外历史课程标准评介：下卷［M］．北京：北京师范大学出版社，2017：281.

的理解与认同，以此体现罗斯福的社会保障措施起到了有效稳定社会秩序的作用。

……

在课堂的后20分钟，教师继续把主动权交给学生，学生围绕教师提出的两个问题进行深入讨论：(1)“罗斯福新政”与之前胡佛的反危机举措有何本质区别？(2)“罗斯福新政”对美国乃至世界资本主义有何影响？[①]

由此想到的

历史表现性活动是凭借一定的历史学习情境所生成的学生表现性创作与体验活动，具有建构反应、过程与结果并重、复杂性情境体验等特点。[②]受历史学科特征的限制，历史表现性活动主要涉及历史剧本创作、角色模拟、历史游戏、历史辩论、漫画绘制等。

上述案例是教师组织学生创编历史剧的学习过程，它经历了自主学习梳理课题内涵、小组合作讨论历史情节、创编剧本进行表演、问题讨论等多个重要环节。这种创编历史剧的学习活动，其本质上是一种探究活动。学生在创编历史剧时，需要搜集、鉴别史料，对已获得的史料进行钩沉索隐，并对历史的延续与变迁、原因和结果、意义与伦理予以解释。正如这位教师所说，这样的戏剧表演“真正把学习的主动权交给了学生，推动了他们在戏剧编演过程中创设历史情境的互动体验式探究，大大增强了学生的主体意识”[③]。

教师应在“指导”上做足工作，将学生创编历史剧的过程变为历史探究的过程，而不是纯粹的表演。这种指导应具有三个基本特征。

特征一：确保史实的真实性与表现的艺术性。历史剧是历史和戏剧的组合。它以尊重历史为前提，通过凸显人物性格、描绘生活场景的手段，使历史生动起来，以便学生“神入”历史中更真切地理解历史。“剧”是形式，允许一定的虚构；“史”是内容，必须真实。[④]这体现在两方面：第一，寻找史料，建构历史真实；第二，由“史”变“剧”，[⑤]对历史真实进行二次加工，用戏剧的形式表现出来。

具体来说，历史剧其本质仍在于“史”，不能因为追求故事性而降低对历史真实的追求。这里所说的历史真实，是指在史料基础上建构出来的真实，是经过证实的。故此，探寻历史真实的第一步就是寻找并鉴别史料，教师要为学生指明寻找史料的基本途径，以及史料鉴别的主要方法。探寻历史真实的第二步是建构历史真

① 周靖，罗明．核心素养：中学历史学科育人机制研究［M］．上海：复旦大学出版社，2018：106-108.

② 于友西，赵亚夫．中学历史教学法［M］．4版．北京：高等教育出版社，2017：180.

③ 周靖，罗明．核心素养：中学历史学科育人机制研究［M］．上海：复旦大学出版社，2018：108.

④ 于友西，赵亚夫．中学历史教学法［M］．4版．北京：高等教育出版社，2017：180.

⑤ 陈军．由“史”变“剧”：历史剧编剧方法论［J］．东南大学学报（哲学社会科学版），2019（1）：129-134.

实，教师要指导学生用“理解”的方法去阅读史料，对史料与真实之间、史料与史料之间的空白进行合理地推论，将历史人物置于自我心灵中来重演过去。探寻历史真实的第三步是依托一定的原理、结构与方法，将史料组织起来，织起事实的整体网络。

在获得相关的历史真实后，教师要指导学生进行二次加工，化史为剧，包括在剧本设计上凸显戏剧冲突，塑造人物性格，在表演设计上注重背景音乐与台词、动作与台词之间的契合。

特征二：确保全员参与。据该教师的叙述，当一个全员参与编剧的有关罗斯福新政的剧本形成时，大戏的排演很快就提上了日程。除了公选最有领导力的同学担任导演外，学生自行组建了各个职能部门，这是一种全员参与的形式。此外，因为每位学生的个性特征、擅长领域并不相同，所以教师还可以根据每个人的个性与特长，将全班学生进行分组，分为剧本组、表演组和评价组。剧本组由具备一定研究能力和写作能力的同学组成。他们在教师的指导下，分头查阅资料，编写剧本。历史剧不同于电视剧，电视剧追求可视性，历史剧则追求真实性和戏剧性的统一，这就要求学生像历史学家那样搜集和甄别史料，尝试理解历史人物的内心世界和外在行为，并将历史真实用戏剧化的手法表现出来。表演组由具有一定表现力的同学组成。他们要根据剧本组提供的台词和背景资料，去揣摩、理解历史人物的性格与内心世界，并通过语言和动作将自己的理解表现出来，如对剧中人物和情节持有不同意见，他们必须同剧本组的同学商量，或说服对方，或被对方说服。表演组学生的任务看似简单，不具探究性，但实际上，他们只有吃透了剧本，才能很好地完成演出。他们的工作同样是创新，是对剧本的再度加工。

既没有参与剧本编写又没有参与表演的学生，统一编入评价组。评价组的任务之一是要制订评价历史剧剧本和表演的量规，在完成这个任务的过程中，他们要查阅资料，以弄懂什么才叫好的历史剧。他们的另一任务是观剧和评剧，带着问题和任务来观剧，根据评价量规来品评历史剧表演。为了能对历史剧剧本和表演作出客观合理的评价，他们需掌握必要的历史知识。

至于教师，要发挥穿针引线的作用，将剧本组、表演组和评价组有机串联起来。在创编剧本之前，教师要指导评价组制订剧本评价量规，并提供给剧本组。剧本组在创编历史剧剧本时，需参照剧本评价量规的相关要求。表演组在表演历史剧时，剧本组要评价表演组是否忠实于剧本，评价组则按照表演评价量规对其进行评估。当然，除穿针引线和幕后工作外，教师作为班级中专业知识最为丰富的一员，应充分发挥其专业优势，平等地参与到历史剧展演的各项活动中。①

特征三：以提问强化历史剧的探究特征。为了启发学生的深度思考，教师参与的主要途径是提问，而不宜直接进行点评。也就是说，在表演组进行历史剧表演时，教师应适时提问，引导剧本组和评价组思考。问题的提出应考虑两个主要方

---

① 程可欣，张汉林．深度学习视域下历史剧教学研究：以统编版七年级历史教科书上册“动荡的春秋时期”一课为例［J］．天津师范大学学报（基础教育版），2019（4）：80-83.

面：一是能否帮助学生理解历史人物，理解历史事件之间的关联性；二是能否形成学生深化历史学习。

实践研讨

阅读二维码资源，回答以下问题：

1. 为什么历史教师需要了解多元智能理论？

2. 历史教学设计是如何体现多元智能的？

3. 以《普通高中教科书　历史　必修　中外历史纲要》(上)中“辽宋夏金元的经济、社会与文化”一课为素材，设计基于多元智能理论的研究性学习活动。

文献：多元智能理论在研究性学习中的应用（张汉林）

案例呈现

某教师在设计《普通高中教科书　历史　必修　中外历史纲要》(上)中“两宋的政治和军事”一课中有关“王安石变法”的内容时，设计了如下教学流程：

出示文字史料：

为与士大夫治天下，非与百姓治天下也。

——(南宋)李焘《续资治通鉴长编》

笑骂从汝，好官须我为之。

——(元)脱脱《宋史》

司马光秉政，复差役法，为期五日，同列病太迫，京独如约，悉改畿县雇役，无一违者。

——(元)脱脱《宋史》

章惇复变役法，置司讲议，久不决。京谓惇曰：“取熙宁成法施行之尔，何以讲为？”惇然之，雇役遂定。

——(元)脱脱《宋史》

闽人险狡，楚人轻易，今二相皆闽人，二参政皆楚人，必援引乡党之士，天下风俗，何以更得淳厚？

——(清)毕沅《续资治通鉴》

结合课文“学思之窗”栏目中的第二段文献，提问：反新法者批评、攻击变法的理由是什么？结合课后“学习拓展”，启发学生进行讨论并归纳。……

提问：你从王安石变法中获得哪些启示？组织学生展开讨论，形成基本认识。①

---

① 罗明，周靖. 高中历史怎样教：上［M］. 上海：上海人民出版社，2020：83-84，87-88.

由此想到的

在上述案例中，教师通过提问的方式引发学生展开两次讨论。我们可以看到的是，这样的讨论设计并没有体现学生的自主活动与教师的学法指导的特点。

资料卡片

讨论式教学法的15个好处：

1. 有助于学生思考多方面的意见。
2. 增强了学生对含糊或复杂事情的关心和容忍度。
3. 有助于学生承认和研究他们的假设。
4. 鼓励学生学会专心地、有礼貌地倾听。
5. 有助于学生对不同意见形成新的理解。
6. 增加了学生思维的灵活性。
7. 使学生都关心所谈的话题。
8. 使学生的想法和体验得到了尊重。
9. 有助于学生了解民主讨论的过程和特点。
10. 使学生成为知识的共同创造者。
11. 培养了学生清晰明白地交流思想和看法的能力。
12. 有助于学生养成合作学习的习惯。
13. 使学生变得心胸开阔，并更容易理解他人。
14. 有助于培养学生分析和综合的能力。
15. 能够导致学生思想转变。①

在历史学习中组织有效的讨论，使学生参与其中，实现表现性创作与自主建构，至少需要做到以下三点：

第一，掌握组织讨论的基本流程与技巧。

成功的讨论的先决条件之一就是参与者要对所要讨论的问题充分了解。在讨论开始前，教师应为课堂讨论的开展作出充足的准备。这可以从六个方面考虑：（1）目标，考虑历史学习内容与讨论法的契合度，并确定要采用的讨论类型；（2）学情，了解学生的已有知识情况，以及所具备的交流技巧；（3）方法，根据教学目标与学生特征选择方法，如采取问答式、基于问题式、分享式等；（4）制订计划，设计讨论的主题与内容，提供相应的任务清单；（5）制订提问策略，必须考虑问题的认知水平和难度水平；（6）合理使用教室空间，从座位安排、教具摆放等方

① 布鲁克菲尔德，普瑞斯基尔．实用讨论式教学法：第二版［M］．罗静，褚保堂，王文秀，译．北京：中国轻工业出版社，2011：19-20.

面考虑如何支撑学生的讨论。

在讨论过程中，教师应做到“五不要”和“二要”。具体而言，“五不要”是指：不要讲解，不要通过总结主要观点、提出自己的想法来展开讨论，这样会使学生迅速抓住你的动机和意图，成为顺应者，从而忽视了思维的运转；不要模糊不清，在讨论开始时，教师提出的问题应该是清晰的；不要对学生有任何偏见，不然会使部分学生降低参与的热情，因为他们可以按惯例预测出此时此刻由谁来发言，那以后大多数学生就会心不在焉了；不要害怕沉默，帕尔默指出，“我们必须打消这种念头，即沉默的时候就‘什么事都没有发生’而应当看一看沉默能带给我们多少新的、明确的想法”[①]；不要误解沉默，不能将学生的沉默视为反应迟钝，或是不参与思考，也可能是学生在重新组织自己的观点。“二要”是指：要以对话作为讨论的基本形式，教师的提问、学生的提问都不能成为简单的对答，而要挖掘这些问题与对问题的回应，给出对话建议；要提出创造性地分组，这有助于接纳不同风格的学生加入讨论，满足学生对不同目标的追求，例如可以采用改变小组的大小、向大组报告、旋转舞台、扮演不同角色、戏剧表演式、绘画式等实践策略。[②]

第二，注意提问的策略。

教师如何提问对讨论会产生很大影响，它可能使讨论变得毫无进展，也可能使其变为深入的对话场域。学生通过讨论，会得出一些基本的推论，教师应适时作出追问，以此加深学生对主题的理解与反思，也便于教师把握学情，精准指导。这些问题可以包括：

- 告诉我为什么你认为事实就是这样？——进一步澄清的问题。
- 你有什么证据来支持你的观点？——讲出更多证据的问题。
- 如果 ××（此为学生推论中提到的前提条件）没有发生，会出现什么结果？——假设的问题。
- 你的观点与 ××（指另一位同学）的发言相吻合吗？如何与小组讨论的结果相联系？——将各个发言联系起来的问题。

但是，有些问题应该避免在讨论中提出。桑德拉·梅茨列举了以下五种教师在提问中不应该有的提问类型：[③]

封闭式问题，仅要求用“是 / 不是”回答的问题。这种问题无法展开讨论。如：王安石的新法遭到反对了吗？

多变性问题，由某个方向开始，随后转向不同方向的问题。

模糊性问题，不清晰、令人迷惑的问题。如：你怎么看待王安石变法？

拒绝性问题，带有大量修辞的问题，降低其意见合理性的问题，或有碍于进一

① 布鲁克菲尔德，普瑞斯基尔．实用讨论式教学法：第二版［M］．罗静，褚保堂，王文秀，译．北京：中国轻工业出版社，2011：54.

② 布鲁克菲尔德，普瑞斯基尔．实用讨论式教学法：第二版［M］．罗静，褚保堂，王文秀，译．北京：中国轻工业出版社，2011：85-104.

③ 阿伦兹．学会教学：第九版［M］．丛立新，等译．北京：中国人民大学出版社，2016：424-425.

步讨论的问题。如：我们不是都明白为什么王安石的新法行不通吗?

设定答案问题，问题中给出了可能的答案。如：许多宋史学者认为王安石变法并不是导致北宋灭亡的原因之一，那北宋灭亡是不是因为王安石变法呢?

第三，使讨论具有批判性特征。

历史讨论学习的本质是探究，其目的之一是鼓励学生发展批判性思维，去确认和审视那些形成他们观点和行为的假设。这种批判性既存在于阅读讨论的过程中，也发生在讨论结果的交流中。

教师应指导学生认识史料，能够识别史料作者提出的假设，包括假设中所包含的知识；能够认识到史料论证的逻辑关系，将这些内容构建起新的历史知识认知图景；能够从多个方面评价这些知识的形成基础和表达方式；对其中的观点作出深刻分析。同时，教师还应将学生讨论后形成的推论转变为新的阅读材料，让其他同学继续分析，辨析观点得以成立的前提假设、论据、论证过程等。学生尝试为各种不同意见寻找适当的理由，在具有差异的氛围中进行更多的思考。当其他人与自己的观点相左时，学生也有机会澄清自己的观点。

实际上，讨论要想拥有鲜活的生命力，就应当使其保持批判性。因为只有当参与者持有批判的心态时，他们才会尽可能多地听取别人的想法和观点，并加以询问和探究。我们还应避免当下充斥历史课堂的“伪讨论”。所谓伪讨论，其表现形式有三种：一是在讨论一开始就将某些观点和信息排除在外；二是提出问题让学生轮流回答，教师最后总结；三是学生完全自由讨论，教师的指导不足。这些情况都是基于过程固定、结论固定的伪讨论，更不必说其中能有什么批判性的特征了。

实践指引

让学生学会自己做历史解释

根据建构主义教育理论的观点，学生的历史学习不是要去记住教师传授的历史知识，而是要通过自己的亲身体验和自主探究去理解历史，从而实现历史知识的自主建构。在这个过程中，教师要做学生主动建构意义的帮助者、促进者，而不是知识的传授者。为了保证学生历史学习活动的真实发生，需要教师做好相应的学习指导工作，一是要准确定位历史学习的目标，基于目标选择恰当的历史学习活动；二是要为学生搭建好学习的支架，对学生的历史学习过程进行有效的指导。教师在对学生进行学习指导时，可以组织开展多样的历史学习活动，如阅读、写作、漫画、制作、辩论、讨论、讲故事、想象等，让学生通过多种多样的学习活动去提升历史论证的能力，从而学会自己作出历史解释。

章末作业

一、回顾

1. 定义：历史论证、历史叙事、学习指导。

2. 解释：为什么说历史论证会改变教学设计的结构？

二、实施

1. 如何揭示历史叙事背后的历史观念？

2. 怎样指导学生自主作出历史解释？

三、分析

选择中学历史教科书中任意一课，尝试从促进学生自主学习的角度进行教学设计，设计有效的学习活动，考虑如何让学生去自主体验历史知识建构的乐趣。

推荐阅读

1. 赵亚夫，张汉林．国外历史课程标准评介［M］．北京：北京师范大学出版社，2017.

2. 徐赐成，乔昊婳．从师生关系看历史课堂中的对话教学［J］．中学历史教学，2018（1）：30-32.

3. 徐赐成．历史意识视野下的历史学习［J］．中学历史教学参考，2016（10）：21-25.

4. 李嘉雯，张汉林．历史教育中的叙事：理论、功能与设计［J］．中学历史教学参考，2021（6）：8-14.

5. 黄柳，陈德运．学生进行历史推理何以可能：以 2020 年全国Ⅱ卷第 29 题为例［J］．中学历史教学，2021（8）：69-71.

6. 张汉林，李嘉雯．论学科核心素养背景下的史料阅读［J］．历史教学，2021（9）：52-58.

7. 刘梦莹，陈德运．追求历史故事的意义化：以“杯酒释兵权”为例［J］．中学历史教学，2021（10）：60-62，66.

8. 徐赐成．历史课堂：教师表现欲与学生获得感［J］．中学历史教学，2022（3）：7-10.

第八章　教学设计的反馈与评价

学习目标

- 了解教学设计评价的基本概念。
- 掌握实录分析等教学设计评价的方法。
- 理解教学设计的反馈与评价的目的。
- 运用表现性评价等方式反思教学设计的指向性与实效性。

知识导图

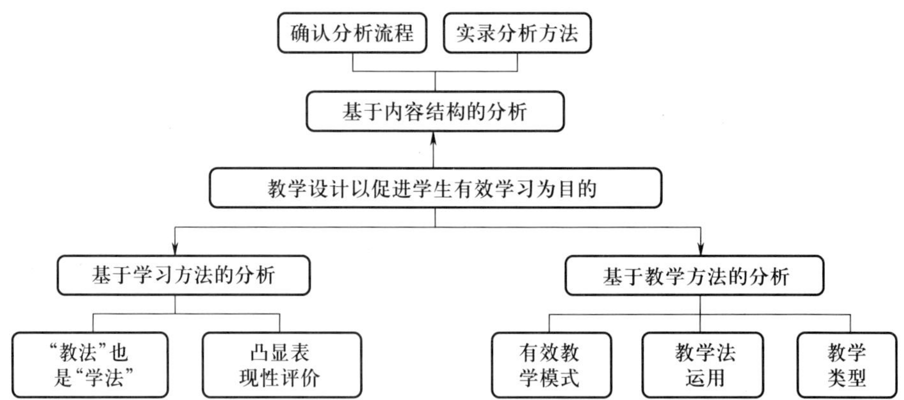

导语

在欧盟形成历程这个教学环节，教师结合结构示意图，出示了5张图片、2段文字、2个表格，引导学生分析欧盟形成的阶段性特点，最后展示另一张结构示意图，对欧盟形成的阶段性特点进行提炼。整个过程提出了14个小问题，历时7分钟，历史线索清晰，教学过程流畅，师生彼此呼应。

在议课时，一位听课的老师说，她听到身旁的学生嘟囔了一句："这些都是常识。"据了解，这个学生的历史学习水平在班级属于中下等。

那么，该如何评价这个教学片段呢？如果单从教师的教学行为来看，似乎无可挑剔：历史线索清晰，论从史出，表明教师的史学功底厚实；教学过程流畅，师生彼此呼应，表明教师的教学基本功扎实。如果从学生的学习行为看，表面上活跃，但深入分析的话，我们会发现学生不过是努力地配合教师的教学——你问我答，而不是探究自己感到困惑的问题。如果从教学效果来看，在这段教学中，教师出示了5张图片、2段文字、2个表格，并且通过师生对话提出了14个小问题。一般来说，在如此高密度的材料和问题的轰炸下，如果其他学生都和这位中下等的学生一样，仅凭"常识"（即已有的知识经验）就足以应答如流，这表明他们在原来的水平上并没有得到提高，教学其实是无效的。

对教学设计的反馈与评价，是为了学生学得更好。随着新课程理念的更新，"以学生为中心"的理念逐渐确立并得到巩固。学生的主体地位受到重视，历史教学设计的研究与实践在着力点上也出现转向。"为了教得更好"也变成了"为了学得更好"。学生怎样学以及学得怎么样，成为历史教学设计反馈与评价的主要方面。虽然我们仍强调教师如何教以及教得怎么样，但出发点和落脚点已然不同，教师的"教"要服务于学生的"学"，要从"学得如何"来重新考量"如何教""教得如何"的问题。而从过程上看，教学活动是教师与学生围绕教学内容展开的交互活动，教师、学生、教学内容构成了教学活动的三个基本要素。教学设计能否达成预期目标，与教学内容的组织、教师的教以及学生的学密切相关。

第一节　基于内容结构的历史教学设计分析

○目标、过程与结果是教学设计的组成要素。
○实录分析将教学设计与实施的问题显性化。

基于内容结构对历史教学设计进行分析，关注点落在教师对所教的内容如何处理上。教师既要审视内容的整合是否合理，又要着眼于教学过程是否合理。

一、确认历史教学设计分析过程

对历史教学设计的分析首先是从制订评估的指标与量规开始的，具体到过程上则有不同的类型。一般而言，对教学设计的评价需要围绕教学目标、教学过程与教学实施结果三个核心要素展开。

案例呈现

以下为李惠军老师在执教“战后两极争霸”后对教学设计的评价与反思片段：

……

2. 将问题顺势推进

在学生们充分表达了对冷战看法的基础上，适时进行概括归纳，并进行简要的解释。

关于冷战何以发生？美苏两国到底谁是冷战的始作俑者？这是十分复杂而且争论相当激烈的问题。我觉得，可以在充分提供大量历史事实的前提下，交由学生加以讨论。我带领学生们一起简单回顾了十月革命后协约国对苏俄的干涉战争、第二次世界大战前苏联与英美在外交上的交锋、第二次世界大战中苏联与英美的联合，特别是结合柏林之战丘吉尔与斯大林明争暗斗的历史情节让学生充分理解。

……在这节课上我的意图达到了，学生们当场向我发问，有些问题还相当独特和尖锐。比如，有同学从俄罗斯的兴起、俄国历史上的封建性残余的角度提出了冷战发生的历史渊源；有同学细数《苏德互不侵犯条约》以及苏联与德国签订的7个秘密议定书，提出苏联扩张政策的历史连续性；等等。学生的问题可能失之偏颇，我也很难说服每一个学生，而且我觉得也没有必要。透过历史情节和微妙的时间关系，条分缕析、缜密考量到底谁是冷战的始作俑者，这种生成疑点、提出问题、探究思考的过程本身就是成功，而形成统一结论是不重要的。

三、课后遗憾和余想

这节课结束了，有几个问题一直在我的脑海中萦绕。

第一，由于采用比较单一的传统方法和电子板书的一般引领方式，所以，讨论尽管看似场面活跃，但学生的参与程度相对有限，大多数学生由于传统的教学环境所导致的诸如发表意见的先后排列、时间限制、虚荣心等因素的影响，无法表达自己的想法或者没有机会与条件。

第二，学生的思维活跃，假如不进行充分的讨论，既会挫伤他们的积极性，也容易使他们对问题的讨论浅尝辄止，不利于思维的发散和深化；假如任由学生深入讨论，淋漓尽致地表达自己的思想，则必然陷入另一个难题，即教学计划无法完成。

第三，如何在第一时间矫正那些过于“离散”的信息、观点，既不影响教学的流畅性，又呵护学生可贵的思想火花？如何使多媒体课件、思维导图、互动合作交流平台与教学和学习相协调，与学生的认知结构、思维节律有机结合？①

由此想到的

教学设计评价是指对教学设计方案进行的事实判断和价值判断，其目的在于优化教学设计方案，提高教学质量。按其评价的时间，可以分为课前评价与课后评价。课前评价，是指对教学设计内部结构的逻辑性和一致性进行评价，对教学设计方案进行质检。课后评价，是指依据教学实施效果对教学设计方案进行评价，通过反思教学目标、教学过程和教学效果之间的关系，进一步完善教学设计方案。课前评价的功能是“防患于未然”，课后评价的功能则是“亡羊补牢”。

上述案例中，该教师对自己的教学设计的评价属于课后评价。该评价分为两部分：对教学过程的片段认识与对教学实施效果的整体反思。从教学过程入手，以教学方法的效果为评价标准，分析了这节课的设计用意和实施效果；从教学实施效果入手，以学生表现的活跃度与获得感为评价标准，分析了这节课对于学生个人发展的突破。无论是教学过程设计，还是教学实施效果设计，这位教师都时刻以学生的获得为评价指标。教师的预设是学生将要达到什么目标，教师的反思是学生达到了什么目标，从而评价和更正自己的教学设计。

现代教学论认为，教学设计的起点是教学目标的拟定，对教学设计的评价首先要看它是否达成了预设的教学目标。教学评价理应回馈教学目标，而且要兼顾多元的教学目标。从功能上说，教学设计评价具有诊断、调控、决策的功能。具体来说，教学设计评价对教学目标提供诊断性评价，并根据目标与学生实际的差异，提供修正意见，提高教学设计的质量，为接下来采取哪种方案提供决策依据。

着眼于教学过程的评价，是为了使教学活动作用于学生的历史学习时，能够具有较好的表现和获得感而不断进行的评价。对教学过程的评价，目的是及时了解学生学习的进展、教师教学中存在的问题等，以便优化实际教学效果。这一阶段的主要评价内容包括：教学内容的处理是否有效，能否被改进；根据学生的课堂表现，这些材料的选择是否有效；教学媒体呈现所花的时间是否真正值得，是否对学生达到目标有所帮助，能否唤起学生的兴趣；“期望发生的”和“实际发生的”之间是否确实存在着差异；学生是否达到某个目标或多个目标；学生对设计中的教学方法

① 李惠军.“战后两极争霸”一课的教学及联想［J］. 历史教学，2005（5）：62-64.

和教学媒体的反应如何；教学设计者本人是否满意自己所选择的教学材料的价值；等等。①

那么，在进行教学设计评价时，教师需要遵循怎样的流程，并采取什么评价标准呢？通过细化教学设计评价维度及其要素的办法，我们提出表 8-1 所示的评价框架。

表 8-1 教学设计评价维度及其要素

维度	要素
目标设计	（1）是否清晰、具体、可操作；（2）是否指向学生核心素养培养；（3）是否适合学生的年龄与认知水平；（4）是否聚焦课程标准要求
内容设计	（1）是否体现历史教育价值；（2）历史知识编排是否有逻辑；（3）是否与教学目标相契合；（4）是否与现实生活相联系
过程设计	（1）是否适合学生的认知逻辑；（2）是否有利于学生历史逻辑的建构；（3）不同层次的学生是否有足够的参与空间；（4）是否维护了学生对历史探究、解释的权利
方法设计	（1）是否基于特定教学目标；（2）是否与特定教学内容相契合；（3）是否体现了特定教学方法的特点；（4）是否设计了多样的教学活动
实施效果	（1）是否达成了教学目标；（2）过程生成是否有质量；（3）是否促进了学生对历史本质的理解；（4）是否让学生收获了积极的学习体验

二、应用教学实录分析方法

教学实录分析是指运用现代化教学工具，将教学活动全景式地记录下来，并据此对每一环节进行分析研究。具体而言，教学实录分析的重点是整体的教学实态，关键是把握和描述教学现象本身，目的是促进学生有效地学习。

案例呈现

师：这一周，全世界的主流媒体都在轰炸式地报道一件事情，这就是 2004 年美国大选。本周三，随着布什成功连任，美国大选尘埃落定。不过，人们对美国政治的关注不会停止。我们先来谈谈你对美国政治的初步印象。

分析：这段导入有想法，有令人为之一振的感觉，单独呈现是个很好的设计。其一，教师善于抓热点问题，对时事这一教学资源很敏感，抓得准。一般而言，热点问题容易引起学生的学习兴趣，时事又可以大大缩短学生与历史的距离，使历史学习变得更容易理解。其二，教师的语言干净利索，配合视频资料，学生很快就进入教师设置的教学情境中。所以，学生很踊跃地

---

① 赵小云，郭成．论课堂教学设计的科学评价［J］．教育测量与评价（理论版），2009（1）：34-37.

对教师的设问做了回应。

生：感觉美国的两党政治民主色彩更浓一些，各政党都需要通过完善自己的政策来赢得民心，无形之中可以让国民获得更多的利益。

生：美国的政治虽然有民主的一面，但内外有别，标准不一样，对美国以外的国家，他们就常常采用强权和武力。

生：我的感觉是，美国的政治实际上是金钱政治，像大选就是一个“烧钱”的过程。

师：那么，作为世界第一大强国，美国的政治体制是怎样形成的？它到底是民主的一种模式，还是一种虚伪的假象？或者像布什所说：“世界民主自由最明亮的灯塔呢？”（略）这堂课，我们就要到历史当中去寻找答案。（出示课件）

分析：看到这里，我们不得不对这个好的开头起了疑问：其一，它到底是为谁设计的？这是否就是一个改头换面的传统导入呢？其二，教学设计的着眼点是要“教学上创新”吗？但是，有没有顾及学生已有的经验和思维水平？其三，学生的发言只是帮助教师导入新课，学生是教师完成教学任务的工具吗？即使教师主观上想到了要从学生已有的知识经验出发，但从实际效果来看也仅仅是“借用”而已。因为我们看不到教师的预设中有比较充分的对学生问题的处理预案。第一个学生看到了美国政治有好的一面，说到了为“自己赢得民心”的层次，教师可以借此延伸或者追问；第二个学生谈到了“内外有别”，虽然离要学的课题远了些，也还是可以通过追加提问引导到课题上；第三个学生的问题较深，涉及“烧钱”这个复杂问题，无疑给教师出了个难题。此外，既然教师把学习方式定在了“互动式教学”上，那么在互动素材出来后，教师就理应把讨论引向深入，挖掘学生已有的知识储备和认识。遗憾的是，教师并没有理会学生的问题。这有两种可能：本来的设计就是个“引子”，它只是一种导入教学的形式，不必多花时间和精力，亦是传统教学法的思路；担心一旦让学生打开了话匣子，就“不知道他们要把课带到哪儿去了”，所以开始时不能放得太开，课堂要层层递进，仍然是传统教学法讲究的导入技法。

那么，这个导入怎样做才更好些呢？首先，把握全课的灵魂。“北美大陆上的新体制”，灵魂是“新体制”。比如，追问为什么新、新在哪儿的问题；找到解答在什么层面上新、新的意义和价值的途径。整个课不能游离这个“新”字，而且一定要从历史视角看这个“新”字，要给出典型材料。其次，按照现在的设计可以改为采用“头脑风暴”的方法，在一定的时间内，尽可能让更多的学生发言，形成思想碰撞，否则学生怎么能明白为什么“人们对美国政治的关注不会停止”这样的话，他们会问：美国的政治与我何干？①

① 赵亚夫. 理解历史　认识自我：中学历史教育研究［M］. 北京：光明日报出版社，2020：408-410.

由此想到的

教学实录分析，是对教学设计成效的检验，也是对教师专业发展的提升。概括其目标，就是教学问题“显性化”和教学指导“精细化”。严格地说，过去对一节好课的判断，主要是建立在经验基础上，一是知识经验，二是教学经验。而且这两个经验都缺乏对“评价理由”的证明，缺少了客观工具。课堂实录分析恰好为评课提供了客观工具。

教学实录分析从教师原生态的教学行为出发，通过科学的方法，清晰地诊断出教师在专业发展道路上出现的显性或隐性的问题，并提出具体的改进方案。经过教学实录分析的锤炼，教师既学会了自我诊断的方法，又在同行的帮助下明晰了专业发展的方向，从而提高了自主发展的能力。这是教学实录分析最主要的功能。

教学实录分析作用于教学设计的反馈与评价，其关键点可以概括为以下五点：(1) 一个主旨：促进教师自主地进行专业化发展。(2) 两个目标：教学问题显性化，教学指导精细化。(3) 三个目的：课堂教学要简洁，有生成，教学内容意义化。(4) 四个内容：全过程观察；文本诊断；现象描述；整合反思。(5) 九种手段：现场观察；课堂录制；采编数据；现象分析；分层解释；重新设计；整体解释；重组方案；分析报告。

通过教学实录分析的不是局部问题，更不是琐碎的、孤立的问题，而是全局的、整体的问题。因此，我们是通过实际教学回馈标准、目标和教科书的落实程度。更确切地说，分析细节是为了完善整体。而这种细节，体现在对事实性知识、概念性知识、方法性知识、价值性知识的关注上。历史教学的基础是知识，知识性质决定学科的性质，教学实录分析要为此服务。

这里的知识不仅指事实性知识，它同时还包括概念性知识、方法性知识和价值性知识。进行教学分析，解决教学设计究竟“是什么”和“为什么”的问题时，历史知识是最基本的抓手。比如，“经济结构”是个大概念，包含产业结构、分配结构、交换结构、消费结构、技术结构。我们说，中国近代社会经济结构“变动”了，是否需要了解其产业结构、分配结构、交换结构、消费结构、技术结构变在哪里？如果有这样的概念认识，自己的课是否可以上得更灵动、更深刻呢？类似的概念性知识，还有“宪政”等。而解析概念的过程，恰恰就包含了方法性知识。

其实，细致入微的统计分析要为知识的落实服务。历史教学要上得像历史课，不能什么内容都上，内容要干净、简洁，立意要高，知识要实，意义要能延伸。比如，一节40分钟的课，几乎没有使用教科书、板书、材料研习、有创意的学习活动、学生自由发表见解，交流活动仅2分24秒，你怎么判断这节课是有效的？当然，你可以从教师的讲述（26分33秒）中找答案。但是，教师提问用了3分25秒，学生回答问题用了2分29秒，阅读材料用了33秒，PPT展示用了4分36秒，其中有多少时间属于有效教学呢？如果周延地去分析，仅从统计数字来看，这节课的事实性知识和概念性知识的教学，都是水过地皮湿的。

实践研讨

文献：历史课堂教学实录分析的价值与操作（赵亚夫）

阅读二维码资源，回答以下问题：

1. 为什么需要教学实录分析方法？
2. 在网上选取一段历史教学视频资源，以教学实录分析方法分析教学的有效性。

实践指引

不断改进自己的教学设计

教学设计并不是一蹴而就的，也不是一成不变的。说它不是一蹴而就的，是指教师应基于多种因素，特别是课堂观察和教学实录，对教学设计中存在的不足进行调整。说它不是一成不变的，是指教师对教育理念的理解逐渐加深，对教学内容的把握逐渐熟悉，教学设计也要随之而变。

教师不断改进自己的教学设计，首先应知道如何分析教学设计。本节提到教学设计分析的多个阶段，其中最为主要的是目标与结果。它们一个是进口，另一个是出口，首尾相接。围绕目标调控教学设计，对学情而言，可以反思教学目标是否合理，有没有过高或过低的情况；对教学内容而言，可以评估内容选择与组织上是否合理，有没有过难或关联度不大的情况；对学习结果而言，可以检测学生的学习获得，是否为低效或无效学习，在多大程度上达成预设目标。

为了实现上述改进，就必须有工具的介入。其中，最有效且直观的，就是课堂观察及其转化而来的教学实录分析。教学实录是对课堂教学实况的还原，它使教学中教师与学生的每一句话、每一个行为都得以再现。教师就可以直观地回到现象本身，将整体教学切割为片段加以分析，再将片段整合为完整的设计，重新评估。这样，教学中原本比较隐晦的问题也得以显性化，成为教师改进教学设计的过程中必须面对的问题。

第二节　基于教学方法的历史教学设计分析

○教学模式的选择体现教学设计的取向。
○基于课型选择适当的教学方法。
○以教学法知识指导教学方法的改进。

基于教学方法分析历史教学设计，强调教师选择教学方法的合理性。针对不同的课型、不同的教学环节，教师需要采取不同的方法来突破。尤其是在新技术的推动下，教学方法有了新的发展，如何将技术服务于教学，指向教学的有效性，是分析历史教学设计的重要指标。

一、确定和拓展有效教学模式

学术界对教学模式的界定有很多，美国学者乔伊斯等人在总结若干定义后，认为教学模式是一种方式，通过这种方式建立一个利于学生成长且具有激励性的生态系统，学生可以与这个生态系统的组成部分互动，以此实现学生的自主学习。[①] 在这个定义中，教学模式有几个关键要素：帮助学生自主学习、建构主义取向、良性生态互动（包括协作、理解、对话等 21 世纪核心素养，以及开放性、生成性等现代教学设计特征）。简言之，它是基于一定的理论，将诸要素组织为一个供学生学习的综合体系，这种组织形式首先体现在教学方法的选择上。基于教学方法对历史教学设计进行分析，有助于我们确定教学模式，并围绕教学模式的关键要素，将我们设计的教学活动拓展为更丰富的有效教学模式。

案例呈现

以下摘录是英国的三个七年级学生对第二次世界大战为什么会爆发以及它是否可以避免的讨论：

安吉拉：我认为希特勒是一个疯子，而且我认为……

苏珊：他是……一个彻头彻尾的疯子，应该把他投入……哦……

安吉拉：他想让一个金发碧眼的民族统治世界。

苏珊：对，那个追随他的民族……

卡蒂：战争能避免吗？我认为不能。

安吉拉：不能。

卡蒂：如果希特勒没有发动……我的意思是我不能将战争归咎于他，但如果没有他发动、挑起战争……你们知道，那是错误的……

苏珊：就可以避免……

卡蒂：是呀，本来就能够避免，但是没有。

苏珊：嗯，如果认真考虑的话，每场战争都有可能避免。

安吉拉：我猜想，如果希特勒不登上历史舞台，那就绝不会发生。

卡蒂：对，对，对。

安吉拉：肯定还有潜在的因素，就像第一次世界大战，我们知道并不是因为……弗朗茨·斐迪南被刺……还有很多其他潜在的因素。

苏珊：对。

安吉拉：……还有很多很多其他的因素。

---

① 乔伊斯，等. 教学模式：第 9 版［M］. 兰英，等译. 上海：华东师范大学出版社，2021：4-5.

卡蒂：是啊，我认为到目前为止他不是……

安吉拉：嗯，必定还有其他几个主要原因……

卡蒂：但是，像斐迪南，他虽然不是战争的主要起因，但是他被刺是整个事件的起点，是导火索……

安吉拉：但是我不知道是否……因为我们不知道所有潜在的因素，所以如果当时没有希特勒，我也不知道战争是否能避免。

苏珊：对。但是不管怎么说，大部分战争都能避免，我的意思是如果认真考虑一下，就能避免第一次世界大战以及任何战争……

卡蒂：……通过协商。

苏珊：千真万确。

卡蒂：嗯，有可能避免，但是我并不这么认为……

安吉拉：对啊，并不是每个人都愿意协商……[①]

由此想到的

何谓有效教学，学界尽管存在不同的界定视角，但对其内涵的理解都相当一致。所谓“有效”，主要是指通过教师一段时间的教学之后，学生所获得的具体进步或发展。也就是说，学生有无进步或发展是教学有没有效益的唯一指标。[②] 据此而言，有效教学关涉学生对学习成就的获得感。说得宽泛些，符合“以学生发展为本”的教学，都可以称作有效教学。

第二次世界大战爆发的原因，是一个非常复杂的问题。学生由希特勒这个人，联想到潜在的可能原因；通过思考的联系和日常积累，形成一种思维的贯通能力。关键是，这个过程是学生自主完成的，他们体验到的不仅是“结论”的价值观，更重要的是“发现”的乐趣，以及学习兴趣和动机的自我激发。

他们所能使用的全部信息就是从学校历史课上学到的关于第一次世界大战的知识以及从校外获得的信息。为了理解以下内容，需要分清两种不同类型的历史知识：关于已经发生了什么的知识，即关于历史内容的知识；如何解释过去事实的知识，即关于历史方法的知识。

在讨论第二次世界大战的起因时，三人试图运用他们在学校里学到的关于第一次世界大战的知识。他们的知识有两个不同的指向。苏珊认为：如果人们能够就问题进行认真协商，那么大部分战争都能避免。而安吉拉则从此前第一次世界大战的学习中，掌握了与之不同的知识，这使他在对待朋友们的见解时比较谨慎。他学到的是：对一个历史事件进行解释时，需要考虑的原因可能不止一个，潜在因素也会

① 多诺万，布兰思福特. 学生是如何学习的：课堂中的历史［M］. 张晓光，郑葳，译. 桂林：广西师范大学出版社，2011：39-40.

② 钟启泉，崔允漷，张华. 有效教学的理念［J］. 教师之友，2002（5）：29-30.

起作用。因此，即便没有希特勒，在我们说第二次世界大战可以避免以前，也必须先对两次战争爆发时的国际形势有更多的了解。安吉拉掌握的是如何对历史事件加以解释的知识，这给他提供了一种思考事情为什么会发生的更强有力的思维方式。他知道该探寻什么，也明白了该怎样探寻。

据此我们不难发现，有效教学关注学生的获得与发展，最集中地体现在学生的表现上。表现是学生真正理解历史的第一步，也是自由学习活动的开始。学生围绕主题展开学习，主题的内容、形式和吸引力都会影响到学生的表现。主题的内容越明确，形式越活泼、越新颖，主题的吸引力就越强，学生的学习动机也会加倍。其中，教师的作用也不容忽视，教师的人格、期望、经验、能力等因素对于学生理解主题、深入探究和完美表现至关重要。需要注意的是，学生的认知特点、智力水平、原有知识结构等直接关系到学生的理解、合作、探究，会直接影响学生最终的表现。故学生的表现是教学环境中诸多因素共同作用的结果。

学生的表现依托于开放性的历史教学。开放性的历史教学可以体现在以下七个方面：

（1）学生由训练的对象转变成学习的主体，学生的个性、独立思考的能力和批判的意识等都得到承认。

（2）历史知识作为一种认识工具而存在，获取知识是一种手段而不是历史教学存在的目的。

（3）教学与生活紧密结合。

（4）重视教学活动的开展和教师的指导作用。

（5）依据学生的运用水准，重视对各种材料的开发和利用。

（6）关注学生的批判思维和自我认知。

（7）强调发展性评价和表现性评价。①

案例呈现

某教师在讲“苏联模式”时，展开如下教学过程：

教师：……苏联模式出现的问题，当年一些到苏联去的进步人士都有体会。

幻灯片 1：

- 七十多年前的观察

泰戈尔的判断：这种疗法不能持久——《俄罗斯书简》（1930）

罗曼·罗兰的困惑：两个不吻合的斯大林——《莫斯科日记》（1935）

纪德的悲观：生虫的红苹果——《从苏联归来》（1936）

- 21 世纪，我们的思考和回答……

你怎么看苏联模式？

---

① 徐赐成，赵亚夫，张汉林．初中历史有效教学［M］．北京：北京师范大学出版社，2015：8.

教师：在20世纪30年代出现了一批对社会主义抱有热情的国际友人到苏联去考察，一位是印度的泰戈尔，他写了一本书，叫《俄罗斯书简》，对苏联的成就大加赞扬，但同时他也有一个看法，他说：苏联的办法是治病的办法，短期是有效的，但这种疗法不能持久。

《约翰·克利斯朵夫》的作者，法国著名作家罗曼·罗兰1935年受斯大林邀请访问苏联，他把在苏联的见闻写进了《莫斯科日记》，奇怪的是，他当时不让发表，而是封存50年。为什么要这样做？因为他在苏联看到了两类现象：一是社会主义事业的高涨；二是一些不和谐的因素。他对社会主义事业又是那样热爱，不愿意他所记录的那些污点和问题成为社会主义的敌人攻击苏联的武器，所以他选择了封存日记，希望50年后，苏联能解决他所看到的问题。

还有一个人，也是法国作家，叫安德烈·纪德，他在1936年去了苏联，这一年恰好是苏联模式建成的一年。他是满怀希望而去，带着失望而归的。回国后他也写了一本书《从苏联归来》。他说苏联是生虫的红苹果，红苹果虽然光鲜亮丽，但生了虫，就不能吃了。

这些友好的眼睛，看到了难堪的现实。在21世纪的今天，我们怎么看待苏联模式？

……

幻灯片2：

回到“实验的”原点。无论物质的海拔还是精神的海拔，原点最终都是一个，那就是人的解放。

教师：有位哲人说：“我们可能走得太远了，以至于忘了当初之所以出发的目的。”什么目的？当年为什么要搞这样的实验？它的原点是什么？它的原点只有一个，那就是人的解放！

由此想到的

从这节课的教学过程来看，这位教师的课是以讲授为中心的。看似是一节“满堂灌”的课例，实则不然。“满堂灌”作为批判的对象，有三个主要特征：学生只听不思考；教师容不得学生思考（尤其怕学生挑战自己的权威）；教师从头说到尾，根本不给学生预留思考的余地（教师自我陶醉或孤芳自赏）。[①] 基于此再审视上述教学过程，则会发现该教师并不是如此。他着意培养学生的问题意识，意在帮助学生拓宽看待历史现象的视角。从教学实效上看，该教师的做法是实际且扎实的，是在帮助学生思考用何种方法看问题、看世界的。“这种疗法不能持久”“生虫的红苹

① 赵亚夫. 教师的学养与教学智慧：听郭富斌老师《斯大林模式社会主义经济体制的建立》一课札记［J］. 中学历史教学参考，2010（10）：32-37.

果”，不仅是事实判断，也是价值判断。“无论物质的海拔还是精神的海拔，原点最终都是一个，那就是人的解放”这无疑更是价值判断，而且放在全课的终结部分意味深长。这不是一个漂亮的尾巴，而是全课的点睛之笔。

其实，综合上述两则案例我们可以看到，有效教学并没有固定的形式。它既可以是讲授式的，也可以是活动式的，更可以向交叉学科教学方向发展，这取决于课型与学情。但是，我们从上述两则案例可以看到有效教学的一些共性特征。概括地说，历史教学要“促进学生发展”，教师教法的精进也是为了学生的有效获得。其要点有五个方面：

（1）教师要把握历史课程的基本意义。其思考要素包括人类经验（精选学习内容）、学习计划（保障学生思考力的健全发展）、文化素养（体现历史学习价值）。

（2）历史有效教学应围绕以下四个方面的基本原则规范历史教学行为：启发人性（自由精神）、养成国民性（理性批判）、学会认知（反省意识）、形成社会态度和责任感（社会行动）。

（3）历史有效教学的目标有三个。第一，历史须用于思考。历史教学应基于历史事实进行历史解释；任何具有生命力的知识，都具有不断生成新思想的品质。第二，历史须用于理解生活。历史教学应基于历史方法透析社会问题；任何有价值的知识，都是对现实生活有所助益。第三，知道历史是一种相对的经验。历史教学应基于多方面、多角度的历史视角认识历史过程；任何作为教育的历史事实，都是解释性乃至结论式的。

（4）教师要弹性地处理历史教学内容，主要从史论、史事和史料三个方面看。史论关乎视野、求是的部分，其要点是：历史的特殊性由历史话语体现；作为社会科学的历史，实证性、理性、逻辑分析是认识历史的工具；作为人文科学的历史，则依赖理解与解释，并必须形成历史认识或历史意义；论从史出、史论结合的原则须基于实践，仅仅讲述故事不能追寻真相。史事关乎知识、求实的部分，其要点是：需要探究历史知识的性质；需要辨别历史的假问题和伪问题；有意义的知识，才是有价值和有用的知识；教师需要向学生提供有用的历史知识，但不能垄断历史思考和历史认识。史料关乎方法、求真的部分，其要点是：学生需要通过阅读了解史料的分类和用途；掌握识别史料的技巧以及史料的解读方法。在中学历史教育中，认识史料在追寻真相、坚持真理方面的功能和作用，比运用史料做单一的史学素养训练要重要得多。

（5）历史有效教学过程的六个环节：前期准备（找史料，摆事实）；设计理念（勿编造，慎决断）；教学过程（要探究，抠细节）；学习指导（依事实，讲证据）；自主探究（求险绝，先平正）；达成目标（重理解，精解释）。[①]

总之，“有效教学”的“有效”不是指学生可以记住或复述多少教科书上的知识，而是“针对学生真实的学习成果而言的能够应用的知识”。教学设计的目的之一，便是实现有效教学，让学生获得满意的学习结果。为此，衡量有效教学的标准

① 赵亚夫. 中学历史教育学［M］. 北京：北京师范大学出版社，2019：214-215.

应从教师如何教转向学生如何学。从教学设计到教学的实施过程，再到教学评价，有效教学贯穿教学全过程，它既是教学追求的理想目标，也是教学应有结果的标准。

二、通过教学类型进行教学方法分析

教学类型是指不同的课型，包括导言课、新授课、讲评课等。不同的教学类型因其有着各自的教学任务，在选择教学方法时有不同的倾向。我们可以借助课型特征分析教学方法的选择是否得当等问题。

案例呈现

某教师在执教“文化史”时，设计了导言课，分为以下两个环节：

一、导入新课

以“文化”定义的繁多现象导入新课。

向学生提问：“什么是文化？”可以让学生讨论。

针对学生的回答，教师可进一步启发学生：“是不是上过学就有文化，没上过学就没文化？”“既然‘文化是人类创造的物质财富和精神财富的总和’。那么这世界上基本就没有人不是有文化的？”“如果‘文化是人类在适应、利用、改造客观世界的实践中创造的精神成果’，为什么一提到古埃及文化人们就想到金字塔？”

教师让学生通过多媒体观看北京奥运会开幕式、北京奥运会闭幕式伦敦八分钟和巴西里约热内卢奥运会开幕式的有关片段并思考：“北京奥运会开幕式是怎样展现中国文化的？北京奥运会闭幕式伦敦八分钟是怎样体现英国文化的？巴西里约热内卢奥运会开幕式是怎样体现巴西文化的？”

教师可进一步引导：“通过北京奥运会开幕式、北京奥运会闭幕式上伦敦八分钟和巴西里约热内卢奥运会开幕式，我们感受了中国文化、英国文化和巴西文化的不同风韵，大家再想一想他们各自有什么特点？”

学生对中国文化、英国文化和巴西文化简单勾画以后，教师可以说：“现在我们来思考什么是文化。”

到此，教师可以引入教科书：“文化内涵非常丰富，大家可以翻看教科书的目录，我们所讲的文化主要包括哪些内容？”

二、思考文化的意义

了解了文化的基本含义，自然就会想到文化的意义，教师可以提问：“关于文化，我们讲了这么多，那么文化对我们有什么意义？”①

---

① 赵元虎，阴菊霞．高中历史必修三导言课教学设计［J］．中学历史教学参考，2017（21）：57-59.

由此想到的

在不同的教学类型中，教师所采用的教学方法也不相同。上述案例为我们呈现了一节导言课。导言课是在开启新的主题学习之前，教师通过课程设计帮助学生对即将学习的内容有一个整体感知的课程类型。一般来说，导言课可以设计在新学段开始时，也可以是在新学期开始时，还可以是在新单元学习开始时。但不管在哪个时间段，它的作用是基本一致的：激发学习兴趣；统领学习内容；传授学习方法。

从设计策略上说，教师在设计导言课时可以基于这些导言课的特征对教学方法的选用作分析。导言课的特征如下：

第一，围绕学生熟悉的历史学习资源。学生即将开启的历史学习内容虽然是新的，但不代表学生没有接触过，他们只是不能很好地理解常见现象的纵横联系与深度历史信息。教师可以结合热点新闻、照片、图画、社区资源等，多角度、多层次、多主题地层层递进，设计教学活动，帮助学生提高历史学习的兴趣，使学习渐入佳境。

第二，围绕学生感兴趣的历史学习主题。导言课不在课程标准的要求范围内，这也给了教师一定的发挥空间。教师可以围绕学生感兴趣的历史话题，设计主题式的参与活动，让学生体验“做历史”的过程与方法。

第三，围绕学生互动中的历史学习生成。教师可以设置几个基本问题，调查学生的认知水平，并基于此展开对话。学生之间的对话中蕴含着可探究的问题，教师可以抓住其中最为关键的问题，借助多媒体学习工具，组织学生进行探究活动，在解决问题的过程中理解“什么是历史”“如何学历史”“学历史有什么用”等观念与方法。

案例呈现

北京市西城区教育研修学院贾海燕老师在讲“启蒙运动”一课时，设计了如图 8-1 所示的教学过程。

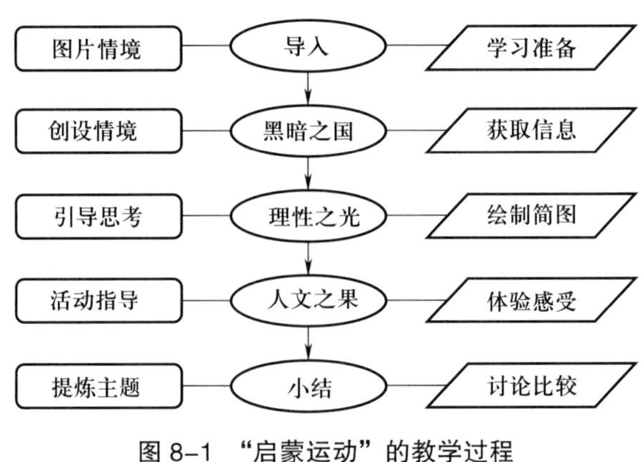

图 8-1 “启蒙运动”的教学过程

由此想到的

新授课的基本目标是理解新的知识或技能，并加以记忆与运用。如上述案例所示，新授课尤其关注新知的呈现。在具体的教学过程设计上，教师一般是从引导学生发现问题出发，进而作出初步判断，基于判断寻找材料进行论证，最后得出结论。

这是出于探究教学的思路进行的设计。美国教育家杜威提出问题解决的五步法：（1）暗示，在暗示中寻找可能的解决办法；（2）使感觉到的（直接经验到的）疑难和困惑理智化，成为有待解决的难题和必须寻求答案的问题；（3）以一个接一个的暗示作为导向意见或假设，在收集事实资料中开始并指导观察及其他工作；（4）对一种概念或假设从理智上认真地推敲（推理是推论的一部分，而不是推论的全部）；（5）通过外显的或想象的行动来检验假设。[①] 我们也可以将新授课的过程视为循环地探究历史问题的过程，它以提出引导性问题为开端，接着查找和分析史料以建立历史证据，由此尝试建构上述问题的历史解释，最终能够对相关问题作出批判性的回应或者形成一个最终结论的过程。

新授课虽然以传授新知识、新技能为主要任务，但它不以传授新知识、新技能为终点，而是以运用已获得知识、再次发现新问题为目标。这是一个不断生发新问题、启动新探究的过程，从而开启对话，帮助学生达成历史理解。

案例呈现

以下为上海市松江第一中学苗颖老师设计的一节关于“明清君主专制的加强”的复习课，她还为本节课起了一个副标题“探究历史解释的多样性”。

环节一：应知应会——君主专制那些事。

通过图示呈现君主专制制度发展过程中的两对矛盾，尤其是皇权与相权的发展趋势。

环节二：史料溯源——朱元璋批了多少份奏折？

材料1：洪武十七年九月十四日到二十日，送到皇宫的奏章共1 160件，涉及3 291件事情。

——钱穆《中国历代政治得失》

问题1：朱元璋为什么批如此多的奏折？明朝政治制度发生了怎样的变化？回顾中国古代这一制度的演变，其实质是什么？

材料2：洪武十七年九月十四日至二十日，朱元璋共处理1 666件公文，3 391件事。

——当年明月《明朝那些事儿》

① 杜威．我们怎样思维·经验与教育［M］．2版．姜文闵，译．北京：人民教育出版社，2005：94.

材料3：自九月十四日至二十一日，八日之间，内外诸司奏劄凡一千六百六十，计三千二百九十一事。

——董伦等《明太祖实录》

问题2：上述三份材料中，哪一组数据更为可靠？理由是什么？材料2和材料3在论证历史问题时的缺陷是什么？

环节三：多元解释——内阁的权力有多大？

呈现明代内阁地位变化折线图。

问题3：依据示意图指出内阁权力变化的趋势。"部权尽归内阁"在明朝是否是普遍现象呢？

（略。）

环节四：多元解释——军机处能分化皇权吗？（略。）

环节五：历史解释的多样性。

合作探究：关于内阁和军机处的权力，学术界存在两种截然不同的观点，这种多样性的历史解释，在史学研究中普遍存在，你是否还可以再举一例？你认为影响历史解释的因素有哪些？

环节六：见解表达——君主专制一无是处吗？（略。）

由此想到的

复习课的作用是帮助学生建立起历史知识之间的联系，形成运用知识的能力，从方法上说，往往以时空脉络为基础，以问题解决为核心，以实战运用为目标。上述案例中，该教师将明清君主专制加强的知识转化为四个可供探究的问题，让学生基于所学知识，分析史料信息，获得历史解释。复习课不是机械地回顾、记忆知识点，也不是重新把课上一遍，更不是将几课内容压缩处理。复习课应该给学生一定的认识视角与分析方法，把分散的历史知识整合起来，形成有意义的知识网络，并且能够将这种知识网络运用到解决历史问题之中。

三、运用教学法分析和改进教学方法

教学法是教育学中的"实用"部分，帮助教师达成学科教学目标。教学方法是为了达成一定的教学目标，教师组织引导学生进行专门内容的学习活动所采用的方式、手段和程序的总和。[①] 从二者关系上看，前者处于上位，指导后者的选择与实施。对教学法最简单的理解，就是它解决如何备课与上课的问题。教学法的基本任务就是完善备课过程与上课效果。而在这个过程中，教学法对教学方法的改进最为直接。无论是选择"讲授"还是"探究"，也不管是"四段教学法"还是"思维

① 黄甫全，王本陆. 现代教学论学程［M］. 修订版. 北京：教育科学出版社，2003：300.

五步法”，我们都可以运用教学法对它们的使用规范与效果加以分析，并提出改进建议。

案例呈现

布切里老师用了一周五节课的时间进行关于“犹太大屠杀”的教学。学生在课前已经完成了预习，第一节课是让学生根据教师提供的八个问题检测预习效果，完成对历史基本史实的了解。在第一节课结束后，教师布置了一个思考问题：大屠杀是怎么发生的？第二节课教师先是介绍了“他者”的概念，然后教给学生一个“他者”是如何从被歧视到引起恐惧再到走向被仇恨的理论分析模型，最后让学生分组讨论历史上或者文学影视作品中有哪些人或族群被定义为他者。第三节课从朗诵马丁·尼莫拉牧师的一首诗开始，通过这首诗教师引出了“旁观者”和“抵抗者”两个概念，接着教师和学生一起阅读材料《勒尚邦的勇气》并展开批判性的思考，最后教师在课堂结束后发给学生九份关于旁观者和抵抗者的阅读材料。第四节课是由阅读相同材料的学生组成小组进行讨论，然后各组派一名代表进行分享，其他成员则在倾听的过程中记录对旁观者和抵抗者行为的观点和解释。第五节课是教师引导学生思考个人或集体或国家是怎么从旁观者向抵抗者转变的，是什么导致了这一转变。课堂教学结束后，教师还留下了让学生进一步思考的问题：“这一周你们学到了什么？以后遇到困难时，今天学到的东西能帮你做出正确的决定或选择吗？”①

由此想到的

教学法强调教师有效地教和学生有效地学的基本原则，运用教学法分析教学方法，强调教师在选择教学方法时，应符合教学法的基本原则，注重学生对新知识的理解、认知图式的拓展以及倾听和思考习惯的养成。

上述案例为我们呈现了一则关于如何理解历史概念的样例。老师选定核心概念后，其教学材料的选择、讨论问题的设计、小组活动的开展以及最后拓展延伸的思考均是围绕着核心概念展开的。对于历史核心概念的教学来说，确立核心概念只是第一步，其后续的步骤还包括概念性视角、协同思考、概括、与概括相一致的引导性问题、重要内容和关键技能、表现性评价 vs 活动等。② 其中，概念性视角是指学生利用核心概念确定的思考方向，协同思考则是指学生之间通过合作共同完成学习

① 程修凡. 美国特级教师的历史课：批判性思维的养成［M］. 厦门：鹭江出版社，2017：29-57.

② 埃克里森，兰宁. 以概念为本的课程与教学：培养核心素养的绝佳实践［M］. 鲁效孔，译. 上海：华东师范大学出版社，2018：53.

任务，引导性问题是指教师围绕核心概念提出的相关问题。这样教学的好处也是显而易见的，学生学到的不是固化的历史知识，而是思考历史的角度以及对历史的深刻反思和对自己人生的启迪。

那么，从教学法的角度，如何认识以概念为本的教学方法呢？首先是概念选择。概念的选择是由课程内容决定的，它指向最关键、最核心的内容，具有可迁移和可扩展的特征。教师要了解这样一个观念："要帮助学生理解概念的内涵与外延，而不是仅仅给他们提供新词汇的定义。"如案例中的"他者"，学生要理解"他者"是与"自我"相对立的概念，在历史上，"他者"往往是被歧视、引起恐惧乃至被仇恨的对象。

其次是确定方法。确定方法取决于教学目标、学生情况和知识特征。基于不同的情况，教师可以采取"直接陈述法"（演绎法）和"概念获得法"（归纳法），对概念的名称和定义、概念的属性，以及概念的正例和反例形成一个清晰的轮廓。

再次是定义概念。从根本上说，定义一个概念有三个步骤：（1）确定概念的名称；（2）列出概念的本质和非本质属性；（3）给出一个简明的定义。

最后是分析概念。这种分析是多层次的，既包括对概念内涵的分析，也包括概念的应用。前者指属性的描述与辨识；后者指情境中的概念，如在正反示例中概念的表意与使用情况等。[①]

我们再回头看上述案例。教师以直接讲述法对"他者""旁观者""抵抗者"三个概念进行界定。这三个概念有内在联系。面对迫害他者的行为，人们有不同反应，据此可分成旁观者和抵抗者。显然，该教师希望学生能成为反对不义行为的抵抗者。该教师采取三个步骤：第一步，创设情境，引出核心概念。借助马丁·尼莫拉牧师的一首诗创设概念获取情境，引出"旁观者"与"抵抗者"两个概念。接着，教师给出材料《勒尚邦的勇气》，进一步澄清概念。第二步，引入示例，检查概念获得。教师呈现九份阅读材料，提供学生运用旁观者和抵抗者的概念去分析人们行为的机会，丰富了学生对历史上的旁观者和抵抗者的理解。第三步，迁移运用，促进概念内化。学生在获得概念后，教师设计学习活动，鼓励和促进学生讨论从旁观者向抵抗者转变的原因，将抵抗者的概念深植学生内心。

运用教学法分析历史教学案例中的教学方法，有助于我们在选择、使用和反思教学方法的过程中，逐渐走向科学、实用、可操作。一方面，教学法给教师提供了方法的操作指导，如上述案例中的概念教学三步法：呈现目标，引出核心概念→引入示例，检查概念获得→迁移运用，促进概念内化；另一方面，教学法给教师变革教学理念提供支撑，未来教师"需要从原理陈旧的、广播式的教学法（例如讲授和灌输）向以学生为中心、多种模式融合的教学法过渡，这种模式下教师已经不是数据的传递者，而是学生个性化学习经验的指导者"[②]，所以在教学方法的选择上，教师应具备比以前更多、更有效的策略与方法，来指导学生如何学会学习。

① 阿伦兹．学会教学：第九版［M］．丛立新，等译．北京：中国人民大学出版社，2016：320-323.
② 阿伦兹．学会教学：第九版［M］．丛立新，等译．北京：中国人民大学出版社，2016：8.

案例呈现

在学习“明清君主专制的加强”后，教师利用学生对影视剧《康熙王朝》的兴趣，要求学生自己动手查阅正史资料，认真审视，甄别影视剧情境的真伪，完成探究性练习。他给学生出了一道多项选择题，并让学生说明选择的理由。在《康熙王朝》中，以下剧情不符合历史事实的有：(1) 孝庄太后一口一个“我孝庄……”；(2) 康熙将自己与荣妃所生的女儿嫁给噶尔丹；(3) 康熙四十八年，明珠与索额图参加千叟宴；(4) 施琅向康熙投降。学生主动查阅资料，不仅找到了正确答案，还初步培养了批判性思维，不再人云亦云，养成严谨的治学态度，从而降低了影视作品给理解历史带来的负面影响。①

由此想到的

近年来，新媒体、新技术被大量应用到教学中。技术经常被视为设备的同义词，但它的意义更加广泛。技术是指促进学习者参与的各种设计和环境。以前课堂的技术运用只局限于电影、电视和幻灯片等，而现今学生能通过虚拟现实技术来体验那些常规课堂上所不能体验到的外界环境和事件，接受远程教学，进行远程沟通，与巨大知识库和专家指导系统进行交互作用。②

在上述案例中，该教师借助影视作品，改进了教学方法，将教学由教师讲授变为学生自主查阅资料，进行探究性学习。但正如案例所展示的，这节课的标题是“明清君主专制的加强”，重点在于君主专制制度。而该教师借助电视剧，让学生找史实错误，这与君主专制制度并无关系，因此，整个活动偏离了教学目标。这也就引出了我们在通过新媒体、新技术改变教学方法时的一条原则：要明确教学目标。

“信息社会是信息构成人与人的关系的社会。与此同时，信息社会也是学习占据社会性活动中心位置的社会。”③ 在此基础上，我们可以进一步思考，这些新媒体与新技术的引入，它和教学呈现有什么关系，如何改进我们的教学方法。很显然，如果只是单纯地扩充教学资源，在教学中使用一些新媒体素材，就不属于改进教学方法的范畴。有效利用新媒体和新技术，需要教师有更多的作为。

第一，借助新媒体与新技术，变革传统学习的空间与时间，加强学法指导。目前，国家中小学智慧教育平台提供了丰富的教学资源，中国教育电视台播出了“空

① 王恩姝，许序雅．浅谈影视资源在高中历史课堂教学中的运用［J］．历史教学问题，2006 (4)：106-108.
② 申克．学习理论：教育的视角［M］．韦小满，等译．南京：江苏教育出版社，2003：421.
③ 佐藤学．教育方法学［M］．于莉莉，译．北京：教育科学出版社，2016：195.

中课堂”。教师可以利用网络资源库、在线学习平台等的支持，将历史教学转变为线上与线下相结合的形式。这样，学生接触到的信息资源会更加丰富，历史体验与探究的方式也会随之增多，这在一定程度上为学生的自主学习提供了必要的资源保障。

在这种情况下，教师的学习指导和面对面情境中的教学方式大不相同，除了利用直播进行实时答疑 / 研讨，借助微信群 /QQ 群等进行指导之外，学习支架也是行之有效的自主学习指导策略。① 首先，学生要为自己设定个性化的学习目标。这个学习目标不同于教师设定的全班统一的教学目标，它是符合学生个性特点的。学生只有把教师的教学目标转化为自己的学习目标，才会更加主动地参与在线教学的学习过程和学习活动，才更愿意为自己的学习负责任。其次，教师设计自主探究任务，充分发挥线上学习的资源优势，为学生提供任务清单，其中就包括历史学习问题链和可能用到的分析工具提示两大部分。最后，教师再组织全班同学进行成果汇报与讨论，凝练教学重点，突破教学难点，使学习成果得以深化与共享。

第二，对新形式材料的解析与运用。教师借助新媒体、新技术运用新形式的材料，如果还将它与传统教学材料画等号，那么就无异于弱化了新媒体和新技术的价值。教师可以尝试将教学主动权交给学生，让学生基于一定的知识与技能去分析材料，运用新材料认识历史现象。以影视资源为例，教师可以从历史背景、文本分析、综合讨论、书面分析这四个方面调整教学方法。

（1）历史背景

在学习开启前，教师要帮助学生磨炼基本技能：

一是提供背景信息，简要地说明导演或编剧的传记背景。或者提供有帮助的电影内容，这将有助于学生理解和解释历史现象。

二是准备学生在学习文本时需要查找的某些内容，给出一些提示，以帮助学生将注意力集中在他们正在分析的作品上。例如：

- “当你在观看时，思考在这个场景中呈现的南北战争中南方的图景是什么。”
- “我想让你注意这个场景中的黑人形象是如何被描绘出来的。”
- “当你听这首歌时，要考虑它的表演风格与原版歌曲有何不同。”
- “从阶级视角来思考这个场景，我们对这两个角色的阶级背景和诉求有何了解？”

三是提供图解，主要由关键人物和主题的“方框”组成，它有助于创造更丰富的讨论资源。

四是让学生描述图像，让学生关注视觉构图的重要性，让学生把图像描述得像在电话里向某人解释一样。这要求学生仔细地表达图像的不同成分，然后我们才可以分析图像所传达的信息。

---

① 梁林海，蔡建东，耿倩倩. 疫情之下的中小学在线教学：现实、改进策略与未来重构：基于学习视角的分析［J］. 电化教育研究，2020（5）：5-11.

五是经常停下来讨论要点，在观看电影资源期间，在关键地方停下来讨论一些问题，如“到目前为止我们学到了什么？”等。

（2）文本分析

在学生观看影视作品后，教师要对学生完成分析活动进行学法指导，帮助学生与历史内容建立联系。在这个阶段，教师可以使用一些教学策略：

一是从小组讨论开始，聚焦于影片本身的问题，从较为浅显的问题入手，让所有学生都有机会表达他们自己的想法，并为学生提供了一种开始处理他们想法的方法，使他们能更好地在更“高压”的小组讨论环境中表达自己的解释。

二是描绘人物特征，通过提供形容词、对话、情节要点等方式来正式进入小组讨论，让学生描述资料中核心的人物特征。教师可以在黑板上记下他们的见解，在继续讨论的时候，能提供一些可供回顾的东西。

三是从描述到解释，基于上述讨论，教师可以逐渐引导学生转向对历史意义等深层次问题形成解释。例如，教师可以从如下角度提问。

- 对整个文本进行概括：“一般是如何描述黑人角色的？”
- 确定作者的意图：“你认为创作者想让我们同情影片中的角色吗？”
- 分析“信息”：“电影从哪些方面批判共产主义？”“这部电影最终传达了哪些关于美国社会公平的信息？”
- 与历史背景相联系：“阿奇·邦克这个角色如何帮助我们理解那个时代的政治紧张局势？”
- 权衡论点的有效性：“这一片段是否支持某一社会流行的观点？”“你同意影片中某个角色的观点吗？”

四是确定资源的效用，即鼓励学生通过影视资源说了什么来思考资源本身所表现的思想行为。

五是要求学生引用证据。有了以上这些问题，教师还需要强调具体证据的引用，帮助学生学会用证据来支撑论点。

（3）综合讨论

在分析完影片后，教师还要设计综合讨论的环节，即通过跨文本比较的方式，对电影呈现的那个时代以及当下学生生活的时代有所反思。在学生的交谈中，让这些资源照亮历史与现实。教师可以设计以下策略：一是与历史语境的联系，让学生确定影片中关键信息的来源，并弄清楚多个文本的历史背景。例如，“从第二次世界大战期间美国人对‘敌人’的看法中，我们能得出什么结论？这与美国人如何看待自己有什么关系？”二是现代比较与自我反思，教师可以通过问题，让学生比较正在学习的时代和自己所处的时代。例如，“作为21世纪的学生，我们如何看待这篇课文？”“女性在电视上仍然是这样描绘的吗？为什么？”等等。

（4）书面分析

每个单元的教学结束后，教师要求学生依据一定的任务线索完成一篇书面分析。在书面分析时，学生要能做到：其一，有效地整理文本证据以支持自己的主张；其二，结合历史语境，综合不同的学习资源，形成连贯的论证。

“我们应该反思‘在线与离线：实现适当的融合’，或者另一种表达是，‘网络世界与真实世界：实现适当的融合’。”① 新媒体与新技术的运用，极大程度上改进了原有的历史教学方法：它用新颖的、恰当的方式呈现历史信息，为每个学生的个性发展提供了灵活性，鼓励学生尝试解决问题。而教师在这个过程中，也不得不由讲授转向更丰富的教学方法探索。乔纳森等提出，当技术能够促进思维和知识的建构时，技术的应用效果是最大的。在这个体系中，技术可以起到以下几种作用：支持知识建构的工具；支持建构性学习的、用于探索知识的信息工具；支持做中学的情境；支持通过交谈来学习的社会媒体；支持通过反思来学习的智能伙伴。②

总体来说，新传媒、新技术给课堂中的教师带来了什么？一是新的表达方式。图文并茂的内容解说、线上交互式学习，都会让学生产生更浓厚的兴趣。二是新的教育思路。思维导图的运用、参与式探究活动、体验式学习，为教师思考如何选用教学方法打开了思路。当然，新生事物在给教学带来利好的同时，也会使教师产生一些误区。例如，课件制作时间越来越长，上课过于依赖课件，使课件的节奏成为教学的节奏；对新技术的使用贪多求新，一节课做几十张演示文稿，忽略了教学的有效性，也使教学工具化。

教师如何用好新传媒、新技术，关键在于教师要具备清晰的思路，清楚为什么用，以及如何用才有效。教师应该做到：(1) 始终保持对科技发展的敏锐洞察力；(2) 敞开心怀拥抱新技术在教育教学领域中的运用；(3) 当科技不仅作为教育教学手段而成为目的时，就要警惕它可能产生的反作用。③

实践指引

教学法必须作用于教学效果

中学历史教学法的研究对象有两个方面：一是中学历史教学过程；二是教师的教学行为。④ 简单地说，教学法是研究如何备课、如何上课以及如何将它们做得更好的学问，其基本目标是获得良好的教学效果，以确保教学质量。

教学效果的好坏并不是通过教学设计的结构完整、课堂呈现的言语流畅来表现的，而是在于学生的获得感。无论是“以教师为中心”还是“以学生为中心”的教学设计，也不管是什么样的教学类型，服务于学生的历史学习的目标是一致的。这也是教学有效性的重要指标。

而教学法的有用性就体现于此。它提供有关课堂教学的一般法则与具体方法，为教师有效教学的开展保驾护航。教师可以基于这些方法设计教学，指导学生自主学习，同时也可以以教学法为参照，评价和反思现有的教学设计，提出改进方案，

---

① 马什. 理解课程的关键概念［M］. 徐佳，吴刚平，译. 北京：教育科学出版社，2009：47-48.

② 申克. 学习理论：教育的视角［M］. 韦小满，等译. 南京：江苏教育出版社，2003：422.

③ 张汉林，马金星，赵亚夫. 高中课堂有效教学模式［M］. 北京：北京师范大学出版社，2014：113.

④ 于友西，赵亚夫. 中学历史教学法［M］. 4 版. 北京：高等教育出版社，2017：4.

以达到优化教学效果的目的。这也是教学法对于教师而言最直接的作用的体现。

第三节 基于学习方法的历史教学设计分析

○教师的“教”体现学生“学”。
○表现性评价促进学生的多元发展。
○评价的目的在于优化教学设计以确保学生真实有效的获得。

一、体现“教法”也是“学法”的观念

“教法”也是“学法”，教师在选择教学方法时，其实也是在给予学生学法上的指导与示范。从词源上看，《说文解字》：“教，上所施，下所效也。”① 教是矢量，指向学生的学习，并与学融于一体，成为学的导向。“教”的本质不在于输出信息，而在于为“学”提供各种“方式”和“方法”。因此，教的方法与学的方法在历史课堂教学中是一致的。

案例呈现

北京师范大学附属实验中学孙玲玲老师在讲《义务教育教科书 世界历史》（九年级下册）“冷战”一课时，针对“马歇尔计划”，选择了一幅漫画，以问题探究为教学方法，设计如下环节。

教师展示漫画：1947 年刊载于英国杂志上的漫画，名为《来吧，山姆！又该看我们的了！》，如图 8–2 所示。

图 8–2 漫画《来吧，山姆！又该看我们的了！》

思考：美国为什么要援助欧洲？

分问题设计：

- 漫画中哪些是象征符号？它们的含义是什么？
- 阅读漫画题目，分析漫画涉及的是哪个历史事件（现象）？
- 漫画的作者对事件或人物的看法是什么？哪些证据让你得出这个结论？
- 你是否赞同漫画传达的信息？请解释。

① 许慎. 说文解字［M］. 北京：中华书局，1978：69.

由此想到的

上述案例呈现了一个以问题推动教学过程的片段。这种基于问题的学习既是教师选择的教学方法，同时也是开启学生历史学习的手段。该教师以分问题的设计，提示了学生在面对一则漫画材料时可以从哪几个方面分析。上述片段，对于教师而言，传递了一个历史知识，教了一种方法；对于学生而言，收获了一个学习指导，学到了一种认识问题、解决问题的途径。

教师对于教的方法的选择，应以学生的方法获得为中心，考虑学生的学习价值，而不仅仅停留在教学内容能否顺畅地落实。这是教师在做教学设计时应有的认识，也是基于方法对教学设计评价的先行理念。这就要求我们在分析教学设计时着重评估以下三点：（1）是否考虑到学生在学习中的主体地位，这要求教学是探究式的，而非讲授式的；（2）是否考虑到学生思维的进阶性指导，这要求教学设计是建构主义的，而非行为主义的；（3）是否考虑到学生内化的外在表现，这要求教学设计是开放的，而非封闭的。

二、凸显表现性评价的价值

表现性评价是 20 世纪 80 年代兴起的一种评价方式，其目的是考查学生对知识与技能的掌握程度，以及运用已掌握内容解决复杂问题的能力。这种评价注重过程评价，评价对象是学生学习与表现，体现了以学生为中心的教学取向。

案例呈现

南京市第一中学谭海军老师在讲“商鞅变法”一课时，设计了如下学习任务（表现性任务和相应的表现性评价表）以评估学生的学习水平。

（1）学生的表现性任务

任务 1：从商鞅变法的原因、规模、特点、性质和后果等方面制作分析表。

任务 2：结合商鞅变法及其对秦国的影响，谈谈商鞅变法对当今社会变革的启示及你对和谐发展、主动发展的认识，并以此为主题撰写历史小论文，字数为 500～800 字。

（2）表现性评价表

教师根据表 8-2 对学生的表现性任务完成度进行评价。历史评价标准的要素包括历史事件的比较分析能力、学习反思能力、问题解决能力与历史语言表述能力。

表 8-2　“商鞅变法”表现性评价表

评价维度	等级 1	等级 2	等级 3	等级 4
比较分析	不知道如何比较	基本能从一个方面进行比较	能从两到三个方面进行比较	能从多个角度或方面进行比较
制作表格	不知道怎样设计表格	设计的表格不规范、不合理、不美观	设计的表格比较规范、合理，但谈不上美观	设计的表格规范、合理且美观
撰写历史小论文	不知道如何撰写历史小论文	撰写历史小论文对局势分析不清，提不出建议，或者提出的建议没有价值	能够客观、较为全面地分析局势，提出的建议有一定道理	能非常全面和深入地分析局势并有针对性地提出了具有参考价值的建议
语言表达、书写、学习态度	根本没有参与和撰写，或者完全抄袭	写了一部分但是表述不清，字迹潦草，有应付成分	结构完整，表述较为清晰，字迹较为工整且较为认真	结构完整，表述非常清楚、字迹工整，非常认真

由此想到的

教学是促进学习的活动。这个界定提醒我们，教学设计的效果不是根据教学策略与技术的使用来评判，而是根据它对学生的影响来评判，而这种影响并不局限于知识的掌握。上述案例中的评价方式与我们常见的传统评价方式并不相同，它大体上可以归属于表现性评价的范畴。从特点上看，这一评价方式不主张让学生做纸笔测验，而是要求学生完成特定任务，例如，写一篇论文，做一个实验，解释一个问题怎样解决，演奏一首曲子或画一幅画，观察其完成任务时所展示出的能力并进行评价。

所谓表现性评价，是指通过表演、展示、操作、写作等更真实的表现来评价学生口头表达能力、文字表达能力、思维能力、创造能力、实践能力等的评价方法。表现性的评价又可以分为两种，一种是限定式的表现性评价，另一种是开放式的表现性评价。限制式的表现性评价对评价的任务、目标有非常明确的要求，而且对被评价者的行动作了一定的限制。例如，传统的闭卷考试。开放式的表现性评价是一种对被评价者完成评价任务的材料、方法、结果不做限制要求的评价方法。①

在上述案例中，该教师设计了两个评价任务，任务 1 属于限定式的表现性评价，它规定了学生的行为与方向，是闭卷考试的一个变式；任务 2 则属于开放式的

① 黄牧航. 高中历史科学业评价体系研究［M］. 长春：长春出版社，2011：47.

表现性评价，它仅是指出学生的学习主题，而对材料、方法未做明确的要求。但是也应注意的是，任务 2 并非纯粹的开放式表现性评价。从题干上看，它暗示了任务的结果，将商鞅变法定位于对当今社会发展的正向影响上，所以无论学生的论证过程是什么样的，运用了什么材料，最终都指向同一个结果。

此外，呈现评价量规是开展表现性评价非常重要的环节，它是让学生重视学习任务，知道朝哪个方向努力的重要指标。评价量规有多种形式，究其根本，都应具有较强的操作性与准确性，让学生知道应该达到什么程度，还需要如何努力等。制定一个相对完善的评价量规有以下五个基本步骤：第一步，明确学习目标，协调学习目标、教学目标、评价目标的一致性；第二步，确定目标所对应的知识与技能表现；第三步，拟定不同表现的特征，并划分水平层次；第四步，选择不同层次的描述词和程度词；第五步，基于学生与任务的情况修订量规。

相较而言，上述案例中的评价量规在操作性和评估的准确性仍然是模糊的，多是一种感官上的描述。在此，我们可以借助 SOLO（可观察的学习成果结构，structure of the observed learning outcome）分类法将案例中的表现性评价表加以完善。SOLO 分类法认为，历史问题由低到高可以划分为前结构、单点结构、多点结构、关联结构和抽象拓展结构五个层次，前三个层次强调历史知识的积累，后两个层次强调历史思维的提升。经过修改后，上述案例的表现性评价量规如表 8-3 所示。

表 8-3 基于 SOLO 分类法的历史表现性评价量规

层次	描述
前结构层次	历史小论文逻辑混乱，不同史实、观念混杂在一起
单点结构层次	学生从一个方面了解基本的史实、历史时序和历史阶段特征
多点结构层次	学生从多个方面了解基本的史实、历史时序和历史阶段特征
关联结构层次	学生能够发现或理顺不同的史实、历史价值观之间的逻辑关系，懂得某些历史研究方法
抽象拓展结构层次	学生从理论的高度分析问题，深入探讨不同的史实、历史价值观，掌握写作历史小论文的方法

文献：澳大利亚课标选读（赵亚夫）

实践研讨

阅读二维码资源，思考：为什么需要多种评价方式？

随着课程改革的不断推进，表现性评价逐渐受到重视，这正是因为它体现了新时代的育人理念，具有传统的纸笔测验不具备的功能。《基础教育课程改革纲要

（试行）》指出："评定不是为了给出学生在群体中所处位置，而是为了让学生在现有基础上谋求实实在在的发展。它关注让学生学会更多的学习策略，给学生提供表现自己所知所能的各种机会，通过评定形成学生自我认识和自我教育、自我进步的能力。"[①]《义务教育历史课程标准（2011 年版）》也强调："评价的主要目的是全面了解学生学习历史的过程和结果，激励学生学习，促进学生的学业进步和全面发展，以及改善教师的教学和提高教学质量。"[②]《义务教育历史课程标准（2022 年版）》对评价内容进行了具体的细化，包括："学生学习态度、学习参与程度、学习内容掌握程度、核心素养的发展状况等；要对学生核心素养五个方面的综合发展状况进行评价，主要评价学生将所学历史知识与技能运用于解决具体问题时所体现的核心素养水平。"[③]无论是评价目的还是评价内容，都不是传统的测评方式能够实现的。尤其是在"教—学—评"一体化的观念下，历史教学更应重视发展性评价，使其：（1）成为有效教学的有机组成部分；（2）增进学生对学习的自觉投入；（3）作用于学生的情感发生和思维发展；（4）关注学生的自主学习、自我决策；（5）促使学生成为一个反思者和自我管理者；（6）重视学生在所有领域的所有学习成就；（7）作为课堂教学活动的核心来看待。[④]

表现性评价基于多元智力、建构主义等现代学习理论，提倡把课堂交给学生，让学生主动建构历史知识，注重学生在整个学习过程中的参与度与表现。我们在这里仅就表现性评价与历史思维的关系阐释如下：第一，通过表现性评价让学生更为自然地流露出对历史事实、历史观点和历史理论的看法。第二，运用表现性评价鼓励学生展现表演、表达、辩论、演绎等方面的才能，真实地反映他们分析、评价历史事实以及综合运用历史证据的能力。第三，学生在表现性评价中能够与不同的对象进行交流，并通过表演、表达、辩论、演绎等发展他们的交往、交流能力。

无疑，表现性评价能够让学生提高有效学习的技能，这些技能既能够提高学生的教学参与度，也对他们的思想产生冲击，促使他们运用多元智力交流所知所想。作为发展性评价的表现性评价，将知识、推理和交流三个维度整合成一个有层次的思维培养模式，教师可运用它提升学生的历史素养。与传统的教学评价不同，首先，教师需要告诉学生这些维度有怎样的标准和水平。其次，教师要引领学生从基本标准和水平开始，去达到较高的标准和水平。为了使表现性评价真实且的确能够作为学生以后学习的基础，教师不能代替学生思考。相反，教师应处处留心如何引导学生发声，怎样促进学生思考得更深入。

（1）知识维度。有关历史证据的知识，是学生展开推理和交流的先决条件。学

---

① 钟启泉，崔允漷，张华. 为了中华民族的复兴　为了每位学生的发展：基础教育课程改革纲要（试行）解读［M］. 上海：华东师范大学出版社，2001：287.

② 中华人民共和国教育部. 义务教育历史课程标准：2011 年版［M］. 北京：北京师范大学出版社，2012：38.

③ 中华人民共和国教育部. 义务教育历史课程标准：2022 年版［M］. 北京：北京师范大学出版社，2022：62.

④ 赵亚夫，岳尧. 过程民主 · 价值多元 · 尊重个体：基于课堂教学的发展性评价［J］. 中学历史教学参考，2007（8）：4-6.

生拥有了知识就能分辨、定义和描述历史概念、事实和细节。尽管掌握给定的历史人物和事件，以及了解教科书的叙述和知识结构也是重要的，但是学生如果不能超越这些给定的知识，就不算拥有知识。他们或依赖教师讲授了解那些知识，或只是记住历史信息的碎片。因此，一个优秀的历史教师决不会满足于做一个出色的讲师，更不会陶醉于给了学生多少知识。

（2）推理维度。推理是一个主动思考问题的过程，也是学生与信息之间的思维转换过程。推理涵盖了多种水平的技能，如对信息的释疑、解释、应用、分析、假设及评估等。推理要求学生找出历史事实与背景之间、价值观与观点之间的关系，并据此进行判断，给出符合逻辑的结论，进而解决真实问题。然而，这一切都取决于学生能否驾驭所掌握的历史知识。推理使得事实和理论更有意义，因而能让学生对学习主题有更深的理解。

（3）交流维度。历史知识和历史推理在交流中才有价值和意义。在有效的历史教学中，某位学生的一个发散性的想法，就能够激发全体同学的积极参与，并碰出火花；一个学生要想述说过去的故事，必须具备明确的理论支撑，以及能够以人们熟知的方式生动地描述故事；一个组织良好的论述，必须有可靠的例子支持观点，而且必须基于多种史料综合分析其提供的结论。抑或是学生运用的知识和推理，应该使用逻辑自洽的证据。[①]

资料卡片

借助多元智力的分类任务，将历史学科的表现性评价任务分为11种：撰写历史论文、创作历史文学作品、创作历史音乐作品、绘制历史美术作品、编辑历史报刊、收集历史专题资料、调查历史古迹、制作历史模型、参加历史的辩论和演讲、创作和表演历史小话剧以及开展历史的游戏活动。[②]

学生的表现可以体现在学生完成表现性任务后生成的成果或作品上，也可以体现在学生完成表现性任务的过程中。[③] 为此，表现性评价提供了多种方式和方法，让学生相互交流知识并进行推理练习。目前，表现性评价已经形成许多有效的评价方式，其中有代表性的有：吴磊、陈维坚的“小组合作”学习方式，刘琴的“历史漫画创作”方式[④]，曹家骜的“历史小论文写作”方式[⑤]，袁从秀的“历史资料袋”方式[⑥]，等等。一个富有想象力的教师，可以有很多办法在课后、单元学习中或期末

① 赵亚夫．中学历史教育学［M］．北京：北京师范大学出版社，2019：244-246.

② 黄牧航．高中历史科学业评价体系研究［M］．长春：长春出版社，2011：49. 引用时有修改。

③ 齐健．走进高中历史教学现场［M］．北京：首都师范大学出版社，2008：253.

④ 刘琴．在高中开展历史漫画创作活动的尝试［J］．中学历史教学，2007（Z2）：86-88.

⑤ 曹家骜．怎样撰写历史小论文：兼谈上海高考卷中的材料分析论证题［J］．历史教学，2003（12）：65-66.

⑥ 袁从秀．巧用成长记录袋提高历史学习能力：谈历史资料袋的运用［J］．中学历史教学，2002（7）：5-6.

实施各种形式和水平的评价。

无论采用什么样的评价活动，以下问题都值得教师经常自问：该活动能体现教学目标吗？该活动能充分地体现预期结果吗？学生能在多大程度上运用历史知识和历史思维？该活动有助于提高学生的推理和交流能力吗？该活动能否激发学生积极表现的欲望？他们会表现出怎样的能力水平？总而言之，表现性评价是基于学生的活动进行的，它是帮助学生活化历史知识的过程，能够评价复杂的学习行为，教学设计应致力于此，以是否有助于学生的表现为标准。这既是以学生为中心的体现，更是历史学科教育发展的需要。

实践研讨

文献：历史教学评价的几个视点（赵亚夫）

阅读二维码资源，思考：各国历史教学评价的关注点是什么？我们在设计评价环节时应关注哪些方面？

三、不断改进和优化教学设计是评价的目的

大体上说，评价的目的有二：一是收集信息，二是优化现有方案。前者是后者的基础。教师在对教学设计进行评价时必须明确评价是为了确保学生获得真实的学习结果。基于此，才是对改进和优化教学设计的策略与步骤的考虑。

案例呈现

以下为首都师范大学附属中学刘芳芳老师基于“人类命运共同体”的公开课主题设计的两版教学设计。

初始版：从隔岸观火、各自为战到同仇敌忾、阋墙御侮——正义联盟的力量

导入：第二次世界大战——血的教训

一、究根溯源，何以爆发

二、战争爆发，正邪对决

1. 冷眼旁观、各自为战

2. 局部援助、走向结盟

3. 同仇敌忾、峰回路转

4. 阋墙御侮、无往不胜

三、预防战争：战争之痛

改进版：第二次世界大战的省思

1. 博采众议，探寻诱因

探究：依据材料概括第二次世界大战爆发原因的主要观点分别是什么？

2. 穷经数典，援疑治理

活动1：请选择一种观点，并依据材料“大事年表1”，辅助观点提出者找出证据。要求：自由分组，讨论2分钟，然后由1名同学代表发言。

活动2：请结合材料“大事年表2”审视你选择去验证的观点，试着提出你自己对第二次世界大战爆发原因的观点，并运用材料提供的史事简要说明。

思考：第二次世界大战已经过去了几十年，我们今天为什么还要分析、研究它？

3. 渊渊深思，返璞归真

思考：引发战争的因素有哪些？试着补全下面的结构图。

（结构图略。）

由此想到的

对教学设计的改进与优化，是一个不断探求、拷问和反思的过程。在这个过程中，教师可以不断追问：“这节课能让学生获得什么？”在实际操作中，教师应以“学生的真实获得”为目标，以“逆向设计”为方法，以“行动中研究”为策略，展开对教学设计的省思，从而提出改进方案。

例如，在上述案例中，该教师的初始版设计是一种以学科为中心的设计，教师以自己的历史知识背景为基础，为学生凝练出爆发原因、爆发过程、爆发结果。所以，初始版设计从形式上看似是要探究问题的，而实际上还是没有跳出教师预设的知识圈，这就使探究形同虚设了。经过归纳这些现象，可以提炼出教学设计的关键问题“如何处理历史知识传递与学生学习方式选择的关系”。如果对问题的思考再进一步深入，则可以再反思诸如“课堂观”“历史教育本质”等根本性的问题，从源头上重新认识教学问题现象。基于对教学设计中存在的问题的三重反思，教师得以思考解决问题的途径了。在该教师的改进版教学设计中，以问题探究作为教学线索，使学生可以基于材料自主活动、探究历史问题，体现了学生主体能动性的探究式教学主张。

总体而言，改进和优化教学设计可以分为四步：（1）发现教学现象——看到教学设计与课堂观察之间的差异，找到问题表现；（2）归纳教学问题——透过现象概括出历史教学的问题；（3）梳理教学问题——通过反思，对历史教学的问题进行系统的梳理，从而找到问题背后的原因，从观念上重新对教学设计作出反思；（4）解决教学问题——基于对问题的认识寻求适当的教学设计改进方案。①

实际上，这个过程是一种循环式的，它没有终止，而是在不断重复“设计→实施→优化”。这样做的出发点并不在于教师如何教，而是如何确保学生的真实获得。教师在第一次完成教学设计时，其设计可以说是预设性的，一旦进入实施层面，就

① 夏辉辉．问题解决：历史教学课例研究［M］．北京：北京师范大学出版社，2012：25-35.

可能与预设目标拉开差距，同时也可能生成新的学习机会，所以就需要教师有效回馈教学目标，将教学设计服务于学生的学习，而不是作为教的方案来看待。

实践指引

努力做研究型教师

在传统教育中，教师是完整经验的化身，负责将社会文化传递给学生，处在教学的中心。这种情况随着课程改革的推进发生了变化，教师不再是课堂上的权威，学生也由被动的知识接受者转变为学习的积极建构者。而学生能否由前者转变为后者，关键还在于教师的自我意识。教师要成为研究型教师，以学生的自主学习和有效获得为中心，不断对自己的教学行为进行研究、反思与改进。

过去，我们强调教师的基本素养，以教师讲得好为评价标准。现在，教师即研究者。面对教育目标、教学内容处理、教学方法、学法指导等一系列问题，教师既不能偏听偏信成熟者的经验，将其照搬到自己的课堂中；也不能对较上位的“培养什么样的人”等问题置若罔闻，仅思考用什么方式讲才能让学生愿意听。恰恰相反，作为研究者，教师要研究学生，研究学生的学习过程，考虑如何通过教学设计将学生的个人经验与社会经验、学科内容联系在一起，怎样设计适合学生学习的课程，并指导学生提出问题、分析问题、解决问题。作为研究者，教师还要研究自己：研究教学方法，致力于教学方法与学习方法的衔接与互动，从而打破教师中心的地位；研究学科素养，抓住提升研究能力、研究视野、专业知识的途径，提高指导学生开展多样化学习活动的能力。

总之，历史教学是一项富有创意的实践性活动，这种创意来自教师的教学智慧，更来自学生的学习创造。但无论哪一个，都不是教好教科书、善讲小故事就能解决的，它们都需要教师由传统的“教书匠”型教师转变为研究型教师，应对未来教学中的挑战，创造出新型历史教学。

章末作业

一、回顾

1. 定义：教学评价；实录分析；表现性评价；教学法；教学方法。
2. 定位：基于内容的教学设计分析与基于方法的教学设计分析。
3. 解释：新媒体技术的应用会对教学设计产生怎样的影响？

二、实施

1. 教学实录分析应注意哪些要点？
2. 如何在教学设计中设计表现性评价？

三、分析

选取一个优秀课堂教学视频资源，尝试用教学实录分析的方式对其加以分解，并从内容结构、教学方法的选择与效果、学习方法的指导与拓展等角度进行教学设计评价。

推荐阅读

1. 赵亚夫，张汉林．国外历史课程标准评介［M］．北京：北京师范大学出版社，2017.

2. 赵亚夫．历史课堂教学实录分析的价值与操作［J］．中学历史教学参考，2005（5）：11-19.

3. 戴羽明．浅谈互联网时代下历史课堂教学观念的全新转向［J］．历史教学，2015（5）：51-55.

4. 唐琴．创异·创意·创益：提升高三历史复习课有效性的路径选择：以“近代中国的思想解放潮流”为例［J］．中学历史教学参考，2015（7）：36-40.

5. 唐朋，陈德运．历史核心概念的特征、价值与运用策略［J］．历史教学问题，2022（4）：131-136.

第九章　历史教学设计的跨学科优势

学习目标

- 理解为什么跨学科会成为历史教学设计的新方向。
- 了解跨学科知识的生成机制。
- 掌握跨学科教学的实施原则。
- 了解国外跨学科教学的经验。
- 理解跨学科历史教学设计多元面向的四个维度。

知识导图

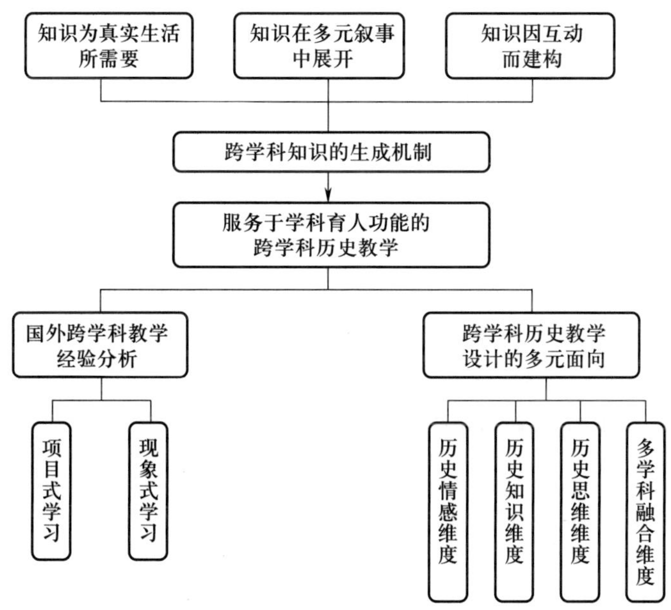

导语

在1970年和1980年，詹姆斯·班克斯（James Banks）指出需要培养有能力做决定的公民。他强调在社会学科以及中小学课程中贯穿多种文化教育的必要性。在21世纪，跨学科指导方式的思想——在同一时期教授多种内容——作为一门教学技术已经确立了牢固的地位。①20世纪以来随着史学的综合化发展与现实社会的加剧变革，人们在现实生活中遇到的问题逐渐复杂化，需要从跨学科角度进行思考，运用跨领域能力解决问题，跨学科不应只是口号，而应真正服务于学科的育人。

理想与现实的落差引发我们对中学历史教育发展方向的思考：在国外跨学科经验的基础上，我国该如何立足本土实践，在中学历史教育中凸显跨学科特征，并使其真正作用于公民智识和行为？

第一节 跨学科知识的生成机制

○跨学科的历史知识服务于现实。
○跨学科教学有利于让历史知识在叙事中展开。
○在对话中建构知识是跨学科教学的基本要求。

课堂设计离不开实践，既服务于一线实践，又在实践中得到优化。许多跨学科历史课程的设计者，正不断地尝试探索契合学科核心知识的目标定位。通过历史知识的跨学科教学，激发学生对真实问题或事件的参与意识，在解决问题的过程中逐步达到对核心知识、重要概念的深度理解。

一、知识为真实生活所需要

知识来源于生活实践，并在人类掌握知识的基础上回馈于生活。历史学科致力于重新标记、整理和呈现过去的知识，也构成了知识的生成过程。零碎片段的知识不构成“智慧”，连接而非割裂的知识更有内涵，在高中历史教学实践中，学生将个体生活经验投射到历史知识的建构中，并通过生成的知识来推动生活经验的深化。事实上，我们的生活中充满着历史的风景，有心即可提出问题：家中常备的胡椒瓶与英格兰出土的霍克森胡椒瓶有什么关联？我们写的汉字是怎么来的？为什么是“汉”字？如果没有统一的文字我们会遇到什么困难？在这一过程中，受益的是学生的历史思维能力，学生不仅获得了知识，更是获得了“智识”。

---

① 法丽丝．美国中小学社会课教学实践［M］．张谊，王克，译．北京：华夏出版社，2003：30.

在知识生成的教学过程中，培养学生的思维能力，是一堂好课必须具备的。反之，如果不注重知识的预设和生成，总是要求学生识记背诵，那么课堂必定是缺少灵动的，所以，跨学科指导下开展的课堂教学，通常没有固定的实施流程，其过程大致是通过对所涉及历史知识的基本把握，在各类问题情境中开展实践探索，发挥其拥抱真实生活的魅力。过去流行一种内容主义的历史教育观，在这种观念指导下的知识内容必然是烦琐陈旧的，这样反而不能解决真实问题。蒋梦麟曾指出："教授历史，不可不使儿童存解决问题之态度。人生世上，无论儿童与成人，均有种种问题以待解决，历史之用意，在取先世之经验，解决现在之问题。"① 将项目式学习引进历史教育中，其目的就是发挥求真向善的志趣，发掘学生们在试图解决问题的过程中发展出来的技巧和能力。

试以世纪之交实施的欧洲三地高中联合项目"城市广场"为例说明。该案例推行较早，影响也较大，介绍了由斯洛文尼亚、意大利和瑞典三所高中的学生在2001—2002 学年开展的城市广场项目，通过位于城市中心的广场所展示的不同的事件和城市的发展，希望学生在每一个城市或农村环境中都可以找到过去人类活动的痕迹。

此案例涉及城市拥堵、城市广场的建设与文化定位、跨文化的意识等问题，看似与历史知识无关，实际上与学生的真实生活息息相关。广场通常位于城市中心，集中展示着不同的事件和城市的发展。在每一个城市或农村环境中都可以找到过去人类活动的痕迹。每一个环境都可以作为一个兼具历史性和现实性的研究对象进行分析。过去的痕迹遗落于建筑物的结构或以前的功用之中，因此跨学科视域下的历史知识不仅要求学生观察环境，还要以历史的眼光发现和研究环境，通过了解过去的生活方式，规划未来的变化和发展。

二、知识在多元叙事中展开

在叙事语境的历史知识学习过程中，事实性知识是必要的，但是不足以让学生获得进一步的生成，历史知识是在叙事包裹下分类展开的，即"在场景式的史事叙述中，经由感知，通过梳理、分析与解释等行动，整理史事，整合概念，建构知识"②。在这一过程中，知识的意义深度得以从现象表层中挖掘展开，知识展开是学生将要学习的历史知识，意义展开则是明确学生将要学会怎样的历史知识。

历史知识的两次展开需要在场景式的叙事中进行，知识的意义建构对知识本身的建构起指导作用。尽管认识历史可以有许多不同史观，但任何知识的学习都不能偏离正确的历史意识。如对"哥伦布发现新大陆"和"郑和下西洋"，许多设计往往将两者相提并论，用表格对比哥伦布船队与郑和船队的规模、行程、起止年限等，通过这种孰优孰劣的类别比较引导学生下结论，殊不知这种比较是割裂的、碎片化的，学生也不能从技术层面意识到两者对世界的影响及差别。而从单一的经济

① 周靖. 百年中国历史教育箴言集萃［M］. 上海：学林出版社，2012：22.

② 束鹏芳. 历史教育：叙事之上的知识展开［J］. 江苏教育，2017（3）：69-71.

利益驱动考虑，似乎既掩盖了“哥伦布们”殖民扩张的罪恶行径，又看不透“郑和们”宣扬国威的意图，如果将本课融入全球视野，跨学科的、全场景式的叙事则提供了多元化的视角，也帮助学生领会历史知识的展开。

在跨学科学习中，对研究对象的学习促使学生对知识的理解逐步深入。在前述“城市广场”项目中，学生能够尽可能多地观察并思考，特别是关注到他们所处的环境发生了某些历史性的变化。如果我们不希望学生只是相信权威专家或教师所说的，尽力去避免历史课只留下一个模糊的记忆或止于教科书的历史事件的解释，而是希望学生能够“重现”过去，让历史事件更为真实地反映到现实的历史课中，那么在跨学科的历史学习中就必须关注事实证据和材料来源，来证明过去以深入课堂。这样组织的活动使学生能够观察过去留下的东西，并将“小”的地方历史与“大”的世界历史联系起来。

三、知识因互动而建构

学生的理解达成并不在于教师讲述次数的多寡，而在于知识的生成。如果叙事不是“揭示”，那就达不到理解的要求。因为知识传递着鲜活的情感、态度和价值观，它需要教师在跨学科教学中通过不断对话互动让学生自主进行建构。按马扎诺的教育目标分类学，学生的三大认知系统正是与历史知识进行互动，学生才逐步建构起了对历史知识的理解，从而落实到对新任务的行动上。因此，要建构知识离不开跨学科带来的互动与生成。

情景化视角下的教学活动，并不是事先规划好的，而是教师与学生在任务中交互协作、积极建构完成的。在上述“城市广场”项目中，学生自愿参加并推动该项目的进行，而教师则指导他们完成最终的产品。项目工作以经验学习为基础，包括跨学科学习、差异化和个性化，也是课外活动的组成部分。此外，知识本身不会提出问题，除非将它附着于包含一定策略与技能要求的行为过程中，因而史学阅读、历史小论文写作或历史模型制作等一切行为过程都离不开知识内容，学生也只有通过这一系列的行为过程，才能感受到知识在理解与解释方面的重要性并将其应用于行为过程。

在跨学科教学中，教师通过设计合理具体的任务，要求学生参与体验和互动，学生由此进入新任务，在学习体验的过程中获取知识并迁移，目的在于让学生切实体会到在任务情境中处理问题，从而掌握必备的知识。由于学生之间的互动是存在于朋辈之间的平等对话，学生会增强自己作为学习主体的参与感，也更加放得开。良好的生生互动带来的是从分歧到互相理解，再到合力优化方案，解决问题的氛围。跨学科学习遇到问题的挑战性也要求学生进一步加强互动，在团队中发挥作用，让内容知识的达成更为有效。

2019 年，《教育部关于加强初中学业水平考试命题工作的意见》明确提出：“提高探究性、开放性、综合性试题比例，积极探索跨学科命题。”《普通高中历史课程标准（2017 年版 2020 年修订）》的“与其他高中课程的关联”部分也要求：“历史课程的设计，既要注意与思想政治、语文、艺术（或音乐、美术）、地理、信息技术等课程的关联，又要有助于学生对其他课程的学习，力图使其与相关课程发挥整体作用，共同促进学生人文素养的发展。”①《义务教育历史课程标准（2022年版）》更是将“跨学科主题学习”纳入课程结构设计之中，要求学生“围绕某一研究主题，将所学历史课程与其他课程的知识、技能、方法以及课题研究等结合起来，开展深入探究、解决问题”②。可见，跨学科学习已成为课程改革深化的必然趋势。

但我们仍应注意的是，历史学科提倡的跨学科学习，不是历史学科与相关学科的“拼盘式”学习，而是基于历史学科核心素养和真实问题所采用的整合式学习方式，其着眼点仍是历史教学。其实施原则包括：选题注重对学习意义的提炼，设计强调在现实情境中把握对真实问题的研究与解决，内容重视学科知识和关键概念之间的内在联系与澄明，设计关注培养学生解决问题的关键技能以及较高水平的整体思维和分析问题的能力，等等。

文献：从跨学科视角续谈历史教育学建设问题——从学术史和比较研究谈起（陈德运、吴叶）

实践研讨

阅读二维码资源，思考：中学历史教学为什么需要跨学科视角？

第二节　国外跨学科教学经验分析

○学习他山之石是掌握跨学科教学发展动态的有效途径。
○项目式学习是以学习共同体进行规划和解决项目任务的方式。
○现象式学习是从跨学科角度学习同一真实对象的方式。

跨学科教学在国外发展速度较快，并形成了不同类型的跨学科教学实践。我们在此呈现美国和芬兰的跨学科教学实践，对项目式学习和现象式学习两类不同的教学进行分析，以便从中吸取有益经验，作用于本土化的跨学科教学中。其中，美国的实践属于项目整合型，而芬兰的实践则属于现象整合型，二者各有特点。

一、项目式学习

什么是“项目”？借助英语词源词典对 project 进行查询，可知该词源于拉丁文的 proiectus，意为“向前、抛出”，而作为“计划、建议、脑图”的词义则最早见于 17 世纪。美国项目管理协会从管理学的角度为项目下的定义是：“项目是为创造独特的产品、服务或成果而进行的临时性工作。”而“项目式学习”（project based

① 中华人民共和国教育部．普通高中历史课程标准：2017 年版 2020 年修订［M］．北京：人民教育出版社，2020：11.

② 中华人民共和国教育部．义务教育历史课程标准：2022 年版［M］．北京：北京师范大学出版社，2022：39.

learning，PBL，又译为“项目化学习”“项目本位学习”“专案制学习”等，本书采用“项目式学习”这一比较常见的译法）则属于教育学范畴，是指学习者由真实问题所驱动，在教师的指导和设计下，为了完成既定的教学目标和达成相应的项目成果，持续推进的系统学习活动。

案例呈现

“标记历史、创造历史”项目设计“里程碑”①

项目名称：“标记历史、创造历史”。

启动项目：使用列克星敦战役的例子，促进同步或分组讨论关于历史事件或地点的多重观点，明确历史学家的作用。调整任务，让学生设计一场真实社区的虚拟之旅，分享需要了解的问题，并在共享的数字空间中记录它们。

项目进程：

里程碑 1：不同的视角如何塑造我们看待历史事件或地点的方式？

学生分析、识别和权衡各种视角如何丰富对历史事件或地点的理解。

里程碑 2：历史事件如何塑造我们的社区？

学生通过多种视角探索社区的重要历史事件。

里程碑 3：在讲述社区历史时，我们如何才能概括出有深度的观点？

学生确定不同视角的结合如何塑造对历史事件的理解方式。

里程碑 4：我们如何讲述准确有趣的历史？

学生们在创作关于历史事件的叙述时融入了观点。

里程碑 5：我们如何引导游客通过我们设计的历史标记？

学生选定一个最有效的途径，引导游客通过历史标记。

里程碑 6：我们如何继续发展成为历史学家？

学生分享自己设计的旅游方案，并反思学到的东西。

项目成果：学生创建数字资源（如视频、网页或演示文稿）来呈现其撰写的旅游方案。团队成员间充分交流，并同步或异步交换反馈意见。学生在班级网站或当地历史协会的网站，乃至更大的社区分享他们设计的旅游方案。

由此想到的

项目式学习可以追溯到杜威在芝加哥大学实验学校进行的教育改革试验，学生被安排参与一系列真实的任务，这些任务需要仿效专业人士的工作，如模仿农业生产、冶铁、商业交换活动，杜威还创设了石器时代原始人、美洲印第安人部落等历史场景，学生在生动的生产生活场景中学习各种知识。这种有意义的调查和参与，

① 案例来自巴克教育研究所网站。

无疑是将理解引至更深层次，因而被学习科学的研究者们不断借鉴并加以改进。美国巴克教育研究所致力于推广项目式学习，其对项目式学习的定义较为成熟，视之为一套系统的教学方法，是对复杂、真实问题的探究过程，也是师生精心规划项目并付诸实施，以完成项目任务的过程。[①] 项目式学习最明显的特征是有一套能解决问题的产品，它是学生自主创制并在问题解决的过程中被证明了的，作为学生课堂学习的公开分享成果。

所谓的“里程碑”，便是这一套解决问题的项目进程。学生在这个“里程碑”项目中，需要收集资料以研究他们所在地区的历史。对于地方历史上不同的社会阶层和文化背景的代表人物，如土著居民、移民家庭、殖民者后代，甚至曾被奴役的人，学生都可以通过了解项目人物在某个特定的历史事件或在重要的地点所经历的回忆，形成并分享成果，以此加深地区认同。

历史项目式学习是在历史课堂中开展以项目为基础的学习活动，这种教学法也是以学习者为中心的，项目导向的教学实践通常也是以小组成员协同合作的形式开展的，因此难免会被使用者混淆而模糊了其基本特征。在当前的教育实践中，项目式学习往往被认为是研究性学习或综合实践活动课程，因此有必要进一步区分项目式学习与其他课程，但项目式学习与其他课程的融合是有益的，只要不脱离项目牵引知识学习的本质，项目式学习就能更好地融入课堂实践的开展。

项目式学习需要动用多学科知识推进项目，因此具有跨学科属性。历史学科的项目式学习活动，并不排斥其他学科领域的知识，否则便削弱了项目设计的价值。由于知识具有其自身的应用场域，按照教育目标的要求并结合学生的基础情况，在项目式学习的转换中变成了可探究的项目、问题或任务。由于这些可探究的项目、问题或任务是接近真实的、有待解决的，具体的学科分域就不再是必然的要求。

实践研讨

阅读钟德艺老师的“描绘中国：从地图上进入‘全球化’”项目设计，回答以下问题：

1. 以项目式学习为手段的跨学科学习与单一学科学习有何区别？

2. 这节课是如何展开项目式学习的？

3. 试以《普通高中教科书　历史　必修　中外历史纲要》（下）中“欧洲的思想解放运动”为内容，设计跨学科的项目式学习活动。

资料：“描绘中国：从地图上进入‘全球化’”项目设计（钟德艺）

综上所述，作为一种以合作学习共同体进行规划和解决项目任务的课堂模式，项目式学习更多的是指一种实践的原则方法，在学科教育的具体设计上，它可以以微项目为主，围绕主题适时开展；也可以将周期扩展，设置中长期规划。但不管采

① 美国巴克教育研究所．项目学习教师指南：21 世纪的中学教学法：第 2 版［M］．任伟，译．北京：教育科学出版社，2008：4.

用怎样的形式都不应忽视或弱化了项目式学习的基本要素：设计项目、保持持续的学习兴致、与合作伙伴计划并实施项目。在与历史教育融合的路径研究中，需要考虑这种课堂模式的多种样态，充分发挥各要素的创造性和价值。总之，项目式学习是一种基于知识建构理论的情境化学习方式。它以学习和研究学科的概念和原理为中心，学生通过真实参与项目，进行调查、研究、协助等各种活动以解决问题或形成项目成果，从而构建了认知体系，并能够将其运用到现实生活中去。

二、现象式学习

现象式学习是指教师引导学生从跨学科的角度来学习同一真实现象的学习方式。它主张知识并非在各学科中识得，而是在跨学科学习过程中建构得到的，旨在培养学生应对未来的能力。

 案例呈现

【定题】

让学生在标签上写出生活中最希望可持续的事情，并思考：自己的回答与联合国2030年可持续发展议程所确定的17个可持续发展目标有何异同？确定这17个可持续发展目标的原因是什么？哪些目标看起来与现实很接近或很遥远？如何影响你？从而确定探究的目标现象。

【探究】

步骤1：小组讨论美好生活需要哪些东西？哪些东西是绝对必要的或不那么重要的？需要完成什么才能使生活更美好？为此需要谁的帮助？

步骤2：每个学生或小组都绘制自己的愿景或现在美好生活的系列图画。

步骤3：了解改变世界的年轻人的事迹，听到敢于发声和解决不满的人的声音。

思考：他们通过什么方式采取了行动？取得了什么成就？名单上的年轻人提及了哪些2030年可持续发展议程中的目标？我们如何改变自己的行为来支持视频中的年轻人？

步骤4：小组确定的目标现象在芬兰的发展如何？芬兰是否存在与年轻影响者类似的挑战，如果有将如何行动？

步骤5：除了书籍和文章，还可以在互联网、社交媒体上找到其他相关年轻人的信息。

【展示】

- 给影响力巨大的年轻人写信，了解年轻人的生活与梦想。
- 找出所在地区具有巨大影响力或能解决目标现象的人，给其写一张明信片。在卡片中，简明扼要地阐述你是如何受到影响、如何实现目标的。
- 以小组形式为2030年可持续发展议程中的每个目标制作简单海报，将

海报说明书和邀请函合成在一起，并邀请其他团体参观自己小组的展览。

【评估】

● 根据颜色进行选择：红色——不同意；绿色——同意；黄色——介于两者之间或者还没有形成意见。

● 评估：

我现在知道2030年可持续发展议程的目标是什么以及它们适用于谁。

我想/我可以影响对我很重要的事情。

所有人都有权影响社会，不分年龄。

我知道我想为2030年可持续发展议程中的哪个目标作出贡献。

我想出了至少一种方法来建立一个可持续的未来。

由此想到的

现象式学习是芬兰跨学科理念从文本走向现实的证明。随着全球化的发展，包括芬兰在内的欧盟国家认为当今世界需要具有责任感与认同感的公民付诸实践性行动，因此高度重视公民教育，致力于培养能够从多角度思考，运用多学科能力解决现实问题，为可持续发展贡献力量的积极公民。如何在现实环境中使用知识比以百科全书的精神积累知识更为重要，这一现实需求只有依托学校教育才能得以解决。

芬兰在2004年核心课程中就建议将教学进行重新整合，帮助学生审视不同知识领域中的现象。芬兰在2009—2012年PISA测试结果中排名持续下滑，表明学生的学校归属感和学业满意度并不高，这一冲击使芬兰政府进一步意识到改革的目的并不是获得考试高分，而是教授年轻人能够运用于生活的技能。因此跨学科理念在2014年的课程改革中体现得淋漓尽致，芬兰颁布《基础教育国家核心课程》，明确提出设置跨学科学习模块（如图9-1所示），并主张在超越学科界限的教学中，将现实世界的现象或主题作为一个整体进行检查，“现象”一词频繁地出现在众学科目标章节中。在芬兰教育研究者们的推动下，基于现象的教学法逐步推广开来。

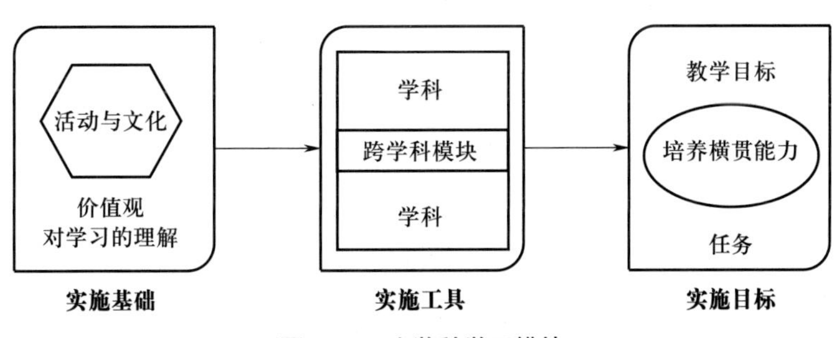

图9-1　跨学科学习模块

在现象式学习中，现象是“真实的对象”，教师引导学生以经验和日常思维为出发点，使得学习通过一个共享的观察对象连接起来，可以从多个角度进行研究，引导学生将对现实现象的探究力迁移为解决未来问题的行动力，在此过程中发展学生沟通、合作、探究、评价等能力，目标直指培养面向未来的优秀公民。在学习中，教师可引导学生以从政治、历史、生物学、地理甚至是化学、数学的学科角度切入现实问题，采用协作创造知识的方法，在原有经验的基础上建构新的知识与能力，促成连贯的思维模式，从而培养学生的横贯能力，即贯穿不同学科和领域所需的通用能力。现象式学习基本围绕“定题→探究→展示→评估”环节展开，具有整体性、真实性、语境化、探究性、过程性五大特点。

现象式学习从生活中捕捉现象，注重培育适用于现实的学习思维，最终应用到实际问题的解决中。传统分科教学就像“竖井”，各科知识独立且专注自身领域的逻辑。然而面向未来的公民需要不断建构对世界更加全面的理解，因此需要跨学科教学的支持，打破“竖井”，让知识在交流中生长，在合作中建构。现象式学习培养积极公民的目标与跨学科属性，贴合历史教育的未来走向，有利于学生养成公民智识和公民行为。

第三节 跨学科历史教学设计的多元面向

○唤醒对社会的情感益于发挥历史意识的现实导向。

○基于历史知识维度的跨学科设计讲求“大概念”“大单元”趋向。

○跨学科历史教学需重视历史思维层面的差异化教学。

○“做历史”模式可通过与其他学科融合实现跨学科历史教学。

一、历史情感维度

在历史教育中，意识是教学的灵魂。赵亚夫和张汉林分析历史教育学直面的历史意识时提出了存在意识和主体意识，并指出当下这种真实的自我意识，“关乎自我意识的觉悟（由历史经验衍生的感悟力）和与未来发展相关的自我决策（因历史经验提升的洞察力）”。[①] 这与美国社会情感学习课程的目标指向有着契合之处，当“学”被认定为心理认知与管理的活动，“教”就不再是知识的简单传授，设置合理的意识（情感）目标，方可借社会情感学习，铸历史教学之魂。

① 赵亚夫，张汉林．历史意识及其在教学研究中的位置：围绕历史教育学的问题与思考［J］．中学历史教学参考，2015（17）：4-11．

案例呈现

表9-1为基于历史学科开展社会情感学习的实践案例，包括课程总体目标与过程设计两大部分。

表 9-1　“面对历史与自我”社会情感学习课例[①]

课程总体目标	深入了解历史过程和事件，与主题的个人联系以及将过去与当前的社会和公民问题联系起来，促进学生的历史理解、批判性思维和社会情感学习		
设计环节	学生任务	设计意图	涉及的SEL技能
为学生反思创造空间	首先，考虑从可信赖的新闻媒体中共享资源以建立事件的基础知识并消除错误信息，并根据如下提示记录日记： ● 超过一周的新闻对你有何影响？ ● 你是否愿意与他人分享你的想法、感受或经历？ ● 随着事件的发展，你需要别人如何应对、处理和保持安全？ ● 你觉得自己能为他人更好地认清该事件提供什么帮助？ 其次，学生用自己适合的方式进行线上分享	在发生创伤和暴力事件时，首先关注情绪处理。为学生创造足够的空间来厘清对该事件的情感反应	自我意识、自我管理、社会意识、人际关系技能、负责任地决策
了解警察对非洲裔美国人的暴力历史	结合课本及教师提供的文本，学生通过创设“冰山图”来综合所掌握的知识。在水面之上，学生可以写下“明尼阿波利斯警察谋杀乔治·弗洛伊德”，在水面之下，学生应该写下以下问题的答案：“警察暴力行为的历史渊源是什么？”“这个历史渊源在今天有何影响？”然后进行分享	帮助学生更好地了解警察对非洲裔美国人的暴力行为的历史渊源	自我意识、自我管理、社会意识、人际关系技能、负责任地决策
站在今天反思抗议	观看特雷弗·诺亚的节日视频，师生一起思考以下问题： ● 特雷弗·诺亚如何看待过去两周的新闻？他为什么认为大流行和一系列种族主义暴力事件备受关注？ ● 特雷弗·诺亚如何定义社会契约？他如何使用打破社会契约的想法来解释抗议活动？	为学生思考提供多元视角，如，可以从社会契约的角度解释事件	自我意识、自我管理、社会意识、人际关系技能、负责任地决策

① 案例来自facinghistory网站。

续表

设计环节	学生任务	设计意图	涉及的 SEL 技能
站在今天反思抗议	观看马丁·路德·金的演讲“The Other America”，引导学生思考以下问题： ● 如何理解马丁·路德·金所说的“暴动是未曾听说的语言”？ ● 马丁·路德·金提出了哪些他认为自己一生中无法解决的问题？今天解决了吗？		
唤起学生的声音	学生想象他们有机会直接与这个事件中的一个或多个关键人物进行交流，如：乔治·弗洛伊德的家人、明尼阿波利斯的警察局长、所在城市发生抗议活动的市长（假定为民主党的总统候选人）、美国总统或者其他国家领导人。向他们提问或者分享观点。 学生在《纽约时报》官网开设的“学习网络”专栏评论区发布观点	引导学生进行理性、多元化的情绪宣泄和意见表达	自我意识、自我管理、社会意识、人际关系技能、负责任地决策

由此想到的

美国学术、社会和情感学习联合会在《促进社会情感学习：教育者指南》中以“面对历史与自我”（Facing History and Ourselves）课程为例，分析从情感维度如何凸显历史教学设计的跨学科特征。该课程属于社会科课程资源，利用教学实践来促进学生的社会情感学习，并提供了一则时事教学设计“反思弗洛伊德之死和对非洲裔美国人的警察暴力”，以指导学生在时事中联系美国种族不公正和暴力的悠久历史。

由案例观之，该课程设计的四个环节层层深入，既直面时事话题又不脱离历史蕴含，同时还利用了线上教学的优势，比之前的课程更加关注学生的自我意识、情感及态度的养成。历史问题因其所处的特定时空而独一无二，该设计尽力避免常见的“后见之明”，避免把当下的情感反应等同于过去的文本理解，因此社会情感学习者参与的不仅是知识技能养成的征程，更是心智成长的苦旅。当然，任何形式的课堂创新都不能离开知识、情感维度的历史教学设计，充分发挥知识的课堂载体作用，让多学科知识学习在情感碰撞中发生，进而作用于人格养成。

“历史教学作为人文学科，关注的是人的精神和情感世界”，学生需要“享受历史精神”“唤起生命意识”。[①] 鉴于此，基于情感维度的跨学科历史教学设计，我们

① 齐健，赵亚夫. 历史教育价值论［M］. 北京：高等教育出版社，2003：107-109.

大致可以归纳出“情知聚焦—情境创设—情理佐证—情知发布”的融合路径。

（1）情知聚焦：聚情知，定目标。了解特定事件（或所学内容）在学生“自我检视系统”中的情况，在“课程总体目标”之下，结合学情明确本课的学习目标，包括课程标准要求项和情感学习项。

（2）情境创设：无情境，不教学。为学生创设必要的情境，让所有的讨论围绕主题，同时关注学生的生命体验。类似于课例中“为学生反思创造空间”环节。

（3）情理佐证：达情理，须佐证。甄别各类资源，提供必要的史料，为学生深入探究提供脚手架。类似于课例中“了解历史”和“站在今天反思”环节。

（4）情知发布：情知和，言心声。学生结合所学，获得对情知的深刻体悟，学会负责任地表达并进行评估。类似于课例中“唤起学生的声音”环节。

完善的人格和合格的公民养成需要社会情感学习，这符合人的发展需要，也是学科的应有之义。合理把握情知、情境与情理，契合社会情感学习的融合路径，让我们的历史课既“晓之以理”，又“动之以情”。

二、历史知识维度

2013 年 11 月，美国社会科协会颁布的 C3 框架（表 9–2），既延续了美国历史教育强调多学科交叉、突出感受性学习和重视思维能力培养等特点，又开创性地以“探究弧”作为社会科学习的中心，对学生关键概念的习得和关键能力的发展提出要求。

表 9–2 C3 框架

<table>
<tr><th>维度</th><th>维度 1：提出问题和规划探究</th><th>维度 2：运用学科概念和工具</th><th>维度 3：评估资源和使用证据</th><th>维度 4：交流结论和采取行动</th></tr>
<tr><td rowspan="4">具体内容</td><td>构建探讨性问题</td><td>公民学</td><td rowspan="2">收集和评估来源</td><td rowspan="2">交流和评估结论</td></tr>
<tr><td>构建支撑性问题</td><td>经济学</td></tr>
<tr><td rowspan="2">选择资料来源</td><td>地理学</td><td rowspan="2">提出主张和使用证据</td><td rowspan="2">采取公民行动</td></tr>
<tr><td>历史学</td></tr>
</table>

案例呈现

本节的课题为“奴隶制如何塑造我们的州？”（How did Slavery Shape our State?），探究教学创设活动如下：

步骤 1：以大概念引领大单元，确定探讨性问题——“奴隶制如何塑造我们的州”。围绕探讨性问题，构建四个驱动探究的支撑性问题：奴隶制人口在哪里增长？奴隶制在各地有何不同？你所在州的前奴隶如何描述他们的待遇？奴隶制的“遗迹”是如何在你们社区中显现的？

步骤 2：学生探究第一个支撑性问题——“奴隶制人口在哪里增长”，分析地图、文献等历史资料并解释信息。随后完成一个阶段性任务——绘制一幅组织图，对本州奴隶制增长所要考虑的背景因素作出明确判断。学生开展对第二个支撑性问题——“奴隶制在各地有何不同”的探究，并在阶段性任务中使用组织图对比奴隶制在各州之间的差异。随后，学生对第三个支撑性问题进行探究，分析 1853—1859 年肯塔基州数字博物馆所藏的《奴隶拍卖广告》，并写一个摘要来描述奴隶对他们的待遇的讨论。最后，学生通过实地考察，回答“奴隶制的‘遗迹’是如何在你们社区中显现的”这个问题，并将其整理为一份文档材料。

四个支撑性问题都将经过充分的理解、分析和探讨，学生在这个过程中运用博物馆资源、地图、图片、文学作品等材料，评估奴隶制的地域差异、分析奴隶待遇的差异并描述其产生的原因、考察本区奴隶制遗迹纪念情况。

步骤 3：综合探究过程，完成总结性任务。学生使用证据、发展观点以构建自己关于探讨性问题——“奴隶制如何塑造我们的州”的回答，并对他人和自我的观点进行评估。随后，学生结合奴隶制的历史，绘制本州历史时间表。

步骤 4：学生针对奴隶制的历史是否应该以及如何在社区中展开纪念进行全班讨论。最后，学生将根据本次探究活动的结果，撰写一份关于如何纪念这段奴隶制历史的课堂建议书，并发送给州长。①

由此想到的

大单元探究教学在 C3 框架基础上构建而来：教师围绕一个大概念，设计一个大单元用以囊括四大维度。围绕如何有效开展大单元探究教学，美国社会科协会期刊《社会教育》开设了专栏，集中对其开展探讨。

我们可以从这则案例的探究模式的具体实践路径中获得启发意义。本次探究教学的核心为：理解、分析和解释历史事件、历史状况及历史趋势，以发展历史视野的能力。为落实此目标，该课堂活动以“变更、连续性和背景”这一大概念为统领，体现了评估历史时期之间以及过去和现在之间的相似性和差异性的思维步骤。

该模式的主要特点为：确立大概念，凸显概念性理解；设计富有层次性的问题，驱动思维的逐层渐进；注重过程性，重视反馈与调节；鼓励多元表达成果，发展公民素养和能力。

同样的模式在我国当下的历史课堂中也较为常见。

---

① 案例来自 C3teachers 网站。

案例呈现

《普通高中教科书　历史　必修　中外历史纲要》(上)第四单元主要讲述了中国古代的最后两个王朝明和清。这一时期，专制集权空前强化，统一多民族国家更趋稳固，现代中国的版图也已逐渐定型，经济、文化、对外关系都有新的发展。“明至清中叶的经济与文化”是本单元的最后一课，课文从“社会经济的发展与局限”“思想领域的变化”“小说与戏剧”“科技”四个方面叙述了明至清中叶的社会经济、思想文化、科学技术的发展。前一课讲述的是“清朝前中期的鼎盛与危机”，后一课是中国近代史的内容，所以本课起着承上启下的作用。云南省昆明市第一中学李彬老师设计的探究教学创设活动如下：

步骤 1：以大概念引领大单元，确定探讨性问题——“帝国盛世是不是摇晃的盛世？”同样围绕探讨性问题，构建四个驱动探究的支撑性问题——明至清中叶的社会经济是什么样的？为什么会产生批判的社会思潮？奇艳的世俗文化表现如何？集大成的科学技术有哪些新发展？

步骤 2：能够利用教科书里的历史文物图片《盛世滋生图》和文字史料《明神宗实录》《肇域志》《王文成公全书》《明儒学案》《焚书》等互证，从当时的情境和历史角度对社会经济、思想、小说与戏剧、科技等领域的变化进行论述。通过观察《盛世滋生图》和威廉·亚历山大的《苏州郊区的一座桥》中的细节，提取图片的表面和深层信息，懂得因立场不同，史料的有效性和可靠性会发生变化。

步骤 3：课堂小结，完成总结性任务。

明至清中叶近百年的社会快速发展，到清乾隆年间，中国古代的帝国时代达到了鼎盛时期，史称“康乾盛世”。明至清中叶近百年来，社会经济、思想文化等呈现出沉暮与开新的时代品格。这是帝国盛世最直观的表现。然而这一时期所开启的新现象终究没有成为时代主流，盛世的帝国时代成熟之极，但也衰势渐现，农业宗法社会文化已不再具有年富力强时从容应对万千挑战和巨大压力的能力。18 世纪的康乾盛世，貌似太平辉煌，实则正在摇晃中滑向衰世的凄凉。

由此想到的

上述案例依然是基于大概念，“以学科大概念为核心，使课程内容结构化，以主题为引领，使课程内容情境化，促进学科核心素养的落实”。[①] 本课的单元主旨是

① 中华人民共和国教育部. 普通高中历史课程标准：2017 年版 2020 年修订［M］. 北京：人民教育出版社，2020：前言 4.

统一多民族国家的形成与发展下的“明清之变”。本课紧扣单元主旨，抓住大概念“盛世”一词，帮助学生辩证地理解帝国的盛世。感悟封建时期中国最后阶段的经济、文化辉煌。但统治者故步自封，拒绝适应新形势，扩大对外交流，关闭了与世界交流的大门，使中国社会面临发展的危机。

三、历史思维维度

20 世纪 70 年代以来，教师主导型课程向优化环境型课程转变成为世界课程改革的重要趋势。作为这一趋势的产物，思维井字棋既是一种差异化的教学活动，也是一种开放式的学习框架。一方面，它要求教师依据学情与教学目标创设多样化的学习任务，满足不同能力水平学生的需求，具体表现为围绕本课的关键概念，教师设计并在表格中填写九个不同的任务，学生则挑选出三个任务并完成；另一方面，它鼓励学生依据自己的兴趣和能力水平选择合适的学习任务，逐步成为真正的自主学习者。该模式有助于实现跨学科对批判性思维的要求。

案例呈现

某教师在讲“政治、经济和国家认同”一课时围绕“政治”“经济”“国家认同”这三个关键概念设计了如表 9-3 所示的思维井字棋图板。

表 9-3 “政治、经济和国家认同”思维井字棋图板（十年级）

政治	国家认同	经济
1949 年加入加拿大对纽芬兰和拉布拉多有好处吗？	政府如何使用百年纪念来建立一种普遍的国家认同？	圣劳伦斯海路对加拿大和美国的关系有什么影响？
汤米·道格拉斯在 2004 年被评选为最伟大的加拿大人。他配得上这个头衔吗？为什么可以或为什么不？	政府如何使用新国旗来建立一种普遍的国家认同？它有效吗？	横贯加拿大的管道对加拿大和美国的关系的影响是什么？
哪个首相是最好的领导人？为什么？	梅西委员会（Massey Commission）成功推广了一种普遍的国家认同吗？	20 世纪 50 年代，美国对加拿大的资源繁荣有影响吗？解释一下。

步骤 1：选择主题。学生需要从每列中选择一个主题（即表格中被加粗的单词），作为理解对应概念的切入点。

步骤 2：完成作业单。学生需要找到与所选主题相应的作业单并完成。课程开发者们为这些问题配备了五份作业单，分别为“最伟大的加拿大人？汤米·道格拉斯”“从圣劳伦特（St. Laurent）到皮尔逊（Pearson）：1945年至1968年的加拿大总理”“最后一个省……纽芬兰加入加拿大”“认同危机：普遍的国家认同”“给我钱！加拿大与美国的关系”，它们各自对应着思维井字棋图板上的1～3个问题。其中，最容易完成的作业单为“认同危机：普遍的国家认同”，这份作业单仅要求学生从“百年纪念”“新国旗”“梅西委员会”中选择一个主题，并描述与主题相关的人物、事件、时间和影响。最具有难度的作业单为“最后一个省……纽芬兰加入加拿大”，这份作业单以第二次世界大战后英国对殖民地的管理松懈为背景，要求学生神入历史，分析当时纽芬兰人的处境，列出他们拥有的三种选择，并探讨当时最具争议的选择之一——加入加拿大，写出不同派系、身份的纽芬兰人赞成或反对加入加拿大的理由。这些作业单的作用在于引导学生进行思考。

步骤3：撰写短文。在完成三份作业单后，学生需要根据作业单中的信息分别组织一段文字来回答与自己所选主题对应的问题，并将这三个回答结合在一起，形成一份拥有三个独立段落的短文。即，学生的最终成果是一篇从不同角度阐述第二次世界大战后加拿大政治、经济与国家认同情况的文章。

步骤4：评估反馈。在课堂的结尾，学生将使用描述性反馈表（表9-4）进行自评与互评，教师对学生的评估也可以借助这张反馈表呈现。这张反馈表强调学生应运用实例来支撑回答，再次体现出应用历史课对“在实际运用中理解概念”的重视。

表9-4　描述性反馈表

学习目标：学生将能够提供问题的详细答案。

姓名：____________　　□自己　□同伴　□教师

成功的标准	达成	未达成	描述性反馈
我的观点在答案的开头就已经清楚地陈述了			优点：
我给出了至少三个具体的事实或例子来支持我的回答			有待改善的地方：
我解释了我的事实/例子如何支持我的回答			下一步行动：

由此想到的

首先，上述模式有利于在实践中培养学生的思维能力。在上述案例中，教师尤其重视让学生在实践中落实课程标准要求、培养思维能力，具体表现在思维井字棋

图板的问题设置与作业单设计。例如，本课的课程标准之一为“描述这一时期一些个人、象征和（或）事件对加拿大身份认同、公民权利和文化遗产发展的贡献”，要求重点关注的历史思维概念为“历史意义”和“因果关系”。于是，教师在思维井字棋图板中围绕“国家认同”设计了三个问题，要求学生思考“百年纪念”“新国旗”“建立梅西委员会”和形成普遍的国家认同有何关系，并在作业单中要求学生分析这些事件对加拿大和加拿大人产生的影响。由此，学生在解决问题的过程中发展了分析因果关系、建构历史意义的能力。

其次，上述模式能够通过多样化的学习视角实现差异化教学。在本案例中，为每个概念设计了三个可供选择的主题，使学生得以依据自己的兴趣与能力水平，从不同角度切入对第二次世界大战后加拿大的政治、经济与国家认同状况的探究。而注重学习视角的多样性正是差异化教学的表现之一，其目的在于充分考虑学生的需求，为学生提供多样化的学习方式，构建以生为本的差异化教学课堂。学习视角的多样带来学习任务的多样，而所有学习任务虽然内容不同、难度不一，但没有高低贵贱之分，都能够帮助学生切入教学主题并达成学习目标。由此，教师将在一定程度上做到尊重学生之间的差异，并帮助学生找到自身的优势和兴趣所在，从而促使学生取长补短，努力成为真正的自主学习者。

文献：英语国家的历史思维能力研究及启示（郑士璟、张汉林）

实践研讨

阅读二维码资源，思考：国外历史教育对历史思维能力研究的关注点及其特点是什么？

在国内，历史思维自20世纪90年代以来逐渐受到重视。其中，唯物史观既是指导思想，更是重要的历史学科思维的体现。思维在学生中得以落实，需要借助教学活动。在历史学科中，基于史料引导学生开展学习，则是普遍的教学活动方式。

案例呈现

《普通高中教科书　历史　选择性必修2　经济与社会生活》中“古代的商业贸易”一课讲述了商业贸易在世界不同地区出现，并形成地方性商业通道和个别跨洲的贸易通道，商业贸易的重要工具货币、信贷和商业契约产生等内容。

云南省昆明市第一中学李彬老师的教学过程如下：

步骤1：出示图9-2，为教科书上提及的文物材料，吐鲁番阿斯塔纳古墓出土的唐开元二十一年（733年）石染典买马契。

我们把里面的内容重新整理一下让大家看得清楚，如图9-3所示。

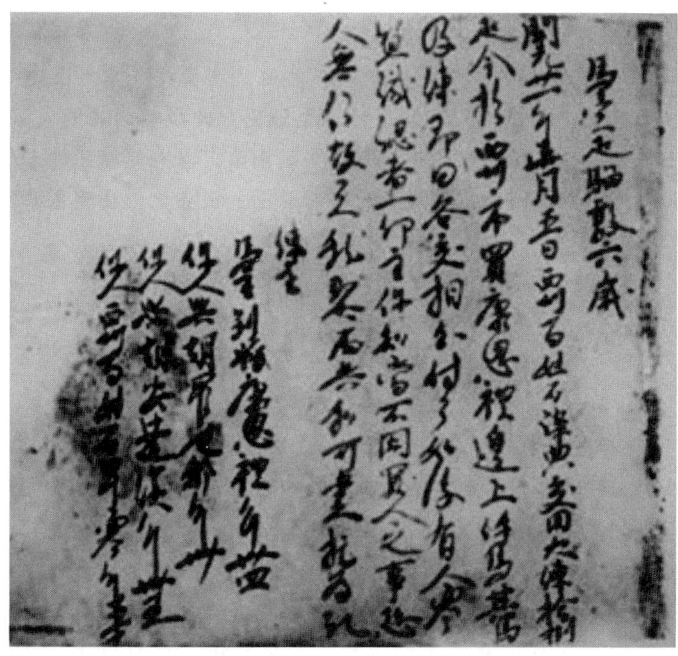

图 9–2　唐开元二十一年（733 年）石染典买马契

1	马壹匹，骝（赤身黑鬃）敦（骟，去了雄性的马的代称）六岁
2	开元廿一年（733年）正月五日，西州百姓石染典，交用大练（粗帛）拾捌
3	匹，今于西州市，买康思礼边上件马。其马
4	及练，即日各交相分付了。如后有人寒
5	盗认识者（被第三人指责为偷盗），一仰主、保知当，不关买人之事。恐
6	人无信，故立私契。两共和可，画指为记。
7	练主
8	马主别将（府兵军官）康思礼年卅四（三十四）
9	保人兴胡（贸易兴贩的商胡）罗世郍（那）年卌（四十）
10	保人兴胡安达汉年卌五
11	保人西州百姓石早寒年五十

图 9–3　唐开元二十一年（733 年）石染典买马契整理图

提问：这一则史料属于原始史料还是二手史料？根据材料，简述当时的人们是如何签订契约的？签订契约体现了什么？

步骤 2：出示图 9–4，为教科书上“问题探究”栏目的材料，结合所学知识，描述古埃及人是如何签订商业契约的。

步骤 3：根据上面两则材料，概括古代的中国与世界其他地区的商业契约所反映的观念异同，思考为什么产生异同。

（购买人的宣言）

［代理人谢勒夫卡］说道：我从文书简提手中买来这所房屋。我为了它而给了他十个沙图；此项契约在胡夫-阿海特公墓村的议会（贾贾特）的面前，当着简提的许多身为凯米普的祭司团成员的证人的面，由登记办公室盖章确认。

（对价格的详细说明）

一块四肘尺宽十肘尺长的布料：三沙图

一张床：四沙图

一块二肘尺宽十肘尺长的布料：三沙图

（对房屋的描述）

按墨线精确地建造

无花果木的屋顶尚未完成

（卖者的宣言）

他说：以国王的生命起誓！我将使法律手续完成，将使你对此事满意，并对属于这房屋的任何东西的情况满意，因为现在你已经实施了这种交换的付款。

图 9–4 《凡尔库特混杂文件》

认识古代的中国与世界其他地区的商业契约背后反映出世界不同地区商业观念的不同。再次理解社会存在与社会意识的关系，回归单元主题商业贸易与日常生活，生成感悟“商业观念源出与浸润日常生活”。

由此想到的

本课涉及古代的商业贸易，侧重于商业贸易的起源、古代的商贸活动和主要贸易通道，以及与商业贸易相关的货币、信贷、商业契约在日常生活中的作用。随着生产力的发展，原始社会后期出现了社会分工、产品剩余及私有制，人们通过交换互补余缺，在此基础上逐步发展起商业贸易。中国、古埃及、古希腊等地的商贸活动各有特点，通过解读本课中的信贷、商业契约等史料，认识史料在历史研究中的价值，落实史料实证素养。同时，认识到商业便利了人们的交换，促进了人们观念的转变，理解其中蕴藏的社会存在与社会意识的关系。

四、多学科融合维度

自“做历史”教学方式朝向多元化趋势发展以来，美国的社会科专家学者、中学一线教师以及高等教育研究生对其开展了持续研究，涵盖文学、地理、信息技术、体育、科学技术等多元维度，研究成果多以全新案例的设计和评价呈现。此处仅立足于引入多元维度可行性的分析及本土的现实需要，选择文学、艺术和地理维度作为研究主体，以课例探析的方式探究“做历史”教学实践的多元面向，阐明其合理之处，挖掘其价值所在，为进一步深入探索本土如何借鉴学习提供铺垫。

1. 与文学融合的“做历史”：以“美国独立战争”① 一课为例

在美国社会科教学中，文学作品常运用于日常的历史教学环境之中，当文学元素渗入历史探究活动之中，“做历史”教学方式便被赋予了全新视角的诠释。在基于文学维度“做历史”的教学实践开始之前，社会科教师会与语文教师合作，或对照语文课的教学计划，观察其中是否会涉及相关文学作品，以达到节省时间的目的。由于每位中学生的文学功底和掌握的背景知识不同，教师还需要帮助学生扫除阅读障碍，为学生解释文学作品中的专业术语，并在必要时要求他们进行个性化解释。

当教学实践进行时，教师会注意引导学生将作品内容置于更广泛的历史框架中，以助其实现思维迁移。学生则需要经常性地对照年表或地图，从不同角度思考作品中描述的历史事件，并对一些重要历史事件和人物做进一步的研究。下面以八年级“美国独立战争”的教学为例，探析基于文学维度“做历史”的实践路径。

步骤 1：以先验式唤醒为驱动

 案例呈现

表 9-5 为“美国独立战争”一课第一课时的教学设计。

表 9-5 “美国独立战争”案例节选（第一课时）

教学目标： 1. 学生讲出他们心目中的三位英雄人物。 2. 学生选择一部文学作品去阅读。 3. 通过测试，了解学生对美国独立战争的掌握情况	
步骤 1： 先验呈现	教师引导学生列出他们认为是英雄的三个人的名字及成就（注明性别、类别），以小组为单位分享回答，由一名学生作为秘书负责记录，之后将全班的数据制成表格
步骤 2： 迁移思考	小组讨论什么是英雄。由每组的秘书分享组内对英雄的定义。带领整个小组讨论英雄的特点。思考过去造就英雄的特质是否与今天的英雄所具备的特质相同
步骤 3： 文学联动	介绍并要求学生浏览、排序关于美国独立战争的四本著作：1. 霍华德·法斯特《四月的清晨》；2. 詹姆斯·L. 科利尔《我的兄弟萨姆死了》；3. 安·里纳尔蒂《三月五日：一个有关波士顿大屠杀的故事》；4. 埃丝特·福布斯《约翰尼·特里梅因》
步骤 4： 预先测试	让学生列出美国独立战争涉及的人物和事件，并要求他们简要地写出每个事件的意义

① CHAPIN J R. A practical guide to middle and secondary social studies［M］. 3rd ed. New York：Pearson Education Inc., 2011: 52-63.

由此想到的

在上述案例中，教师所制订的第一课时的教学目标充分尊重该年龄阶段学生的知识基础与认知特点：以“英雄人物”“自身所感兴趣的文学作品”“对于美国独立战争的了解程度”为基点，力图唤醒学生的先验知识，引导其借助文学作品初步进入历史探究情境，引发探究兴趣，从而为紧随其后的概念拓展、阅读深化环节即阐明自身对英雄的定义、特质的认识及对于书目的排序提供动力支持。在“以点带线”的整体脉络下，教师活用文学作品，绘制表格记录学生初次课堂表现情况，并搭配预先测试，得以较全面地了解每一位学生关于美国独立战争的先前经验与兴趣倾向，从而为有的放矢、因材施教地进一步开展历史探究提供了现实支持。值得注意的是，教师对学生先验知识的测试并非采取单一路径或浅尝辄止，而是兼具广度及深度，既不使测试重点放置于某一方面，也不使测试方式拘于形式，这无疑给予了学生多维思考的空间，对其探究意识的激发及探究策略的运用起到驱动作用。

案例呈现

本节的课题为《普通高中教科书　历史　必修　中外历史纲要》(上)中的“从隋唐盛世到五代十国”，探究教学创设活动如下：

步骤1：同样以大概念引领大单元，确定主题——“统一的帝国需要怎样的维护”。同样围绕本课主题问题，构建三个驱动探究的问题：杨隋代周后进行了哪些整合和革新？李唐帝国承续和革新了前朝的哪些举措？晚唐的末路下出现了哪些“新局”？

步骤2：学生探究“杨隋代周后进行了哪些整合和革新”时，阅读课文辅助栏目提供的《汴河怀古二首》《通典·食货典》《资治通鉴》进行互证。用文学作品和文字史料互证，初步认识文字史料在中国古代史研究中的重要史料价值，界定政书、编年体通史是文字史料的一种。认识不同类型的史料所具有的不同价值；明确史料在历史叙述中的基础作用。

步骤3：学生探究“李唐帝国承续和革新了前朝的哪些举措”时，利用唐代后期郑綮撰的历史笔记《开天传信记》及盛唐时期诗人储光羲《田园杂兴诗八首》进行互证，实质还是实现不同类型文字史料的互证，得出结论，盛唐百姓生活相对稳定。

田家杂兴八首（节选）　（唐）储光羲

种桑百馀树，种黍三十亩。衣食既有馀，时时会亲友。

夏来菰米饭，秋至菊花酒。孺人喜逢迎，稚子解趋走。

——（清）彭定求等《全唐诗》

> 左右藏库，财物山积，不可胜较。四方丰稔，百姓殷富，国家仓储盈满，管户一千余万，米一斗三四文。
>
> ——（唐）郑綮《开天传信记》

由此想到的

以上课例同样是基于“单元”主题，本课在“单元主题”的引导下，学生学习过程中，注重分析了诗歌、笔记小说等作品的创作背景，将历史知识维度与语文知识有机结合。

以文史结合为主旨开展历史教育很大程度将文字作为初始载体，而将文字转为符号信息载入大脑加以处理、转换及改造则依赖于学生主观能动性的发挥，其中的重要一环便是理解力的催动。然而，学生的理解力并非凭空产生，即仅从当前映入眼帘的文字中提取不加任何联系的历史信息，从而将每一处孤立的信息都视为客观陈述，会不加辨认、无从批判地被引入极端之境。一般情况下，有意义思考的前提条件之一便是学生摆脱孤立观，以原有知识为基础，主动激活思维来耐心探寻先前经验与当前信息间的联系，联系既可以是整体与整体间的，又可以是局部与局部之间的，甚至是整体与局部间的。只要二者存在信息同化、顺应或是平衡的连接点，便可借助理解活动产生扩充信息含义、改组信息结构、呈现信息的新型表现形式等效应，从而促使学生的本体思维高度在量变或质变中逐渐攀升，避免被动思维。与此同时，这也从侧面体现出教师对学生先验经验的熟知度及掌控度的重要性。

步骤 2：以涵养时空观念为导向

案例呈现

表 9–6 所呈现的是“美国独立战争”一课第二课时的教学设计。

表 9–6 “美国独立战争”案例节选（第二课时）

教学目标：学生能了解美国独立战争中的几个重大事件	
步骤 1：复习回忆	利用教材中的大事年表以及学生们前一天所学到的有关人物和事件的知识，复习美国独立战争中的重要事件
步骤 2：知识梳理	让学生动手制作或给他们一张 1760—1783 年的大事年表，让他们填写英美矛盾升级、美国独立战争中的大事以及他们所阅读的文学作品中主人公的活动

由此想到的

沿用文学维度开展历史探究活动对于“做历史”教学方式的辅助作用多元多样，如佐证历史信息、构建矛盾点培养学生思辨能力、补充历史信息构建完整历史图式等，其中最不容被忽视的便是涵养学生的时空观念。这一观念的形成以文学的叙事结构为支撑，在文字表现力的迸发下，步入历史情境的学生于脑中勾画出一幅兼具时间感与空间感的历史图景，从而突破现实观点的限制，在移情思考中切实体悟历史人物进行决策的非表面性原因，认识到历史发展是多重因素作用的结果，理解历史发展进程的必然性与偶然性，将目光聚焦至从上层统治阶级到下层人民群众及从政治制度到社会生活的各个角落……随着“以当时人的眼光看当时”这一基本遵循的深入，学生纵则“管中窥豹”，以微观见宏观，在具备典型代表的历史人物或历史事件中概览当时的时代风貌，从而基于多视角较全面地解释历史；横则以共情的方式在不同的呈现中探寻本质之同，逾越过去、现在、未来间的鸿沟，形成连续统一的大历史观，从而明晰历史发展的基本脉络。

在上述教学案例中，教师所进行的连环设计多处体现了涵养学生时空观念的意图。如在第一课时提问学生“过去造就英雄的特质是否与今天的英雄所具备的特质相同？”促进学生将对过去的思考迁移至当下，产生时空对比意识，在对比中挖掘造成二者差异的深层次原因。在第二课时让学生于大事年表写下所阅读的小说中主人公的活动，将历史线索放入时间线，以锻炼其将历史事件纳入历史时空框架的能力，从而对历史事件的前因和后续产生连贯且逻辑严密的理解，而将与小说主人公相关的社会生活史元素融入历史时空，不以绝对的英雄史观主导探究过程，保证了学生纵向历史认识的生成。在第三课时所呈现的问题链则分别对应历史情境的代入、历史信息的归纳及移情理解历史群体的思想，三者的组合对于时空观念的构建大有裨益。由此，通过不间断的问题引导，学生的时空观念得以呈螺旋式上升和深化，从而为开展历史解释提供富含时间空间二重性的客观依据。

步骤 3：以史料—叙事的匹配度为参照

案例呈现

表 9–7 所呈现的是“美国独立战争”一课第三课时的教学设计。

表 9–7 “美国独立战争”案例节选（第三课时）

教学目标： 1. 学生们能够比较关于波士顿大屠杀的不同阐述。 2. 学生们能够阐释关于波士顿大屠杀的历史证据

续表

步骤 1：问题解答	让学生传阅教科书原画——保罗·里维尔创作的雕塑作品《血流成河的大屠杀》并思考问题：什么是波士顿大屠杀？画中的人物在干什么？当时的周边环境如何？就画中所发生的事情能够归纳出什么？如果你是个殖民地移民，看完此画有何感受？
步骤 2：深化理解	先让学生根据画中的信息对此事件做一个假设，再根据已阅读的文学作品形成另一种假设。思考：这两种假设是否相同？为什么不同？根据画中的信息，自己的假设是否应进行修改？
步骤 3：双重评估	在单元学习期间对小组参与情况进行持续评估。用 5 星评分表，说出你是否喜欢你读过的书

由此想到的

基于文学维度“做历史”分别以代表各自学科的基本要素——叙事及史料为探究对象。在此类以历史维度为主干，文学维度为分支的非机械组合而成的探究活动中，文学作品内部叙事结构的关键部分便以史料的身份出现。由此，这一融合依赖史料的挑选与合理呈现，以实现从外部各自为政到内部精准互证的转变，为史料实证的展开及深入提供了支持。历史学是一门注重逻辑推理和严密论证的实证性人文学科，这就要求历史探究应以求真求实为目标进行史料实证，从而获取可信的探究结果，去尽可能重现历史。以客观中立的态度辨析不同类型的史料，既可完善证据链，发挥史料的合力，为当前的历史观点扣上双保险，从而更加接近历史真相；又可瞄准矛盾点，摒除虚构的历史幻象，提高历史观点的信服力，以实现去伪存真。换言之，即以匹配度为参照，如双方匹配度高，则确证历史事实；如双方匹配度低，则在批判性思维的牵引下开展进一步探究，直至囊括充足的历史证据的解释得以阐发。以此作为铺垫，对于探究结果的测量评价便具备了标准，即以史料与结论的匹配度为准绳。

在该教学案例中，教师着重引导学生以不同视角为起点，秉持质疑精神，从不同类型的史料中提取线索，并以自身理解作出价值选择及真伪判断。如分别要求学生根据教科书中的图片信息与所阅读的小说内容形成两种假设，并思考：两种假设是否相同或不同？原因是什么？据此，学生以对史料的理解为前提，将历史认识作为历史假设的理论支撑，并顺着环环相扣的问题链探寻不同史料之间相互匹配或相互矛盾之处，从而为紧随其后的自证其说即建立在判断鉴别基础上的历史解释提供事实依据。在以“匹配度”为中轴、以“史料”为媒介的问题探究过程中，二者的动态联结对于学生的思维的拔高效果不言而喻。除此之外，其思维的准确度更是得以保证：教师给予学生修改自己假设的机会。这使学生的批判性思维趋于深化：不仅包含对于历史事实的批判认识，还包含对于自我历史意识的批判改正。以上述探究过程为基础，对于探究结果的评估并非一蹴而就，而是与课堂中持续进行的每个探究环节相对应，即判断学生是否能探明/区分文学和历史的联系/界限，并依托于包含文学叙事在内的史料去证实结论。

2. 艺术视角下的“做历史”

《义务教育历史课程标准（2022年版）》要求：“树立以学生为主体的教学观念，注重学生自主探究的学习活动，鼓励教学方式的创新。”因此，在实际教学中打造高效的课堂，则要依托于学生需要的课程整合，基于艺术学科的视角创设任务而展开的驱动化教学，使学生乐于学习、主动探究，最终实现自觉自愿、互助合作的课堂学习状态，从而回归教育本真，让学习真实发生。

案例呈现

“五四运动”一课的教学设计

云南省昆明市第一中学李彬老师设计的“五四运动”一课的教学过程如下：

步骤1：观看庆祝中华人民共和国成立70周年大会群众游行照片：情境式行进“青春万岁”。请学生思考：拍摄者拍摄这幅照片的目的是什么？

步骤2：呈现周令钊1951年创作的布面油画《五四运动》。请学生思考：作者创作这幅油画是基于什么目的？你觉得周令钊是做什么工作的？他对当时发生的事情做了准确的描述吗？其次，《五四运动》这幅画的注意力集中在哪里？表达了什么？再次，你觉得2019年拍摄的群众游行照片与1951年创作的油画的美学要素是什么？二者有什么政治用途？

由此想到的

历史学科的沉浸式探究是以历史问题的解决为目标，以史料和辅助材料为载体，以还原历史活动或历史事件情境为关键，并以学生历史必备知识和关键能力的生成为落地的思维浸入式、身临其境式活动过程。其中，史料和辅助材料的具体呈现，不局限于纯历史属性的文献、实物或口述史料，还可为跨学科属性的史料如手工艺品甚至绘画、音乐或雕塑等，这就为从历史、艺术双重维度构建情境赋予了可能。相较于史学范畴内学术和学习情境的构建，此类联动式尝试更有助于社会和生活情境的活现，从而满足公民教育和人格教育的时代诉求。具体而言，基于艺术维度“做历史”并非单调地将艺术品引入历史探究的过程中，通过强行拼凑以习得早已被预设的陈述性知识。而是以双重维度联动来创设历史情境为重心，强调学生在情境的浸润下，回到历史现场，秉持问题意识探索历史的蛛丝马迹，并于兴趣、思维、理性判断的综合作用下，获取程序性知识。此外，这一教学方式还可拉近历史与现实的距离：学生在情境的重设中展开探究，更易养成对历史人物或事件的“同情之理解”能力，可迁移至对现实问题的深度思考中。

在该教学设计中，教师鼓励学生用自制的羽毛笔和墨水来书写宪法修正案，用自主创作“艺术实物”的方式，来感悟时代环境及修宪背景。在这一过程中，不论是历史性“艺术实物”的制作，还是历史场景的还原、历史氛围的营造，都增强了学生的历史代入感。借助于代入感，学生能沉浸在重构的历史情境中，达到视觉、听觉、触觉的多重唤醒，从而积极地描述、比较和解释历史现象，形成对过去、现在和未来之间复杂关系的反思性理解。换言之，情境的高度还原，有助于学生突破绝对性概念对认知的影响，从而在感性和理性的交织作用下重新审视历史，赋予过去的人物、事件新的含义及意义。此外，情境的还原作为沉浸式探究的开端，促使学生的思考和批判意识贯穿整个探究活动的始终，为后续课堂环节中“史料实证”等步骤的进行埋下了伏笔。就“史料实证”这一步骤为例，学生更易关注到所示画作及背景知识和先前所接触的其他资料相冲突的细节，进行材料互证，建构准确的历史认识。

案例呈现

“辛亥革命”一课的教学设计情况

本课例为云南省昆明市第三中学经开区学校马建华老师设计。

在导入环节，观看两幅漫画，如图 9-5 所示。

饭桶　张聿光

图 9-5　漫画两幅[①]

教师引入辛亥革命的背景，要求学生思考漫画反映了当时的什么现象。

① 毕克官. 中国漫画史话［M］. 济南：山东人民出版社，1982：18-19.

这两幅漫画都属于报道性新闻漫画，前后相互衔接，反映了革命前以晚清政府为代表的封建势力江河日下的情景，达到了较好的传播效果。

在“辛亥革命历史意义”环节，教师要求全班学生分为三组，各组选择所认为的辛亥革命最重要的影响，创作出艺术与文本相结合的作品来展开历史解释。小组之间注意区分作品类型，如分别负责绘漫画、手抄报、创作情景剧等。教师在学生准备的过程中有针对性地予以强化或纠错。最终，学生通过专门的活动轮流上台展示：有小组制作了辛亥革命意义的海报，除包含文本外，还绘制了政治漫画以补充说明；还有小组借助情景剧表演来解读《中华民国临时约法》，赋予其情感上的分量。

由此想到的

基于艺术维度“做历史”使艺术发挥自身特性，作用于历史学科的求真性探究活动，从而给予学生借助历史—艺术双重视角发散思维、扩宽视野来探查历史原貌的机会。其目的不在于站在复制者的立场上重复已经给定、无可争论的一元事实，或站在借用者的立场上以固定的程序来印证、内化历史学家的主流学术观点，而是摆脱立场的禁锢，认识到历史解释的多开端、多线程依托于不同的视角，而包含艺术视角在内的新视角的引入会导向多元的历史认知，从而推动学生核心素养的涵养、关键能力的掌握，以及全面发展目标的趋向。

在上述教学案例中，教师鼓励学生以直接和间接、静态和动态的艺术形式，融不同学科之长，从不同视角、沿用不同方式来构建交叉性认知图式，理解双重维度的互通之处，并据此将其对于历史事件或历史现象的迁移思考以艺术形式进行表达。如学生可以用画图、写作的方式多元表达对“辛亥革命历史意义”的看法；也可以选择所认为最重要的宪法修正案条目，创作出艺术与文本相结合的作品（包括漫画、海报、情景剧等多种形式）来展示、陈述自己的观点。从外部来看，学生通过制作艺术作品改变了历史的单一形象，生动化地诠释了多重角度的历史理解，其中也渗透了民主参与的因素，以加强对现实社会的共情与认同。从内部来看，学生在不同艺术材料的支持下，发挥历史判断力，判明新旧知识之间的联系及对立点，以实现自主建构与生成。美国心理学家霍华德·加德纳提出的多元智力理论倡导弹性、多因素组合的智能观，而单一维度的“做历史”对于学生智能增长的作用有限，相较而言，艺术维度的“做历史”更能激活他们的多种智能因素，达到言语语言、视觉空间、音乐韵律、身体运动、人际交往、自我反省等智能的同步发展，也在宽视域层面为认知多元化提供了保证。

3. 与地理融合的“做历史”——以九年级活动课“驶向未知——哥伦布西行漫记”[①]一课为例

本课的教学内容是依据《义务教育历史课程标准（2022年版）》中所提及的跨学科主题学习的主题框架展开设计，2022年版课程标准对学生在初中阶段的历史学习提出了新的要求，即培养学生的核心素养。因此，课程标准预设了若干跨学科主题学习活动，意图引导学生围绕某一研究主题，将所学历史课程与其他课程的知识、技能、方法以及课堂研究相结合，加强学生运用多学科知识与技能进行综合探究的能力。

本课所选取的主题是“历史上水路交通的发展”，包含的内容纵横中外古今不同的历史阶段，预设了秦汉唐时期、明清时期、晚清民国时期、中华人民共和国成立以来、大航海时代、工业革命时期等不同阶段的水陆交通的跨学科学习主题。本节活动课选自大航海时代这一主题下的“新航路开辟”，在内容设计上关注新航路开辟过程中的历史细节，重点选取了哥伦布航行的相关史实开展教学互动。本课在内容结构设计上共分为四个活动探究环节，基于此将学生分为四个组别——航前策划与组织、船舶制造、航路规划、后勤保障，共同聚焦于以见微知著的形式展开关于新航路开辟的探究。本课的设计，不仅为基于地理维度“做历史”提供了可行思路，还为基于信息技术维度“做历史”提供了难得借鉴。本节课以其中最具代表性的“航路规划”组为例，探析基于地理维度“做历史”的实践路径。

步骤1：以递进式疑问为驱动

案例呈现

表9-8所呈现的是“驶向未知——哥伦布西行漫记”一课的第三小组（航路规划组）教学设计的第一环节。

表9-8　“驶向未知——哥伦布西行漫记”案例节选（第一环节）

步骤	具体活动
步骤1： 给定主题，学生阅读、搜索、归纳相关材料	阅读《DK航海史》、《哥伦布航海日记》、教材中的《探寻新航路》和网络资料
步骤2： 引导学生提出探究问题	● 哥伦布的航行主要在哪个海域开展？ ● 在该海域航行时应该考虑的因素有哪些？ ● 哥伦布所航行的海域在信风和洋流上有什么特点？ ● 考虑信风洋流情况后，如何确定出发时间？如何计算分配航路时间？ ● 综合考虑以上问题，如何制作哥伦布航行的航线地图？ ● 如何证实小组规划的航路与哥伦布的真实航路匹配程度？

① 选自福建省福州第一中学洪逸威所设计的九年级活动课。

续表

步骤	具体活动
步骤 3：地理学科介入引导学生明晰地理概念	再次阅读材料讨论完后，组长对组内成员进行任务分配，让他们在地理老师的引导下进行概念界定，明确本环节所涉及的相关地理概念（这些概念包括北大西洋、大西洋、信风、季风、洋流、百慕大三角地区、加纳利群岛、中美洲地区等）

由此想到的

在历史探究教学中，单一疑问的设置指向历史的某一方面，故学习者仅能窥见一斑，而刻板地列举无内在逻辑的疑问序列更是对观察历史全貌的行动于事无补。针对以上疑问设置的缺漏，教师遵循学习者认知发展规律、把握教学内容的整体脉络，以设置前后连贯、层层递进，且蕴藏历史发展线索的问题体系。在递进式疑问中，以某一主旨性问题为主干，牵动探究活动的走向，而各主要问题为扩散而出的分支，对应着探究活动的不同层面，从而共同服务于主旨性问题的解决。作为探究活动的目的之一，问题的解决并非依赖于想象，而是以史料为载体。此处的史料在基于地理维度的“做历史”中便表现为地图的制作与运用。借助于地图，学习者能直观地探知历史问题/实践的产生渊源、表现形式及后续影响，不再以孤立的历史陈述进行纸上空谈，而是倾向于在由经纬构造出的地理空间内以小比例探查大历史。此外，由地理、历史联合构建的知识脉络还可驱使学生保持探究欲望，于连续的热情中深化认知、积累问题解决的方法及策略。

在该教学案例中，递进式疑问的设计意图昭然若揭。在主题的本质问题即水陆交通的发展反映了一个国家地区综合实力的发展的主导下，六个课程基本问题遵循学生认知发展由浅入深的规律，按探究问题的先后顺序呈现出逻辑明确、层次分明的链状分布：对哥伦布的航行路线进行时空定位—特定地理位置下影响航线规划设计的因素—综合各种因素制作航路地图—验证航路地图的科学性和真实性。可见，问题链中的问题大都围绕历史学科核心素养来展开，先是关注时空观念素养，最后关注史料实证素养，所有问题围绕历史学科和地理学科的基本方法进行设计。为引导学生找到解决问题的切入点，教师以《DK 航海史》、教材中“探寻新航路”一课以及一手史料《哥伦布航海日记》为主要辅助资源，力图营造地理空间，为学生理解哥伦布的航行反映了当时欧洲科技文明成就提供基础线索，而学生沿着该线索出发，借助于在空间中所提取的历史信息，得以探知航行背后所蕴含的本质，从而将科技文明发展推动人类社会进步这一观念迁移至对跨学科学习主题的思考、对现实的思考之中。

步骤 2：以视域由宽及窄为导向

案例呈现

表 9–9 所呈现的是“驶向未知——哥伦布西行漫记”一课第二环节的教学设计情况。

表 9–9 “驶向未知——哥伦布西行漫记”案例节选（第二环节）

<table>
<tr><td>步骤 4：
探究成果
展示</td><td>航路规划小组将向全班展示他们的探究成果。在 PPT 上展示图 9–6 并对其加以讲解分析。

图 9–6</td></tr>
<tr><td>步骤 5：
头脑风暴</td><td>待该小组的学生完成展示活动，教师在 PPT 上展示《哥伦布航海日记》的节选，引导学生比较航路规划组的探究成果以及史料，提出问题，该小组的学生现场进行解答分析。
史料：
1492 年 8 月 3 日　星期五
我们于 8 点钟离开了萨尔特斯海滩，之后船头向西南，再向南偏向加那利群岛驶去。
1493 年 1 月 25 日—2 月 4 日
这十来天时间，哥伦布日记的第一句话是“一夜向东北”
1493 年 2 月 5 日—2 月 13 日
这八天，哥伦布日记的第一句话是“一夜向东”
1493 年 2 月 14 日 星期四
夜间，风越来越猛烈，波涛汹涌，波浪翻滚着、迎面冲击着船身，使船无法前进……
——摘编自哥伦布著《哥伦布航海日记》
a. 为什么要选择在 8 月份出发？有什么依据吗？哥伦布做了一样的选择吗？
b. 你们小组是怎么验证哥伦布的真实航线与你们设计规划的相同？或者接近？
c. 在展示的过程中，你们小组提出哥伦布可能进入过百慕大三角区域，你们有哪些证据能够说明这一问题呢？</td></tr>
</table>

续表

步骤6：思维递进	介绍并定义"信风、季风"、解释"百慕大三角"的推测 a. 信风：是位于信风带的一种风，是因为低气压带和地转偏向力等影响生成的，北半球有东北信风，南半球有东南信风。 b. 季风：季风是受季节变化影响的风，它主要是因为海陆热力性质不同而产生。 c."百慕大三角"的推测：根据哥伦布的日记提供的时间表述和航行过程中遭遇的事件表述以及航路航线图的地理位置指示，推测哥伦布的航行曾经进入过百慕大三角地区，大概率发生在哥伦布返程之时

由此想到的

无疑，地理维度的引入为历史探究提供了独特的地缘化视角，从而为历史疑问的解决赋予了新的可能。而地缘化视角能否助于学生理解历史现象则首先取决于教师能否提供可容纳相关历史概念且富有层次的地理地图。宽视域地图如国家疆域图、世界地图等的运用为学生将历史现象放置于大环境中展开思考，探知宏观的历史发展变化脉络提供了契机，但此类地图由于涉及范围广、包含信息多，易使学生接触过多的历史信息，从而与历史真相间产生一定的隔阂感。相较而言，窄视域地图如地区地图、宫殿布局图等虽然带给学生的历史线索有限，但有助于其在有限的空间内抓住探究的主线，以小见大地明晰历史现象产生的起因、经过及结果。此外，窄视域地图更贴近学生的生活经验，为其将思维迁移至除政治史外的社会生活史、文化史等领域提供了可能，从而摆脱"政治史即一切"的固化倾向，也为学科本体赋予更多温度及人文情怀。如与宽视域地图相互辅助，使前者以后者为前提，后者以前者为补充，发挥相得益彰之效，历史教学便走向见微知著之境。

在上述教学案例中，教师所选择的方法是通过材料的铺垫引导，帮助学生建构起以所提供的材料为基础的航路地图。此举着眼于增进学生对哥伦布美洲航行中所运用的地理知识的了解与理解。学生在展示环节先是探讨了在哥伦布航行过程中应该运用到的自然地理知识，并将这些地理知识融合到大西洋海域的地图中去规划设计航线。引导学生使用富含地理和历史知识的宽域地图大致了解哥伦布航行过程中的航线设计及其影响因素。随后，教师开始引入历史史料，引导学生聚焦哥伦布航行过程中的某个具体事件，缩小地图范围，简化地图要素，见微知著地使用史料印证航路航线规划的科学性和真实性，渗透历史研究实证意识。这一环节的整体设计上以视域由宽及窄为导向，既有地理知识要素又渗透历史研究方法，让学生在"做历史"中体会温度及人文情怀。

步骤 3：以时间—空间的复合性为标尺

案例呈现

表 9-10 所呈现的是“驶向未知——哥伦布西行漫记”一课第三环节的教学设计情况。

表 9-10 “驶向未知——哥伦布西行漫记”案例节选（第三环节）

步骤 7：交流探讨	让学生在下课前 10～15 分钟讨论他们的发现。 让学生在黑板上完成课前画好的科技树，将探究过程所发现的科技成就或文明成就贴到科技树上
步骤 8：双重评估	对第三组学生上交的地图以及课堂学生的参与进行评估
步骤 9：延伸思考	引导学生根据黑板上的科技树，提出对哥伦布发现新大陆与当时欧洲社会状况之间关系的看法。尽可能以最积极的方式引导讨论

由此想到的

“历史是过去传到将来的回声，是将来对过去的反映。”① 依托于时间性，人们得以通过历史揭示过去、现在及未来间的联系。地理则致力于描述发生在地球表面上的自然、生物和人文现象的空间变化。依托于空间性，人们得以探究物质、能量、信息及行为在地理范畴中的广延性存在形式。地理学在历史探究中的运用，不仅是为了发现选题和开辟新的研究领域，更重要的在于，由于历史现象的直观面貌可通过可视化的现实存在表现出来，故地理学在历史探究中的广泛运用和理解，有助于我们时刻注意历史过程在具体地理环境中的表现，以及地理环境对历史进程产生的影响，能够产生清晰的理解与透视。换言之，历史事实与地理环境之间的联系，或者说其本质——时间与空间的联系，是具体而实在的，是不能够因为强调人的主体性而忽视的。在基于地理维度“做历史”的过程中，时间感与空间感的相互交织充实了历史的多重面向，使之更加真实、全面、立体，从而学生理解历史现象、分析历史问题的思维也愈加深刻。与这一过程直接相匹配的，便是评估标准的复合性，即衡量学生是否于每个探究环节的衔接下，在时间与空间的交错中产生双重收获。

在上述教学案例中，教师逐步引导学生将富有时间性的历史结论置于富有空间性的地理地图中加以解读，从而促进他们理解大航海时代的出现是多重诱因及多面影响的结果，同时通过历史细节理解到历史上水陆交通的发展往往能够反映一个国

① 翁思栋. 生存法则［M］. 北京：中国经济出版社，2014：42.

家或地区的综合国力，定位一个历史事件离不开历史时间与空间。沿着该设计思路，教师选用的评估方式同样蕴含着以二者复合性为标尺的思路：学生在本节课堂上的表现包含对于历史结论和地理概念的理解与解释，而这建立在对于地理地图的定位和使用之上；课堂的最终成果以学生上交的自制航路地图来呈现，而对于地图的评估即对于学生历史概念理解、掌握程度的评估。一言以蔽之，地理因素与各种历史现象皆存在着不可或缺的联系，甚至在某些方面、某种情况下可视为一种基础性的存在。这种联系使我们在考察某一问题对象时，不得不注意到与其关联的其他要素。当地理学与历史学结合运用，我们就可以引导学生借助地理学的某些研究方法和概念去揭示历史现象的本质，也可以将某些地理现象、因素作为研究历史现象的关联要素，即课程标准中所要求的综合运用多学科的方法解决实际问题。

在日常教学中，历史地图是历史教材和历史课堂中的一个重要组成部分。它以表现史事的空间状态为内容，通过简明而又形象的形式反映人类历史的发展和演变。对历史地图的课堂应用，传统做法是“拿来主义”，教师根据史料找到相关的地图，引导学生对地图进行思维加工，从而得出历史结论。在跨学科理念的统摄下，我们可以考虑将历史地图作为一种课堂生成，将学生的思维加工形象化，进而完善课堂评价。这既是发展学生图像思维的一种手段，也是落实时空观念、史料实证素养的依据。

案例呈现

本案例为《普通高中教科书 历史 必修 中外历史纲要》(上)第七单元“中国共产党成立与新民主主义革命兴起”中的第一课“五四运动与中国共产党的诞生”。本单元主要讲述了五四运动后诞生的中国共产党，给深重灾难中的中国人民带来了光明和希望，指明了中国革命的方向。随后，中国共产党开启了对中国革命道路的探索。本课涉及内容多，时间跨度大，学生在学习和理解过程中有一定的困难。可以通过研读再造性图片史料（3幅历史地图），提取图中信息以重新认识五四运动、马克思主义的传播与中国共产党的诞生、国民革命运动等，以此突破难点。通过学习，学生将掌握历史地图的研读方法，学会利用历史地图佐证历史，学会运用历史地图将史实描述与历史解释结合。

步骤1

教师用PPT展示历史地图1“北伐战争形势图”。

提问：

1. 请观察地图，提取图中的有效信息（重点观察图中文字、图例）。
2. 根据地图并结合所学知识，请指出地图所反映的历史时段。

学生观看地图、思考问题、回答问题。

意图：通过历史地图引入新课，设置问题激发学生学习兴趣。明确历史地图中有大量的信息，运用地图学习历史首先要学会提取图中的有效信息。对本节课的学习内容进行时空定位，明确学习方法。

步骤 2

师：请大家阅读教科书第 122—123 页的内容，梳理五四运动的背景、过程。

学生阅读教科书，梳理知识。

教师用 PPT 呈现历史地图 2“五四运动形势图”（1919 年）。

提问：请观察地图 2，提取图中的有效信息（重点观察图中文字、图例），结合地图内容试着说明当时的情形。

意图：通过历史地图还原五四运动过程，是从北京一个“点”发展到全国一个“面”，学会运用历史地图学习历史事件。落实时空观念素养水平 2“能够将某一史事定位在特定的时间和空间框架下”和历史解释素养水平 2“能够选择、组织和运用相关材料并使用相关历史术语，对个别或系列史事提出自己的解释；能够在历史叙述中将史实描述与历史解释结合起来”。

步骤 3

师：请大家阅读教科书第 124—125 页，梳理中国共产党成立的史实。

学生阅读教科书，梳理知识。

教师用 PPT 呈现历史地图 3“马克思主义的传播和中国共产党的成立”（1919—1921 年）。

提问：观察地图 3，提取图中的有效信息（重点观察图中文字、图例）并思考：

1. 中国共产党早期组织在地理分布上有何特点？

2. 与地图 2 对比，指出两幅地图反映的历史时段及空间区域。利用地图并结合所学知识指出两幅地图所反映出的史事之间的联系。

学生观察地图，思考问题。

意图：通过对历史地图的分析、拓展和比较，掌握不同时空中相关历史事物的特点或联系以建立时空联系，建立历史事件间的逻辑关系，即五四运动为马克思主义的传播提供了条件，马克思主义的传播为中国共产党的诞生又提供了条件，这一系列史事及关系均反映在历史地图上。落实史料实证素养水平 2“在对史事与现实问题进行论述的过程中，能够尝试运用史料作为证据论证自己的观点”，历史解释素养水平 2“能够选择、组织和运用相关材料并使用相关历史术语，对个别或系列史事提出自己的解释；能够在历史叙述中将史实描述与历史解释结合起来”，时空观念素养水平 2“能够利用历史年表、历史地图等方式对相关史事加以描述”。

由此想到的

在日常教学时我们虽然常常使用历史地图，但在如何利用历史地图落实学生的时空观念素养上可能做得还不够，结合地理学科的方法，特别是一些具体的读图方法并配合相应的问题设计教学，这样或许能更好地发挥历史地图的价值。

章末作业

一、回顾

1. 定义：跨学科知识；跨学科课程；项目式学习；现象式学习。
2. 辨识：多学科、跨学科与超学科。
3. 定位："做历史"观念下的历史教学。
4. 解释：为什么跨学科成为历史教学设计的新方向？

二、实施

1. 如何在历史教学设计中开展社会情感学习？
2. 以《普通高中教科书 历史 必修 中外历史纲要》(下)第七单元"两次世界大战、十月革命与国际秩序的演变"为教学内容，尝试完成跨学科的教学活动设计。

三、分析

尝试以跨学科理论分析二维码中关于"文史结合"的教学案例，要求：(1)找出设计的两条优点和两条缺点；(2)提出改进建议；(3)与本章中"美国独立战争"的案例作比较，思考如何实现多学科融合的"做历史"教学活动。

教学设计：第一次世界大战后的国际秩序（林思路）

推荐阅读

1. 张汉林．历史思维能力体系的建构［J］．中学历史教学参考，2019(5)：4-16．

2. 陈德运，吴叶．从跨学科视角续谈历史教育学建设问题：从学术史和比较研究谈起［J］．天津师范大学学报（基础教育版），2020(3)：58-63．

3. 钟德艺，郑士璟．试析社会情感学习（SEL）与历史教育的融合路径：以美国"面对历史与自我"课程为例［J］．中学历史教学参考，2020(9)：69-72．

4. 张汉林．论有意义的中学历史教育［J］．课程·教材·教法，2020(10)：90-96．

5. 郑士璟．历史知识建构的实践路径［J］．历史教学，2022(1)：42-47．

6. 郑士璟，张汉林．英语国家的历史思维能力研究及启示［J］．基础教育课程，2019（13）：68-74.

7. 汪建斌，徐赐成．历史教学的生活化价值取向［J］．历史教学，2022（3）：41-46.

8. 赵亚夫．理解历史 认识自我：中学历史教育研究［M］．北京：光明日报出版社，2020.

结语：建立以案例为基础的教学设计研究

案例研究是社会科学研究的一种常用方法，与其他研究方法相比，它更适用于以下三种情形：（1）主要问题为“怎么样”“为什么”；（2）研究者几乎无法控制研究对象；（3）研究的重点是当前的现实现象。[①] 历史教学设计研究也是一样的，既要知其然，又要知其所以然；既要理解特殊性，又要顾及一般性；既要关注持久性问题，又要解决现实性问题。它需要解决历史教学设计应该“怎么样”，并点明“怎么样”背后关于“为什么”的原理，以个例为视点，掌握一类问题，否则就只是得鱼而不知渔了。

那么，什么是案例呢？所谓“案例”，是指历史教学的设计与实践中所存在的实际情境的描述。在这种实际情境中，既体现了历史教学设计的重要问题，同时也启发思考解决这些问题的方法。从特征上说，案例具有真实性和典型性。真实性是指案例来自真实的历史教育实践，而不是经过加工的“演课”；典型性是指案例能够代表历史教学设计所涉及的重要内容的某一方面，一个案例解决一个或多个设计问题。

案例作为一个“范例”，是课堂教学改进的实例，是对教学改进过程中的问题和教学决定的再现和描述。它不但具有描述功能，对历史教学的设计与实态原本呈现；还具有探索功能，帮助教师们思考诸如“研究这个史料研习的案例，我们可以学到什么经验？”一类的问题，开启深入的研究；更具有解释功能，指引老师们深度挖掘现象背后的原理支撑，由“是什么”上升为“怎么样”和“为什么”的问题。

所以基于案例的教学设计研究，其核心意图在于展示一系列历史教学的过程：为什么有这样的教学行为？教学过程是怎样实施的？实施结果如何？与理想的教学目标相差多少？基于案例进行研究，聚焦有主题、有目标、有方法、有计划地研究一堂课如何改进，而且这个过程对于我们改进某类课程也有所启发，是传统教研活动的精致化研究。从本质上讲，这是一种实证研究。教师通过教学中的案例，能够深入研究历史教学实践中正在发生的现象，并认识到暗藏于教学行为背后的学理支

---

① 殷. 案例研究：设计与方法：原书第5版［M］. 周海涛，史少杰，译. 重庆：重庆大学出版社，2017：4.

撑，反思优化教学的方法与策略。从另一个角度看，它自身就是一种研究方法。以案例为基础的教学设计研究，需要通过多种渠道收集资料，并把所有资料汇合在一起进行交叉分析，将理论与实践经验相结合，避免走弯路。

认识以案例为基础的历史教学设计研究，可以有以下四个关键性的视角：（1）基于原生态。案例研究的基本原则是基于原生态的课堂进行研究。简单说，它的研究对象、课题等，不是为研究而特别设定的，而是基于"怎样的课堂""怎样的教师"产生了"怎样的问题"，去做与之相适宜的研究。特别是针对历史学科的特性，"这样的课堂""这样的教师"是否合乎教学的基本要求，并为之提供与学科教学需求相适宜的研究。研究者，尤其是一线教师，不必陷于太过具体的理论和课题。它可以常态地做，随机地做，也可以刻意地做，系统地做。总之，研究与分析的问题皆源于课堂。（2）强调学科性。无论是着眼整体还是细节，分析的重点必须围绕学科特点，为学科教学服务。所以案例的选取与研究，都应关注它们是否与整体性的历史意识有关系，而不仅仅是具体的教学技能的运用。因为基于历史判断、历史理解、历史批判的历史意识，不可能只着眼个别的关键性事件和具体的教学技艺就可以获得。（3）避免研究技术化。尽管我们在研究历史教学案例时需要采用一套相当稳定的理念和测量的研究手段，但这不能成为其呈现烦琐的模式化研究趋势的理由。基于案例的研究是一种"就事论事"的研究，总是给予教师一种达成最优教学的期望，以及个性化的教学追求，而不给出"哪个才是最好的"摹本。事实上，它所依据的重要理论之一现象学，也不太可能使它误入歧途。（4）鼓励个性化教学。案例研究不是打造一节课，而是提供给我们思考如何提升历史教学有效性的路径。我们看重的是案例研究对改进某一类课、创新某一种方法、做实某一类学法指导所发挥的作用，但就目的而言，并不止于此，或者说这并不是我们要建立以案例为基础的历史教学设计研究的重心。因为关乎公民意识质量的历史教学，需要有个性的教师来承担。"某一类课"是相对而言的东西，教师的专业自觉往往都是不受"类"约束的。一句话，案例研究是为教师量身定做个性化专业发展的方案。①

建立以案例为基础的历史教学设计研究，是一场将历史教育理论落在实处，并成为可视化操作策略的有效途径。案例承载着教师对历史教学有效性的追求，更奠基了教师专业发展的道路。传统的教学设计研究往往呈现两个趋势：一是相信成熟教师的经验，对教学经验加以总结成为历史教学设计的准则；二是将说理与举例相分离，在长篇教学理论叙述后枚举教学案例加以赏析。对于前者而言，容易使教师变为前辈教学经验的复制者，而不能明了教学中存在问题的真正原因，所以解决起来也就只能是看到一个个的点，一旦问题的要素与情境发生变化，这种经验的总结就难以应付了。对于后者而言，教师看了历史教学设计的理论，却仍难以准确地抓住问题与自己认知的关联性，形成心理上先入为主的排斥感，更不要谈教师的个性化创新发展了。

---

① 赵亚夫，张汉林. 实录分析：促进历史课堂教学质量的一种有效工具［J］. 中学历史教学参考，2009（4）：9-13.

所以，虽然我们对历史教学设计的研究是以案例为基础进行的，但并不是要将教学设计研究工具化，将它变成一门技术活。而是说，以案例为研究对象，借助一定的历史教育原理，揭示案例中所存在的问题、已经达成的优势、进一步优化的可能，关注教师个体的专业成长，帮助教师“从内部观察自我、认识自我、提高自我”。这要求教师不仅不排斥理论，能够吸纳历史教育的理论，而且有能力将理论与自我实践相结合，从“个”的学习迁移到“类”的学习，将范例性的案例学习成果转化为有效的改善策略。

我们相信，以案例为基础的历史教学设计研究能够突破传统历史教学设计研究的窘境，走出“理论无用论”的困境。理论由案例中生发，策略由理论作指引，而使历史教学设计研究成为教师专业成长的助手、学生健全发展的保障。

主要参考文献

一、历史学科教育、教学类

1. 赵亚夫. 学会行动：社会科课程公民教育的理论与实践［M］. 北京：高等教育出版社，2004.

2. 何成刚，夏辉辉，张汉林，等. 历史教学设计［M］. 上海：华东师范大学出版社，2009.

3. 何成刚，沈为慧，陈伟壁. 国外历史教学案例译介［M］. 北京：北京师范大学出版社，2013.

4. 徐赐成，赵亚夫，张汉林. 初中历史有效教学［M］. 北京：北京师范大学出版社，2015.

5. 于友西，赵亚夫. 中学历史教学法［M］. 4版. 北京：高等教育出版社，2017.

6. 赵亚夫，张汉林. 国外历史课程标准评介［M］. 北京：北京师范大学出版社，2017.

7. 王德民. 中学历史教学设计［M］. 芜湖：安徽师范大学出版社，2017.

8. 苏智良，於以传. 怎样上好历史课：来自上海市特级教师的方案与经验［M］. 上海：上海教育出版社，2020.

9. 唐琴，石晓健. 问史·立意：高中历史新教材学习设计：上［M］. 南京：江苏凤凰教育出版社，2020.

10. 唐琴，王光宇. 问史·立意：高中历史新教材学习设计：下［M］. 南京：江苏凤凰教育出版社，2020.

11. 墨菲. 历史教学之巧［M］. 张锦，译. 北京：教育科学出版社，2009.

12. 海顿，亚瑟，亨特，等. 历史教学法［M］. 袁从秀，曹华清，等译. 重庆：重庆大学出版社，2015.

二、教育学、心理学类

1. 钟启泉，崔允漷，张华. 为了中华民族的复兴　为了每位学生的发展：基础教育课程改革纲要（试行）解读［M］. 上海：华东师范大学出版社，2001.

2. 何克抗，郑永柏，谢幼如．教学系统设计［M］．北京：北京师范大学出版社，2002．

3. 巴班斯基．教学过程最优化［M］．张定璋，等译．北京：人民教育出版社，2007．

4. 王本陆．课程与教学论［M］．3版．北京：高等教育出版社，2017．

5. 第斯多惠．德国教师培养指南［M］．袁一安，译．北京：人民教育出版社，2001．

6. 杜威．民主主义与教育［M］．王承绪，译．北京：人民教育出版社，2001．

7. 坦尼森，肖特，西尔，等．教学设计的国际观：第1册：理论·研究·模型［M］．任友群，裴新宁，译．北京：教育科学出版社，2005．

8. 夸美纽斯．大教学论·教学法解析［M］．任钟印，译．北京：人民教育出版社，2006．

9. 德雷克，伯恩斯．综合课程的开发［M］．廖珊，等译．北京：中国轻工业出版社，2007．

10. 西尔，戴克斯特拉．教学设计中课程、规划和进程的国际观［M］．任友群，等译．北京：教育科学出版社，2009．

11. 伊列雷斯．我们如何学习：全视角学习理论［M］．孙玫璐，译．北京：教育科学出版社，2014．

12. 赫尔巴特．普通教育学［M］．李其龙，译．北京：人民教育出版社，2015．

13. 阿伦兹．学会教学：第九版［M］．丛立新，等译．北京：中国人民大学出版社，2016．

14. 威金斯，麦克泰格．追求理解的教学设计：第二版［M］．闫寒冰，宋雪莲，赖平，译．上海：华东师范大学出版社，2017．

15. 加涅，韦杰，戈勒斯，等．教学设计原理：第5版修订本［M］．皮连生，王小明，庞维国，等译．上海：华东师范大学出版社，2018．

16. 鲍里奇．有效教学方法：第9版［M］．杨鲁新，译．上海：华东师范大学出版社，2021．